96 007

No.

PROPERTY OF THE

Senior High School
Coshocton City District

Loaned to	Date
Juwanna Man	83-84
Anita Brain	85-86
Ivanna Clock	

Third Edition

deutsch
aktuell 2

Wolfgang S. Kraft

Consultants

Chief Consultants
Hans J. König
The Blake Schools
Hopkins, Minnesota

Roland Specht
St. Cloud State University
St. Cloud, Minnesota

Consultants
Gisela Carty
Thomas A. Edison High School, Virginia
Northern Virginia Community College
Alexandria, Virginia

Jack W. Denny
Lyons Township High School
La Grange, Illinois

Linda K. Klein
Waupaca High School
Waupaca, Wisconsin

Cynthia McIver
West Springfield High School
Springfield, Virginia

John Peters
Cardinal O'Hara High School
Springfield, Pennsylvania

Otto Rieger
Claremont High School
Claremont, California

Christiane A. Rudolf
Sycamore High School
Cincinnati, Ohio

Sue Whitman
White Bear Lake Area Schools
White Bear Lake, Minnesota

EMC Publishing, Saint Paul, Minnesota

ISBN 0-8219-0716-6

© 1993 by EMC Corporation

Published by EMC Publishing
300 York Avenue
St. Paul, Minnesota 55101

Printed in the United States of America
0 9 8 7 6 5

Reference

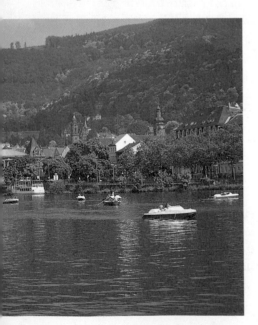

Es geht weiter!

Now that you have successfully completed *Deutsch Aktuell 1*, you have acquired a basic foundation for communicating in German. You have developed skills in listening, speaking, reading and writing as well as gained an insight into the way of life among people in different regions of German-speaking countries (Germany, Austria, Switzerland).

You already know how to ask and answer questions about school activities, entertainment and leisure-time activities, traveling, shopping, clothing and sports. You can talk about yourself, your friends, your family and personal experiences. In short, you can make yourself understood and react appropriately in simple social interactions.

Deutsch Aktuell 2, the second-level textbook, will expand the communicative skills you have already acquired. You will be able to talk about vacation plans, professions, foods, holidays and festivals, health matters, camping and youth hostels and many other youth-oriented activities. You will learn to interact with others about various aspects of life: driving, using various means of transportation (including a trip to Germany), exchanging currency, shopping in a variety of stores and markets. You will continue to increase your cultural understanding by learning how to write letters, describing a German house or apartment, naming animals, identifying parts of a car and talking about major events and festivals in small towns and large cities in Germany.

The format of this book is similar to *Deutsch Aktuell 1*. The introductory lesson (*Einführung*) reviews some basic structures and vocabulary from the first-level textbook. You will again have the opportunity to interact with your classmates as you apply your knowledge about interesting topics that you might encounter if you travel to a German-speaking environment. You will also have an opportunity to expand your reading skill through specially chosen readings that appear in the *Leseecke* (in most lessons) and in the "Selected Readings" section (at the end of the book). These selected readings are shortened and simplified texts adapted from works of well-known German authors.

As you continue your journey into the dramatically changing German-speaking world, you will strengthen your global understanding of the language and culture of today's generation.

Alles Gute und viel Glück!

Einführung

Jetzt geht's weiter!

Communicative Functions

- communicating with a pen pal
- addressing an envelope
- talking about your vacation
- interviewing a person

1

Andrea hat eine Brieffreundin

Seit ein paar Monaten hat Andrea eine Brieffreundin° in Deutschland. Sie heißt Anne und wohnt in Nürnberg. Diese Stadt liegt im Süden der Bundesrepublik. Andrea hat schon zwei Jahre Deutsch gelernt. Sie hat Anne schon ein paar Mal geschrieben. Bis jetzt kann sie ihre Briefe° ganz gut verstehen. Sie sagt Anne auch immer, sie soll einfach schreiben. Heute schreibt sie wieder einen Brief.

Liebe° Andrea!

Ich habe Deinen Brief schon vor einem Monat bekommen. Ich habe aber erst heute Zeit, Dir zu schreiben. Du weißt bestimmt nicht, was ich in dieser Zeit alles gemacht habe. Ich werde Dir jetzt einmal davon° erzählen.

Vor drei Wochen° sind meine Eltern, mein Bruder und ich in die Ferien gefahren°. Wir fahren jedes Jahr nach Freiburg, in den Schwarzwald°. Dort bleiben wir meistens eine Woche. Wir wohnen immer in derselben Pension°. Es ist da sehr schön und die Leute° sind auch nett°.

Von Freiburg haben wir ein paar Ausflüge in die Umgebung gemacht. Am besten gefällt es mir am Titisee. Dort kann man Boote mieten° und auf dem See herumfahren°. Das macht besonders viel Spaß. Wir sind auch einmal mit dem Auto nach Basel, in die Schweiz, gefahren. Das hat nur eine Stunde gedauert. In Basel spricht man auch Deutsch, aber es heißt Schwyzerdütsch (Schweizerdeutsch). Es ist ein Dialekt°. Manchmal kann man die Leute nur schwer verstehen.

Unsere Schule hat vor zwei Wochen angefangen. Wie Du weißt, bin ich jetzt in der elften Klasse. Ich habe dreizehn Fächer. Ich finde Englisch am schwersten. Deshalb schreibe ich Dir lieber auf deutsch. Meine Lieblingsfächer sind Chemie und Biologie. Was sind Deine Lieblingsfächer?

Jeden Tag mache ich zwei bis drei Stunden Hausaufgaben. Am Abend kommt Ulrike oft rüber. Ulrike ist meine Freundin und wohnt hier gleich in der Nähe. Wir hören gern Musik, sehen fern oder fahren mit unseren Fahrrädern zu anderen Freundinnen.

Bei uns ist es am Tag noch ganz warm, aber in der Nacht° ist es viel kälter. Ich freue mich schon auf° den Winter. Dann fahre ich am Wochenende° mit Ulrike und ihren Eltern in den Alpen Ski. Treibst Du Sport? Wie ist das Wetter bei Euch während dieser Jahreszeit? Ich hoffe, Du schreibst mir bald. Ich möchte von Dir hören, wie es Dir geht und was Du alles machst.

Mit herzlichen Grüßen°

Deine Anne

(*Brieffreundin* pen pal; *Briefe* letters; *Liebe...* Dear...; *davon* about it; *vor drei Wochen* three weeks ago; *sind...in die Ferien gefahren* went on vacation; *Schwarzwald* Black Forest; *Pension* boarding house, type of inn; *Leute* people; *nett* nice; *mieten* rent; *herumfahren* to go (drive) around; *Dialekt* dialect; *Nacht* night; *Ich freue mich schon auf* I'm already looking forward to; *Wochenende* weekend; *Mit herzlichen Grüßen* with kind regards, love)

Beantworte diese Fragen!

1. Wie heißt Andreas Brieffreundin und wo wohnt sie?
2. Wie lange hat Andrea schon Deutsch gehabt?
3. Kann Andrea Annes Brief gut lesen?
4. Wohin ist Anne mit ihren Eltern und ihrem Bruder gefahren?
5. Was macht sie dort?
6. Wie kommen sie von Freiburg nach Basel?
7. Was für ein Deutsch spricht man in der Schweiz?
8. In welcher Klasse ist Anne jetzt?
9. Welches Fach ist für Anne sehr schwer?
10. Was macht Anne jeden Tag nach der Schule?
11. Wohin fahren sie oft?
12. Warum hat Anne den Winter gern?

Für dich

When writing letters or postcards, the typical letter among friends and relatives is started with "*Liebe...*" (addressing females) and "*Lieber...*" (addressing males), both meaning "Dear..."

In letters or postcards the informal *Du* is always capitalized. If the sender knows the person well to whom he or she is writing, the normal way to finish the correspondence is by signing with the words "*Mit herzlichen Grüßen*" ("kind regards" or "love").

1. *Was paßt hier am besten? Kannst du die Sätze beenden?* (Can you finish the sentences?)

1. Meine Schule hat
2. In der Nacht ist
3. Wir wohnen
4. Bist du mit dem Auto
5. Ich schreibe
6. Könnt ihr
7. Welches Fach hast
8. Findest du

a. die Leute verstehen
b. Deutsch schwer
c. in einer Pension
d. am Montag angefangen
e. ihm einen Brief
f. es sehr kalt
g. du gern
h. zu der Stadt gefahren

Du bist dran!

1. *Schreib einen Brief an deinen Freund oder deine Freundin!* In your letter you should include the following items: where and with whom you've been on vacation, what you did, your favorite and least favorite school subjects, etc.

2. *Ich möchte gern nach...fahren.* Imagine a special place you would like to go to. Give three reasons why you would like to visit that place.

Cultural Notes

The proper way of addressing an envelope or postcard looks like this:

Herrn (*Frau* or *Fräulein*)
Helmut Schneider
Lessingstraße 31
5300 Bonn 1

Note that the name of the street appears before the street number. Each town has a four-digit zip code number which always comes before the name of the destination. The number which often appears after the name of the city refers to a certain district.

The return address should be written in the upper left corner of the front of the envelope. For international mail between most European countries, it is sufficient to add the letters of the designated country. For Germany it is the letter "D" so that the above address would look like this: *D-5300 Bonn 1*. Make sure not to omit the *n* in *Herrn*.

Rückblick

Present Perfect Tense

As you have learned in earlier lessons, the present perfect or conversational past of regular verbs is formed by using *haben* + *ge* + third person singular.

Beispiel: Ich habe das gesagt.
(I said that.)

Many verbs with inseparable prefixes (*be-*, *ent-*, *er-* and *ver-*) make use of the prefix plus the third person singular to form the past participle.

Beispiel: Wir haben meine Tante besucht.
(We visited my aunt.)

Irregular verbs use *sein* or *haben* plus the irregular past participle form.

Beispiele: Ich bin nach Bonn gefahren.
(I drove to Bonn.)

Hast du einen Brief geschrieben?
(Did you write a letter?)

Some verbs with inseparable prefixes have irregular forms in the past participle.

Beispiel: Haben Sie eine Karte bekommen?
(Did you get a card?)

The separable prefixes are placed before the past participle form.

Beispiel: Der Film hat pünktlich angefangen.
(The movie started on time.)

Du hast aber viele Karten bekommen!

Ich bin am Samstag nach Celle gefahren.

5

2. *Was hast du in den Ferien gemacht?* **You made a list of things you intended to do while on vacation. As your vacation is over now, you check your list and use it to tell your friends about it.**

❑ viel schwimmen
Ich bin viel geschwommen.

ein paar Karten schicken
Ich habe ein paar Karten geschickt.

1. mit dem Boot fahren
2. meinen Freund besuchen
3. bis spät am Abend tanzen
4. oft Tennis spielen
5. gut essen
6. in die Berge fahren
7. ein paar Andenken kaufen
8. einhundert Mark ausgeben

3. *Beende die folgenden Sätze!* **Use a different form to finish each sentence.**

❑ Wann hast du _____?
Wann hast du das Buch gelesen?

1. Bist du gestern _____?
2. Ich habe _____.
3. Wann habt ihr _____?
4. Das haben wir _____.
5. Peter und Heike sind am Montag _____.
6. Warum haben Sie _____?
7. Hast du _____?
8. Christa hat den Herrn _____.

4. *Was haben alle am Wochenende gemacht?* **Tell what the various people did over the weekend, using the information given.**

❑ Uschi / im See schwimmen
Uschi ist im See geschwommen.

1. Holger / seine Freundin besuchen
2. meine Schwester / nach Köln fahren
3. Rudis Eltern / eine Party geben
4. die Jugendlichen / Fußball spielen
5. die Jungen und Mädchen / in der Disko tanzen
6. Frau Gobel / einen Kuchen backen
7. wir / ein paar Briefe schreiben
8. meine Freundin und ich / in den Bergen wandern

Was macht Rudi im Winter?

Rudi kommt aus Innsbruck.

5. *Ein Interview.* Imagine that you have been asked to interview an exchange student from Austria. Provide the possible questions to complete the following interview.

_____

Rudi Sailer.

_____

Aus Innsbruck.

_____

Seit zwei Wochen.

_____

Ungefähr neun Monate.

_____

Sehr gut.

_____

Sechzehn.

_____

Am 12. Dezember.

_____

Meistens fahre ich mit dem Fahrrad, aber manchmal gehe ich auch zu Fuß.

_____

Fast drei Kilometer.

_____

Ja, im Winter laufe ich Ski und im Sommer spiele ich Tennis.

_____

Das Land ist so groß, das Eis schmeckt ganz toll und die Leute sind sehr nett.

Possessive Adjectives

The possessive adjectives that you have learned are as follows:

mein	my
dein	your (familiar, singular)
sein	his
ihr	her
sein	its
unser	our
euer	your (familiar, plural)
ihr	their
Ihr	your (formal)

The endings for the nominative, accusative and dative are as follows:

	Singular			Plural
	masculine	feminine	neuter	
nominative	—	e	—	e
accusative	en	e	—	e
dative	em	er	em	en

Beispiele: *Wo ist dein Buch?*
Kennst du seinen Bruder?
Ich komme mit meinem Freund zu deiner Party.

6. **While visiting your friend's house, you meet many of his relatives and hear comments about them. Complete each statement by providing the appropriate endings.**

1. Mein____ Schwester wohnt schon viele Jahre in Nürnberg.
2. Ich kenne dein____ Schwester und dein____ Bruder nicht.
3. Wir haben unser____ Großeltern seit Mai nicht gesehen.
4. Sein____ Eltern können nicht kommen.
5. Hast du ihr____ Tante eine Karte geschrieben?
6. Warum fragst du nicht unser____ Onkel.
7. Im Sommer haben wir sein____ Vater bei der Arbeit geholfen.
8. Susi hat von ihr____ Freundin schon lange nichts gehört.

7. *Beantworte die folgenden Fragen!* In your answers, use the words listed in parentheses.

❐ Was hast du gespielt? (mein / Gitarre)
Ich habe meine Gitarre gespielt.

1. Was lest ihr? (sein / Zeitschrift)
2. Wohin geht ihr? (zu / unser / Jugendklub)
3. Wer hat dir Geld gegeben? (mein / Freund)
4. Wo bist du gewesen? (bei / ihr / Onkel)
5. Zu wem fährt sie heute? (zu / mein / Eltern)
6. Kommst du mit deinem Freund zur Party? (nein / ohne / mein / Freund)
7. Wie heißt euere Lehrerin? (unser / Lehrerin / Frau Priebe)
8. Wem gefällt der Pulli? (sein / Schwester)

8. *Wer ist diese mysteriöse Person?* A secret admirer has slipped Hannelore a note with several blanks. She is trying to figure out who wrote the note. Can you help her out in her effort? The first letters of the missing words, when read in sequence, indicate the person's first and last name and where the person is from. To figure out the identity of this person, you will need to use the words listed below.

ABEND	AM	AUCH	BAHNHOF	DU
EIN	EINEN	GEHEN	HAST	HEISST
ICH	MIT	MIR	NACH	NICHT
RECHT	ROT	TENNIS	SCHWESTER	ULLA
UND				

_____ weißt bestimmt nicht, wer _____ bin. Ich bin _____ Junge und spiele gern _____. Ich habe _____ Pullover an. Der ist _____. Ich möchte wissen, wie du _____. Kannst du mir _____ sagen, wo du wohnst? Ich habe einen Bruder, Jürgen, und _____ ist meine _____. Sie fährt heute _____ dem Zug um neun Uhr am _____ nach München. Wann können wir uns treffen? Ich habe _____ der Schule Zeit. Hast du dann _____ auch Zeit? Vielleicht _____ du Lust, _____ Samstag mit _____ zum Eiscafé zu gehen. Es ist direkt am _____; _____ später können wir zu Elkes Party gehen. Ist dir das _____? Wir können aber auch ins Kino _____. Was meinst du?

9. Provide the missing endings.

1. bei ein____ Konzert
2. für d____ Lehrerin
3. gegen dein____ Freundin
4. aus ein____ Zeitung
5. von unser____ Schule
6. ohne d____ Bleistift
7. mit euer____ Schläger
8. außer mein____ Onkel
9. seit ein____ Woche
10. um d____ Ecke

bei einem Konzert (Salzburg)

Das verstehe ich nicht!

Monika ist sauer°. Ihr Freund Roland hat sie gestern abend nicht angerufen. Er ist doch sonst immer so prompt°. Heute, am Samstag ruft Monika Roland an. Zuerst ist die Leitung besetzt°. Endlich ist sie frei°.

Herr Meier: Meier.

Monika: Guten Tag, Herr Meier. Hier ist Monika. Kann ich bitte mit Roland sprechen?

Herr Meier: Ja, einen Moment, Monika.

Roland: Hallo, Monika. Ich habe...

Monika: Ich bin ganz sauer. Warum hast du mich gestern nicht angerufen?

Roland: Das tut mir leid°. Ich habe...

Monika: Ich verstehe dich nicht. Ich habe den ganzen Abend gewartet und nichts von dir gehört. Dein Telefon ist doch nicht so weit weg, daß du es nicht findest.

Roland:	Ja, aber unser...
Monika:	Heute habe ich aber keine Zeit und du kannst machen, was du willst. Ich sitze nicht mehr herum° und warte, bis du endlich anrufst.
Roland:	Ich möchte dir...
Monika:	Bestimmt hast du etwas vorgehabt. Oder ist da eine andere?
Roland:	Kann ich nicht...?
Monika:	Ich weiß nicht, was du dir denkst°. Von jetzt ab° bin ich nicht mehr für dich da.
Roland:	Kann ich nicht auch mal etwas sagen?
Monika:	Na, was gibt's da zu sagen?
Roland:	Unser Telefon ist kaputt gewesen° und man hat es erst vor ein paar Minuten repariert°. Ich habe seit gestern auch kein Fahrrad mehr. Mein Bruder hat es für seine Campingtour° gebraucht. Zwanzig Kilometer zu Fuß zu dir ist etwas zu weit. Meinst du nicht auch?
Monika:	Oh, Roland, das tut mir leid. Das habe ich ja nicht gewußt.
Roland:	Mein Vater will mich heute gern zu dir fahren, aber du hast ja keine Zeit.
Monika:	Na ja, so habe ich es nicht gemeint.
Roland:	Willst du denn noch, daß ich rüberkomme?
Monika:	Ja, gern.
Roland:	Bis später.
Monika:	Tschüs, Roland. (etwas später) Da hab' ich noch einmal Glück gehabt. Wie sagt man doch: „Ende gut, alles gut!°"

(*sauer* angry; *prompt* prompt; *die Leitung ist besetzt* the line is busy; *frei* clear; *Das tut mir leid.* I'm sorry; *sitze...herum* sit around; *was du dir denkst* what you're thinking; *von jetzt ab* from now on; *ist kaputt gewesen* was broken; *man hat es...repariert* they fixed it; *Campingtour* camping trip; *Ende gut, alles gut!* All is well, that ends well.)

Beantworte diese Fragen!

1. Warum ist Monika sauer?
2. Welcher Tag ist heute?
3. Kann Monika gleich mit Roland sprechen?
4. Wer kommt zuerst zum Telefon?
5. Hat Monika am Freitag lange gewartet?
6. Warum hat Roland Monika nicht angerufen?
7. Wann hat man das Telefon repariert?
8. Warum ist Roland nicht zu Fuß zu Monika gegangen?
9. Wie kommt Roland später zu Monika?

Cultural Notes

Reading German Signs

Direction signs are good and practical — as long as you can understand them. Here are some useful words that you may find printed on signs throughout Germany:

Achtung!	Attention!
Ausfahrt!	Exit (for cars)
Ausfahrt freihalten!	Don't block the driveway.
Ausgang	Exit
Auskunft	Information
Bissiger Hund!	Beware of Dog. (Dog bites)
Bitte klingeln!	Please ring.
Bitte nicht berühren!	Please, do not touch.

✓ Drücken	Push (door)
Einfahrt	Entrance (for cars)
Fahrstuhl	Elevator
✓ Flughafen	Airport
✓ Geöffnet	Open
✓ Geschlossen	Closed
Hochspannung	High tension (voltage)
✓ Kasse	Cashier, Cash Register
Keine Haftung	We take no reponsibility (for objects deposited)
Kein Zutritt	No Entry
Lebensgefahr!	Danger to humans!
Nichtraucher (Rauchen verboten)	No smoking
✓ Notausgang	Emergency Exit
Polizeiruf	Police Call
✓ Reserviert	Reserved
✓ Ruhe	Silence
✓ Stadtmitte	City Center, Downtown
Sprengstoff	Explosives
Tollwutgefahr	Danger: Rabid Animals in Area
✓ Ziehen	Pull (door)

Flüge

Communicative Functions

- discussing travel plans
- describing airport facilities
- naming pieces of luggage
- talking about a trip to Germany
- describing means of transportation

15

Auf dem Flughafen

Gisela und Karsten sind auf dem Münchner Flughafen, um ihre Großeltern in Hamburg zu besuchen. Die Großeltern feiern am Sonntag ein großes Jubiläum und Ereignis, ihre goldene Hochzeit. Ihre Eltern kommen erst in zwei Tagen.

Karsten: Wann fliegt denn die Maschine ab?
Gisela: Um 9 Uhr 10.
Karsten: Dann haben wir noch fast eine Stunde Zeit.
Gisela: Sehen wir uns den Monitor einmal an.
Karsten: Da steht's...Flug 1583 nach Hamburg...9 Uhr 10.
Gisela: Gehen wir zum Schalter. Dort bekommen wir die Bordkarten.
Karsten: Dort drüben ist ein Schalter frei.

Was paßt hier am besten?

1. Die Eltern	a. ist frei
2. Das Flugzeug	b. besuchen ihre Großeltern
3. Gisela	c. wohnen in Hamburg
4. Karsten und Gisela	d. kommen in zwei Tagen
5. Flug 1583	e. geht nach Hamburg
6. Die Bordkarten	f. fliegt zehn Minuten nach neun Uhr ab
7. Die Großeltern	g. bekommt man am Schalter
8. Ein Schalter	h. ist Karstens Schwester

Wo sind Karsten und Gisela?

Was steht auf dem Monitor?

Ihre Flugscheine, bitte!

Wir möchten vorne sitzen.

(am Schalter)

Angestellte:	Guten Tag! Ihre Flugscheine, bitte.
Karsten:	Hier, bitte sehr.
Angestellte:	So, Sie fliegen nach Hamburg. Haben Sie Gepäck?
Gisela:	Ja, einen Koffer. Wir möchten vorne sitzen...
Karsten:	...und wenn möglich einen Platz am Fenster.
Angestellte:	Das ist kein Problem. Das Flugzeug ist nur halb voll. Es gibt noch viele freie Plätze an den Fenstern. Sie haben Sitzplätze 5A und 5B. Gehen Sie bitte zum Flugsteig B7. Ich wünsche Ihnen einen guten Flug.
Gisela:	Vielen Dank.

Beantworte diese Fragen!

1. Was sollen Karsten und Gisela der Angestellten geben?
2. Wo möchten Gisela und Karsten sitzen?
3. Ist das Flugzeug ganz voll?
4. Welche Sitzplätze bekommen sie?
5. Zu welchem Flugsteig müssen sie gehen?

(am Flugsteig)

Angestellte: Ihre Bordkarten, bitte.

Karsten: Fliegt das Flugzeug pünktlich ab?

Angestellte: Einen Moment, ich will hier mal nachsehen. Ja, wir fliegen in 45 Minuten ab, also genau um 9 Uhr 10. Sie können sich unterdessen in den Warteraum setzen.

Gisela: Das Flugzeug ist noch gar nicht da.

Angestellte: Es kommt in zehn Minuten aus Wien. Dann fliegt es weiter nach Hamburg.

Etwas stimmt hier nicht. Kannst du die richtige Antwort geben? (Can you give the correct answer?)

1. Die Angestellte möchte die Flugscheine sehen.
2. Das Flugzeug fliegt in zehn Minuten ab.
3. Karsten und Gisela können sich in das Wohnzimmer setzen.
4. Das Flugzeug kommt aus Hamburg.

(im Warteraum)

Gisela: Oma und Opa freuen sich bestimmt auf unseren Besuch.

Karsten: Schon 50 Jahre verheiratet! Das ist ja ein halbes Jahrhundert.

Gisela: In Mathe bist du ja ganz klug.

Karsten: Alle unsere Verwandten werden da sein.

Gisela: Ja, viele haben wir seit Jahren nicht gesehen.

Karsten: Außerdem können wir uns Hamburg und Umgebung etwas ansehen.

Gisela: Oma spricht immer begeistert von dieser Stadt.

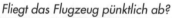

Fliegt das Flugzeug pünktlich ab?

Einen Moment, ich will hier mal nachsehen.

Sie sprechen über ihre Reise nach Hamburg.

Was werden sie in Hamburg machen?

Ja oder nein? Beantworte diese Fragen mit „ja" oder „nein". **Give a complete sentence.**

1. Giselas und Karstens Großeltern wohnen in Süddeutschland.
2. Der Großvater ist 50 Jahre alt.
3. Viele Verwandte werden die Großeltern besuchen.
4. Gisela hat ihre Verwandten schon lange nicht gesehen.
5. Karsten und Gisela werden nur ihre Großeltern besuchen.

Fragen

1. Wo sind Gisela und Karsten?
2. Wen wollen sie besuchen?
3. Warum fahren sie zu ihnen?
4. Um wieviel Uhr fliegt das Flugzeug ab?
5. Wie lange haben die beiden noch Zeit?
6. Was brauchen sie?
7. Was möchte die Angestellte am Schalter sehen?
8. Fliegt das Flugzeug pünktlich ab?
9. Woher kommt das Flugzeug?
10. Wie viele Jahre sind die Großeltern schon verheiratet?
11. Wer wird bei diesem Ereignis da sein?
12. Gefällt es der Oma in Hamburg?

A *goldene Hochzeit* (golden wedding anniversary) means that a couple has been married for 50 years. After 25 years of marriage, the anniversary is called *silberne Hochzeit* or *Silberhochzeit* (silver wedding anniversary).

The city of München, where Karsten and Gisela live, is about 500 miles from Hamburg. The München-Hamburg flight takes over one hour.

Sie feiern ihre Silberhochzeit.

eine Hochzeit

Sie haben viele Gäste eingeladen.

Kombiniere...

Wie viele Sätze kannst du bilden?

Die Angestellte	möchten	ihnen	gratulieren
Gisela und Karsten	will	den beiden	die Bordkarte geben
Wer	hat	dem Herrn	den Flugsteig zeigen
Die Großeltern	werden	der Oma	Kuchen backen

Nützliche Ausdrücke

Sie feiern ein Jubiläum.	They are celebrating an anniversary.
Wann fliegt die Maschine ab?	When does the airplane take off?
Sieh dir das an!	Look at it.
Ich wünsche dir einen guten Flug.	I wish you a good flight.
Ich sehe mal nach.	I'll check it.
Freust du dich auf diesen Besuch?	Are you looking forward to this visit?
Sie sind verheiratet.	They are married.
Sie spricht begeistert davon.	She talks enthusiastically about it.

Wähle die richtige Antwort! (Select the right answer.)

1. Wann fliegt es ab?
2. Sind sie nicht verheiratet?
3. Sieh dir ihn doch an!
4. Ich wünsche Ihnen einen schönen Flug.
5. Spricht dein Vater begeistert davon?
6. Freust du dich auf den Film?
7. Warum warten wir nicht im Warteraum?
8. Hast du keinen Flugschein?

a. Ja, er hat Österreich sehr gern.
b. Oh ja, schon seit fünf Jahren.
c. Ich fliege nicht, ich fahre mit dem Auto.
d. Natürlich, ohne einen kann man nicht fliegen.
e. Um halb elf.
f. Nein, er soll ganz langweilig sein.
g. Was, den Fahrplan?
h. Die Maschine fliegt doch erst in zwei Stunden ab.

Freust du dich auf diesen Besuch? Du hast gehört, daß deine Tante zu Besuch kommt. Freust du dich auf ihren Besuch? Warum? Warum nicht?

Ergänzung

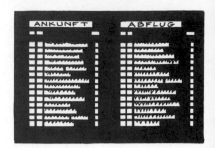

Sag's mal!

an die See   irgendwohin

zum Tenniscamp   zu meinem Freund

in die Ferien   in den Süden

ans Meer   Verwandte besuchen   einkaufen

Richtung Hamburg

zum Training   in den Urlaub   zum Picknick

nach Italien

in die Berge

1. *Was brauchen die Personen in dieser Situation?* **Which of the various items listed in the** *Ergänzung* **section would these people most likely need?**

❑ Wir fahren ein Jahr nach Europa. Wir nehmen eine_____ mit.
Kiste

1. Meine Mutter geht einkaufen. Sie nimmt ihre _____ mit.
2. Ich schicke das Geschenk in einem _____ mit der Post an meine Tante.
3. Meine Freundin hat ihr Geld in der _____.
4. Meine Bücher und Hefte sind in der _____.
5. Am Samstag wandere ich in den Bergen. Ich nehme meinen _____ mit.
6. Mein Vater trägt immer seine _____ ins Büro.

2. *Was paßt hier?* Identify the items that are described in the sentences. You will find the descriptive words listed below.

Schalter   Personenkontrolle   Flugbegleiter   Flughafen
Bordkarte   Fluggäste   Pilot   Flugschein
Flugsteig   Gepäckausgabe

1. Der Flug nach Berlin kostet viel Geld. Deshalb habe ich ihn noch nicht gekauft.
2. Wir können dort unser Gepäck bekommen.
3. Er gibt bekannt, wie hoch sie fliegen und wann sie in der Stadt ankommen.
4. Mehr als einhundert Personen fliegen mit.
5. Da steht, welchen Sitzplatz wir haben.
6. Die Maschine wartet dort schon.
7. Sie erklären die Sicherheitsmaßnahmen.
8. Dort stehen viele Flugzeuge.
9. Dort nimmt der Angestellte den Koffer vom Fluggast.
10. Vor dem Abflug müssen wir da noch durchgehen.

Die Leute stehen am Schalter.

Die Maschinen warten schon.

Die Fluggäste müssen durch eine Personenkontrolle gehen.

Sie fliegen mit der Lufthansa.

Was müssen sie am Morgen machen?

Übungen

Reflexive Verbs

Accusative

In German, reflexive verbs are usually identified (in a vocabulary section) by the reflexive pronoun *sich* preceding the infinitive form. The reflexive pronoun *sich*, similar to the English "oneself," is always used in the third person singular and plural. The accusative pronoun refers to a person who is both the subject and the object of the sentence. When a reflexive pronoun is used as a direct object, it appears in the accusative case.

	sich kämmen	sich waschen
ich	kämme mich	wasche mich
du	kämmst dich	wäschst dich
er sie es	kämmt sich	wäscht sich
wir	kämmen uns	waschen uns
ihr	kämmt euch	wascht euch
sie	kämmen sich	waschen sich
Sie	kämmen sich	waschen sich

Contrary to English verbs, many German verbs always have a reflexive pronoun and, therefore, are called "reflexive verbs."

Beispiele: *sich freuen — Ich freue mich auf die Reise.*
(I'm looking forward to the trip.)

sich beeilen — Wir müssen uns beeilen.
(We'll have to hurry.)

Here are the reflexive verbs you have learned so far:

> sich ansehen (to look at)
> sich beeilen (to hurry)
> sich bürsten (to brush one's hair, teeth, etc.)
> sich duschen (to shower, take a shower)
> sich freuen auf (to look forward to)
> sich hinsetzen, sich setzen (to sit down)
> sich kämmen (to comb one's hair)
> sich putzen (to clean oneself)
> sich rasieren (to shave oneself)
> sich treffen (to meet)
> sich waschen (to wash oneself)

Dative

The reflexive pronoun appears in the dative case when it functions as an indirect object. The dative reflexive pronouns in the first and second person singular and plural are the same as the regular dative pronouns. The dative reflexive pronoun refers to both the subject and the indirect object of the sentence. Whenever a direct object (*die Haare, die Zähne,* etc.) appears after a reflexive pronoun, the reflexive pronoun is in the dative case.

Beispiele: *sich kämmen — Ich kämme mir die Haare.*
(I'm combing my hair.)

sich putzen — Ich putze mir die Zähne.
(I'm brushing my teeth.)

Command Forms

Command forms are constructed in the same way that you learned before, except that the reflexive pronoun is now part of the sentence.

Beispiele: *sich setzen — Setz dich!*
(Sit down.)
sich duschen — Duscht euch!
(Take a shower.)

	Reflexive Pronouns	
	accusative	dative
ich	mich	mir
du	dich	dir
er		
sie }	sich	sich
es		
wir	uns	uns
ihr	euch	euch
sie	sich	sich
Sie	sich	sich

3. **Was machen sie am Morgen vor der Schule?**

❑ Holger
Holger rasiert sich.

1. wir

2. ich

3. Petra und Helga

4. mein Bruder

5. Heidi

28

4. Beantworte diese Fragen mit „ja"!

1. Freust du dich auf die Reise?
2. Duscht Peter sich?
3. Müssen wir uns kämmen?
4. Wollen Sie sich hier hinsetzen?
5. Wascht ihr euch jetzt?
6. Sollst du dich beeilen?

5. Beantworte jetzt dieselben Fragen mit „nein"!

1. Freust du dich auf die Reise?
2. Duscht Peter sich?
3. Müssen wir uns kämmen?
4. Wollen Sie sich hier hinsetzen?
5. Wascht ihr euch jetzt?
6. Sollst du dich beeilen?

6. *Worauf freuen sie sich?* What are these people looking forward to?

❏ Angelika / auf den Besuch
Angelika freut sich auf den Besuch.

1. die Schüler / auf die Reise
2. die Großeltern / auf die Gäste
3. ich / auf das neue Fahrrad
4. Gisela und Karsten / auf den Flug nach Hamburg
5. wir / auf das schöne Geschenk
6. mein Vater / auf das Jubiläum

7. *Was sehen sich die Leute an?* Tell what everyone is looking at.

❏ der Angestellte / den Flugschein
Der Angestellte sieht sich den Flugschein an.

1. die Fluggäste / den Film
2. du / das deutsche Buch
3. Heidi / das tolle Kleid
4. der Lehrer / die Hausaufgaben
5. die Leute / das Museum
6. ich / das große Flugzeug

8. Beantworte die folgenden Fragen mit „ja"!

1. Bürstet ihr euch den Mantel?
2. Putzt ihr euch die Zähne?
3. Seht ihr euch die Stadt an?
4. Freut ihr euch auf die Ferien?
5. Kämmt ihr euch die Haare?
6. Setzt ihr euch hin?

9. Rainer's mother is asking him if he has taken care of several tasks. He in turn tells his brother to do the same. *Folge dem Beispiel!*

❏ Wäschst du dir die Füße?
Wasch dir auch die Füße!

1. Siehst du dir deine Aufgaben an?
2. Setzt du dich an den Tisch?
3. Kämmst du dir die Haare?
4. Putzt du dir die Zähne?
5. Bürstest du dir deine Jacke?
6. Beeilst du dich?

10. Insert the proper reflexive pronoun.

1. Wir haben _____ heute morgen die Zähne geputzt.
2. Setzen Sie _____ bitte hier hin!
3. Um wieviel Uhr willst du _____ mit ihr treffen?
4. Könnt ihr _____ die Hausaufgaben ansehen?
5. Ich will _____ gleich die Hände waschen.
6. Jürgen muß _____ noch schnell rasieren.
7. Freust du _____ auf die Party am Sonnabend?
8. Hast du _____ den tollen Film angesehen?
9. Beeilt _____!
10. Ich muß _____ noch schnell duschen.

11. Form complete sentences using the information given.

1. Herr / sich ansehen / Flugschein
2. Peter und Ulla / sich treffen / vor der Schule
3. können / ihr / sich beeilen
4. ich / müssen / die Haare / sich kämmen
5. müssen / du / die Zähne / sich putzen
6. wir / sich freuen / auf den Sommer

Word Order of Dative and Accusative Cases

In a sentence containing both an indirect object noun (dative) and a direct object noun (accusative), the indirect object noun usually precedes the direct object noun.

	indirect object noun (dative)	direct object noun (accusative)
Er gibt	dem Fluggast	eine Bordkarte.

When the indirect object noun or the direct object noun appears as a pronoun, the pronoun precedes the noun object.

indirect object pronoun (dative)	direct object noun (accusative)
Er gibt ihm	eine Bordkarte.

direct object pronoun (accusative)	indirect object noun (dative)
Er gibt sie	dem Fluggast.

If a sentence contains both an indirect object pronoun and a direct object pronoun, then the direct object pronoun precedes the indirect object pronoun.

direct object pronoun (accusative)	indirect object pronoun (dative)
Er gibt sie	ihm.

As a general rule, you should remember that a direct object pronoun (accusative) always precedes an indirect object or an indirect pronoun object.

12. Frau Sehlers ist Reiseleiterin (tour guide). Sie hilft den Touristen. Folge dem Beispiel!

☐ der Dame die Flugscheine geben
Sie gibt der Dame die Flugscheine.

1. dem Herrn das Museum zeigen
2. den Touristen die Bordkarten holen
3. seinem Freund die Zeit sagen
4. meiner Mutter die Karte kaufen
5. dem Jungen den Koffer geben

13. *Noch einmal, bitte!* Now, do the same exercise once more, using direct and indirect object pronouns.

❑ der Dame die Flugscheine geben
Sie gibt sie ihr.

1. dem Herrn das Museum zeigen
2. den Touristen die Bordkarten holen
3. ihrem Freund die Zeit sagen
4. meiner Mutter die Karte kaufen
5. dem Jungen den Koffer geben

14. **Hast du das wirklich gemacht? Folge dem Beispiel!**

❑ Hast du deiner Freundin zwei CDs gekauft?
Ja, ich habe sie ihr gekauft.

1. Hast du deinem Vater die Note gezeigt?
2. Hast du deiner Schwester die Gitarre gegeben?
3. Hast du deinen Freunden das Buch gebracht?
4. Hast du deinem Freund den Kuli gekauft?
5. Hast du deinem Bruder das Moped geholt?

15. *Beantworte die Fragen!* In your answers, use the cues provided.

❑ Wem sagt er die Zeit? (seine Freundin)
Er sagt sie seiner Freundin.

1. Wem kauft sie die Bluse? (ihre Tante)
2. Wem gibt sie die Bordkarte? (das Mädchen)
3. Wem bringt er das Eis? (die Dame)
4. Wem zeigt er die Stadt? (sein Onkel)
5. Wem holt sie den Flugschein? (der Herr)

Wem bringt er das Eis?

32

Was bekommen sie am Schalter?

Das Flugzeug steht schon da.

16. **Substitute pronouns for the italicized words. Change the word order where necessary.**

1. Die Angestellte zeigt *den Fluggästen den Fluggsteig.*
2. Wann kannst du meiner *Freundin einen Brief* schreiben?
3. Warum bringst du *deinem Onkel ein Geschenk?*
4. Wir kaufen *unseren Eltern zwei Flugscheine.*
5. Gib *dem Touristen die Karte!*
6. Zeig *deinem Freund die Schule!*
7. Ich hole *meiner Mutter den Koffer.*
8. Ich soll *meiner Lehrerin den Platz* zeigen.

17. **Form complete sentences using the information given. Then substitute pronouns for the subject, indirect and direct object nouns.**

❐   ich / zeigen / meine Freundin / Geschenk
Ich zeige meiner Freundin das Geschenk.
Ich zeige es ihr.

1. Junge / schreiben / seine Lehrerin / Brief
2. Mutter / kaufen / ihr Sohn / Fahrrad
3. wir / wollen / Dame / ihre Tasche / bringen
4. Angestellte / geben / Dame / Bordkarte
5. ich / werden / meine Mutter / Kuchen / backen
6. Verkäuferin / zeigen / die Jungen / Kasse

Eine Reise nach Deutschland

Heute freut sich° Tina sehr. Sie hat eben den Briefkasten° aufgemacht und einen Brief° von Diana gefunden. Diana ist Tinas deutsche Brieffreundin aus Augsburg. Sie hat Tina für ein paar Wochen im Sommer nach Augsburg eingeladen. Tina will Diana gern besuchen. Tina ruft ihre Freundin Susan gleich an und erzählt ihr von Dianas Brief. Susan kommt sofort zu Tina rüber. Sie will alles genau von ihr hören.

is happy/mailbox
letter

Tina zeigt ihrer Freundin ein paar Prospekte° von Augsburg und Umgebung. Auf einer Landkarte sehen beide nach, wo diese Stadt liegt. München ist ganz in der Nähe von Augsburg. Von dieser großen Stadt hat Tina natürlich schon viel in ihrer Deutschklasse gehört. Zwei Wochen vor der Abreise° bekommt Tina ihren Reisepaß°. Ein paar Tage vor dem großen Tag kauft sie bei der Bank Reiseschecks° und Deutsche Mark und sie bekommt auch ihre Flugscheine.

brochures

departure
passport
traveler's checks

Wen ruft Tina an?

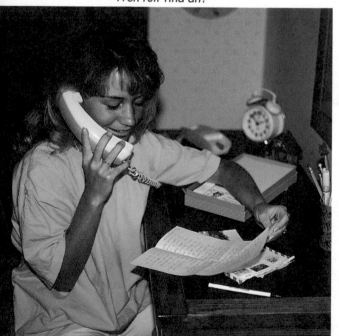

Was sehen sie sich an?

Was braucht Tina für ihre Reise?

Sie muß ihre Flugscheine und ihren Reisepaß zeigen.

Das Flugzeug ist pünktlich abgeflogen.

Endlich ist der Tag der Abreise da. Tina freut sich sehr auf die Reise. Schon am Morgen packt° sie den Koffer und die Tasche. Dann fährt ihre Mutter sie zum Flughafen. Im Flughafen geht Tina direkt zum Schalter. Dort gibt sie ihren Koffer auf°. Sie wird ihn erst in München wiedersehen. Dann fliegt sie direkt nach Chicago.

packs

gibt...auf checks

Gleich nach der Ankunft in Chicago geht Tina zum Lufthansa° Schalter. Dort muß sie ihre Flugscheine und ihren Reisepaß zeigen. Die Dame° am Schalter gibt Tina eine Bordkarte und sagt ihr, sie soll eine halbe Stunde vor dem Abflug zum Flugsteig gehen. Tina hat noch eine Stunde Zeit. Sie setzt sich auf einen Sitzplatz und schreibt schnell eine Karte an Susan. Dann geht sie zum Flugsteig. Aus der Entfernung kann sie schon das große Flugzeug sehen. Bald steigt sie

German airlines
lady

Was liest Tina?

Wer fliegt das Flugzeug?

ein. Vor dem Start erklären die Flugbegleiter die Sicherheitsmaßnahmen. Dann fliegt das Flugzeug ab.

Tina liest zuerst eine deutsche Zeitung. Sie versucht, den Text zu verstehen. Eine Stunde nach dem Abflug bekommen die Fluggäste ein Essen. Es schmeckt Tina ganz gut. Nach dem Essen gibt es einen Film. Er ist nicht sehr spannend. Der Flug nach München dauert ungefähr acht Stunden. Während dieser Zeit schläft° *sleeps* sie ein wenig und bekommt noch ein Frühstück.

Am Morgen informiert der Pilot die Fluggäste, daß sie bald landen° werden. Aus dem Fenster kann Tina zum *land* ersten Mal° wieder Land sehen. Endlich landet das *for the first time* Flugzeug auf dem Flughafen in München.

Mit allen anderen Fluggästen verläßt Tina das Flugzeug. Zuerst geht sie durch die Paßkontrolle. Dort muß sie einem Beamten ihren Reisepaß zeigen. Dann folgt° sie *follows* den Schildern° zur Gepäckausgabe. Tina wartet nicht *signs* lange, bis ihr Koffer kommt. Sie geht durch den Zoll. Gleich beim Ausgang° steht Diana. Beide erkennen *exit* sich° durch Fotos sofort. Diana begrüßt Tina mit einem *recognize each other* „Willkommen in Deutschland!" Diana denkt: „Tina sieht genauso aus, wie auf dem Foto. Wie schön, daß sie endlich da ist."

Was paßt hier?

1. Tina liest	a. der Abreise da
2. Sie packt	b. Susan ein paar Prospekte
3. München ist	c. Tina ihren Reisepaß
4. Die Fluggäste gehen	d. ihre Freundin an
5. Tina ruft	e. eine deutsche Zeitung
6. Die Flugbegleiter erklären	f. die Sicherheits-maßnahmen
7. Tina zeigt	g. den Koffer
8. Diana begrüßt	h. Tina eingeladen
9. Tina freut sich	i. auf die Reise
10. Endlich ist der Tag	j. durch den Zoll
11. Vor der Abreise bekommt	k. Tina auf dem Flughafen
12. Diana hat	l. in der Nähe von Augsburg

Fragen

1. Von wem hat Tina einen Brief bekommen?
2. Wann soll sie Diana besuchen?
3. Warum kommt Susan sofort rüber?
4. Versteht Tina etwas Deutsch?
5. Wer bringt Tina zum Flughafen?
6. Was für Gepäck hat Tina?
7. Warum geht Tina zur Bank?
8. Was gibt ihr die Dame am Schalter?
9. Was machen die Flugbegleiter vor dem Start?
10. Was macht Tina nach dem Essen?
11. Wo landet das Flugzeug?
12. Wie kommt sie zur Gepäckausgabe?

Was kann Tina aus dem Fenster sehen?

Sie folgt den Schildern.

Übung macht den Meister!

1. *Wir machen eine Reise.* You and a friend of yours are planning a trip. You get together and discuss the various items you intend to take along. Include such details as place of destination, time of departure, means of transportation, clothing and other items you would like to take along.

2. *Am Schalter.* Imagine you are a ticket agent at the airport talking to a traveler. Develop an appropriate conversation with one of your classmates. Be as creative as possible.

3. *Mein Onkel kommt zu Besuch.* Create the following role-playing situation with your classmates: You and your friend are at the airport to pick up your uncle. You inquire whether the plane will be on time, and you are told that it will be 15 minutes late. You suggest to your friend that the two of you go to a small café for some ice cream. He or she goes along with your idea. Your friend inquires how long it has been since you have seen your uncle, and you tell him or her that it has been about five years.

   When your uncle arrives, you tell him that you will help him with the luggage. He asks you whether the bus still runs directly past your house. You say that it does, but that you won't have to take the bus. You tell him that you can drive a car now.

Erweiterung

18. Beantworte diese Fragen!

1. Wohin möchtest du fliegen?
2. Was brauchst du für die Reise?
3. Was für Kleidungsstücke willst du mitbringen?
4. Wie lange möchtest du dort bleiben?
5. Welche Länder willst du besuchen?
6. Wer kommt alles mit?

19. Kombiniere die folgenden Wörter!

-paß	-ausgabe	-kontrolle	-karte	-gang
-platz	-schein	-stück	-raum	-maßnahmen

1. Sitz_____
2. Flug_____
3. Paß_____
4. Sicherheits_____
5. Gepäck_____

6. Früh_____
7. Bord_____
8. Reise_____
9. Aus_____
10. Warte_____

20. Beschreibe die folgenden Wörter. Auf deutsch, bitte!

1. der Flughafen
2. der Schalter
3. der Reisepaß
4. die Brieffreundin
5. die Bordkarte
6. der Flugschein

21. *Gib passende Antworten!* (Provide appropriate responses.)

1. Grüß Gott! Wohin fliegen Sie denn?
2. Wie viele Fluggäste fliegen denn dorthin?
3. Haben Sie viel Gepäck?
4. Und wo möchten Sie sitzen?
5. Haben Sie Ihre Reisepässe?

22. Beantworte die Fragen!

1. Was braucht man alles vor einer Abreise?
2. Was kann man aus einem Flugzeug sehen?
3. Was findet man in einem Flughafen?
4. Was erklären die Flugbegleiter vor dem Abflug?
5. Wer informiert die Fluggäste?

23. Beende diese Sätze mit den passenden Wörtern!

ab	Jubiläum	Flug	Stunden	voll
Essen	auf	Flugsteig	an	Warteraum

1. Das Flugzeug ist nur halb _____.
2. Sehen wir uns den Monitor _____.
3. Wir wünschen Ihnen einen guten _____.
4. Sie feiern ein _____.
5. Warten Sie bitte im _____.
6. Das Flugzeug fliegt pünktlich _____.
7. Wir geben unsere Koffer _____.
8. Wir müssen eine halbe Stunde vor dem Abflug zum _____ gehen.
9. Das _____ schmeckt ganz gut.
10. Der Flug dauert vier _____.

Sprachspiegel

24. Pretend to be a ticket agent at an airport answering questions for travelers.

1. Um wieviel Uhr fliegt die Maschine nach Bremen ab?
2. Haben Sie noch einen Platz am Fenster?
3. Warum kommt der Flug aus Berlin so spät an?
4. Gibt es hier ein Café?
5. Wann kommt das Flugzeug aus New York an?
6. Wieviel kostet ein Flug nach München?

25. Wie sagt man's?

Bordkarte	geschlafen	Tante	Reiseschecks
mitgebracht	Abflug	Reisepaß	Karte
geschrieben	gekauft	Entfernung	Gepäck
Briefkasten	Kleidungsstücke	Koffer	gehört
Sitzplatz	bekommen		

1. Was hast du im _____ gefunden?
   Eine _____ und einen Brief.
   Wer hat denn _____?
   Meine _____ aus Amerika.

2. Hast du den Piloten _____?
   Nein, ich habe _____.
   Er hat die _____ bekanntgegeben.

3. Brauchen Sie nach Europa einen _____?
   Ja, und auch ein paar _____.
   Einen Flugschein habe ich schon _____.

4. Eine Stunde vor dem _____ müssen wir zum Flugsteig gehen.
   Hast du eine _____?
   Ja, ich habe sie am Schalter _____.
   Wo ist denn unser _____?

5. Haben Sie viel _____?
   Nur einen _____
   und eine Tasche.
   Für einen Monat
   haben Sie nicht
   viel _____.
   Ich brauche nicht
   so viele _____.

Wieviel Gepäck haben Sie?

am Lufthansa Schalter

Was steht am Flugsteig?

26. *Wer hat eine Reise geplant?* **(Form sentences using the following words.)**

    1. schon / hat / Tag / Tina / lange / gewartet / den / auf
    2. sie / am / fliegen / Montag / Deutschland / wird / nach
    3. dort / Brieffreundin / ihre / wohnt
    4. Koffer / Tina / den / packt
    5. eine / Schalter / bekommt / Bordkarte / am / sie
    6. fliegt / Flugzeug / Uhr / sechs / das / ab / um
    7. acht / dauert / nach / der / Stunden / Flug / München
    8. steht / Diana / gleich / Ausgang / beim

27. Wie heißt das auf deutsch?

    1. When does the plane take off?
    2. Do you have much luggage?
    3. I would like to have a seat at the window.
    4. Do you have a passport?
    5. I will give you the boarding pass.
    6. Go to the gate one hour before departure.

Rückblick

I. Provide the proper possessive adjective with its noun for those listed in parentheses.

1. Wo ist (our car, her present, my boarding pass)?
2. Siehst du (his house, my coat, our money)?
3. Daniela kommt mit (his sister, my brother, her boyfriend).
4. Sie brauchen (their tickets, his book, your passport).
5. Dieter hilft (his girlfriend, my father, our uncle).
6. Fahren wir ohne (his mother, their aunt, her sister).

II. Change each of the following sentences to the present perfect tense.

1. Warum fragen Sie nicht die Angestellte?
2. Gehst du um drei Uhr ins Kino?
3. Petra gibt mir ihr Buch.
4. Habt ihr keine Zeit?
5. Wir sehen uns die Stadt an.
6. Sven ruft mich spät am Abend an.
7. Was lesen Sie denn da?
8. Warum sagst du das nicht gleich?

III. Form complete sentences using the future tense.

1. wann / Flugzeug abfliegen / Deutschland
2. Touristen / besuchen / Museum / München
3. Jungen / Mädchen / spielen morgen / Tennis
4. ich / kaufen / Hose / Hemd
5. Flugbegleiter / bringen / Essen
6. sprechen / Touristen / Deutsch

IV. Supply the proper forms for the present, future or present perfect tense. Use the verbs provided in parentheses. Make sure that each sentence is meaningful.

1. (gehen) Die Jugendlichen _____ letzten Sonntag ins Theater _____.
2. (sehen) Wir _____ diesen Film nächste Woche _____.
3. (kommen) Wann _____ du zu uns?
4. (bekommen) Maria _____ morgen viele Geschenke zum Geburtstag _____.
5. (abfahren) Es ist drei Uhr. Der Zug _____ pünktlich um zwei Uhr _____.
6. (kosten) Die blaue Bluse _____ 50 DM.
7. (ankommen) Mein Onkel _____ letzte Woche hier _____.
8. (packen) _____ du deinen Koffer?

Land und Leute

Das Fürstentum Liechtenstein

Das Fürstentum° Liechtenstein ist ein sehr kleines Land.   *principality*
Liechtenstein ist ungefähr so groß wie Washington,
D.C. Das Land grenzt im Osten und Norden an Öster-
reich, im Süden und Westen an die Schweiz.

Liechtenstein ist sehr gebirgig°. Die Berge erreichen°   *mountainous/reach*
eine Höhe von 2 600 m. Liechtenstein liegt auf der
rechten Seite des Rheins. 22 000 Einwohner wohnen in
diesem Land. Liechtenstein ist schon seit 1719 ein Fürstentum.

Tausende von Touristen besuchen jedes Jahr das Fürsten-
tum Liechtenstein. Es gibt nur einen Grenzübergang°   *border crossing*
zwischen° Österreich und Liechtenstein, aber keinen   *between*
zwischen der Schweiz und Liechtenstein. In diesem
Land gibt es keinen Flughafen und keinen Bahnhof.
Die meisten Touristen kommen mit dem Auto oder mit
dem Bus. Mit dem Auto kann man nur auf einer Straße
in die Hauptstadt fahren, entweder von Osten oder°   *entweder...oder*
von Westen.   *either...or*

Wer wohnt im Schloß?

43

Wie kommt man nach Vaduz?

In Vaduz gibt es gute Hotels und Restaurants.

Wo steht das Schloß?

Die Hauptstadt Liechtensteins ist Vaduz. Gleich bei der Einfahrt° in Vaduz sieht man das Schloß° auf dem Berg. Das Schloß ist das Wahrzeichen° der Hauptstadt. Es ist schon 700 Jahre alt. Heute wohnen dort der Fürst° und seine Familie. Vom Schloß hat man einen schönen Blick° auf die Hauptstadt. Ungefähr 4 000 Einwohner wohnen in Vaduz. In der Stadt gibt es ein paar gute Hotels und Restaurants.

entrance/castle
landmark
prince

view

Genaue Informationen bekommt man im Verkehrsverein° der Stadt. In diesem Gebäude° ist die bekannte Gemäldesammlung° des Fürsten von Liechtenstein und das Briefmarkenmuseum. Seit 1912 hat Liechtenstein seine eigenen° Briefmarken. Diese schönen und oft bunten Briefmarken sind in der ganzen Welt° bekannt. Die offizielle Währung° Liechtensteins ist der Schweizer Franken°.

tourist office
building
collection of paintings

own
world
official currency
franc

Von der Hauptstadt gibt es viele Möglichkeiten°, in die Berge zu fahren. Eine Landkarte vor dem Verkehrsbüro informiert die Besucher, wohin die Straßen führen°. Ein Besuch in Liechtenstein dauert meistens nicht sehr lange. Trotzdem ist es für jeden Besucher ein besonderes Erlebnis°.

possibilities

lead

experience

Was paßt hier am besten?

1. Vor dem Verkehrsbüro ist
2. Die Berge erreichen eine Höhe von
3. Vaduz hat ungefähr
4. Die Währung Liechtensteins ist
5. Das Schloß steht auf
6. Liechtenstein hat seine
7. Nur eine Straße führt von
8. Das Land ist so groß wie
9. Liechtenstein grenzt im Osten an
10. Liechtenstein ist seit

a. Osten nach Westen
b. Washington, D.C.
c. 2 600 m
d. eine Landkarte
e. eigenen Briefmarken
f. 4 000 Einwohner
g. mehr als 270 Jahren ein Fürstentum
h. der Schweizer Franken
i. Österreich
j. einem Berg

Beantworte diese Fragen!

1. Welche Nachbarländer hat Liechtenstein?
2. Wie viele Einwohner hat das Land?
3. Wie kommen Touristen nach Liechtenstein?
4. Wie heißt die Hauptstadt?
5. Was steht auf einem Berg?
6. Wo bekommt man Information?
7. Was ist in der ganzen Welt bekannt?
8. Was ist die Währung dort?
9. Was finden die Touristen vor dem Verkehrsbüro?
10. Bleiben die Touristen lange in Liechtenstein?

Sprichwort

Morgenstund hat Gold im Mund.
(Morning hour has gold in its mouth./
The early bird catches the worm.)

Means of Transportation

Our present world has made it essential that various means of transportation are available so that people can cover short and long distances with efficiency and speed. In spite of modern technology, Germans still cherish their tradition of walking long distances or simply strolling (*spazierengehen*), particularly on weekends. Exercizing is as popular in Germany as in this country and many people can be seen jogging (*joggen*) in the countryside or along rivers and lakes.

Germans love to bike *(Fahrrad fahren)*. The number of bikers in Germany is much larger than in the U.S. You can find people of all ages riding their bikes on pedestrian sidewalks, special bicycle paths or in urban or rural streets.

The smallest and most economical motor-driven vehicle is the *Mofa,* which stands for *Motorfahrrad,* or the somewhat larger model, the *Moped,* which is basically a bicycle with an auxiliary motor attached. You must observe the same traffic regulations when driving a moped as when operating any other means of transportation. Because of their limited speed, mopeds cannot be driven on the *Autobahn* or other expressways. Those who intend to use Germany's freeways must drive a vehicle at least the size of a motorcycle *(Motorrad).*

Germans who intend to drive a motorized vehicle must get a driver's license *(Führerschein).* The potential driver must be at least 18 years old and will attend an authorized driver's school *(Fahrschule).* After taking at least 10 to 12 hours of private lessons, he or she must pass both written and behind-the-wheel driving tests. By the way, a German driver's license is good for a lifetime and doesn't need to be renewed periodically.

Secondary roads in Germany are narrow; some have high curbs, dangerous curves and cobblestone pavement, which is treacherous when wet. However, the highways *(Bundesstraßen)* are excellent and are welcomed especially by drivers who want to avoid super expressways or freeways *(Autobahnen).* When driving on the Autobahn, you must adhere to strict rules. Passing on the right side is absolutely forbidden unless cars have slowed to a near standstill and are moving in two lanes. Passing is allowed only in the left lane. There is a suggested speed limit of 130 kilometers per hour (approximately 80 miles an hour), but many Germans drive much faster.

A car in Germany keeps the same license plate as long as it is registered with the local traffic authority. If the owner moves to another district, the car will get another license plate. The letters on the license plate indicate the town or district where the car is registered. The letter *R*, for example, stands for the town of *Regensburg*.

If your car is low on gas, you will look for a service station *(Tankstelle)*. These are located throughout the cities and along the highways. Prices for diesel, regular and lead-free gasoline usually are posted. To figure out the cost of gas, you must not only convert liters to gallons but also marks into dollars. Just as in the U.S., the cost per liter, number of liters taken and the total amount are indicated on the gas pump. At some stations, a printed bill is issued by the pump as soon as you hang up the nozzle. Most stations are self-service, marked with the letters *SB (Selbstbedienung)*.

Of course, there are other means of transportation. You may decide to leave the driving to others. Some of the cities, particularly those that attract tourists, provide transportation in horse-drawn carriages *(Pferdekutschen)* for sightseers. If you are in a hurry, you should look for a *Taxi*. Don't be surprised to see a Mercedes car or other automobile of equal quality picking you up. German cab drivers take special pride in buying good, dependable cars that will last for many years.

Wie kommt er zur Arbeit?

Mit der Kutsche (carriage) geht's auch. (Celle)

47

Cars or vans of the German Federal Post Office *(Deutsche Bundespost)* are easily recognized by their yellow color and the black postal horn printed on the side. Police cars, marked *Polizei,* are usually white and green. In case of an accident, you will notice an ambulance *(Unfall-Rettung)* or the Red Cross *(Rotes Kreuz)* rushing to the scene. If there is a fire, the local fire truck *(Feuerwehr)* will be right on the scene.

Trucks *(Lastwagen)* crowd the city streets and major highways throughout the country. Most German companies have their own trucks for their deliveries. The train is not used to transport goods as commonly as it is in the U.S.

Public transportation in Germany is excellent. In many German cities, the streetcar *(Straßenbahn)* is still the most important local public transportation. Some of the streetcars have been painted with flashy colors and advertising slogans. You must buy your ticket in advance because there is no conductor on the streetcar itself. Most stops have free-standing ticket automats marked *Fahrscheine,* where tickets can be purchased. Streetcars, which run on tracks, stop every few blocks. In the downtown area of German cities, the streetcars even run underground.

Many cities are phasing out streetcars today. Instead, city buses have been introduced. Streetcars and buses will stop where there are signs with the letter *H* which stands for *Haltestelle.* Bus tickets must also be purchased in advance. Many buses provide transportation between the cities and surrounding areas as well. Double-decker buses *(Doppeldecker)* are still the trademark of bus service in Berlin. They are especially popular with tourists on sightseeing tours. Long-distance tour buses *(Reisebusse)* are even better equipped with air-conditioning, comfortable seats and huge windows to view the scenery.

eine Straßenbahn

die Schwebebahn in Wuppertal

das Flugzeug

Major cities such as Berlin, Hamburg, Munich and Cologne have subways *(U-Bahnen)* and city trains *(S-Bahnen)*. You can find these by locating signs at the entrance marked with a big *U* or *S*. As with the streetcar system, you must purchase your tickets from the automat or directly at a ticket counter. Before buying a ticket, you should study carefully the zone to which you are going. The price of your ticket depends on the number of zones or the distance of your ride. The *S-Bahn*, an elevated city train, is faster because it can move freely in comparison to the city streetcars or buses. The *U-Bahn* runs underground except in such areas as Hamburg, where it must run overland due to the harbor. To eliminate the heavy traffic congestion, the city of Wuppertal introduced an elevated train, called *Schwebebahn*, which runs on an overhead track and well above the rest of the traffic.

Many Germans ride the comfortable trains of the *Bundesbahn* (Federal Railroad). These trains are efficient, fast and punctual. There are other means of transportation that are intended to attract tourists to certain areas. Cable cars, called *Seilbahnen*, take you through treacherous heights to the mountain top. If you don't want to take a cable car, you could go up using the slower mountain trains *(Bergbahnen)*.

The beautiful scenery surrounding Germany's lakes and rivers is enjoyed by visitors who use various kinds of boats to explore them. Quite popular are the boat tours on the Rhine River between Koblenz and Mainz. In case you're driving along the Rhine and need to get to the other side, you could take one of the numerous ferry boats *(Fähren)* which cross the river at certain points. Other pleasure boats can be found in the harbor city of Hamburg where excursion boats, called *Barkassen*, take visitors on a harbor tour of an hour or longer.

Another way to get around is by air. Within short distances, helicopters *(Hubschrauber)* let you view the area from above. The most international means of transportation linking countries and continents is, of course, the airplane *(Flugzeug)*. Between 300 and 400 people can be accommodated in a jumbo jet and fly from New York to Frankfurt in about seven hours.

Wovon spricht man hier? Du findest die richtigen Wörter in der Kulturecke. Auf deutsch, bitte!

1. an elevated city train
2. a driver's license
3. a place where you get fuel
4. a vehicle for huge deliveries
5. a bus with two floors
6. a mountain train
7. a carriage pulled by horses
8. the smallest motor-driven vehicle
9. a freeway or superhighway
10. Red Cross
11. a tour bus
12. a special train in Wuppertal
13. a streetcar stop
14. transportation below the street
15. a bus ticket

der Hubschrauber

eine U-Bahn und S-Bahn-Haltestelle (Hamburg)

Vokabeln

- **abfliegen** (*flog ab, ist abgeflogen*) to take off (plane)
- der **Abflug,-̈e** departure (flight)
- die **Abreise** departure
- die **Aktentasche,-n** briefcase
- der **Angestellte,-n** employee (male)
- die **Ankunft,-̈e** arrival
- **aufgeben** (*gibt auf, gab auf, aufgegeben*) to check (luggage)
- der **Ausgang,-̈e** exit
- **außerdem** besides
- **bedienen** to help, wait on
- **begeistert** enthusiastic
- der **Besuch,-e** visit **Besuch haben** to have company
- die **Bordkarte,-n** boarding pass
- der **Briefkasten,-̈** mailbox
- sich **bürsten** to brush (one's hair/teeth)
- die **Dame,-n** lady
- sich **duschen** to shower, take a shower
- **eigen** own
- die **Einkaufstasche,-n** shopping bag
- das **Ereignis,-se** event
- sich **erkennen** (*erkannte, erkannt*) to recognize each other
- **erklären** to explain
- **erst** first **zum ersten Mal** for the first time
- das **Fenster,-** window
- **feiern** to celebrate
- **fliegen** (*flog, ist geflogen*) to fly
- der **Flug,-̈e** flight
- der **Flugbegleiter,-** flight attendant
- der **Fluggast,-̈e** flight passenger

- der **Flughafen,-̈** airport
- der **Flugschein,-e** flight ticket
- der **Flugsteig,-e** gate (flight)
- **folgen** to follow
- das **Foto,-s** photo
- sich **freuen** to be happy
- **gar nicht** not at all
- das **Gepäck** luggage, baggage
- die **Gepäckausgabe,-n** baggage claim
- **gold** golden
- die **Handtasche,-n** purse
- die **Hochzeit,-en** wedding **die goldene Hochzeit** golden wedding anniversary
- das **Jahrhundert,-e** century
- das **Jubiläum,-äen** anniversary
- sich **kämmen** to comb one's hair
- der **Karton,-s** carton, cardboard box
- die **Kiste,-n** box, trunk, crate
- der **Koffer,-** suitcase
- **Lufthansa** German airline
- die **Maschine,-n** machine, plane
- **möglich** possible
- der **Monitor,-en** monitor
- **nachsehen** (*sieht nach, sah nach, nachgesehen*) to check
- **packen** to pack
- das **Paket,-e** package
- die **Paßkontrolle,-n** passport inspection
- die **Personenkontrolle,-n** security check of people
- der **Pilot,-en** pilot
- der **Platz,-̈e** seat, place
- das **Problem,-e** problem

- der **Prospekt,-e** brochure
- sich **putzen** to clean oneself
- sich **rasieren** to shave oneself
- der **Reisepaß,-̈sse** passport
- der **Reisescheck,-s** traveler's check
- der **Rucksack,-̈e** backpack, knapsack
- der **Schalter,-** (ticket) counter
- **schlafen** (*schläft, schlief, geschlafen*) to sleep
- die **Sicherheitsmaß- nahme,-n** safety measure
- die **Sicherheitsüber- prüfung,-en** security check
- der **Sitzplatz,-̈e** seat
- die **Tasche,-n** bag
- der **Text,-e** text
- **tragen** (*trägt, trug, getragen*) to carry (*wear*)
- **um** in order to, to
- **unterdessen** in the meantime
- **verheiratet** married
- der **Verwandte,-n** relative (male)
- **vorne** in front
- der **Warteraum,-̈e** waiting room
- sich **waschen** (*wäscht, wusch, gewaschen*) to wash oneself
- **weiterfliegen** (*flog weiter, ist weiter- geflogen*) to continue on (flight)
- **wiedersehen** (*sieht wieder, sah wieder, wiedergesehen*) to see again
- **willkommen** welcome
- **wünschen** to wish
- der **Zoll** customs
- **zwischen** between

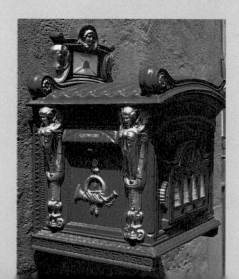

Communicative Functions

- talking about various postal items
- describing postal service
- ordering and paying for mail service
- writing a letter

Die Post kommt

Jeden Morgen bringt der Briefträger zwischen zehn und elf Uhr die Post. Er kommt immer in seinem gelben Auto. Was für Post bringt er den Leuten? Päckchen, Briefe, Postkarten, Zeitungen und Rechnungen. Wenn er Päckchen zustellt, dann klingelt er an der Tür. Manchmal müssen die Leute noch eine Gebühr bezahlen. Jetzt kommt er zu Frau Reuters Haus.

(auf der Straße)

Briefträger: Grüß Gott, Frau Reuter. Sie haben mal wieder viel Post.

Frau Reuter: Gestern bekam ich nur Rechnungen. Hoffentlich haben Sie heute bessere Nachrichten.

Briefträger: Leider ist das nicht meine Entscheidung.

Frau Reuter: Kommen Sie hier rüber. Wir müssen nicht auf der Straße stehen.

Beende diese Sätze mit den passenden Wörtern!

1. Frau Reuter bekam gestern _____.
2. Der Briefträger kommt zu Frau Reuters _____.
3. Er klingelt manchmal an der _____.
4. Der Briefträger kommt in einem gelben _____.
5. Frau Reuter und der Briefträger stehen auf der _____.
6. Manchmal bezahlen die Leute eine _____.
7. Frau Reuter bekommt heute viel _____.
8. Der Briefträger kommt zwischen zehn und elf _____.

(an der Tür)

Frau Reuter: Na, was haben Sie mir denn gebracht?

Briefträger: Hier ist eine Zeitschrift.

Frau Reuter: Die kommt jede Woche. Mein Mann liest sie gern. Zum Lesen habe ich wenig Zeit.

Briefträger: Mir geht's genauso. Ach, hier sind noch ein paar Briefe.

Frau Reuter: Oh, wie schön. Dieser ist von meiner Tante aus Amerika.

Briefträger: Ich habe auch Verwandte drüben. Die sind schon vor vierzig Jahren ausgewandert.

Der Briefträger bringt am Morgen die Post.

Frau Reuter spricht mit dem Briefträger.

Was paßt hier am besten?

1. Ein Brief
2. Frau Reuters Mann
3. Frau Reuter
4. Die Verwandten des Briefträgers
5. Der Briefträger

a. bringt jede Woche eine Zeitschrift
b. liest gern Zeitschriften
c. sind schon vierzig Jahre in Amerika
d. kommt aus Amerika
e. liest nicht oft

(vor dem Haus)

Briefträger: Leider habe ich nichts mehr.

Frau Reuter: Für heute genügt das auch.

Briefträger: Ist Ihre Nachbarin zu Hause? Ich habe ein Päckchen für sie.

Frau Reuter: Ich glaube schon. Frau Schuster war vorhin im Garten.

Briefträger: Ach, da ist sie ja. Sie gießt gerade ihre Blumen.

Frau Reuter: Bis morgen dann. Und noch einen schönen Tag!

Hier stimmt etwas nicht. Kannst du die richtige Antwort geben?

1. Der Briefträger hat noch eine Postkarte für Frau Reuter.
2. Der Briefträger hat eine Zeitschrift für Frau Schuster.
3. Frau Schuster war vorhin auf der Straße.
4. Frau Schuster kauft ihre Blumen.

Beantworte diese Fragen!

1. Wann kommt der Briefträger jeden Tag?
2. Fährt er mit einem Fahrrad?
3. Was müssen die Leute manchmal noch bezahlen?
4. Was bekam Frau Reuter gestern?
5. Was gibt der Briefträger Frau Reuter zuerst?
6. Liest Frau Reuter viel?
7. Von wem kommt ein Brief?
8. Wann sind die Verwandten des Briefträgers nach Amerika ausgewandert?
9. Hat der Briefträger noch mehr Post für Frau Reuter?
10. Was hat der Briefträger für die Nachbarin?
11. Wo war die Nachbarin vorhin?
12. Was macht sie jetzt?

Für dich

Mail carriers usually come by car (in cities and medium-sized towns) or on bikes (in smaller towns). The symbol of the *Bundespost* (German Federal Postal System) is the postal horn which is usually found on cars, trucks and at the local post office (*Post* or *Postamt*).

The *Bundespost* not only collects and delivers mail, but it also:

—owns and controls the equipment for Germany's radio and television networks
—licenses and collects fees for radio and TV sets (a German pays the post office a monthly fee for the use of the radio and TV)
—offers banking services, both savings and checking accounts

(through local post offices)

—offers subscriptions to newspapers and magazines
—accepts and delivers telegrams
—pays out monthly pension payments

Kombiniere...

Wie viele Sätze kannst du bilden?

Der Briefträger	bekommen	gute Nachrichten
Herr und Frau Reuter	bringt	die Zeitschrift
Die Nachbarin	liest	viel Post
	haben	einen Brief
		viele Rechnungen

Nützliche Ausdrücke

Was stellt er ihnen zu?	What does he deliver to them?
Hast du keine besseren Nachrichten?	Don't you have any better news?
Das ist leider nicht meine Entscheidung.	Unfortunately, it's not my decision.
Mir geht's genauso.	It's the same with me.
Meine Verwandten sind nach Amerika ausgewandert.	My relatives emigrated to America.
Für heute genügt das.	That's enough for today.
Und noch einen schönen Tag!	And have a nice day!

Wähle die richtige Antwort!

1. Dein Onkel spricht so gut Englisch.
2. Ich habe viele Rechnungen für Sie.
3. Warum klingelt er?
4. Steh nicht auf der Straße!
5. Ich mache doch eine Reise.
6. Ich arbeite immer viel zu viel.
7. Hier ist Ihre Gebühr.
8. Warum gießen Sie die Blumen?

a. Wieviel kostet das denn?
b. Haben Sie keine besseren Nachrichten?
c. Er will ein Paket zustellen.
d. Mir geht's genauso.
e. Du hast recht. Da ist viel Verkehr.
f. Er ist schon vor vielen Jahren nach Amerika ausgewandert.
g. Es hat schon seit Wochen nicht geregnet.
h. Ist das wirklich deine Entscheidung?

Ergänzung

1. *Was beschreibt man hier?* Identify the item that is being described. Use the words listed below. You will not use all the words.

Postleitzahl   Brief   Absender   Briefmarken   Postamt
Ort   Hausnummer   Straße   Briefumschlag   Ansichtskarte

   1. Der _____ steht links oben.
   2. In welcher _____ wohnen Sie?
   3. Ich schreibe einen langen _____.
   4. Die _____ ist sehr bunt.
   5. Die _____ steht vor dem Ort.
   6. Ohne _____ kann man die Post nicht schicken.
   7. Der Brief ist in einem _____.
   8. Nach der Straße steht die _____.

2. **Was paßt hier am besten?**

führen   schicken   kaufen   einwerfen   aufgeben   schreiben

   1. Briefmarken für die Karte _____
   2. Briefe in den Briefkasten _____
   3. ein Päckchen _____
   4. zwei Telefongespräche _____
   5. den Absender links oben _____
   6. einen Brief per Luftpost _____

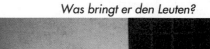

Was bringt er den Leuten?

Sag's mal!

einen Brief
ein Paket
ein Einschreiben
Reklame
eine Zeitschrift
ein Päckchen
einen Luftpostbrief
ein paar Prospekte
eine Zeitung
eine Rechnung
einen Eilbrief
Neuigkeiten
ein Telegramm
eine Postkarte

Er kommt mit dem Postauto.

Die Briefträgerin hat ihr eine Rechnung gebracht.

61

Übungen

Past Tense (Narrative Past Tense)

The past tense is frequently used in narratives and stories.

Regular Verbs

The past tense has the following endings added to the stem of the verb:

ich	sag-te
du	sag-test
er sie es	sag-te
wir	sag-ten
ihr	sag-tet
sie	sag-ten
Sie	sag-ten

Beispiel: *Sie wohnte in Deutschland.*
(She lived in Germany.)

When the stem of the verb ends in -*t* or -*d*, an -e is inserted between the stem and the ending.

Beispiel: *ich arbeit-e-te*
(I worked)

er bad-e-te
(he bathed)

3. Beantworte diese Fragen mit „ja"!

❏   Sagtest du etwas?
Ja, ich sagte etwas.

1. Kauftest du etwas?
2. Versuchtest du etwas?
3. Glaubtest du etwas?
4. Machtest du etwas?
5. Fragtest du etwas?
6. Backtest du etwas?

4. *Was habt ihr gemacht?* Erzähle, was ihr gestern *(yesterday)* gemacht habt.

❑ in der Disko tanzen
Wir tanzten in der Disko.

1. Musik hören
2. ein paar Hefte kaufen
3. Deutsch lernen
4. die Aufgaben üben
5. Fußball spielen
6. einen Brief schicken

5. *Was haben sie gemacht?* Du bist mit deinen Freunden zusammen und erzählst ihnen, was du und andere alles am Wochenende *(weekend)* gemacht haben.

❑ Mein Bruder spült das Geschirr.
Mein Bruder spülte das Geschirr.

1. Mein Vater arbeitet im Garten.
2. Monika fotografiert die Familie.
3. Peter und ich machen die Matheaufgaben.
4. Mein Bruder spielt in einem Tennisturnier.
5. Wir jubeln beim Rockkonzert.

6. Warum hat mir das Wochenende nicht gefallen?

❑ Es schneit die ganze Zeit.
Es schneite die ganze Zeit.

1. Es regnet oft.
2. Das Essen schmeckt nicht.
3. Wir spielen nicht Fußball.
4. Mein neuer Mantel paßt mir nicht.
5. Ich parke das Auto zu weit entfernt.
6. Wir besuchen unsere Tante.

7. *Wer arbeitete?* Deine Eltern wollen, daß alle etwas in der Familie arbeiten. Du sagst ihnen, was ihr alles gemacht habt.

❑ Holger arbeitet den ganzen Tag.
Holger arbeitete den ganzen Tag.

1. Wir arbeiten am Sonntag.
2. Du arbeitest im Garten.
3. Heike arbeitet in der Küche.
4. Ihr arbeitet sehr viel.
5. Rolf arbeitet im Zimmer.
6. Ich arbeite am Abend.

Irregular Verbs

The irregular verbs do not follow the pattern of the regular verbs introduced earlier and, therefore, must be learned individually. To learn to use these verbs more easily you should study the first or the third person singular of the past tense. This will give you the base form to which endings are added in all other persons. Here are these endings:

	kommen	gehen	fahren
ich	kam	ging	fuhr
du	kam-st	ging-st	fuhr-st
er sie } es	kam	ging	fuhr
wir	kam-en	ging-en	fuhr-en
ihr	kam-t	ging-t	fuhr-t
sie	kam-en	ging-en	fuhr-en
Sie	kam-en	ging-en	fuhr-en

Beispiele: *Sie fuhren in die Stadt*
(They drove downtown.)

Das Kleid gefiel mir nicht.
(I didn't like the dress.)

To facilitate learning the correct use of the irregular verbs, you should always remember three forms: the infinitive, the past and the past participle. These forms are also called the "principal parts" of a verb. The most frequently used irregular verbs, which

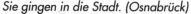

Sie gingen in die Stadt. (Osnabrück)

Das Kleid gefiel allen sehr.

you already know, are listed below. You will find the complete list of all irregular verbs in the "Grammar Summary" at the end of this book. Only the basic forms (without prefixes) are listed here.

Infinitive	Past	Past Participle	Meaning
beginnen	begann	begonnen	to begin
bleiben	blieb	ist geblieben	to stay
bringen	brachte	gebracht	to bring
denken	dachte	gedacht	to think
essen	aß	gegessen	to eat
fahren	fuhr	ist gefahren	to drive
finden	fand	gefunden	to find
fliegen	flog	ist geflogen	to fly
geben	gab	gegeben	to give
gefallen	gefiel	gefallen	to like
gehen	ging	ist gegangen	to go
gewinnen	gewann	gewonnen	to win
haben	hatte	gehabt	to have
helfen	half	geholfen	to help
kennen	kannte	gekannt	to know
kommen	kam	ist gekommen	to come
laufen	lief	ist gelaufen	to run
leihen	lieh	geliehen	to lend
lesen	las	gelesen	to read
liegen	lag	gelegen	to lie, be located
nehmen	nahm	genommen	to take
rufen	rief	gerufen	to call
schlafen	schlief	geschlafen	to sleep
schlagen	schlug	geschlagen	to beat
schreiben	schrieb	geschrieben	to write
schreien	schrie	geschrien	to scream
schwimmen	schwamm	ist geschwommen	to swim
sehen	sah	gesehen	to see
sein	war	ist gewesen	to be
singen	sang	gesungen	to sing
sitzen	saß	gesessen	to sit
sprechen	sprach	gesprochen	to speak
stehen	stand	gestanden	to stand
steigen	stieg	ist gestiegen	to climb
tragen	trug	getragen	to carry
treffen	traf	getroffen	to meet
trinken	trank	getrunken	to drink
tun	tat	getan	to do
waschen	wusch	gewaschen	to wash
wissen	wußte	gewußt	to know

8. *Wer hatte denn gestern viel Zeit?* Erzähle deinen Klassenkameraden, wer gestern viel Zeit gehabt hat.

❑ Herr Uhland
Herr Uhland hatte viel Zeit.

1. meine Freunde
2. Frau Schilling
3. unsere Großeltern
4. ich
5. ihr
6. du

9. *Ich weiß genau, was alles los war.* Tina had a dream and recalls some of the things she remembers.

❑ mein Onkel / zu Besuch sein
Mein Onkel war zu Besuch.

1. die Schule / schon im Sommer beginnen
2. ich / mit dem Flugzeug fliegen
3. Peter und ich / gut Deutsch sprechen
4. meine Eltern / nicht nach Hause kommen
5. unsere Freunde / bringen viele Geschenke
6. Erikas Mutter / viel Geld finden

10. *Bilde neue Fragen!* (Use the narrative past.)

❑ Wohin läufst du?
Wohin liefst du?

1. Wer schreibt denn?
2. Warum rufst du an?
3. Wen kennen Sie?
4. Was trinken wir?
5. Wo steht es?
6. Wohin geht ihr später?
7. Was denkst du denn?
8. Wem hilft Susanne gern?

11. Change the following sentences from the present to the past tense.

❑ Ich trage viel Gepäck.
Ich trug viel Gepäck.

1. Wohin fährst du dieses Jahr?
2. Wir sprechen immer Deutsch.
3. Im Januar schneit es hier.
4. Verstehen Sie den Touristen gut?
5. Wie schmeckt das Essen?
6. Wir trinken Limo zum Abendbrot.
7. Ich kaufe keinen Mantel.
8. Anne bekommt viele Karten zum Geburtstag.
9. Die Besucher warten schon lange.
10. Gibt er dir sein Fahrrad?
11. Die Jungen tragen ihre Koffer.
12. Er fragt seine Lehrerin.

12. *Erzähle das noch einmal!* **Tell the following story in the past. Change the verbs to the past tense where necessary.**

Werner und Peter wohnen nicht weit von der Stadt. Am Sonnabend gehen sie zum Kaufhaus. Werner fragt die Verkäuferin: „Wieviel kostet die Gitarre?" Sie sagt: „Sie kostet 200 DM." Die Jungen sagen, daß das nicht zu teuer ist. Leider haben sie nur 150 DM. Deshalb gehen sie schnell nach Hause zurück. Werners Vater leiht ihnen 50 DM. Dann fahren sie schnell mit ihren Rädern zum Kaufhaus und kaufen die Gitarre.

13. *Ergänze die folgenden Sätze mit den passenden Wörtern!* **Change the selected verb to the past tense, making sure that each sentence is meaningful. You will not use all the verbs.**

beginnen	warten	essen	lesen
bleiben	haben	fliegen	kommen
gehen	liegen	sein	dauern
geben	spielen	steigen	schmecken

1. Die Dame _____ um drei Uhr zu uns.
2. Das Essen _____ sehr gut.
3. Die Touristen _____ wenig Zeit.
4. Herr Held _____ eine Stunde beim Eingang.
5. Der Film _____ pünktlich.
6. Am Abend _____ wir schon in München.
7. Sein Onkel _____ nicht lange bei uns.
8. Die Jugendlichen _____ viele Bücher.
9. Die Mädchen _____ Gitarre.
10. Die Reise _____ drei Stunden.
11. Der Pilot _____ von Boston direkt nach Köln.
12. Mein Vater _____ mir etwas Geld.

Leseecke

Deutsche Märchen

Walt Disney hat der deutschen Märchenwelt° viel zu verdanken°. Er wählte aus ihr die Themen° für ein paar seiner bekanntesten Filme aus. Diese Filme sieht man immer wieder°: Aschenputtel (Cinderella), Dornröschen (Sleeping Beauty), Schneewittchen (Snowwhite) und viele andere. Deutsche Märchen° sind eben in der ganzen° Welt bekannt und beliebt.

Im Jahre 1812 erschien die erste große Sammlung° deutscher Märchen. In den zehn Jahren bis 1822 vergrößerten° die beiden Brüder Grimm die Sammlung auf 200 Märchen und 10 Legenden°. Aber woher kannten die Brüder denn alle diese Märchen? Sie besuchten viele Leute. Diese Leute erzählten den Brüdern alte Märchen. Dann schrieben die Brüder sie auf° und veröffentlichten° sie. Durch die Arbeit von Jakob und Wilhelm Grimm wurden° diese Märchen zu klassischen Geschichten° der deutschen Kinderliteratur°. Generationen lasen begeistert die vielen Märchen und weitere Generationen werden sie auch noch lesen.

(*Märchenwelt* fairy tale world; *verdanken* owe; *Themen* topics; *immer wieder* again and again; *Märchen* fairy tales; *ganz* whole; *Sammlung* collection; *vergrößerten* enlarged; *Legenden* legends; *schrieben...auf* wrote down; *veröffentlichten* published; *wurden* became; *klassische Geschichten* classics; *Kinderliteratur* children's literature)

Beantworte diese Fragen!

1. Wer hat der deutschen Märchenwelt viel zu verdanken?
2. Wie heißen zwei deutsche Märchen?
3. Wann erschien die erste Sammlung deutscher Märchen?
4. Wie viele Märchen und Legenden hatte diese Sammlung zehn Jahre später?
5. Wie sammelten die Grimms diese Märchen?

Past Tense of Modal Auxiliaries

The three forms of the modal auxiliaries are as follows:

Infinitive	Past	Past Participle	Meaning
dürfen	durfte	gedurft	may, to be permitted to
können	konnte	gekonnt	can, to be able to
mögen	mochte	gemocht	to like
müssen	mußte	gemußt	must, to have to
sollen	sollte	gesollt	to be supposed to
wollen	wollte	gewollt	to want to

14. Sag, was die einzelnen Leute wollten!

❑ Paul / nach Deutschland fliegen
  Paul wollte nach Deutschland fliegen.

1. Erika / zur Party gehen
2. wir / Eis essen
3. die Jugendlichen / Karten spielen
4. ich / einen Brief schreiben
5. die Eltern / ihre Tochter besuchen

15. *Bilde Sätze!* Folge dem Beispiel! (Use a different subject for each sentence.)

❑ Briefmarken sammeln wollen
  Maria wollte Briefmarken sammeln.

1. ein Paket schicken müssen
2. den Film sehen dürfen
3. gut Gitarre spielen können
4. ein Geschenk kaufen wollen
5. die Kalte Platte nicht essen mögen
6. die Arbeit machen sollen

Infinitives Used as Nouns

An infinitive of a verb becomes a noun when it is preceded by the preposition *beim (bei dem)*, *zum (zu dem)* or *mit (mit dem)*.

Beispiele: *Beim Spielen haben wir viel Spaß.*
(While playing we have a lot of fun.)

Das Wetter ist gut zum Fotografieren.
(The weather is good for taking pictures.)

Bist du mit dem Schreiben fertig?
(Have you finished writing?)

16. Wann geht es besser?

☐ sprechen
Beim Sprechen geht es besser.

1. lesen
2. packen
3. schwimmen
4. fahren
5. erzählen
6. fernsehen

17. Was brauchst du dazu?

☐ Bleistift / schreiben
Ich brauche den Bleistift zum Schreiben.

1. Beine / laufen
2. Mund / sprechen
3. Ohren / hören
4. Augen / sehen
5. Tisch / schreiben
6. Hand / arbeiten

18. Beantworte diese Fragen!

1. Was braucht man zum Essen?
2. Was braucht man zum Fahren?
3. Was braucht man zum Packen?
4. Was braucht man zum Tanzen?
5. Was braucht man zum Bezahlen?

Auf der Post

Willi muß heute nachmittag noch schnell zur Post gehen. Seine Mutter möchte ihrem Bruder — er wohnt in Leipzig — ein Geschenk zum Geburtstag schicken. Willi nimmt das Paket und dann noch einen Brief und eine Karte, steigt auf° sein Fahrrad und fährt zur Post.

gets on

Willi wohnt in einem Dorf° in der Nähe von München. Er fährt auf kleinen Straßen durch die Nachbarschaft°, bis er vor der Post ankommt. Er steigt vom Fahrrad ab°, stellt es neben° die Tür und geht in die Post hinein.

village
neighborhood
gets off
next to

Beamtin:	Grüß Gott, Willi. Was bringst du denn heute?
Willi:	Ein Paket.
Beamtin:	Nach Leipzig? Habt Ihr Bekannte° oder Verwandte da?
Willi:	Der Bruder von meiner Mutter wohnt da. Hier ist auch die Paketkarte°.
Beamtin:	Gut. Die Anschrift° und der Absender stehen ganz deutlich° auf dem Paket und auf der Paketkarte.
Willi:	Ich brauche noch Briefmarken...10 Fünfziger und 5 Achtziger.
Beamtin:	Einen Moment, bitte. Zuerst muß der Stempel° noch aufs Paket. So...und nun die Briefmarken. Hier, bitte schön. Das kommt alles zusammen auf° 21 Mark 80.

acquaintances

package card

address
clearly

stamp

kommt...auf comes to

Wohin geht Willi?

Was liegt auf seinem Fahrrad?

Willi:	Hier bitte.
Beamtin:	Hast du 1 Mark 80 klein?
Willi:	Ja, das habe ich schon.
Beamtin:	Hier ist die Quittung° fürs Paket. Und viele Grüße an deine Eltern.	*receipt*
Willi:	Danke schön. Wiedersehen, Frau Weber.

Von der Beamtin bekommt Willi noch das neue Telefonbuch des Orts. Willi klebt° ein paar Briefmarken auf den Brief und die Karte. Direkt am Eingang der Post ist ein Briefkasten. Er sieht nach, wann man den Briefkasten leert°; dann wirft er die beiden Sachen ein°. Jetzt schnell nach Hause zurück. Sein Freund will um vier Uhr rüberkommen. Beide wollen mit Willis Computer spielen. Das macht immer viel Spaß.

sticks

empty/wirft...die beiden Sachen ein mails both items

Kannst du die folgenden Sätze in die richtige Reihenfolge setzen (put in the right sequence)?

1. Willi wirft einen Brief in den Briefkasten ein.
2. Willi stellt das Fahrrad vor die Post.
3. Die Beamtin gibt Willi ein paar Briefmarken.
4. Willi steigt zu Hause auf sein Fahrrad.
5. Er wird seinen Freund treffen.
6. Willi gibt der Beamtin ein Paket.
7. Von der Beamtin bekommt Willi eine Quittung.
8. Willi fährt zur Post.
9. Die Beamtin gibt Willi ein Telefonbuch.
10. Er sieht nach, wann man den Briefkasten leert.
11. Die Beamtin begrüßt Willi.
12. Willi bezahlt.

Das stimmt nicht! Kannst du die richtige Antwort geben?

1. Willi wohnt in Leipzig.
2. Willi fährt am Abend zur Post.
3. Er fährt mit dem Auto.
4. Willi wohnt in einer Stadt.
5. Willi stellt das Fahrrad in die Post.
6. Willis Bruder wohnt in Leipzig.
7. Willi gibt der Beamtin eine Ansichtskarte.
8. Willi kauft zehn Briefmarken.
9. Alles zusammen kostet DM 1,80.
10. Willi gibt der Beamtin eine Quittung.
11. Willi klebt ein paar Briefmarken aufs Paket.
12. Willis Freund hat einen Computer.

Was kostet alles zusammen?

Mit wem spricht Willi?

Übung macht den Meister!

1. *Schreib einen Brief an deinen Brieffreund oder deine Brieffreundin!* In your letter you may want to inquire about interest in sports, hobbies, school and social life, etc. Also, tell your pen pal about your life style. Be as creative as possible.

2. *Was ist denn alles in dem Paket?* Imagine that you are going through customs upon arrival in Germany. Since you are carrying a package besides your luggage, the customs official inquires about its contents. Role-play this dialog situation with one of your classmates in which he or she takes the part of the customs official. Reverse roles.

3. *Der Briefträger kommt.* Schreib einen Dialog über das Thema „Der Briefträger kommt"! Was bringt er? Was besprecht (discuss) ihr usw. Dann übe diesen Dialog mit anderen Klassenkameraden.

4. *Das ist nicht unsere Post.* The mail carrier delivered the wrong package to your door. Develop a dialog in which you provide information about where this person lives and how he or she can get there to deliver it.

Erweiterung

19. Ergänze die folgenden Sätze mit den passenden Wörtern.

Quittung   Luftpost   Postleitzahl   Gebühr
Briefmarken   Briefkasten   Briefumschlag   Post

1. Die Briefträgerin leert den _____.
2. Wenn ich ein Telefongespräch führe, dann muß ich bei˝der Dame am Schalter eine _____ bezahlen.
3. Der Absender steht auf dem _____.
4. Die _____ steht direkt vor dem Namen des Orts.
5. Geben Sie mir bitte eine _____. Dann wissen wir später,˝wieviel es gekostet hat.
6. Briefmarken kann man auf der _____ kaufen.
7. Er soll den Brief schon in zwei Tagen bekommen? Dann mußt˝du ihn mit _____ schicken.
8. Ohne _____ können wir die Ansichtskarte nicht schicken.

20. Welche Antworten passen zu den Fragen?

1. Haben Sie die Rechnung bezahlt?
2. Was hat die Briefträgerin gebracht?
3. Wie hast du es geschickt?
4. Wer hat denn da geklingelt?
5. Was steht links oben?
6. Was hast du in den Briefkasten geworfen?
7. Was ist da rechts oben?
8. Was steht auf dem Briefumschlag?

a. Der Absender.
b. Die Briefmarke.
c. Ich weiß nicht. Ich habe es nicht gehört.
d. Leider nicht. Ich habe im Moment kein Geld.
e. Die Anschrift.
f. Einen Brief und ein Paket.
g. Mit Luftpost natürlich.
h. Ein paar Ansichtskarten.

21. Beschreibe jedes Wort mit einem ganzen Satz!

1. Briefträger
2. Postamt
3. Päckchen
4. Telefongespräch
5. Briefumschlag
6. Luftpost

22. Beantworte die folgenden Fragen!

1. Von wem hast du einen Brief bekommen?
2. Wie weit ist die Post von dir entfernt?
3. Mit wem führst du manchmal ein Telefongespräch?
4. Was findet man meistens vor einem Postamt?
5. Was kann man in einer Post alles machen?

23. Ergänze diese Sätze!

1. Ich muß zwei Briefmarken auf den Briefumschlag _____.
2. Wie lange hast du ein Telefongespräch _____?
3. Ich will das Päckchen heute an meine Tante _____.
4. Um wieviel Uhr _____ man den Briefkasten?
5. Die Anschrift _____ deutlich auf der Karte.
6. Wann hast du die Rechnungen _____?
7. Ich habe das gar nicht _____.
8. Warum kannst du ihn nicht _____?

Sprachspiegel

24. *Warum hat er das nicht getan?* **Ergänze den Dialog mit den folgenden Wörtern!**

sagen	verstehen	Briefmarken	Arbeit
Zeit	früher	bekommen	Brief
kennt	weißt	spät	tun

1. Warum hast du den _____ nicht in den Briefkasten eingeworfen?
2. Ich hatte keine _____ zu Hause.
3. Du kannst sie doch beim Postamt _____.
4. Ja, aber es war schon zu _____.
5. Warum bist du nicht _____ zur Post gegangen?
6. Ich hatte leider keine _____.
7. Das kann ich nicht _____.
8. Du hast doch immer so wenig zu _____.
9. Wie _____ du denn das?
10. Dein Bruder sagt oft, du hast keine _____.
11. Wie kann er das _____?
12. Er _____ dich eben sehr gut.

der Briefträger

die Post

der Briefkasten

75

25. Wie sagt man's?

Rechnung geschrieben Anschrift Quittung
Hand gewußt Uhr Beamtin
Briefträger Freundin klingelt Telegramm
recht Kreditkarte gehabt Geburtstag
Geld gebe Mantel brauche
leihen Briefe Bleistift Schreiben
dauert geführt

1. Von wem ist das _____?
   Von meiner _____.
   Was hat sie denn _____?
   Ich soll sie zum _____ besuchen.

2. Was hat die _____ gesagt?
   Ich soll meine _____ auf die Paketkarte schreiben.
   Hast du das nicht _____?
   Ja, aber ich habe keine Paketkarte _____.

3. Diese _____ ist aber sehr hoch.
   Ich habe viele Telefongespräche _____.
   Warum hast du keine _____ geschickt.
   Das _____ immer viel zu lange.

4. Hast du etwas zum _____?
   Ja, einen _____.
   Kannst du ihn mir _____?
   Nicht lange, ich _____ ihn auch gleich.
   Ich _____ ihn dir sofort zurück.

5. Hast du für den _____ bezahlt?
   Nein, ich habe nicht so viel _____.
   Hast du denn keine _____?
   Ja, du hast _____.
   Sag auch der Verkäuferin, sie soll dir eine _____ geben.

6. Wer _____ denn da?
   Da ist bestimmt der _____.
   Er kommt doch sonst immer um zwei _____.
   Ich glaube, er hat ein Paket in der _____.

26. *Ich habe heute noch viel zu tun.* Schreibe einen Absatz (paragraph), was du heute alles machen mußt.

27. Wie heißt das auf deutsch?

1. Where did they emigrate to?
2. Is that enough for this afternoon?
3. I have to pay a fee.
4. Can you throw the mail into the mailbox?
5. I have to send the package airmail.
6. Do you have to make a phone call?

Rückblick

I. Insert the appropriate reflexive pronoun.

1. Hast du _____ die Zähne geputzt?
2. Ich freue _____ schon jetzt auf diese Reise.
3. Möchten Sie _____ diese Schuhe ansehen?
4. Wir können _____ hier an den Tisch setzen.
5. Warum beeilt ihr _____ nicht?
6. Ich habe _____ die Jacke gebürstet.
7. Rasier _____, Rudi!
8. Wollen Sie _____ mit uns treffen?

II. Retell the following story in the past and then in the present perfect tense.

Ursula und Claudia haben Lust, ins Kino zu gehen. Sie treffen sich um halb drei bei Ursula. Sie verlassen sofort Ursulas Wohnung. Zum Kino sind es nur zehn Minuten zu Fuß.

Im Kino gibt es einen Film aus Amerika. Vor dem Kino stehen ihre zwei Freunde, Rainer und Walter. Die beiden gehen auch ins Kino, aber erst um fünf Uhr. Sie laden Ursula und Claudia ein, mit ihnen um fünf Uhr ins Kino zu gehen. Jetzt haben die Vier noch zwei Stunden Zeit. Ein Eiscafé ist gleich um die Ecke. Dort schmeckt das Eis immer besonders gut.

Was hast du jetzt vor?

Vielleicht wird sie es ihrer Tochter geben?

Sie fahren mit ihren Fahrrädern in die Stadt.

Wird sie es ihm kaufen?

III. Change the direct and indirect objects to pronouns. Change the word order, where necessary.

❐ Ich gebe *meinem Freund den Schläger*.
Ich gebe ihn ihm.

1. Kannst du *deiner Schwester den Computer* zeigen?
2. Geben Sie *der Dame die Bordkarte*!
3. Hilfst du *deinem Freund*?
4. Ich kann *den Briefkasten* nicht finden.
5. Wir kaufen *unseren Eltern ein Geschenk*.
6. Sag *deiner Freundin das Wort*!
7. Der Herr erklärt *den Touristen das Märchen*.
8. Ich glaube *dieser Angestellten* nicht.
9. Sie gibt *den Leuten die Prospekte*.
10. Das Museum gefällt *meinem Onkel* gar nicht.

IV. Complete the sentences, using the words provided in parentheses. Contract the prepositions and articles, where possible.

❏ Er kommt aus _____ (Kino, Schule)
    Er kommt aus dem Kino.
    Er kommt aus der Schule.

1. Treffen wir uns doch bei _____! (Flughafen, Schalter, Post)
2. Wollt ihr um _____ laufen? (Rathaus, Ecke, Bahnhof)
3. Ich fahre ohne _____. (mein Bruder, er, Sie)
4. Haben Sie mit _____ gesprochen? (der Pilot, die Dame, die Touristen)
5. Wer kommt außer _____ noch zur Disko? (mein Freund, seine Schwester, du)
6. Das Kino ist zwei Ecken von _____ entfernt. (unser Haus, Sie, meine Wohnung)
7. Morgen werden wir gegen _____ spielen. (ihr, deine Freunde, du)
8. Geht nicht durch _____! (Zimmer, Bahnhof, Kaufhaus)
9. Um wieviel Uhr kommst du aus _____? (Büro, Bank, Museum)
10. Wir müssen schnell zu _____ gehen. (Tür, Eingang, Kasse)

Sprichwort

Kleider machen Leute.
(Clothes make people./Clothes make the person.)

Postal Service

T he German Federal Post Office *(Deutsche Bundespost)* is the biggest service enterprise in Europe. It is recognized by its bright yellow mailboxes and trucks with their distinctive postal horn symbol. There are yellow buses, which carry both mail and passengers.

Besides performing what Americans think of as normal postal services, the *Bundespost* also owns and operates the telephone and teletype systems and handles telegrams. It owns or controls the transmission equipment for the radio and TV networks, and also licenses and collects fees for radios and TV sets. Every German owning a radio and/or TV set pays a monthly fee, which is collected by the postal service. The Federal Post Office also offers banking services (both savings and checking accounts can be handled through local post offices). Furthermore, it pays out social security money and certain federal pensions. Finally, the Federal Post Office offers subscriptions to newspapers and magazines.

The official name for "post office" is either *"Die Post"* or *"Das Postamt."* In major cities, the main post office is always found in a central downtown location. Many people can take care of their immediate needs right at— what the Germans call — the "silent post office" *(Stummes Postamt)*. Here they find not only stamp machines and mailboxes but also phone booths. By the way, if you buy from these stamp machines, you get stamps worth the full amount you deposit.

Das Stumme Postamt

In großen Postämtern gibt es oft eine Information.

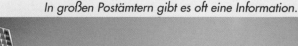

Frau Reuter freut sich, wenn sie Post bekommt.

Was bringt der Briefträger heute?

Upon entering a large post office, you may find an information desk called either *"Information"* or *"Beratung."* Here, a postal official will answer your questions. You'll be confronted with several stations, usually labeled with numbers and what their particular service offers. If you need some stamps, look for the counter marked *"Briefmarken"* or *"Wertzeichen."* The postal clerk will take care of your needs.

If you intend to send a package, you should find the counter marked *"Pakete."* There are two classes of packages, the *"Paket"* and the *"Päckchen."* The *Paket* is a normal package sent by parcel post, the rate depending on the weight and the distance to the destination. In addition to the address on the package itself, a separate card *(Paketkarte)* must be filled out. If a package is small, it will go as a *Päckchen*. A *Päckchen* goes first class, but at a much cheaper rate in comparison to the letter weight. No *Paketkarte* is required when sending a *Päckchen*. As telegrams have become less popular due to the innovation of fax machines, most major post office have fax machines which customers can use at their convenience.

Telephone calls to anywhere in the world can be placed at a German post office. Simply go to the counter marked *"Telefon"* or *"Fernsprecher"* and tell the clerk that you would like to make a long-distance call *(Ferngespräch)*. He or she will direct you to a phone booth. You may be asked to pay a deposit before the call; you'll pay the final bill after your call. By the way, long-distance calls from the post office are considerably cheaper than from other places, particularly from hotels.

Der Briefträger kommt in einem gelben Auto.

Viele haben ein Sparkonto auf der Po

Germans are known to save money. They can keep their savings accounts at local banks or with the post office. A postal savings account has the advantage that the saver can withdraw money in the local currency in many European countries, right at the post offices. Many Germans will deposit monthly amounts to their savings account. Traveler's checks can also be obtained at the local post office.

Early in the morning, the letter carriers pick up their mail for their specified delivery district and head into different directions all over the city. Packages are delivered either by vans or passenger cars. In big cities they will use public transportation to get to their assigned area, whereas in smaller towns the mail carriers will come on bicycle or even on foot. Most mail carriers do not wear any uniform as in the past, except in some smaller towns where it is still traditional.

Wovon spricht man hier?

1. Ulla ruft ihre Freundin in Hannover an. Sie führt ein _____.
2. Wenn man einen Brief oder eine Karte schickt, dann muß man _____ auf den Umschlag kleben.
3. Bei der _____ beantworten die Angestellten deine Fragen.
4. Ein anderes Wort für Telefon ist _____.
5. Die größte Firma in Europa ist die Deutsche _____.
6. Wenn man ein Paket schickt, dann muß man eine _____ ausfüllen.
7. Ein _____ ist kleiner als ein Paket.
8. Wenn man Wertzeichen braucht, dann bekommt man diese bei der Post oder beim _____.

Vokabeln

- der **Absender,-** sender
  absteigen *(stieg ab, ist abgestiegen)* to get off (bike)
- die **Anschrift,-en** address
  aufgeben *(gibt auf, gab auf, aufgegeben)* to dispatch, send
  aufsteigen *(stieg auf, ist aufgestiegen)* to get on (bike)
  auswandern to emigrate
- der **Bekannte,-n** friend, acquaintance
  Bitte schön. Here you are.
- die **Blume,-n** flower
- der **Briefträger,-** mail carrier
- der **Briefumschlag,¨e** envelope
  deutlich clear(ly)
- das **Dorf,¨er** village
  einwerfen *(wirft ein, warf ein, eingeworfen)* to mail (letter)
- der **Empfänger,-** recipient, addressee
- die **Entscheidung,-en** decision

- der **Garten,¨** garden
- die **Gebühr,-en** fee
  genauso just like/as
  genügen to be enough
  gerade just
  gestern yesterday
  gießen *(goß, gegossen)* to water (flowers), pour
- die **Hausnummer,-n** street number
  kleben to stick, paste, glue
  kommen auf to come to, amount to
  leeren to empty
- die **Luftpost** airmail
- der **Mann,¨er** man, husband
- die **Nachbarin,-nen** neighbor (female)
- die **Nachbarschaft,-en** neighborhood
- die **Nachrichten (pl.)** news
  neben next to, beside
  oben on top
- der **Ort,-e** town, place
- das **Päckchen,-** parcel
- die **Paketkarte,-n** package card (form to be filled out when sending package)

- die **Post** post office, mail
- das **Postamt,¨er** post office
- das **Postfach,¨er** post office box
- die **Postkarte,-n** postcard
- die **Postleitzahl,-en** zip code
- die **Rechnung,-en** bill
- die **Sachen (pl.)** items, things
- das **Sparkonto,-ten** savings account **ein Sparkonto führen** to keep a savings account
- der **Stempel,-** stamp, postmark
- das **Telefonbuch,¨er** phone book
- das **Telefongespräch,¨e** phone call **ein Telefongespräch führen** to make a phone call
- das **Telegramm,-e** telegram
- die **Quittung,-en** receipt
  vorhin before, earlier
  zustellen to deliver

das Postamt in Münden

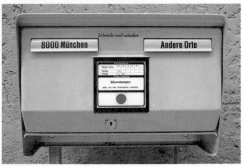
Was ist die Postleitzahl von München?

Ferien

Communicative Functions

- talking about vacation plans
- naming countries, languages and people
- describing professions
- preparing for a picnic
- describing a soccer game

Im Reisebüro

(zu Hause)

Hans: Letzten Sommer war ich mit meinen Freunden in Italien. Diesmal möchte ich woanders hinfahren. Besonders da es unsere Hochzeitsreise ist.

Miriam: Wie wär's mit Spanien? Dorthin fahren immer viele Deutsche. Also, es muß dort ganz toll sein.

Hans: Eine Reise nach Spanien ist aber viel teurer.

Miriam: Vielleicht können wir uns von Mutti etwas Geld leihen.

Mutter: Na, na, gebt ihr schon wieder mein Geld aus? Aber fahrt ruhig dorthin, wo es euch gefällt. Ich helfe euch dann schon aus.

Hans: Fahren wir am besten zum Reisebüro. Die können uns genaue Auskunft geben.

Wähle die richtigen Antworten!

1. Das Reisebüro kann
2. Eine Reise nach Spanien ist
3. Hans möchte nicht
4. Miriams Mutter wird
5. Hans und Miriam wollen
6. Für Miriam und Hans ist
7. Hans ist im letzten Jahr
8. Miriams Mutter möchte, daß

a. ihnen Geld leihen
b. in Italien gewesen
c. zum Reisebüro fahren
d. sie hinfahren, wo es ihnen gefällt
e. teurer als nach Italien
f. nach Italien fahren
g. das ihre Hochzeitsreise
h. Touristen genau informieren

Miriam und Hans wollen eine Reise machen.

Wer wird ihnen vielleicht Geld leihen?

86

(vor dem Reisebüro)

Miriam: Während des Nachmittags findet man hier immer einen Parkplatz.

Hans: Das stimmt. Um diese Zeit ist nie viel Verkehr.

Miriam: Das Poster gefällt mir wirklich. Die Sonne...der Sand...das Meer.

Hans: Nicht so schnell. Wir sind noch nicht in Spanien. Vielleicht können wir uns das gar nicht leisten.

Miriam: Gehen wir ins Reisebüro hinein! Da kann man uns die Einzelheiten erklären.

Beantworte diese Fragen!

1. Was kann man leicht am Nachmittag finden?
2. Warum?
3. Was gefällt Miriam?
4. Was können sie sich vielleicht nicht leisten?
5. Wo gehen sie hinein?

Wann findet man immer einen Parkplatz?

Was gefällt Hans?

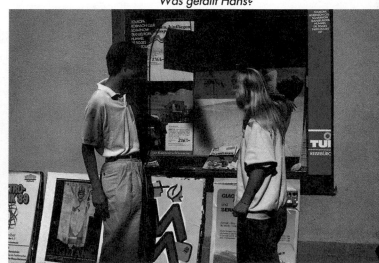

das Reisebüro

87

(im Reisebüro)

Angestellte: Grüß Gott, was kann ich für Sie tun?

Hans: Wir wollen in den sonnigen Süden. Was können Sie uns außer Italien vorschlagen?

Miriam: Es muß aber auch preiswert sein. Hans, du brauchst dir gar nicht den Prospekt von der Sahara anzusehen. So eine Reise kommt finanziell nicht in Frage.

Hans: Na, ich kann wenigstens von so einer Reise nach Afrika träumen.

Miriam: Außerdem ist das eine Expedition. Also, zurück zur Wirklichkeit.

Beende die folgenden Sätze! Du brauchst nicht alle Wörter.

finanziell	außerdem	sonnigen	zurück
wenigstens	preiswert	außer	nach

1. Die Reise soll _____ sein.
2. Sie möchten in den _____ Süden fahren.
3. Hans träumt von einer Reise _____ Afrika.
4. Diese Reise kommt _____ nicht in Frage.
5. Was schlagen Sie uns _____ Italien vor?
6. Hans soll _____ in die Wirklichkeit.

Was soll Hans sich nicht ansehen? Warum?

Hans:	Wie wär's mit England? Dort können wir unser Englisch ausprobieren.
Miriam:	Mit dem Flugzeug sind wir auch schnell in London. Das Wetter ist in England natürlich nicht so schön wie in Spanien oder Afrika.
Hans:	Trotz des Wetters reizt es mich, nach England zu reisen.
Angestellte:	Nach England haben wir einen besonders günstigen Preis. Sehen Sie! Dieser Preis schließt alles ein, den Flug und das Hotel mit Vollpension.
Hans:	Nicht schlecht. Gut, also dann nach England.
Angestellte:	Ich muß Sie dann bitten, die Hälfte jetzt zu bezahlen und den Rest einen Monat vor der Abreise.

Hier stimmt etwas nicht. Kannst du die richtige Antwort geben?

1. Die Angestellte hat einen teuren Preis nach England.
2. Hans muß alles sofort bezahlen.
3. In Spanien können Hans und Miriam ihr Englisch üben.
4. Sie fahren mit dem Schiff nach England.
5. Außer dem Flug müssen sie noch für das Hotel bezahlen.
6. Im Sommer ist das Wetter besser in England als in Spanien.
7. Miriam und Hans werden nach Afrika reisen.

Fragen

1. Wo ist Hans im letzten Jahr gewesen?
2. Wer wird ihnen Geld leihen?
3. Wo können sie Auskunft über Reisen bekommen?
4. Warum soll sich Hans keinen Prospekt über die Sahara ansehen?
5. Warum wollen sie nach England?
6. Fahren sie mit dem Schiff nach England?
7. Was schließt der Preis ein?
8. Was muß Hans jetzt bezahlen?

Eine Reise nach England ist besonders günstig.

89

Most Germans head south on their vacation during the summer. The most popular countries are Italy, Spain and Yugoslavia as they offer a pleasant climate, beautiful beaches and reasonable prices.

Many vacationers travel by car, but more and more make use of the trains which can transport cars to the final destination. This system allows the travelers to go by train (round-trip or one way) and have the car available in the resort area.

Tour packages are quite common and they are usually much more reasonable. A *Vollpension* provides the visitors with three meals daily at their hotel and many travelers make use of this plan.

Kombiniere...

Wie viele Sätze kannst du bilden?

Wann	kommt	der Tourist	auf dem Fahrplan	ab
Wo	fliegt	Hans	jetzt	ein
Wohin	steigt	ihr	um drei Uhr	an
Warum	sieht	sie	morgen	nach

Viele Deutsche fahren mit Zügen in die Ferien. (Hamburg)

Tschüs! Bis bald!

Fahren wir am besten nach Österreich.

Wie wär's mit Trier?

Nützliche Ausdrücke

Wie wär's...?	How about...?
Fahren wir am besten nach...	Why don't we go to...
Können Sie uns Auskunft geben?	Can you give us information?
Kannst du dir das leisten?	Can you afford this?
Erkläre uns bitte die Einzelheiten!	Please explain the details.
Wollen Sie in den sonnigen Süden?	Do you want to go to the sunny south?
Das kommt nicht in Frage.	That's out of the question.
Ich träume von so einer Reise.	I'm dreaming about such a trip.
Trotz des Wetters möchte ich nach... fahren.	In spite of the weather I want to go to...
Das schließt alles ein.	That includes everything.

Wähle die richtige Frage oder Antwort!

1. Ich werde ein neues Auto kaufen.
2. Meine Eltern fahren nach Amerika.
3. Fährst du in den kalten Norden?
4. Wie wär's mit einem Eis?
5. Warum willst du die Angestellte fragen?
6. Die Reise kostet eintausend Mark.
7. Dort regnet es immer.
8. Das kann ich nicht verstehen.

a. Sie kann uns Auskunft geben.
b. Ich träume auch von so einer Reise.
c. Schließt das alles ein?
d. Das schmeckt immer gut.
e. Ich erkläre dir die Einzelheiten.
f. Nein, ich fahre lieber nach Spanien.
g. Kannst du dir das leisten?
h. Ich möchte trotz des Wetters fahren.

93

Was willst du werden?

1. **Weißt du, welche Sprachen man in diesen Städten oder Ländern spricht?**

   ❏ Mexiko
   In Mexiko spricht man Spanisch.

      1. Brüssel
      2. Kanada
      3. Argentinien
      4. London
      5. Paris
      6. Wien
      7. Madrid
      8. Berlin
      9. Rom
      10. Zürich

2. *Welche Berufe passen zu den Wörtern? Du wirst nicht alle Wörter verstehen? Kannst du die Antworten geben?*

   ❏ Sie fotografiert.
   Sie ist Fotografin.

      1. Er fliegt das Flugzeug.
      2. Sie steht an der Kasse.
      3. Er bäckt Brote.
      4. Sie spielt in einem Theater.
      5. Er regelt den Verkehr.
      6. Sie verkauft Medizin.
      7. Er repariert Autos.
      8. Sie weiß viel über Elektrizität.
      9. Er bringt die Post.
      10. Sie sieht sich die Zähne an.
      11. Er spielt in einem Konzert.
      12. Sie hilft den Touristen im Flugzeug.
      13. Er macht das Haar schön.
      14. Sie schreibt Briefe.

die Kellnerin

der Zahnarzt und die Ärztin

der Musiker

Sie arbeitet bei einer großen Firma.

Die meisten sind mit ihrer Arbeit zufrieden.

Leseecke

Traumberufe

Mehr als 60 Prozent° der 15- bis 24jährigen° in Deutschland haben einen „Traumberuf"°. Das war das Ergebnis° einer Umfrage° der Zeitschrift „Stern". Sie zeigte auch, wie schnell Träume° kommen und gehen. Noch vor zehn Jahren wollten die jungen Männer am liebsten als Förster° durch den Wald° wandern. Heute möchten sie Naturwissenschaftler° werden (12,7 Prozent), Ingenieur (12 Prozent) oder Manager (8,5 Prozent). Die jungen Frauen sehen sich im Traum gerne als Künstlerin° (11 Prozent), Modedesignerin (7,2 Prozent) oder als Managerin in einem Hotel (7,6 Prozent).

Naturwissen-
schaftler   Ingenieur   Manager   Künstlerin   Modedesignerin   Managerin
in einem
Hotel

Manche Träume sind sogar schon Wirklichkeit° geworden: Ihren Traumberuf haben 9,5 Prozent der Männer und 2,9 Prozent der Frauen — sagen sie. Trotzdem sind 82,5 Prozent von allen Berufstätigen° mit ihrer Arbeit zufrieden. Also, auch ohne den Traumberuf kann man glücklich° sein.

Die realistischen Berufswünsche° sehen aber etwas anders° aus: Am liebsten möchten 44,5 Prozent der Frauen „einen sozialen Beruf". 41,6 Prozent würden° auch „etwas Alternatives machen — mit mehr Freiraum und Selbstbestimmung°". 32,8 Prozent wollen „künstlerisch schaffen°", denn „das ist der einzige° Weg, um im Beruf zufrieden zu sein".

Und wo möchten sie arbeiten? Am liebsten für den Staat. Der ist für viele der sicherste Arbeitgeber°. Aber gleich danach° kommen die Medien (Presse, Rundfunk°, Fernsehen), die Fluglinie Lufthansa° und (besonders bei den Männern) der Elektrokonzern Siemens° und die Autofirma Daimler-Benz°.

Konkrete Wünsche° gibt es auch bei der Arbeitszeit: 48,2 Prozent sind gegen weniger Wochen-Stunden. Aber 83 Prozent wollen Teilzeitarbeit° und flexible Arbeitszeiten. Und 46,9 Prozent wünschen sich mehr Urlaub°. Mehr Zeit zum Träumen?

(*Prozent* percent; *24-jährige* 24-year-olds; *Traumberuf* dream job; *Ergebnis* result; *Umfrage* survey; *Träume* dreams; *Förster* forester; *Wald* forest; *Naturwissenschaftler* natural scientists; *Künstlerin* artist; *Wirklichkeit* reality; *Berufstätigen* employees; *glücklich* happy; *Berufswünsche* job requests; *anders* different; *würden* would; *Freiraum und Selbstbestimmung* freedom (to choose) and self-determination; *künstlerisch schaffen* create artistically; *einzige Weg* only way; *sicherste Arbeitgeber* the most secure employer; *gleich danach* immediately following; *Rundfunk* radio; *Fluglinie Lufthansa* Lufthansa Airlines; *Elektrokonzern Siemens* electro group (firm) Siemens; *Autofirma Daimler-Benz* automobile company Daimler-Benz; *Wünsche* wishes, requests; *Teilzeitarbeit* parttime work; *Urlaub* vacation)

Welche sind die passenden Antworten?

1. 44,5% der Frauen wollen
2. 12,7% der Männer wollen
3. 83% wollen
4. 11% der jungen Frauen wollen
5. 60% der Jugendlichen wollen
6. 32,8 wollen
7. Die meisten wollen
8. 46,9% wollen

a. künstlerisch schaffen
b. Teilzeitarbeit
c. mehr Urlaub
d. einen sozialen Beruf
e. Künstlerin werden
f. Naturwissenschaftler werden
g. beim Staat arbeiten
h. einen Traumberuf

Viele arbeiten gern bei der Lufthansa.

Sag's mal!

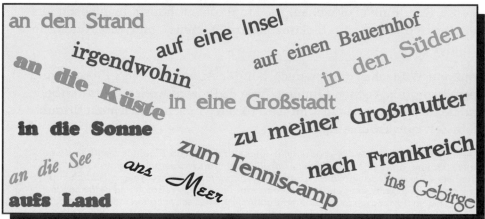

Übungen

Genitive

The definite and indefinite article and possessive adjectives

Up to now you have been acquainted with three cases in German: the nominative (subject case), the accusative (direct object case) and the dative (indirect object case). Besides these three cases, there is a fourth case: the *genitive*.

The genitive shows possession or relationship. The genitive forms of the definite and indefinite articles and the possessive adjectives are as follows:

| | Singular | | Plural |
masculine	feminine	neuter	
des	der	des	der
eines	einer	eines	--
meines	meiner	meines	meiner
deines	deiner	deines	deiner
seines	seiner	seines	seiner
ihres	ihrer	ihres	ihrer
seines	seiner	seines	seiner
unseres*	unserer*	unseres*	unserer*
eueres*	euerer*	eueres*	euerer*
ihres	ihrer	ihres	ihrer
Ihres	Ihrer	Ihres	Ihrer

*The e in front of the r in unser and euer is often omitted if the ending begins with a vowel.

An -es is added to one-syllable masculine and neuter nouns, whereas an -s is added to masculine and neuter nouns with two or more syllables.

Beispiele: *Das ist die Seite des Buches.*
(That's the page of the book.)

Warte beim Eingang des Hauses.
(Wait at the entrance of the house.)

Sie hat das Geld ihres Mannes.
(She has her husband's money.)

Die Farbe seines Anzugs gefällt mir.
(I like the color of his suit.)

Wer ist die Freundin ihres Bruders?
(Who is her brother's girlfriend?)

Die Uhr des Bahnhofs geht nach.
(The clock of the train station is slow.)

NOTE: There are several nouns ending in -n or -en in the genitive such as *Pilot, Junge, Beamter, Tourist, Nachbar, Polizist, Herr,* and *Fotograf.*

3. *Wem gehört das?* (Whom does this belong to?)

❑ der Fahrplan / die Dame
Das ist der Fahrplan der Dame.

1. das Auto / mein Freund
2. das Paket / die Lehrerin
3. die Gitarre / ihr Bruder
4. der Reisepaß / Amerikaner
5. der Freund / das Mädchen
6. das Geld / unsere Tante

4. Wieviel kosten diese Sachen?

❏ das Geschenk / mein Freund / zwanzig Mark
Das Geschenk meines Freundes kostet zwanzig Mark.

1. die Reise / seine Schwester / viel Geld
2. das Fahrrad / der Junge / zweihundert Mark
3. die Bluse / die Dame / wenig Geld
4. die Karte / unser Onkel / fünfzig Mark
5. das Haus / meine Nachbarin / sehr viel

5. *Welche Autos sind rot?* Paul will wissen, wieviele rote Autos seine Freunde kennen. Kannst du ihm helfen?

❏ mein Bruder
Das Auto meines Bruders ist rot.

1. die Amerikanerin
2. sein Freund
3. euer Lehrer
4. meine Tante
5. der Verkäufer
6. meine Freundin

6. *Ja, das stimmt.* You seem to agree with the statements you hear.

❏ Der Spanier hat einen Reisepaß.
Ja, das ist der Reisepaß des Spaniers.

1. Das Mädchen hat einen Freund.
2. Die Dame hat einen Fahrplan.
3. Der Junge hat einen Kuli.
4. Die Lehrerin hat ein Auto.
5. Die Nachbarin hat einen Brief.

7. Form a complete phrase, incorporating the words in parentheses.

❏ die Gitarre (mein Freund)
die Gitarre meines Freundes

1. die Farbe (der Mantel)
2. der Mantel (die Dame)

3. das Buch (das Mädchen)
4. die Tür (mein Haus)
5. die Karten (die Jungen)
6. der Name (der Tourist)
7. der Flug (der Pilot)
8. das Fahrrad (seine Freundin)
9. die Wohnung (ihre Großmutter)
10. der Name (der Amerikaner)
11. der Garten (unsere Tante)
12. das Auto (ihr Vater)

8. Provide the proper form of the genitive case for the words in parentheses.

1. Kennst du den Sohn...? (of the saleslady, of my uncle, of my teacher)
2. Gefällt Ihnen die Tür...? (of my car, of the house, of his room)
3. Die Farbe...ist sehr schön. (of her coat, of the jeans, of the moped, of the shirts)
4. Wir besuchen den Bruder... (of his sister, of my aunt, of her father)
5. Sie hören die Musik...? (of the boys, of their daughter, of the girl)
6. Haben Sie die Karten...? (of the tourists, of my girlfriend, of our uncle)

Prepositions

The following prepositions require the genitive case:

anstatt	instead of
trotz	in spite of
während	during
wegen	because of

Beispiele: *Während meiner Reise hatte ich viel Spaß.*
(During my trip I had a lot of fun.)

Er kam trotz des Wetters zu uns.
(He came to us in spite of the weather.)

Interrogative Pronoun: *wessen?*

The interrogative pronoun in the genitive is *wessen*, which is used in asking for persons in the singular as well as in the plural.

Beispiele: *Wessen Fahrrad ist das?*   *Das ist das Fahrrad meines Freundes.*

Wessen Briefe sind das?   *Das sind die Briefe unserer Großeltern.*

Names

The genitive case of proper names is usually formed by adding -s. Contrary to English, there is no apostrophe added.

Beispiele: *Walters Freundin*
Herrn Schmidts Auto
Giselas Buch
Deutschlands Städte

die Autos der Leute

das Fahrrad der Frau

9. *Auf einer Schulparty.* **Du bist auf einer Schulparty. Du hast ein paar Fragen. Deine Klassenkameraden beantworten sie. Folge dem Beispiel!**

❐   Wann geht ihr ins Kino? (Woche)
Während der Woche.

1. Wann fliegst du nach Deutschland? (Sommer)
2. Wann besucht Erika ihren Freund? (Tag)
3. Wann lesen wir unsere Zeitschrift? (Reise)
4. Wann essen wir? (Arbeit)
5. Wann fährst du in die Stadt? (Woche)
6. Wann schreibst du dein Buch? (Winter)

10. *Eine Reise.* Du bist mit deiner Klasse nach Deutschland geflogen. Auf dem Flughafen kurz vor der Reise zurück nach Amerika fragt dein Lehrer „Wessen...ist das?"

❑ meine Freundin
Das ist der Reisepaß meiner Freundin.

1. Freund   2. Mutter   3. Schwester

4. Onkel   5. Bruder   6. Tante

11. Ergänze diese Übung! Folge dem Beispiel!

❑ während dieses Tages
während dieser Tage

1. wegen meines Bruders
2. anstatt seiner Großmutter
3. trotz des Mädchens
4. anstatt ihres Buches
5. während der Woche
6. wegen unseres Autos

12. Complete each of these sentences with genitive forms using the words in parentheses.

1. Hast du das Rathaus (die Stadt) _____ gesehen?
2. Während (der Abend) _____ hat er keine Zeit.
3. Was macht die Schwester (dein Freund) _____?
4. Kennst du den Mann (die Verkäuferin) _____?
5. Ich besuche den Bekannten (mein Vater) _____.
6. Wir hören die Musik (die Gäste) _____.
7. Hier sind die Fotos (seine Familie) _____.
8. Gehen Sie nicht wegen (die Jungen) _____!
9. Sie fahren trotz (das Wetter) _____.
10. Anstatt (meine Tante) _____ ist mein Onkel gekommen.

13. Form questions asking for the italicized words.

❑ *Rolands* Freund besucht uns.
Wessen Freund besucht uns?

1. Ich habe *Petras* Buch gelesen.
2. Webers haben *Frau Bäckers* Haus gekauft.
3. Peter ißt *Angelikas* Kuchen gern.
4. Der Herr hat das Geld *der Dame* gefunden.
5. Wir haben die Karten *der Touristen* bekommen.
6. Sie haben die CD *meines Bruders* gehört.
7. Er wird mir die Fahrkarte *seines Freundes* geben.
8. Herr Meier hat das Auto *seines Freundes* gekauft.

Additional *der-* words

The endings for the *der-* words, i.e. *dieser* (this), *jeder* (every, each) and *welcher* (which), are the same as those of the definite article.

	masculine	Singular feminine	neuter	Plural
nominative	dieser	diese	dieses	diese
accusative	diesen	diese	dieses	diese
dative	diesem	dieser	diesem	diesen
genitive	dieses	dieser	dieses	dieser

Since *jeder* does not have a plural form, you may substitute the word *alle* (all). Use the same endings.

14. *Wie findest du das?* Du gehst mit Britta einkaufen. Sie will wissen, ob die Kleidungsstücke schön sind.

❑ Wie findest du den Pulli?
Dieser Pulli hier ist schöner.

1. Wie findest du die Bluse?
2. Wie findest du den Mantel?
3. Wie findest du das Kleid?
4. Wie findest du den Rock?
5. Wie findest du die Schuhe?
6. Wie findest du das T-Shirt?

15. *Alles ist teuer.* Beim Einkaufen sagt dir Günter, daß alles sehr teuer ist. **Folge dem Beispiel!**

☐ Diese Kassette ist teuer.
Jede Kassette ist teuer.

1. Dieses Buch ist teuer.
2. Dieser Pulli ist teuer.
3. Dieser Computer ist teuer.
4. Diese Klarinette ist teuer.
5. Dieses Geschenk ist teuer.

16. *Das ist mir nicht klar.* Ulrike spricht über verschiedene Sachen (different things). Du verstehst aber nicht, was sie meint. **Frag sie!**

☐ Ich habe die ganze Arbeit gemacht.
Welche Arbeit?

1. Ich habe den Flugschein gekauft.
2. Ich habe meine Freundin besucht.
3. Ich habe die Rockmusik gehört.
4. Ich habe das Spiel gewonnen.
5. Ich habe die Karte bezahlt.
6. Ich habe den Herrn gefragt.

17. *Nein, ich mache das nicht.* **Folge dem Beispiel!**

☐ Sammelst du die Briefmarken?
Nein, nicht diese Briefmarken.

1. Siehst du den Film?
2. Liest du das Buch?
3. Packst du den Koffer?
4. Kennst du das Mädchen?
5. Brauchst du den Kuli?
6. Kaufst du die Zeitung?
7. Verstehst du die Seite?
8. Machst du die Arbeit?

18. *Stell Fragen!* **(Ask questions.)**

☐ Die Verkäuferin ist beliebt.
Welche Verkäuferin ist beliebt?

1. Der Computer kostet viel.
2. Die Stadt liegt im Süden.
3. Das Auto sieht toll aus.
4. Die Schüler schreiben einen Aufsatz.
5. Die Zeitung ist langweilig.

19. Beantworte diese Fragen! Folge dem Beispiel!

❐ Gehst du zur Post?
Ja, ich gehe zu dieser Post.

1. Glaubst du dem Jungen?
2. Gibst du dem Verkäufer zehn Mark?
3. Wartest du beim Eingang?
4. Kommst du zur Schule?
5. Antwortest du dem Lehrer?
6. Erzählst du von der Dame?

20. Provide the proper endings.

1. Dies_____ Film gefällt mir gar nicht.
2. Welch_____ Beamten mußt du fragen? Herrn Müller.
3. Wir fahren jed_____ Jahr zu dies_____ Stadt.
4. Welch_____ Koffer brauchen wir denn? Dies_____ zwei.
5. Die Farbe dies_____ Krawatte gefällt mir nicht.
6. Warum fragen sie jed_____ Verkäuferin?
7. Wartet bitte bei dies_____ Tür hier!
8. Welch_____ Lehrerinnen hast du in der Schule?
9. Ich kenne den Bruder dies_____ Mädchens.
10. Ich weiß jed_____ Aufgabe.

21. Beantworte die folgenden Fragen!

❐ Möchtest du eine Krawatte kaufen?
Ja, ich möchte diese hier.

1. Möchtest du einen Pulli haben?
2. Möchtest du ein Klavier?
3. Möchtest du einen Computer?
4. Möchtest du ein Motorrad?
5. Möchtest du eine Krawatte?

22. Supply the proper form of *dieser* or *welcher*.

1. _____ Musikinstrument spielst du?
2. Wann sehen Sie _____ Film?
3. _____ Kassetten möchtest du hören?
4. _____ Heft brauchst du denn?
5. Ich verstehe _____ Amerikanerin gar nicht.
6. Wegen _____ Arbeit kann ich nicht rüberkommen.
7. _____ Jungen werden gewinnen?
8. Kennst du _____ drei Spieler.
9. Zu _____ Städten sollen wir fahren?
10. Habt ihr mit _____ Gästen viel zu tun?
11. Aus _____ Zimmer kommen sie?

Heute wollen sie ein Picknick machen.

Lesestück

Ein Picknick

Kai und Elke kennen sich° schon ein paar Jahre. Kai
wohnt in derselben Gegend° wie Elke. Sie treffen sich
oft. Heute kommt Kai wieder zu Elkes Haus. Sie haben
vor, mit ein paar anderen Jugendlichen ein Picknick im
Park zu machen. Elke hat ein paar Leckerbissen° fürs
Picknick in einen Korb° getan.

Da kommen auch schon Ulli, Dagmar und Regina auf
ihren Fahrrädern. Ulli hat ein kleines Zelt° mitgebracht.

know each other
area

snacks
basket

tent

Sie setzen alle ihre Sachen ab.

Sie nehmen Zeltstangen und befestigen sie am Zelt.

Wenn es regnet, dann haben sie wenigstens ein Dach überm Kopf°. Kai und Elke begrüßen die drei. Sie besprechen°, was sie fürs Picknick brauchen. Sie haben alles gut vorbereitet°. Deshalb können sie gleich losfahren.

Von Elkes Haus sind es nur zehn Minuten zum Park. Der Park ist groß und ein kleiner See ist in der Mitte. Alle kommen gern hierher°. Auf einem kleinen Platz auf der Wiese° setzen sie ihre Sachen ab°. Dann gehen alle an die Arbeit. Elke und Kai breiten das Zelt auf der Wiese aus°. Dagmar pumpt die Luftmatratze auf°. Ulli und Regina helfen ihr dabei°. Kai nimmt eine Zeltstange° und befestigt° sie direkt am Zelt. Dann nehmen Dagmar und Ulli die andere Zeltstange und befestigen sie auch am Zelt. Es dauert nicht lange, bis das Zelt steht. Zuletzt° nehmen sie noch eine Plastikdecke° und befestigen sie auf dem Zelt. Hoffentlich regnet es nicht. Dann bewundern° sie ihre schnelle und gute Arbeit.

Elke nimmt die Leckerbissen aus dem Korb und wirft° ein paar Würstchen° in einen Topf°. Der Topf steht auf einem kleinen Gaskocher°. Nach ein paar Minuten sind die Würstchen schon warm. Elke nimmt ein Würstchen aus dem Topf und beißt hinein°. Es schmeckt sehr gut. Alle wollen natürlich auch etwas essen. Bevor° sie wieder nach Hause gehen, haben sie noch viel Spaß an dem kleinen See im Park.

roof over their head

discuss

prepared

here

lawn/setzen...ab put down

breiten...aus spread out/ pumps up the air mattress/ with it/tent pole

fastens

finally/plastic cover

admire

throws

hot dogs /pot

gas cooker

bites into

before

Wer ist diese Person? Die folgenden Sätze beschreiben die fünf Jugendlichen vom Lesestück.

1. Ulli und _____ befestigen eine zweite Stange.
2. _____ nimmt ein Würstchen aus dem Topf.
3. Dagmar, Regina und _____ kommen auf Fahrrädern zu Elke.
4. Elkes Freund heißt _____.
5. Kai und _____ breiten das Zelt aus.
6. _____ pumpt eine Luftmatratze auf.
7. Ulli und _____ helfen Dagmar.
8. _____ beißt in ein Würstchen.

Beantworte diese Fragen!

1. Wohnt Kai weit von Elke entfernt?
2. Wo treffen sich Elke und Kai?
3. Wie viele Jugendliche fahren zum Picknick?
4. Wie heißen sie?
5. Was hat Ulli mitgebracht?
6. Warum hat er es mitgebracht?
7. Wie lange fahren sie zum Park?
8. Wer breitet das Zelt aus?
9. Wo befestigen sie die Zeltstange?
10. Was wirft Elke in einen Topf?
11. Wo steht der Topf?
12. Wer ißt zuerst ein Würstchen?
13. Wie schmeckt es?
14. Wo haben sie noch viel Spaß?

Endlich steht das Zelt.

Was machen sie vor dem Zelt?

Übung macht den Meister!

1. *Ich möchte eine Reise machen.* Develop a dialog situation based on this topic. Role-play this scene by playing the potential traveler and the travel agent. Be as creative as possible.

2. *Was soll ich auf meiner Reise mitnehmen?* You've decided to travel with one of your classmates. Prepare a list of items that you intend to take along. Then, compare your list with those of your classmates. Limit your list to the most necessary items. Discuss why or why not you should take certain items along.

3. *Ich möchte diesen Job.* You've seen an ad in the paper advertising a job opening that you would like to apply for. Write a short letter including the following items: your name, age, place you live, subjects you take in school and why you would like to have this job.

4. *Wir machen ein Picknick.* You and your friends are planning a picnic this coming weekend. You're getting together to decide what you'll need. Develop a dialog situation that reflects this topic.

Eine Reise in den Harz macht Spaß.

Heidelberg, eine beliebte deutsche Stadt

Wohin reisen die Touristen?

Erweiterung

23. *Wer bin ich? Wer spricht hier?* In den folgenden Sätzen beschreibt man Berufe. Wähle den passenden Beruf für jeden Satz.

Verkäuferin	Friseur	Bäckerin	Flugbegleiterin
Arzt	Mechaniker	Pilot	Musikerin
Lehrerin	Fleischer	Polizist	Schauspielerin

1. Ich habe schon in vielen Filmen gespielt.
2. Sie sind viel zu schnell gefahren.
3. Wir werden in ein paar Minuten landen.
4. Bei mir können sie Brot und Kuchen kaufen.
5. Heute schreiben wir eine Arbeit.
6. Ihr Haar ist etwas zu lang.
7. Ihr Auto fährt zu langsam? Da muß ich mal nachsehen.
8. Ich habe schon viele Jahre Klavier gespielt.
9. Trinken Sie drei Gläser am Tag. Dann geht es Ihnen bestimmt bald besser.
10. Das Hemd kostet 50 Mark. Sie können dafür gleich bei mir an der Kasse bezahlen.
11. Wir haben die Wurst heute morgen gemacht.
12. Zuerst erkläre ich Ihnen die Sicherheitsmaßnahmen. Dann bringe ich Ihnen das Essen.

24. Bilde einen ganzen Dialog! Wähle passende Antworten!

1. Wohin möchten Sie denn fahren?
2. Wie lange wollen Sie dort bleiben?
3. Wir haben eine preiswerte Reise.
4. Ja, hier ist ein Prospekt.
5. Eintausend zweihundert Mark.

25. Beschreibe jedes Wort mit einem ganzen Satz!

1. Prospekt
2. Parkplatz
3. Reisebüro
4. Sprache

26. Beantworte diese Fragen!

1. Wohin möchtest du eine Reise machen?
2. Wo bist du letzten Sommer gewesen?
3. Was möchtest du später einmal werden?
4. Was kann man bei einem Picknick machen?

Sprachspiegel

27. Du bist ein Angestellter oder eine Angestellte in einem Reisebüro. Jeden Tag kommen viele Leute und wollen Auskunft haben. Kannst du ihnen helfen?

Du: _____
Herr: Nach Amerika.
Du: _____
Herr: Ungefähr drei Wochen.
Du: _____
Herr: New York, Boston und Chicago.
Du: _____
Herr: Nein, ich bin noch nie dort gewesen.
Du: _____
Herr: Das ist mir recht. Ich möchte einen preiswerten Flug.
Du: _____

Dame: Haben Sie einen Prospekt?
Du: _____
Dame: Von Österreich.
Du: _____
Dame: Nach Wien. Dort soll es so schön sein.
Du: _____
Dame: Nein, ich fahre lieber mit dem Zug.
Du: _____
Dame: Im Juli. Während dieser Jahreszeit ist es besonders schön.
Du: _____

28. **Welche Wörter passen in den folgenden Sätzen?**

Wintermonate	Luftmatratze	Wochen	tun
Leckerbissen	kommt	finden	Reise
bringt	Alpen	Juli	Fluß
fahrt	geplant	Prospekt	Wetter
Eltern	fahren	Flugzeug	dauert
Preise			

1. Wir möchten eine _____ auf dem Rhein machen.
   Wann wollen Sie das _____?
   Wenn das _____ schön ist.
   Na, das ist im _____.

2. Ich nehme diesen _____ mit.
   Ja, da _____ Sie alles, was Sie wissen wollen.
   Haben Sie gute _____?
   Ja, Sie können besonders günstig während der _____ reisen.

3. Wie lange _____ die Reise?
   Acht Stunden mit dem Bus aber nur eine Stunde mit dem _____.
   Wer _____ denn mit?
   Meine _____ und meine Schwester.

4. Wir _____ nächste Woche nach Europa.
   Habt ihr denn alles schon _____?
   Ja, schon seit _____.
   Wohin _____ ihr denn?
   Nach München und dann weiter in die _____.

5. Wir wollen am _____ ein Picknick machen.
   Was _____ ihr denn mit?
   Brot, Wurst und ein paar _____.
   Braucht ihr meine _____?

29. *Wohin fahren wir denn?* **Bilde einen Dialog mit den folgenden Sätzen.**

1. Reise / machen / wir / eine / wollen
2. fahren / wohin / wir / sollen
3. Petra / Idee / hat / gute / eine
4. nicht / warum / Innsbruck / reisen / wir / nach
5. schön / es / dort / ist / besonders
6. kommt / wer / mit / alles
7. genau / das / wir / nicht / wissen
8. Freundin / doch / frag / deine
9. hat / sie / geplant / Reise / schon / eine
10. ohne / wir / dann / sie / fahren

30. **Wie heißt das auf deutsch?**

1. I would like to take a trip in spite of the weather.
2. It rains there during October.
3. How expensive is this trip?
4. It costs about 500 marks.
5. What does that include?
6. The hotel and breakfast.

Rückblick

I. Form a phrase, using the words below.

◻ das Buch / meine Schwester
das Buch meiner Schwester

1. die Bank / mein Onkel
2. die Farbe / sein Motorrad
3. das Kleid / unsere Freundin
4. die Reise / die Bekannte
5. die Ankunft / die Fluggäste
6. der Reisepaß / der Tourist
7. die Rechnung / der Verkäufer
8. die Ansichtskarte / meine Eltern
9. der Fahrplan / der Beamte
10. das Haus / sein Lehrer

II. Ergänze die folgenden Sätze!

1. Während des Tages _____.
2. Trotz des schlechten Wetters _____.
3. Ich besuche _____.
4. Die Fahrkarten der Besucher _____.
5. Wessen Brief _____?
6. Werners Telefongespräch _____.
7. Wegen deiner Eltern _____.
8. Anstatt der Jungen _____.

die Bücher der Schüler

die Abreise der Fluggäste

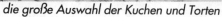

die große Auswahl der Kuchen und Torten

die Verkäuferin des Kaufhauses

III. Change the following sentences to the past tense.

◻ Wohin geht er?
Wohin ging er?

1. Der Briefträger kommt bald.
2. Sagst du das nicht?
3. Sie wandern nach Amerika aus.
4. Meine Freundin ist auf einer langen Reise.
5. Wann fährst du in die Ferien?
6. Wißt ihr die Nummer?
7. Der Beamte nimmt das Paket.
8. Sie gehen zum Reisebüro.
9. Wir sehen uns den Film an.
10. Er hat keine Idee.

IV. Substitute the proper pronoun for the italicized words.

◻ Was hast du *deiner Mutter* gegeben?
Was hast du ihr gegeben?

1. Rolf hilft *seinem Bruder* bei der Arbeit.
2. Kannst du *Ingrid* anrufen?
3. Wir wollen *meinen Onkel* einladen.
4. Ich glaube *der Verkäuferin* nicht.
5. Was hast du *unserem Lehrer* gesagt?
6. Wir sind zu *unserer Tante* gefahren.
7. Hast du bei *deinen Großeltern* gewohnt?
8. Wann schreibst du *deiner Brieffreundin* eine Karte?

Viele Fans kommen schon zwei Stunden vor dem Spiel zum Stadion.

Endlich geht's los.

Die Zuschauer schwenken ihre Fahner

Land und Leute

Wer wird Deutscher Fußballmeister?

Heute ist ein besonderer Tag. Es ist der letzte Spieltag der Fußballsaison°. Die Münchner haben schon lange auf diesen Tag gewartet. Ihre Mannschaft°, der FC Bayern München, spielt gegen Bochum um° die Deutsche Fußballmeisterschaft°. Werden sie gewinnen?

soccer season

team

for

soccer championship

Viele Fans kommen schon zwei Stunden vor dem Spiel zum Olympiastadion°. Manche° versuchen, an der Kasse noch Karten zu bekommen, aber die sind seit Wochen ausverkauft. Ein paar Jugendliche tragen rot-weiße Hemden und Sweatshirts. Rot-weiß ist die Farbe des Münchner Klubs. Andere singen, jubeln und freuen sich auf das große Spiel.

Olympic Stadium/ some people

An verschiedenen Imbißständen° kann man Würstchen und Getränke° bekommen. Viele stehen Schlange° und essen und trinken an großen Tischen. Andere gehen schon jetzt durch den Eingang ins Stadion. Dort marschieren sechs der besten Kapellen° ein paar Mal im Stadion herum° und spielen bekannte Marschlieder°. Das bringt die Zuschauer richtig in Stimmung°.

Endlich geht's los. Die Fußballfans jubeln und schreien. Sie wollen natürlich, daß ihre Mannschaft gewinnt. Sie müssen auch nicht lange warten. Schon nach ein paar Minuten schießt° ein Münchner das erste Tor°. Die Zuschauer sind begeistert. Sie jubeln und schwenken° ihre rot-weißen Fahnen°. Eine Tafel zeigt an: FC Bayern — VFL Bochum 1:0.

Das Tempo bleibt so schnell. In einem Fußballspiel° versuchen die Spieler°, den Ball ins Tor des Gegners° zu schießen. Die Spieler spielen fast nur mit dem Fuß. Wenn der Ball zu hoch kommt, köpfen° sie ihn. Kurz° vor der Halbzeit° schießen die Münchner noch ein Tor. Die Halbzeit dauert zehn Minuten. Auf der großen Tafel gibt man jetzt das Ergebnis der anderen Spiele° bekannt. Natürlich ist heute kein Spiel so wichtig° wie das hier im Münchner Olympiastadion.

Was tragen sie?

Was steht auf der Tafel?

117

Nach der Halbzeit spielen die Bochumer etwas besser, aber leider haben sie nicht so gute Spieler wie der FC Bayern. Schon nach zehn Minuten passiert° es wieder. *happens*
Nummer neun hat den Ball. Er schießt ihn hoch in die Ecke. Der Torwart° hat keine Chance, den Ball zu hal- *goalie*
ten°. Wieder blinkt das Wort° „Tor" auf der großen Tafel *catch/the word blinks*
und dann das Ergebnis 3:0.

Vergeblich° versuchen die Bochumer immer wieder°, *to no avail/ again and again*
ein Tor zu schießen. Sie spielen jetzt auch viel aggres-
siver°, aber heute können sie gegen die Münchner *more aggressively*
nichts machen. Plötzlich° fällt ein Münchner Spieler *suddenly*
hin°. Ein Bochumer hat ihn gefoult°. Die Zuschauer *fällt...hin falls down/fouled*
pfeifen°. Der Schiedsrichter° zeigt dem Spieler die Gelbe *whistle/referee*
Karte. Dann geht das Spiel weiter°. *continues*

Der Bochumer Torwart hat in den letzten Minuten noch viel zu tun. Die Münchner greifen immer wieder an°. *greifen...an attack*
Kurz vor dem Ende° des Spiels schießen die Münchner *end*
noch zwei Tore. Plötzlich pfeift der Schiedsrichter. Das Spiel ist zu Ende°. Der FC Bayern München ist „Deutscher *over*
Fußballmeister". Jetzt ist wirklich viel los. Die Zuschauer schreien und schwenken die Fahnen. Viele Fans laufen
auf das Feld° und wollen den Münchner Spielern *field*
gratulieren. Die Freude° ist groß. Die Münchner *joy*
Mannschaft bekommt den wichtigsten Preis° — den *prize*
Pokal° der Deutschen Fußballmeisterschaft. Es war ein *cup*
großer Tag für den FC Bayern München!

Welche Wörter passen in den folgenden Sätzen?

Tafel✓	Halbzeit✓	Würstchen✓	Karten✓
Pokal✓	Fußballsaison	Nummer✓	Olympiastadion✓
Spiel	Zuschauer✓	Tore✓	Fußballmeister✓
Marschlieder✓	Spieler✓		

1. An Imbißständen kann man _____ kaufen.
2. Am Ende des Spiels bekommen die Münchner einen _____.
3. Das Fußballspiel findet im _____ statt.
4. In einem Fußballspiel wollen die Spieler _____ schießen.
5. Die _____ schwenken die Fahnen.
6. Der Schiedsrichter zeigt einem _____ die Gelbe Karte.

7. Ein paar Kapellen spielen _____.
8. Der FC Bayern München ist Deutscher _____.
9. Heute ist der letzte Tag der _____.
10. Alle _____ sind ausverkauft.
11. Auf einer großen _____ steht das Ergebnis.
12. Die _____ dauert zehn Minuten.
13. Schon zwei Stunden vor dem _____ kommen viele Zuschauer.
14. _____ neun schießt ein Tor.

Beantworte diese Fragen!

1. Wer spielt heute um die Deutsche Meisterschaft?
2. Wo spielen sie?
3. Welche Farben hat der Bayern Klub?
4. Was kann man an Imbißständen bekommen?
5. Was machen ein paar Kapellen?
6. Was versuchen die Spieler mit dem Ball zu tun?
7. Was machen die Spieler, wenn der Ball zu hoch kommt?
8. Welcher Spieler schießt das dritte Tor?
9. Warum fällt ein Spieler hin?
10. Was machen die Zuschauer?
11. Warum laufen viele Zuschauer auf das Feld?
12. Was ist das Ergebnis am Ende?

Sprichwort

Erst wägen, dann wagen.
(First weigh, then dare./Look before you leap.)

Kulturecke

Vacationing

About half the Germans go on vacation in their own country and approximately 28 million foreign tourists visit Germany every year as well. It is not surprising, therefore, to see innumerable travel agencies (*Reisebüros*) throughout the country. What are the favorite spots that tourists like to visit?

A number of islands dot the coastline of the German North Sea shore (*Nordseeküste*). During the summer months, many Germans head north to such islands as *Sylt* or *Norderney* or take short weekend trips to the island of *Helgoland*. Along the shore of the North and the Baltic Seas (*Nord- und Ostsee*) are beautiful sandy beaches where Germans go on vacation for one or two weeks at a time. *Hamburg*, called "Germany's gateway to the world," is located on the Elbe River which connects Hamburg with the North Sea. Many foreign tankers and cruise ships frequent the harbor of Hamburg.

Located south of Hamburg is a restful area, the *Lüneburger Heide*. This heather-covered region has only a few small towns. It is one of the very few secluded sections of Germany where you can hike for a long time without meeting another person. Much of it is wildlife refuge.

Die Porta Nigra in Trier ist 2 000 Jahre alt.

Deutsche und Ausländer besuchen gern Süddeutschland.

Most Germans do not stay in hotels during their vacation. Instead they look for quiet, peaceful places. Vacationing on farms is quite popular today. To the delight of their guests, the owners often have horses available for horseback riding. Just south of the *Lüneburger Heide* are the Harz Mountains which attract tourists all year long. In comparison to the Alps, hikers find these mountains more manageable and not as demanding. Hiking always ranks high among Germans vacationing anywhere in the country. Detailed maps of the hiking paths are usually found right at the entrance of the park or forest area.

Along the *Rhein*, legends and fairy tales come alive for visitors passing the many castles between the cities of *Mainz* and *Koblenz*. Excursion boats provide music and other entertainment and add to the colorful surroundings.

During the summer, Germans go to the lakes and rivers to explore the water with sailboats, motorboats or even to surf. Every town also provides modern swimming pools some of which have gigantic water slides for the enjoyment of their guests. Those who prefer to be on dry land have well-kept lawns where they can sit or lie down. Germans take pride in their beautifully landscaped parks.

How do Germans travel to their favorite destination? Mostly, by car, but many take the trains, avoiding the continuously increasing traffic problems encountered on the highways and freeways. Those who don't stay in hotels or guest-houses (*Pensionen*) travel in their own campers. Camping is the least expensive way of vacationing in Germany. There are about 3,000 campgrounds to choose from.

One of the most frequently visited towns is *Rothenburg*, located along the *Romantische Straße*. Rothenburg is a well-preserved medieval town with an encircling wall and over 30 gates. Not far away from Rothenburg is *Dinkelsbühl*, a town that is more than a thousand years old. The oldest German city, close to the French border, is *Trier* which is about 2,000 years old. The center of the city still has a section of the Roman-built gateway, called the *Porta Nigra*.

The Black Forest (*Schwarzwald*), located in southwestern Germany, is just what its name implies. It really is a forest, and the trees are exceptionally dark because of their density. While driving through this vast mountain forest area, you will pass many guest-houses with their colorfully displayed windows and steeply declining roof which is characteristic of houses in the Black Forest. A popular city in the Black Forest is *Freiburg*, which has a famous university (founded 1457) and a 13th century cathedral in the center of the city.

Die Berge sind bei vielen sehr beliebt.

Trier ist die älteste deutsche Stadt.

For many vacationers, Bavaria (*Bayern*) is still the favorite place to spend a vacation. A trip on the *Isar* River is the thing to do. More than 50 people can float down the river on a raft while enjoying the surroundings. Besides the numerous attractions offered in the Bavarian capital of *München*, many people visit the various castles farther south, such as *Neuschwanstein*. This castle has been immortalized in several books and movies. The Alps have numerous vacation spots. More and more people come south during the winter for the skiing opportunities for all skill levels in this Alpine region. The area of the *Zugspitze*, near *Garmisch-Partenkirchen*, attracts many vacationers during the winter season. Regardless of your taste, Germany offers everything including lakes and mountains, but—most important of all—it offers a place to relax and enjoy the country and the people.

Kannst du die folgenden Sehenswürdigkeiten nennen?

1. Die Deutschen fahren gern an die Ost- und _____.
2. Dinkelsbühl ist nicht weit von _____ entfernt.
3. Die _____ liegt in der Nähe von Garmisch-Partenkirchen.
4. Die _____ findet man in Trier.
5. Viele Besucher fahren mit Schiffen auf dem _____ und bewundern die alten Burgen (castles).
6. Die Hauptstadt von Bayern heißt _____.
7. Die _____ liegt südlich von Hamburg.
8. Freiburg ist eine beliebte Stadt im _____.
9. Die schönste Strecke auf dem Rhein ist zwischen Mainz und _____.
10. _____ ist ein bekanntes Schloß im Süden.

Vokabeln

absetzen to put down, deposit
Afrika Africa
der **Amerikaner,-** American
anstatt instead of
der **Apotheker,-** pharmacist
die **Arbeit,-en** work
  an die Arbeit gehen to get down to work
der **Arzt,-̈e** doctor
aufpumpen to pump up, inflate
ausbreiten to spread out
aushelfen (*hilft aus, half aus, ausgeholfen*) to help out
der **Bäcker,-** baker
befestigen to fasten, secure
der **Beruf,-e** job, occupation
besprechen (*bespricht, besprach, besprochen*) to discuss
bevor before
bewundern to admire
bitten (*bat, gebeten*) to ask
da since, because
das **Dach,-̈er** roof
der **Deutsche,-n** German
diesmal this time
dorthin there
einschließen (*schloß ein, eingeschlossen*) to include
der **Elektriker,-** electrician
das **Ende: Es ist zu Ende.** It's over.
England England
der **Engländer,-** Englishman
die **Expedition,-en** expedition
finanziell financial
der **Fleischer,-** butcher
der **Fotograf,-en** photographer
die **Frage,-n** question
  Es kommt nicht in Frage. It's out of the question.
der **Franzose,-n** Frenchman
Französisch French (language)

der **Friseur,-e** hairstylist, barber
die **Friseuse,-n** beautician
der **Gaskocher,-** gas cooker
die **Gegend,-en** area
günstig favorable
  ein günstiger Preis a special price, bargain
die **Hälfte,-n** half
hierherkommen (*kam hierher, ist hierhergekommen*) to come here
hineinbeißen (*biß hinein, hineingebissen*) to bite into
hinfahren (*fährt hin, fuhr hin, ist hingefahren*) to go (drive) there
die **Hochzeitsreise,-n** honeymoon
der **Ingenieur,-e** engineer
Italien Italy
der **Italiener,-** Italian
Italienisch Italian (language)
sich **kennen** (*kannte, gekannt*) to know each other
der **Korb,-̈e** basket
der **Krankenpfleger,-** nurse (male)
die **Krankenschwester,-n** nurse
kurz short(ly)
der **Leckerbissen,-** snack, appetizer, delicacy
sich **leisten** to afford
losfahren (*fährt los, fuhr los, ist losgefahren*) to take off, depart
die **Luftmatratze,-n** air mattress
der **Maler,-** painter
der **Mechaniker,-** mechanic
das **Meer,-e** sea, ocean
der **Metzger,-** butcher
der **Musiker,-** musician
die **Mutti,-s** mom
der **Nachmittag,-e** afternoon
der **Österreicher,-** Austrian
der **Parkplatz,-̈e** parking place

die **Person,-en** person
das **Picknick,-e** picnic
die **Plastikdecke,-n** plastic cover
der **Polizist,-en** policeman
der **Preis,-e** price, prize
der **Rechtsanwalt,-̈e** lawyer, attorney
das **Reisebüro,-s** travel agency
reisen to travel
reizen to excite, fascinate
der **Rest,-e** rest, remainder
die **Sahara** Sahara Desert
der **Sand** sand
der **Schauspieler,-** actor
der **Schweizer,-** Swiss
der **Sekretär,-e** secretary
sonnig sunny
Spanien Spain
der **Spanier,-** Spaniard
Spanisch Spanish
der **Topf,-̈e** pot
träumen to dream
trotz in spite of
der **Verkäufer,-** salesman
verschiedene various
die **Vollpension** full board, American plan
vorbereiten to prepare
vorschlagen (*schlägt vor, schlug vor, vorgeschlagen*) to suggest
wegen because of
wenigstens at least
werden (*wird, wurde, ist geworden*) to become, be
werfen (*wirft, warf, geworfen*) to throw
die **Wiese,-n** lawn, meadow
die **Wirklichkeit** reality
woanders somewhere else
das **Würstchen,-** hot dog
der **Zahnarzt,-̈e** dentist
das **Zelt,-e** tent
zuletzt finally

Apfelstrudel m. Vanillesoße — 3.-
Germknödel m. Butter u. Mohn — 4.-
Milchreis m. Früchten od. Zimt u. Zucker — 5.50
4 Kartoffelpuffer m. Apfelmus — 4.50
Omelett m. Kronsbeeren Käse oder Schinken — 7.-
Königsberger Klops im Reisrand — 7.-
Rindsroulade m. Nudeln — 8.50

Guten Appetit!

Communicative Functions

- talking about foods
- describing how to bake
- talking about various meals
- describing rooms and furniture in a house
- ordering baked goods at a bakery

125

Sandra

Melanie

Sie sehen sich das Kochbuch an.

Was backen wir?

(im Wohnzimmer)

Sandra: Du, Melanie! Was sollen wir backen?
Melanie: Sehen wir uns das Kochbuch an!
Sandra: Wie wär's mit einem Kuchen?
Melanie: Dafür habe ich nicht alle Zutaten.
Sandra: Hast du alles für Kekse?
Melanie: Sehen wir am besten mal in der Küche nach.

Fragen

1. In welchem Zimmer sind Sandra und Melanie?
2. Was für ein Buch sehen sie sich an?
3. Haben sie alle Zutaten für einen Kuchen?
4. Wo wollen sie nachsehen?

(in der Küche)

Sandra: Hol doch Mehl und Zucker.
Melanie: Hier, bitte. Zuerst rühre ich Margarine und Eier.
Sandra: Dann noch drei Löffel Zucker.
Melanie: Und etwa 350 Gramm Mehl.
Sandra: Wie lange sollen wir das rühren?
Melanie: Bis alles gut gemischt ist.
Sandra: Der Teig scheint fertig zu sein. Stellen wir ihn in den Kühlschrank.
Melanie: Ja, der muß eine Stunde kalt stehen.

Das ist falsch! Gib die richtigen Antworten!

1. Sandra holt den Zucker.
2. Melanie rührt zuerst das Mehl.
3. Die Mädchen nehmen 500 Gramm Mehl.
4. Sie stellen den Teig auf den Tisch.
5. Sie können die Kekse gleich backen.

(eine Stunde später)

Melanie: Ich rolle den Teig zu einem Ball.
Sandra: Ich möchte ihn lieber ausrollen.
Melanie: Schneide die Kekse vorsichtig.
Sandra: Die sehen nicht gut aus. Du bist besser.
Melanie: Der Ofen ist heiß. Stell das Backblech hinein.

Beantworte die folgenden Fragen!

1. Wer rollt den Teig in einen Ball?
2. Wer schneidet die Kekse?
3. Was ist heiß?

Was machen Melanie und Sandra?

Wohin stellt Sandra das Backblech?

Wie schmecken die Kekse?

Die Kekse sehen lecker aus.

(später)

Melanie: Ich glaube, die Kekse sind jetzt fertig.

Sandra: Na gut. Mach den Ofen auf. Toll! Die Kekse sehen lecker aus.

Melanie: Wir müssen sie gleich kosten.

Sandra: Mmmh, die schmecken aber gut.

Melanie: Du brauchst sie nicht so schnell zu verschlingen.

Und noch ein paar Fragen!

1. Warum soll Melanie den Ofen aufmachen?
2. Wie sehen die Kekse aus?
3. Wie schmecken sie?

Wähle die richtigen Wörter für die folgenden Sätze!

aus	vorsichtig	für	fertig	hinein
gern	an	auf	nach	gleich

1. Ist der Teig schon _____?
2. Ich habe alle Zutaten _____ einen Kuchen.
3. Wir sehen uns das Kochbuch _____.
4. Stell das Backblech in den Ofen _____.
5. Kannst du das _____ schneiden?
6. Mach doch den Ofen _____!
7. Möchtest du die Kekse _____ kosten?
8. Ich sehe zuerst in der Küche _____.
9. Die Kekse sehen sehr gut _____.
10. Ich möchte sie _____ kosten

Für dich

All liquids are measured by the liter (*der Liter*) which is a little over a quart. Solid items are measured by the pound (*das Pfund*) which contains 500 grams (*Gramm*). When it comes to recipes, Germans do not use measuring cups and spoons, but use scales instead. This is a much more exact system, which eliminates such American complications as sifting flour before measuring it. A hundred grams of flour, after all, weighs 100 grams, sifted or not.

You won't be far off, however, if you estimate a cup of sugar as 200 grams; a cup of flour, 150 grams; a teaspoonful, 5 grams, a tablespoonful, 12 grams.

Kombiniere...

Wie viele Sätze kannst du bilden?

Mach	die Tür	vorsichtig	auf den Tisch
Stell	den Kuchen	schnell	in den Ofen
Bring	den Teig	gleich	in den Kühlschrank
	den Ofen	später	auf

Nützliche Ausdrücke

Sieh mal nach!	Why don't you check.
Es ist schon fertig.	It's already done.
Der Teig muß kalt stehen.	The dough has to be cold.
Ich möchte lieber...	I'd rather...
Wie sieht das aus?	How does that look?
Hast du es gekostet?	Did you taste it?

Welche Antworten passen hier am besten?

1. Wie wär's mit einem Kuchen?
2. Stell sie hinein!
3. Hast du das alles verschlungen?
4. Was brauchen wir dafür?
5. Wie lange muß das alles backen?
6. Hol das Mehl, bitte.
7. Der Kuchen ist jetzt fertig.
8. Backen wir heute Kekse!

a. Wir haben doch gestern Kekse gegessen.
b. Ungefähr fünfzig Minuten.
c. Brauchst du nicht auch Zucker?
d. Ja, der schmeckt immer gut.
e. Mehl und Eier.
f. In den Kühlschrank oder in den Ofen?
g. Dann kosten wir ihn gleich.
h. Nein, ich esse langsam.

Ergänzung

die Küche
Was gibt's zu essen?
der Mikrowellenherd
Was essen wir zum Frühstück?
Brot oder Brötchen (Semmeln) mit Butter und Marmelade.
der Gasherd
Und zum Mittagessen?
der Backofen
Heute gibt's Schweinebraten mit Kartoffeln und Rotkohl.
der Kühlschrank
Und zum Nachtisch?
Einen Pudding.
die Geschirrspülmaschine
Welche Zutaten braucht man zum Kochen?
Mehl, Zucker, Pfeffer, Eier, Butter oder Margarine, Milch oder Wasser.
der Stuhl
der Tisch
Kölner SV

Was findet man im Zimmer?

das Badezimmer

das Handtuch

die Zahnbürste

die Zahnpasta

die Seife

das Waschbecken

die Toilette

die Badewanne

das Schlafzimmer

die Lampe

der Wecker

der Spiegel

der Schrank

das Bett

das Wohnzimmer

das Bild

das Bücherregal

die Stereoanlage

der Fernseher (das Fernsehgerät)

der Schreibtisch

das Sofa

der CD-Spieler

der Sessel

131

1. **Von welchem Zimmer spricht man hier?**

   1. Ich stehe um sieben Uhr auf.
   2. Mein Vater spült das Geschirr.
   3. Peter sieht fern.
   4. Ich wasche mich.
   5. Wir essen Frühstück.
   6. Meine Kleidungsstücke sind dort.
   7. Man putzt sich die Zähne da.
   8. Mein Onkel sitzt gern auf diesem Sofa.

2. *Träumen wir einmal!* Beschreibe dein Traumhaus (dream house). Was soll es alles haben? Hier sind ein paar Fragen.

   1. Wo soll das Haus sein?
   2. Wie viele Zimmer soll es haben?
   3. Wie groß soll es sein?
   4. Wer wird dort wohnen?
   5. Was soll alles im Haus sein?

Sag's mal!

Übungen

Demonstrative Pronouns

Demonstrative pronouns refer to a person or thing just mentioned that needs to be referred to in more detail. In English the demonstrative pronouns are "this (one)," "that (one)," "these" and "those." The most common demonstrative pronouns in German are forms of *der, die* and *das*. You will notice that the forms are the same as the definite article, except for the dative plural, which adds an -*en* to *den*, thus becoming *denen*.

Beispiele: Siehst du das Auto dort?
             Das möchte ich gern haben.

             Kennst du diese Leute?
             Ja, *die* kenne ich gut.

The demonstrative pronouns are used especially in conversation. They should always be emphasized because they refer to a previously discussed person or thing.

	masculine	Singular feminine	neuter	Plural
nominative	der	die	das	die
accusative	den	die	das	die
dative	dem	der	dem	denen

3. Verstehst du die Leute?

   ❏   Ansager
       Nein, den verstehe ich nicht.

       1. Amerikanerin
       2. Verkäufer
       3. Italienerin
       4. Polizist
       5. Dame

4. Sag, daß du diese Leute gut kennst!

❐   Kennst du diesen Jungen?
    Ja, den kenne ich gut.

    1. Kennst du diese Mädchen?
    2. Kennst du diesen Piloten?
    3. Kennst du diese Briefträgerin?
    4. Kennst du diese Bäckerin?
    5. Kennst du diesen Franzosen?

5. *Haben sie dir geschrieben?* Nein, von denen habe ich nichts gehört.

    1. Hat dir Angelika geschrieben?
    2. Hat dir deine Mutti geschrieben?
    3. Hat dir dein Freund geschrieben?
    4. Haben dir deine Verwandten geschrieben?
    5. Hat dir Wolfgang geschrieben?

6. Sag, daß du das gern machst!

❐   Zu meinem Onkel fahre ich gern.
    Zu dem fahre ich gern.

    1. Von der Reise erzähle ich gern.
    2. Bei meiner Tante wohne ich gern.
    3. Mit den Jugendlichen tanze ich gern.
    4. Außer Monika kommt noch Susi.
    5. Von meiner Freundin spreche ich oft.
    6. Nach Rudi bin ich dran.

7. *Du bist gerade aus den Ferien zurückgekommen.* Dein Freund oder deine Freundin will wissen, was du alles getan hast. Beantworte ihre Fragen mit „ja"!

❐   Bist du mit Heinz ins Kino gegangen?
    Ja, ich bin mit dem ins Kino gegangen.

    1. Hast du für deine Freunde etwas gekauft?
    2. Bist du mit deiner Freundin im Klub gewesen?
    3. Hast du deine Verwandten besucht?
    4. Hast du bei deinen Großeltern gewohnt?
    5. Bist du mit deiner Tante Fahrrad gefahren?

8. Beantworte die folgenden Fragen mit „ja" oder mit „nein"!

❐   Kennst du den Briefträger? Nein,...
    Nein, den kenne ich nicht.

Schreibst du die Karte? Ja,...
Ja, die schreibe ich.

1. Verstehen die Amerikaner das auf deutsch? Nein,...
2. Ist der Herr bald dran? Ja,...
3. Kennst du die Jungen? Nein,...
4. Läuft der Fußballspieler schnell? Ja,...
5. Ist das Museum sehr bekannt? Ja,...
6. Hast du die Musik schon gehört? Nein,...
7. Glaubst du deiner Freundin? Ja,...
8. Kaufst du deinen Eltern ein paar Ansichtskarten? Ja,...
9. Fährst du ohne deinen Bruder an den See? Nein,...
10. Hast du das Buch gefunden? Ja,...

Leseecke

Rühmanns haben sich ein Haus gekauft

Familie Rühmann ist sehr stolz°. Nach vielen Jahren haben sie sich endlich ein Haus gekauft. Herr Rühmann arbeitet bei einer Bank in Köln. Seine Frau arbeitet drei Tage in der Woche in einem Kaufhaus in der Stadt. Die beiden Kinder gehen noch zur Schule. Sonja ist siebzehn und geht auf ein Gymnasium. Ralf ist zwölf. Er besucht eine Realschule.

Rühmanns wohnten bis jetzt in einem Mietshaus direkt in der Stadt. Schon lange wollten sie ein Haus kaufen, aber sie konnten es sich nicht leisten. Lange haben die Eltern ihr Geld gespart°. In diesem Jahr waren sie endlich in der Lage°, ein Haus zu suchen°. In Overath, einem Vorort von Köln, fanden sie dann auch ihr Haus. Jetzt wohnen sie schon ein paar Monate dort. Wie sieht Rühmanns Haus aus? Es hat zwei Stockwerke° und einen Keller°.

Beim Eintreten° stehen wir in einem Flur°. Gleich rechts befindet sich° das Wohnzimmer. Dort kommt die Familie oft zusammen, besonders am Abend. Herr Rühmann liest gern Bücher und seine Frau macht oft Handarbeiten° für Verwandte zu Weihnachten° oder zu Geburtstagen. Sonja und Ralf sehen hier manchmal fern, aber meistens nur am Wochenende°.

Neben dem Wohnzimmer ist die Toilette. Am Ende des Flurs kommt man zur Küche. Sie ist sehr klein, aber trotzdem gibt es dort einen Kühlschrank, eine Geschirrspülmaschine und einen kleinen Tisch mit vier Stühlen. Ein Eßzimmer° gibt es leider nicht.

Im ersten Stock sind drei Schlafzimmer. Sonja und Ralf machen dort immer ihre Hausaufgaben. Sonja hat viele Bücher in ihrem Zimmer. Sie liest besonders gern Romane und hört die neuesten Schlager° mit ihrem Kopfhörer°. Manchmal kommt auch ihre Freundin rüber. Ralf hat auch sein eigenes Zimmer. Er hat viele Poster von amerikanischen Filmstars an der Wand. Ralf hat einen kleinen Computer. Der macht ihm viel Spaß, besonders die Computerspiele. Er ruft oft Dieter, seinen Freund, an. Der spielt auch gern mit dem Computer.

Um das Haus herum° ist ein Zaun°. Das ist ganz typisch° bei deutschen Häusern. Familien wollen ganz privat wohnen. Hinter° dem Haus gibt es noch einen kleinen Garten. Dort wird Frau Rühmann im Frühling Blumen pflanzen°. Das Haus ist noch nicht ganz fertig. Rühmanns müssen die Zimmer noch anstreichen°. Dann kommen auch neue Gardinen° vor die Fenster. Rühmanns' Traum° ist heute Wirklichkeit. Sie besitzen° endlich ihr eigenes Haus.

(*stolz* proud; *sparen* to save; *waren...in der Lage* were in a position; *suchen* to look for; *Stockwerke* floors; *Keller* basement; *Beim Eintreten* when entering; *Flur* hall(way); *befindet sich* is located; *Handarbeiten* handicraft, needlework; *zu Weihnachten* at Christmas; *Wochenende* weekend; *Eßzimmer* dining room; *Schlager* hits; *Kopfhörer* headset; *um...herum* all around; *Zaun* fence; *typisch* typical; *hinter* behind; *pflanzen* to plant; *anstreichen* paint; *Gardinen* drapes; *Traum* dream; *besitzen* own)

Sonja

Ralf

Herr Rühmann arbeitet bei einer Bank.

Rühmanns haben sich endlich ein Haus gekauft.

Sonja geht auf ein Gymnasium.

136

Beantworte diese Fragen!

1. Warum ist Familie Rühmann so stolz?
2. Wo arbeitet Herr Rühmann?
3. Und Frau Rühmann?
4. Wie alt sind Sonja und Ralf?
5. Wo haben sie sich ein Haus gekauft?
6. Was machen Herr und Frau Rühmann oft im Wohnzimmer?
7. Sehen Sonja und Ralf jeden Tag fern?
8. Was macht Sonja oft in ihrem Zimmer?
9. Was machen Ralf und sein Freund manchmal?
10. Was haben viele Deutsche um ihr Haus herum?
11. Was wird Frau Rühmann im Frühling machen?
12. Was müssen Rühmanns noch im Haus machen?

gern and *lieber*

As you have learned before (*Deutsch Aktuell 1, Lektion* 4), the word *gern* indicates liking something or someone. The comparative form of *gern* is *lieber*, which is primarily used in expressing preferences.

Beispiele: *Ich spiele gern Klavier.*
(I like to play the piano.)

Ich spiele lieber Gitarre.
(I prefer to play the guitar.)

Was fährst du lieber, Fahrrad oder Motorrad?
(What do you prefer to drive, a bicycle or a motorcycle?)

Ich fahre lieber Auto.
(I prefer to drive a car.)

9. *Frag deine Freunde, was sie gern machen. Sie beantworten deine Fragen mit „ja".*

❏   Spielst du gern Klavier?
Ja, ich spiele gern Klavier.

1. Singst du gern?
2. Hörst du gern Musik?
3. Liest du gern?
4. Schreibst du gern einen Brief?
5. Ißt du gern Würstchen?
6. Sprichst du gern Deutsch?

10. *Was machst du lieber? Beantworte die Fragen!*

❑   Was spielst du lieber, Fußball oder Tennis? (Tennis)
    Ich spiele lieber Tennis.

1. Wohin fährst du lieber, nach Mainz oder Wiesbaden? (Mainz)
2. Was hast du lieber, Mathe oder Chemie? (Mathe)
3. Wo wohnst du lieber, in der Stadt oder im Vorort? (im Vorort)
4. Wann ißt du lieber, um sieben oder um acht? (um acht)
5. Was trinkst du lieber, Milch oder Limo? (Limo)
6. Wann kommst du lieber, am Nachmittag oder am Abend? (am Abend)

11. *Gib Antworten auf die folgenden Fragen.* **Benutze (use)** *gern* **mit der Antwort „Ja,..." und** *nicht gern* **plus** *lieber,* **wenn die Antwort mit „Nein..." beginnt.**

❑   Spielst du gern Tischtennis? Ja,...
    Ja, ich spiele gern Tischtennis.

    Fährst du gern Fahrrad? Nein,...(Moped)
    Nein, ich fahre nicht gern Fahrrad. Ich fahre lieber Moped.

1. Liest du gern? Ja,...
2. Sprichst du gern Deutsch? Nein,...(Englisch)
3. Spielst du gern Fußball? Nein,...(Golf)
4. Singst du gern? Ja,...
5. Ißt du gern Kekse? Nein,...(Kuchen)
6. Lernst du gern Biologie? Nein,...(Physik)
7. Hörst du gern Musik? Ja,...
8. Trägst du gern den Koffer? Nein,...(Tasche)

Question Words

As you have learned in previous lessons, the question word *wer* asks for persons and *was* for objects. After prepositions you must use *wen* (accusative) or *wem* (dative) if the question refers to persons.

Beispiele: Bei wem wohnen Sie?   *Bei meinem Freund.*
             Für wen arbeitest du?   *Ich arbeite für meinen Freund.*

The question word *wessen* (whose) is used when asking for possession.

Beispiel: *Wessen Mantel ist das?*
(Whose coat is that?)

Das ist Herberts Mantel.
(That's Herbert's coat.)

12. ***Du bist auf einer Party. Die Musik ist zu laut. Du kannst nicht alles
verstehen. Deshalb fragst du sehr viel.***

❏ Die nächste Party ist bei *Helga.*
Bei wem ist die nächste Party?

1. Ich habe viel von *Klaus* gehört.
2. Rosi wohnt jetzt bei *ihrem Onkel.*
3. Wir haben *unserer Lehrerin* geholfen.
4. Ich glaube *der Verkäuferin* nicht.
5. Peter hat *seiner Freundin* geschrieben.
6. Wir gehen zu *Ingrid* rüber.

13. ***Wessen Sachen sind das?* Nach der Schule fragt dich deine Lehrerin,
wessen Sachen das sind. Beantworte die Fragen!**

1. Wessen Kulis sind das? (Rainer)
2. Wessen Jacke ist das? (Monika)
3. Wessen Englischbuch ist das? (Günter)
4. Wessen Hefte sind das? (Inge)
5. Wessen Kekse sind das? (Tanja)
6. Wessen Schuh ist das? (Daniel)

14. *Wen* oder *Was?*

1. Ich habe *das Fußballspiel* gesehen.
2. Wir haben *seinen Freund* angerufen.
3. Holger hat *meine Tante* besucht.
4. Herr Meier hat *nichts* gesagt.
5. Ich habe *die Musik* nicht gehört.
6. Tina hat *ihre Mutter* gefragt.

**15. Ergänze die folgenden Sätze mit diesen Fragewörtern: *Was? Wer?
Wessen? Wem?***

1. _____ Hemd ist das hier auf dem Stuhl?
2. _____ kannst du nicht glauben?
3. _____ gibt's im Fernsehen?
4. _____ Handschuh hast du gefunden?
5. _____ ist der Herr dort drüben?
6. _____ hat er dir gesagt?
7. _____ ist der neue Schüler?
8. _____ willst du einen Brief schreiben?

Lesestück

Bärbel muß zum Bäcker

Frau Stainer sitzt in der Küche und schreibt eine Einkaufsliste°. Sie will ihre Tochter Bärbel zum Bäcker schicken. Sie bekommen später am Nachmittag Besuch und brauchen ein paar Backwaren°. Sie ruft° Bärbel in die Küche.

shopping list

baked goods/calls

Mutter: Du weißt, Onkel Rudolf und Tante Anita kommen um drei zu Besuch. Geh doch bitte zum Bäcker Joast und hol etwas Kuchen zum Kaffee.

Bärbel: Das paßt gut. Ich wollte heute um zwei mit Sonja zur Bibliothek° gehen. Dann können wir das gleich auf dem Weg erledigen°.

library

take care of

Mutter: Leider habe ich zum Backen keine Zeit. Du kannst ja sehen, ob Joast noch eine Erdbeer- oder Schokoladentorte° hat. Sonst bring eine andere Torte.

strawberry or chocolate torte

Bärbel: Die Erdbeertorte schmeckt immer besonders gut.

Mutter: Außer der Torte brauchen wir noch Brot und Brezeln°. Dann kannst du auch gleich sechs Semmeln fürs Frühstück mitbringen. Du weißt ja, der Bäcker ist morgen, am Sonntag, geschlossen°.

pretzels

closed

Bärbel nimmt die Einkaufstasche und verläßt das Haus. Sonja wohnt einen Kilometer von Bärbel entfernt. Sonjas Haus ist auch gleich auf dem Weg zum Bäcker. Es dauert nur zehn Minuten zu Fuß, bis sie bei Sonja ankommt. Sie klingelt an der Tür und muß nicht lange auf Sonja warten°.

wait for

Sonja: Du bist aber schon früh hier. Wolltest du nicht erst in einer Stunde kommen?

Bärbel: Das stimmt. Meine Mutter hat mich gebeten, zum Bäcker zu gehen. Wir bekommen heute nachmittag Besuch.

Sonja: Du hast so viele Verwandte. Jedes Wochenende° kommt euch jemand° besuchen.

weekend/someone

Bärbel: Na ja, deshalb gehe ich auch oft zum Bäcker. Mutti ist meistens zu beschäftigt° und hat zu wenig Zeit, etwas zu backen.

busy

Was macht Frau Stainer in der Küche?

Wohin geht Bärbel?

Sonja:	Dann kannst du dir wenigstens aussuchen°, was dir schmeckt.	select
Bärbel:	Das stimmt nicht ganz. Mutti hat mir eine Einkaufsliste gegeben. Aber trotzdem kann ich mir etwas aussuchen.	

Auf dem Weg zum Bäcker sprechen Sonja und Bärbel über die Schule. Beide Mädchen sind in der elften Klasse. Sie haben bis Montag viel auf. Am Wochenende haben sie etwas mehr Zeit, die Hausaufgaben zu machen. Beide stehen jetzt vor dem Schaufenster° und sehen sich die verschiedenen° Backwaren an.

display window
different

Bärbel:	Sieh mal! Die haben noch eine gute Auswahl von Torten. Da finden wir bestimmt etwas Leckeres für unsere Besucher.
Sonja:	Gehen wir doch hinein! Da gibt's noch mehr zu sehen.

Bärbel:	Die Auswahl ist wie immer groß. Zuerst kaufen wir die Backwaren auf der Einkaufsliste.
Verkäuferin:	Haben Sie sich schon etwas ausgesucht?
Bärbel:	Ja, zuerst sechs Semmeln...dann vier Brezeln.
Verkäuferin:	Die kleinen oder die großen?
Bärbel:	Die großen, bitte.
Verkäuferin:	Sonst noch etwas?°
Bärbel:	Ist das Roggenbrot° da frisch°?
Verkäuferin:	Ja, wir haben es heute morgen° gebacken.
Bärbel:	Gut, dann nehme ich es. Wir brauchen auch noch die Erdbeertorte hier.
Verkäuferin:	Die ist heute sehr beliebt. Wir haben schon ein paar davon verkauft°.
Bärbel:	Dann noch vier Schokoladenkekse für uns beide.
Sonja:	Die stehen doch gar nicht auf der Einkaufsliste.
Bärbel:	Wir müssen noch etwas zum Naschen° haben.
Verkäuferin:	Das macht 235 Schillinge°.
Bärbel:	Hier sind 250.
Verkäuferin:	Und 15 Schillinge zurück. Vielen Dank.

Anything else?
rye bread/fresh
this morning

sold of these

something to nibble on

Austrian money

Vom Bäcker gehen Sonja und Bärbel direkt zur Bibliothek. Dort holen sie sich ein paar Romane für die Deutschklasse.

Was sehen sie sich an? *Mit wem spricht Bärbel?*

142

Sie stehen vor dem Schaufenster.

Wir müssen noch etwas zum Naschen haben.

Wähle die richtige Antwort!

1. Der Bäcker ist
2. Auf dem Weg zum Bäcker sprechen
3. Die Backwaren kosten
4. Bärbels Onkel und Tante kommen
5. Bärbels Mutter ist
6. Sie brauchen
7. Frau Stainer sitzt
8. Zuletzt kaufen
9. Der Bäcker hat
10. Sonja wohnt

a. zu Besuch
b. das Roggenbrot am Morgen gebacken
c. meistens beschäftigt
d. die beiden Mädchen über die Schule
e. am Sonntag geschlossen
f. in der Küche
g. nicht weit von Bärbel entfernt
h. 235 Schillinge
i. sie Schokoladenkekse
j. sechs Semmeln fürs Frühstück

Beantworte die folgenden Fragen!

1. Was schreibt Frau Stainer?
2. Wer kommt am Nachmittag zu Besuch?
3. Wohin will Bärbel später mit ihrer Freundin gehen?
4. Was für eine Torte soll Bärbel kaufen?
5. Was braucht Frau Stainer noch?
6. Fährt Bärbel zu Sonja?
7. Warum bäckt Frau Stainer nicht oft?
8. In welcher Klasse sind Sonja und Bärbel?
9. Was sehen sie sich im Schaufenster an?
10. Wie viele Brezeln kauft Bärbel?
11. Kauft sie eine Schokoladentorte?
12. Welche Backwaren stehen nicht auf der Einkaufsliste?

Übung macht den Meister!

1. *Kochen wir etwas!* Select a main dish or a dessert that you would like to eat. Find out what ingredients are part of the recipe. Then, explain how you would prepare your selected dish or dessert.

2. Schreib einen Dialog über das Thema „Am Morgen". Was trinkst und ißt du zum Frühstück? Wann mußt du zur Schule? Wie kommst du zur Schule? Wie lange dauert es? Wann beginnt die Schule? usw.

3. Wie sieht dein Zimmer zu Hause aus? Beschreib es!

4. Ich muß einkaufen gehen. Was soll ich alles kaufen? Bereite eine Einkaufsliste vor. Frage deine Klassenkameraden, was sie kaufen wollen!

5. *Verkaufe ein Haus!* Be a real estate agent and try to sell a house. Describe all the features of the house.

Sie kochen in der Schule.

Sie gehen einkaufen. (Graz)

Was haben sie gebacken?

Käsekuchen

Schwarzwälder Kirschtorte

Schokoladentorte mit Schlagsahne

Erweiterung

16. Was paßt hier am besten?

bezahlen	ausrollen	gehen	schreiben
aufmachen	backen	bekommen	sprechen
holen	rühren	verlassen	stehen

1. einen Kuchen
2. Margarine und zwei Eier
3. den Teig
4. den Ofen
5. eine Einkaufsliste
6. Besuch
7. das Haus
8. zum Bäcker
9. über die Schule
10. vor dem Schaufenster
11. für die Backwaren
12. in der Bibliothek Bücher

17. Beantworte diese Fragen mit einem ganzen Satz!

1. Was möchtest du backen?
2. Bäckt deine Mutter oder dein Vater oft?
3. Was ißt du meistens zum Frühstück?
4. Was kann man beim Bäcker kaufen?
5. Wo ist bei dir in der Nähe ein Bäcker?
6. Was möchtest du zum Nachtisch?

18. Beschreibe jedes Wort mit einem ganzen Satz!

1. Bäcker
2. Kühlschrank
3. Mehl
4. Sofa
5. Einkaufsliste
6. Nachtisch

19. Welche Wörter passen am besten zusammen? Was bedeuten (mean) alle Wörter auf englisch?

Klavier	Flugzeug	Schule	Fußball
Wurst	Post	Haare	Torte
Büro	Land	Café	Schloß

1. Briefträger
2. Lehrerin
3. Bäcker
4. Kellnerin
5. Pilot
6. Fürst
7. Einwohner
8. Sekretärin
9. Fleischer
10. Friseuse
11. Musiker
12. Schiedsrichter

beim Bäcker

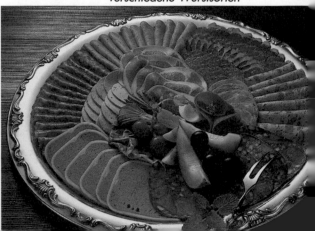

verschiedene Wurstsorten

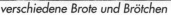
verschiedene Brote und Brötchen

Was kann man bei Joast kaufen?

20. *Ein Telefongespräch.* **Dein Freund oder deine Freundin ruft dich an. Gib passende Antworten!**

1. Wohin gehst du denn?
2. Was mußt du dort kaufen?
3. Kommst du dann wieder nach Hause?
4. Wo wohnt der?
5. Wie weit ist das von hier entfernt?
6. Zu Fuß oder mit dem Rad?
7. Wann bist du wieder zu Hause?
8. Willst du dann zu mir rüberkommen?
9. Wie wär's mit morgen?
10. Bis morgen dann!

21. Ergänze diese Sätze, so daß alles sinnvoll ist (makes sense)!

anrufen	arbeiten	brauchen	gehst	macht
schreibst	ist	weiß	glaube	einkaufen

1. Warum _____ du eine Einkaufsliste?
2. Wir _____ ein paar Sachen.
3. Wo willst du denn _____?
4. Bei Höhnes. Da _____ immer alles frisch.
5. Um wieviel Uhr _____ du dorthin?
6. Ich _____ es noch nicht genau.
7. Zuerst will ich noch Ernst _____.
8. Ich _____, er ist nicht zu Hause.
9. Was _____ er denn heute?
10. Er muß den ganzen Tag _____.

Sprachspiegel

22. Schreibe einen kurzen Dialog über das Thema „Wir gehen ins Café"! Was bringt der Kellner/die Kellnerin? Was schmeckt heute besonders gut? Was möchtest du trinken? Wer kommt alles mit? Was bestellen (order) die anderen? Was besprecht ihr?

23. Wie sagt man's?

Poster	Kühlschrank	schlagen	bekommen
Wurst	haben	Mehl	sind
habe	Fleischer	Stück	Butter
bleiben	Dank	kosten	schmeckt
zeigen	sieht	Rockstars	Tag
bringen	Nähe		

1. Guten _____! Was darf ich Ihnen _____?
   Ein _____ Torte, bitte.
   Wir _____ drei verschiedene Torten.
   Welche _____ Sie vor?

2. Können Sie mir sagen, wo der _____ ist?
   Gleich in der _____.
   Hat der gute _____?
   Ja, seine Würstchen _____ auch sehr gut.

3. Wie _____ dein Zimmer aus?
   Ich habe viele _____.
   Von _____?
   Nein, sie _____ bekannte Fußballspieler.

4. Mmm, der Kuchen _____ aber gut.
   Kann ich den auch mal _____?
   Ja, du kannst etwas davon _____.
   Vielen _____.

5. Hast du sie in den _____ gestellt?
   Ja, sie muß kalt _____.
   Später brauchen wir aber die _____.
   Hast du _____ zum Backen?
   Ja, und Milch und Zucker _____ ich auch.

24. *Ich muß heute einkaufen gehen.* Schreibe in ganzen Sätzen, wohin und wann du gehen mußt, was du kaufen mußt, wen du auf dem Weg triffst, usw.

25. Wie heißt das auf deutsch?

1. Do you have to write a shopping list?
2. This cake tastes very good.
3. They are looking at the baked goods.
4. Do they have a good selection?
5. Is the bread fresh?
6. They have to get two books from the library.

Rückblick

I. *Wie ist dein Wochenende gewesen? Sag, was alles am Wochenende losgewesen ist.*

❏ wir / viel Zeit haben
  Wir haben viel Zeit gehabt.

1. Angelika / mich zur Party einladen
2. viele Jugendliche / gegen sechs Uhr hinfahren
3. ich / auch Lust haben
4. ich / meinen Freund anrufen
5. er / auch mitkommen
6. wir / etwas später kommen
7. die Party / sehr schön sein
8. die Jungen / Fußball spielen
9. die Mädchen / viel singen
10. alle / um zehn Uhr nach Hause fahren

Sie sitzt in der Bibliothek.

Diese Band spielt oft in der Stadt.

II. Ergänze die richtigen Endungen!

1. Welch_____ Film habt ihr gesehen?
2. Dies_____ Pudding schmeckt mir nicht.
3. Ich habe jed_____ Briefmarke gesammelt.
4. Hast du dies_____ Kuchen gebacken?
5. Welch_____ Lehrerin sollst du helfen?
6. Kannst du dies_____ Herrn verstehen?
7. Jed_____ Flugzeug kommt aus Amerika.
8. Anstatt dies_____ Jacke kaufe ich lieber einen Mantel.
9. Mit welch_____ Auto kommt er?
10. Bring bitte dies_____ Bücher zur Bibliothek.

III. Ergänze diese Sätze!

1. Um wieviel Uhr kommt ihr aus _____?
2. Kommst du ohne _____?
3. Ich warte bei _____.
4. Wir fahren mit _____.
5. Warum gehst du durch _____?
6. Ich habe kein Geschenk für _____.
7. Was bekommst du von _____?
8. Wir laufen nicht gern zu _____.

IV. Change these sentences to the past tense.

1. Willst du das bezahlen?
2. Ich darf kein Geld ausgeben.
3. Das kann ich nicht verstehen.
4. Wir sollen zwei Karten kaufen.
5. Ihr müßt schon früh zum Bahnhof.

V. *Was braucht man?* Kombiniere die folgenden Wörter! Folge dem Beispiel!

◻ Fußball / spielen
Man braucht einen Fußball zum Spielen.

1. Mehl / backen
2. Rad / fahren
3. Flugzeug / fliegen
4. Kuli / schreiben
5. Musik / tanzen
6. Geld / bezahlen

VI. Rewrite these sentences according to the model.

◻ Hast du *deiner Tante einen Brief* geschickt?
Hast du ihn ihr geschickt?

1. Ich will *meiner Freundin ein Geschenk* kaufen.
2. Kannst du *dem Lehrer die Hausaufgaben* zeigen?
3. Warum hast du *der Dame die Karte* geholt?
4. Möchtest du *deinem Bruder eine Krawatte* geben?
5. Bring *deiner Oma die Brille*!
6. Wir geben *den Touristen eine Karte.*

Sprichwort

Zu viele Köche verderben den Brei.
(Too many cooks spoil the broth.)

Rheinischer Sauerbraten

Stollen

Was backen sie?

eine Kalte Platte

Kulturecke

Foods

T housands of restaurants of varying kinds are scattered throughout Germany. Almost all German restaurants clearly display their daily menu outside, next to the entrance. People who plan to eat in a specific restaurant can decide what they will eat and how much they will pay before entering. The menu lists the prices including the value-added tax (*Mehrwertsteuer*) and the tip (*Trinkgeld*), unless it is clearly stated that a tip of 15 percent will be added.

The evening meal, appropriately called *Abendbrot*, is quite similar in German homes. Households and restaurants alike offer cold plates (*Kalte Platten*) consisting of cold cuts and breads. Germans are great bread eaters. There are more than 200 different kinds of breads and 30 kinds of rolls from which to choose. The variety of sausages is also mind-boggling. It is said that there are 1,500 different types of sausage. The selection of cheeses is not far behind.

Most Germans eat their warm meal for lunch. An important part of most warm meals is the potato. Germans make numerous dishes with potatoes, ranging from potato dumplings with pork and carrots (*Klöße mit Schweinefleisch und Möhren*) to potatoes fried with sauerkraut (*Kartoffel-Sauerkrautauflauf*) or a simple dish consisting of spiced potatoes mixed with vegetables called *Saures Kartoffelgemüse*.

Germans generally prefer fresh fruits and vegetables to canned. Germans eat a variety of vegetables—peas, beans, beets, tomatoes, carrots, red cabbage, cauliflower, sauerkraut and, probably the greatest delicacy of all vegetables, asparagus (*Spargel*). Unlike the American asparagus, the German asparagus is white.

What are some of the more popular German dishes? Undoubtedly, the dish most frequently found on a menu is *Schnitzel*. It can be prepared in many different ways, depending on one's preference. For example, a dish called *Gefülltes Schweineschnitzel* is a stuffed pork cutlet. Besides *Schnitzel*, the *Sauerbraten* is another familiar German dish. The *Rheinischer Sauerbraten*, as an example, is roast beef that is marinated for three to four days and then eaten with a sauce containing raisins, accompanied by potato dumplings. Another common dish—not every gourmet's delight as a main dish—is *Schweinehaxe* which is roasted pork hocks.

Germans love venison, a rather expensive dish. In all first-rate and most good restaurants you will find at least one venison dish, such as saddle of venison (*Rehrücken*). More frequently hunted, and therefore less expensive, is the rabbit. There are many kinds of rabbit dishes such as *Hasenkeule mit Spätzle* (rabbit leg with noodles).

At Christmastime, a dish that long has been a specialty is roast goose (*Gebratene Gans*) which is served with red cabbage, dumplings and a soup called *Ochsenschwanzsuppe* (oxtail soup). Traditionally, the carp has been a favorite Christmas dish for many Germans. The *Geschmorter Karpfen* (roast carp) is served with vegetables and wild rice.

Desserts, or *Nachspeisen*, are also listed on many menus. Selections differ according to individual tastes. Almost all restaurants serve ice creams. Some are more elaborate than others such as vanilla ice cream with strawberries flambé (*Vanilleeis mit flambierten Erdbeeren*).

A discussion of German foods is not complete without mentioning the tremendous variety of cakes and pastries found throughout the country. A very common cake in all parts of Germany is the *Apfelstreuselkuchen*. But the most sought-after cake or pastry is the Black Forest Cherry Torte (*Schwarzwälder Kirschtorte*).

Die Deutschen essen Brot mit Wurst sehr gern.   *eine Bäckerei*

A wide range of cookies are found in all regions of Germany. Originating in Nürnberg, southern Germany, the *Lebkuchen* (almond spiced cookies) are known worldwide. Perhaps the largest selection of baked goods in a typical German household can be found during the Christmas season. The eyes of children light up when the Christmas cookies (*Weihnachtsgebäck*) are displayed. Many cookies for the festive occasion are baked in special forms, adding to the spirit of this festive time.

Besides the many beautifully decorated cookies, Germans also bake various kinds of breads during Christmas such as *Kletzenbrot*, which is sweet bread containing figs, raisins, dried pears, chopped walnuts, hazelnuts and various spices. But the most popular German Christmas cake is the *Stollen* filled with raisins, orange and lemon peels, almonds and then covered with powdered sugar—a tradition in most German households during the Christmas season.

Was ist die richtige Antwort?

1. usually eaten after a meal	a. Stollen
2. Christmas cookies	b. Rehrücken
3. stuffed pork cutlet	c. Sauerbraten
4. a popular evening meal	d. Nachspeise
5. a cake named after a forest	e. Schwarzwälder
6. originated in Nürnberg	Kirschtorte
7. marinated roast beef	f. Weihnachtsgebäck
8. a favorite Christmas fish dish	g. Schnitzel
9. popular Christmas cake	h. Kalte Platte
10. vegetable considered a delicacy	i. Geschmorter Karpfen
11. expensive venison	j. Spargel
12. a dish found on almost all menus	k. Lebkuchen
	l. Gefülltes Schweineschnitzel

154

Vokabeln

ausrollen to roll out (dough)

sich **aussuchen** to select, choose, pick out

das **Backblech,-e** baking pan

der **Backofen,-** baking oven

die **Backwaren (pl.)** baked goods

die **Badewanne,-n** bathtub

beschäftigt busy, occupied

der **Besuch** visit

Besuch bekommen to have visitors

zu Besuch kommen to come to visit

das **Bett,-en** bed

die **Bibliothek,-en** library

das **Bild,-er** picture

die **Brezel,-n** pretzel

das **Brötchen,-** hard roll

das **Bücherregal,-e** bookshelf

die **Butter** butter

der **CD-Spieler,-** CD player

davon of these, from these

das **Ei,-er** egg

die **Einkaufsliste,-n** shopping list

erledigen to take care of

die **Erdbeertorte,-n** strawberry torte

etwa about

der **Fernsehapparat,-e** television set

der **Fernseher,-** television set

fertig ready, finished

frisch fresh

der **Gasherd,-e** gas range

geben: heute gibt's today we'll have

die **Geschirrspülmaschine,-n** dishwasher

geschlossen closed

das **Handtuch,-er** towel

hineinstellen to put (place) inside

jemand someone

die **Kartoffel,-n** potato

der **Keks,-e** cookie

das **Kochbuch,-er** cookbook

kochen to cook

kosten to taste

der **Kühlschrank,-e** refrigerator

die **Lampe,-n** lamp

die **Margarine** margarine

die **Marmelade** jam

das **Mehl** flour

der **Mikrowellenherd,-e** microwave oven

mischen to mix

morgen: heute morgen this morning

der **Nachtisch** dessert

naschen to nibble

etwas zum Naschen something to nibble on

der **Ofen,-** oven, stove

der **Pfeffer** pepper

der **Pudding,-e** pudding

das **Roggenbrot,-e** rye bread

rollen to roll

der **Rotkohl** red cabbage

rufen (*rief, gerufen*) to call

rühren to stir, beat

das **Salz** salt

das **Schaufenster,-** display window

scheinen (*schien, geschienen*) to seem, appear

der **Schilling,-e** shilling (Austrian monetary unit)

schneiden (*schnitt, geschnitten*) to cut

der **Schokoladenkeks,-e** chocolate cookie

die **Schokoladentorte,-n** chocolate torte

der **Schrank,-e** closet

der **Schreibtisch,-e** desk

der **Schweinebraten** roast pork

die **Seife,-n** soap

die **Semmel,-n** hard roll

der **Sessel,-** easy chair

das **Sofa,-s** sofa

sonst besides, otherwise

Sonst noch etwas? Anything else?

der **Spiegel,-** mirror

die **Stereoanlage,-n** stereo set

der **Stuhl,-e** chair

der **Teig** dough, batter

die **Toilette,-n** toilet (also: bathroom)

verkaufen to sell

verschlingen (*verschlang, verschlungen*) to devour, swallow (up)

vorsichtig careful(ly)

warten auf to wait for

das **Waschbecken,-** sink

das **Wasser** water

das **Wochenende,-n** weekend

die **Zahnbürste,-n** toothbrush

die **Zahnpasta** toothpaste

der **Zucker** sugar

die **Zutaten (pl.)** ingredients

Der deutsche Spargel ist weiß.

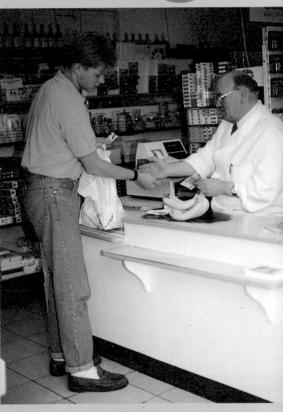

Communicative Functions

- describing grocery shopping
- requesting and paying for various groceries
- describing a department store and an outdoor market
- preparing a shopping list

Im Geschäft

Karsten Hitschler wohnt in Rosdorf, einem Vorort von Göttingen. Karsten ist sechzehn Jahre alt; er hat einen Bruder — der ist zwölf — und eine Mutter. Seine Eltern sind geschieden. Frau Hitschler ist Steuerberaterin. Sie hat ihr eigenes Büro im Haus. Ein- oder zweimal die Woche bittet Frau Hitschler Karsten, zum Geschäft zu gehen und dort die nötigen Lebensmittel zu kaufen.

Frau Hitschler sagt ihrem Sohn immer, er soll zuerst die Sonderpreise vor dem Geschäft lesen. Die sind jede Woche im Schaufenster neu angeschlagen. Vielleicht gibt es diese Woche ein paar günstige Preise. Dann geht er ins Geschäft hinein. Gleich am Eingang stehen die Körbe. Er nimmt einen. Dann sieht er sich die Einkaufsliste an. Frau Hitschler hat alles aufgeschrieben, was sie in den nächsten Tagen brauchen.

Wähle die richtigen Antworten!

1. Frau Hitschler arbeitet
2. Die Körbe stehen
3. Karsten wohnt
4. Die Preise sind
5. Frau Hitschler ist
6. Frau Hitschler hat
7. Herr und Frau Hitschler sind
8. Jede Woche gibt
9. Karstens Bruder ist
10. Karsten sieht

a. es günstige Preise
b. geschieden
c. sich die Einkaufsliste an
d. in einem Vorort
e. in ihrem Büro zu Hause
f. Steuerberaterin
g. im Schaufenster angeschlagen
h. zwölf Jahre alt
i. direkt am Eingang
j. eine Einkaufsliste vorbereitet

Was ist im Schaufenster angeschlagen?

Wo stehen die Körbe?

(am Ladentisch)

Karsten:	Tag, Frau Ludwig!
Verkäuferin:	Guten Tag, Karsten. Was soll's heute sein?
Karsten:	Etwas Wurst.
Verkäuferin:	Diese hier?
Karsten:	Nein, die preiswerte Schinkenwurst da.
Verkäuferin:	Wieviel möchtest du denn?
Karsten:	Ein halbes Pfund. Dann möchte ich noch Brot.
Verkäuferin:	Deine Mutter ißt immer gern Roggenbrot. Soll ich es schneiden?
Karsten:	Ja, bitte.
Verkäuferin:	So, bitte sehr.

Beantworte diese Fragen!

1. Wie heißt die Verkäuferin?
2. Welche Wurst kauft Karsten?
3. Wieviel kauft er von der Wurst?
4. Was für Brot kauft er?
5. Was soll die Verkäuferin tun?

Soll ich das Roggenbrot schneiden?

Ein halbes Pfund, bitte.

159

Karsten geht zur Kühltruhe, sucht Käse aus und nimmt auch noch
Milch. Er legt alle Sachen in den Korb.

(in der Obstabteilung)

Karsten: Ich brauche noch ein paar Bananen.
Verkäuferin: Die gelben Bananen hier sind ganz reif. Wie viele
möchtest du davon?
Karsten: Ach, geben Sie mir doch drei. Nein, besser vier.
Verkäuferin: Sonst noch etwas?
Karsten: Drei von den roten Äpfeln da und zwei Apfelsinen.
Verkäuferin: Die legen wir alle gleich in den Korb.
Karsten: Für heute ist das alles.

Wie viele kauft er davon?

1. Bananen
2. Äpfel
3. Apfelsinen

(an der Kasse)

Verkäufer: Hast du alles gekauft?
Karsten: Ich glaube schon. Sonst schickt mich meine Mutter
bestimmt wieder zurück.
Verkäufer: Das halbe Brot ist ganz schön schwer. Das
Roggenbrot ist bei unseren Kunden besonders
beliebt.
Karsten: Ja, mit der Schinkenwurst schmeckt es mir immer.
Verkäufer: Das macht 12 Mark 40.
Karsten: Hier sind zwanzig Mark.
Verkäufer: Und 7 Mark 60 zurück. Grüß deine Mutter. Sag ihr,
sie soll nicht so viel arbeiten. Sie kann sich auch
mal wieder sehen lassen.
Karsten: Da stimme ich mit Ihnen überein. Dann muß ich
wenigstens nicht immer einkaufen gehen. Auf
Wiedersehen, Herr Holzke.

Karsten macht die Tür auf und geht mit schnellen Schritten
wieder nach Hause. Seine Mutter wartet schon auf die Lebensmittel fürs Mittagessen. Sonnabends gibt's immer Kalte Platte.

Ergänze diese Sätze mit passenden Wörtern!

1. Karsten gibt dem Verkäufer _____.
2. Karsten geht schnell _____.
3. Die Kunden kaufen das _____ gern.

4. Zum _____ gibt es heute Kalte Platte.
5. Das Schinkenbrot _____ Karsten immer gut.
6. Der _____ heißt Herr Holzke.
7. Die Lebensmittel _____ 12 Mark 40.
8. Karsten bezahlt an der _____.

Fragen

1. Wie alt ist Karsten?
2. Warum wohnt sein Vater nicht zu Hause?
3. Was für einen Beruf hat Frau Hitschler?
4. Wie oft muß Karsten zum Geschäft gehen?
5. Was soll Karsten vor dem Geschäft tun?
6. Was nimmt er am Eingang?
7. Was kauft er am Ladentisch?
8. Was nimmt er aus der Kühltruhe?
9. Was für Obst kauft er?
10. Was macht er mit allen Lebensmitteln.
11. Was ist bei den Kunden beliebt?
12. Wieviel Geld gibt Karsten dem Verkäufer?
13. Was kosten die Lebensmittel?
14. Warum muß sich Karsten beeilen?

Sie legt das Obst in den Korb.

Die Bananen sind ganz reif.

161

German supermarkets operate pretty much the same as here, except that the products are named differently and the weights are metric. Most Germans shop more frequently during the week than the typical American shopper, so it's not uncommon to ask the salesperson to cut smaller quantities of sausages or cheese. If a German family is small and wants to buy a variety of sausages and cheeses, it's quite common to order by the quarter pound (*ein viertel Pfund = 125 Gramm*) which is a little more than four ounces or even an eighth of a pound (*ein achtel Pfund = 62,5 Gramm*) which is about two ounces.

Most supermarkets display printed posters on their windows. These posters indicate the *Sonderangebot* (special offer) and *Sonderpreis* (special price) for the shoppers' selection prior to entering the store.

The smaller supermarkets usually have shopping baskets right at the entrance of the store. The larger supermarkets offer both, the shopping baskets (*Körbe*) and shopping carts (*Einkaufswagen*). In smaller towns, salespeople usually know their customers well. It's customary to say *"Guten Tag"* (northern Germany) and *"Grüß Gott"* (southern Germany) when entering a store; likewise it's polite to say *"Auf Wiedersehen"* when leaving.

Even in the largest supermarkets there will be no one to bag your groceries and carry them out to your car. Therefore, you'll have to be your own bagger. Generally, plastic—not brown paper—bags are available but due to the rising oil prices they often cost a bit extra (usually ten pfennigs). However, the plastic bags are always made of biodegradable material.

Kombiniere...

Wie viele Sätze kannst du bilden?

Seine Eltern	braucht	ein Pfund	Geld
Karsten	kaufen	ein paar	Apfelsinen
Die Kunden	nimmt	viel	Wurst
Der Verkäufer	möchten	ein halbes	Pfund Käse
Wir	will	fünf	Bananen

Frau Schmidt geht zweimal die Woche einkaufen.

Was ist hier preiswert?

ein Sonderangebot

Nützliche Ausdrücke

Sind sie geschieden?	Are they divorced?
Zweimal die Woche...	Twice a week...
Die Preise sind da angeschlagen.	The prices are posted there.
Was soll's heute sein?	What will it be today?
Wie viele möchtest du davon?	How many of these would you like?
Es ist ganz schön schwer.	It's pretty heavy.
Wie schmeckt es dir?	How do you like it?
Läßt sie sich mal wieder sehen?	Is she going to come by again?
Ich stimme mit dir überein.	I agree with you.

Was ist die richtige Antwort hier?

1. Warum läßt sich Heidi nicht sehen?
2. Diese Karten sind viel zu teuer.
3. Wie oft schreibst du deiner Brieffreundin?
4. Kannst du die Koffer tragen?
5. Ist Rolands Vater verheiratet?
6. Wie weißt du, wieviel die Lebensmittel kosten?
7. Was soll's heute sein?
8. Das schmeckt mir nicht besonders.

a. Dreimal im Jahr.
b. Nein, er ist geschieden.
c. Sie ist zu beschäftigt.
d. Fünf Äpfel und ein Pfund Butter.
e. Die Preise sind im Schaufenster angeschlagen.
f. Ich stimme mit dir überein.
g. Mit dem Essen bist du viel zu wählerisch.
h. Ja, aber die sind ganz schön schwer.

Ergänzung

Auf dem Markt

Obst

Gemüse

Äpfel

Erdbeeren

Spargel

Kartoffeln

Birnen

Brombeeren

Erbsen

Bananen

Kirschen

Zwiebeln

Pfirsiche

Bohnen

Spinat

Weintrauben

Apfelsinen

Karotten

Tomaten

Pflaumen

165

1. **In welcher Abteilung kann man diese Sachen kaufen?**

   1. Kassetten
   2. Romane
   3. Gemüse
   4. Tennisschläger
   5. Hemden
   6. Kartenspiele
   7. Kleider
   8. Bleistifte

2. **Wähle drei Abteilungen und beschreibe, was du dort alles kaufen möchtest!**

3. **Uwe's Schwester hat ihm eine Einkaufsliste gegeben, aber leider kann er sie nicht lesen. Sie hat nur die Silben (syllables) aufgeschrieben. Sie will testen, wie klug ihr Bruder ist. Was muß er alles kaufen? Kannst du ihm helfen? Er soll sechs verschiedene Sachen kaufen.**

BEE	BEN	BOH	ERD	KIR
MA	NAT	NEN	REN	SCHEN
SPI	TEN	TO	TRAU	WEIN

die Herrenabteilung

die Damenabteilung

166

Die Auswahl in dieser Abteilung ist sehr gut.

Was kann man hier kaufen?

Sag's mal!

Kann ich Ihnen helfen?

Ein Paar Tennisschuhe.

die silbernen Ohrringe *earring*

ein paar Teller und Tassen *necklace*

die schöne Halskette

several den elektrischen Mixer

ein T-Shirt mit Aufdruck

die tolle Jeansjacke

Unterwäsche

die neuesten Hits

a pair ein paar Taschentücher *handkerchief*

ein Paar Tennisschuhe

Übungen

Adjectives after *der*-words

The endings of adjectives in the singular following *der*-words are -en except in the nominative (all genders) and in the accusative (feminine and neuter) where they are -e. In the plural all adjective endings are -en.

		masculine	feminine	neuter
Singular	nominative	-e	-e	-e
	accusative	-en	-e	-e
	dative	-en	-en	-en
	genitive	-en	-en	-en
Plural	nominative	-en	-en	-en
	accusative	-en	-en	-en
	dative	-en	-en	-en
	genitive	-en	-en	-en

In order for you to understand the adjective endings more clearly, look carefully at the chart on the next page. It incorporates the adjective endings from before as well as articles and corresponding nouns.

Kann ich Ihnen helfen?

Die frischen Weintrauben schmecken gut.

		masculine	feminine	neuter
Singular	**nominative**	der alt-e Film	die jung-e Dame	das neu-e Haus
	accusative	den alt-en Film	die jung-e Dame	das neu-e Haus
	dative	dem alt-en Film	der jung-en Dame	dem neu-en Haus
	genitive	des alt-en Films	der jung-en Dame	des neu-en Hauses
Plural	**nominative**	die alt-en Filme	die jung-en Damen	die neu-en Häuser
	accusative	die alt-en Filme	die jung-en Damen	die neu-en Häuser
	dative	den alt-en Filmen	den jung-en Damen	den neu-en Häusern
	genitive	der alt-en Filme	der jung-en Damen	der neu-en Häuser

The adjective endings listed follow these *der*-words: *dieser* (this), *jeder* (every, each), *welcher* (which), *mancher* (some, many a), *solcher* (such). *Alle* and *beide* can only be used in the plural with their corresponding adjective endings for *der*-words.

Beispiele (singular):

nominative: Wo ist der neue Schüler?
Die junge Verkäuferin ist an der Kasse.
Welches rote Fahrrad gefällt dir?

accusative: Er sieht jeden deutschen Film.
Kaufst du diese teu(e)re Gitarre?
Geht ihr durch das bekannte Museum?

dative: Ich spreche mit dem netten Amerikaner.
Aus welcher großen Stadt kommen Sie?
Sie gibt jedem kleinen Mädchen ein Geschenk.

genitive: Wir besuchen euch während des schönen Sommers.
Das ist das Auto der italienischen Frau.
Trotz dieses schlechten Wetters fahren wir in die Stadt.

Beispiele (plural):

nominative: Die guten Restaurants sind nicht immer teuer.
accusative: Habt ihr diese deutschen Filme gesehen?
dative: Wir wohnen bei den netten Verwandten.
genitive: Während der schlechten Tage spielen wir nicht.

NOTE: In an adjective ending in -*el*, the "e" is omitted if an added ending begins with the letter e.

Beispiel: dunkel, das dunkle Zimmer

The same is true for adjectives with an -er ending whereby the -e of the last syllable can be omitted.

Beispiel: das teuere Auto
das teure Auto

The adjective *hoch* loses its -c when the ending begins with an -e.

Der Dom ist hoch.
Der hohe Dom steht in Speyer.

4. *Wo ist...?* **Du bist auf einer Reise. Ein Reiseleiter (tour guide) gibt Auskunft über verschiedene Sehenswürdigkeiten. Manchmal möchtest du aber wissen, wo die Sehenswürdigkeit ist. Folge dem Beispiel!**

❏ Das Schloß ist bekannt.
Wo ist das bekannte Schloß?

1. Das Rathaus ist neu.
2. Die Straße ist alt.
3. Der Prospekt ist interessant.
4. Der Fluß ist lang.
5. Das Kaufhaus ist groß.
6. Der Park ist beliebt.

5. *Was meinst du?* **Peter geht mit Gisela, seiner Freundin, einkaufen. Gisela will ein paar Kleidungsstücke kaufen. Peter weiß aber nicht immer, wovon sie spricht.**

❏ Das rote Kleid ist schön.
Welches rote Kleid meinst du?

1. Die bunte Bluse ist preiswert.
2. Der schwarze Mantel sieht toll aus.
3. Das englische Buch ist ganz neu.
4. Der deutsche Käse soll gut schmecken.
5. Das alte Fahrrad ist kaputt.

6. Beantworte die folgenden Fragen! Folge dem Beispiel!

❑ Was möchtest du sehen? See / groß
Den großen See.

    1. **Was möchtest du besuchen?** Museum / bekannt
    2. **Wen wirst du fragen?** Arzt / jung
    3. **Was kannst du nicht finden?** Schultasche / braun
    4. **Wen willst du besuchen?** Junge / klein
    5. **Was mußt du lesen?** Buch / interessant

7. Frag, welche Gebäude die Besucher verlassen!

❑ neu
Welches neue Rathaus verlassen sie?

1. deutsch   2. groß

3. bekannt   4. schön   5. amerikanisch

8. Du kommst aus den Ferien zurück und erzählst deinen Freunden, was du alles gemacht hast!

❑ die Tante besuchen / alt
Ich habe die alte Tante besucht.

    1. **Gitarre spielen / neu**
    2. **den Pulli kaufen / rot**
    3. **den Film sehen / englisch**
    4. **das Buch lesen / deutsch**
    5. **das Spiel sehen / interessant**

Das preiswerte Kleid gefällt ihr. *Was kaufen sie?* *Was kosten die modischen Damen-Hosen?*

9. **Findest du die wirklich toll?** Heinz hat auf seiner Reise ein paar Sachen gekauft. Er zeigt sie dir und will wissen, wie sie dir gefallen. Du bist nicht sicher, ob sie dir wirklich gefallen.

   ❐ Hier ist eine Krawatte. Sie ist bunt.
   Findest du diese bunte Krawatte wirklich toll?

   1. Hier ist ein Hemd. Es ist dunkelblau.
   2. Hier ist eine Kassette. Sie ist spanisch.
   3. Hier ist ein Zelt. Es ist klein.
   4. Hier ist eine Tasche. Sie ist braun.
   5. Hier ist eine Zeitschrift. Sie ist deutsch.

10. **Was schickt ihr eueren Verwandten zum Geburtstag?** Während des Jahres schickt Ursulas Mutter zum Geburtstag ein paar Sachen an ihre Verwandten. Ursulas Freundin will wissen, was sie dieses Jahr alles geschickt hat.

    ❐ Fotos / alt
    Sie hat die alten Fotos geschickt.

    1. Karten / teuer
    2. Bilder / neu
    3. Uhren / schön
    4. Kekse / lecker
    5. Kassetten / französisch

11. **Susi und Helga sind im Kaufhaus.** Sie haben vor, etwas zu kaufen. Sie sehen sich verschiedene Kleidungsstücke an. Susi zeigt auf ein paar Sachen. Helga weiß nicht genau, welches Kleidungsstück Susi meint.

    ❐ Wie gefällt dir der Pulli? (rot)
    Meinst du den roten?

    1. Wie gefällt dir die Bluse? (gelb)
    2. Wie gefällt dir das Hemd? (bunt)
    3. Wie gefällt dir der Rock? (lang)
    4. Wie gefällt dir die Hose? (braun)
    5. Wie gefällt dir das T-Shirt? (weiß)

12. *Was trägt jeder zum Zug?* Die Schüler des Schiller Gymnasiums in Bonn machen eine Reise nach Regensburg. Herr Gerber, der Lehrer, ist mit seiner Klasse auf dem Bahnhof. Er sagt den Schülern, was jeder zum Zug tragen soll.

❏ Rudi / der Koffer / alt
   Rudi, trag den alten Koffer!

1. Martina / die Tasche / schwarz
2. Uwe und Helmut / die Kiste / groß
3. Christine / das Paket / klein
4. Hans / die Schultasche / dunkel
5. Heidi / der Rucksack / hell
6. Dieter und Petra / das Zelt / neu

13. *Sie machen eine Campingtour in den Schwarzwald.* Ergänze die Adjektive mit den richtigen Endungen (endings)!

1. Nimmst du den groß_____ Koffer mit?
2. Ja, ich habe alle diese neu_____ Sachen gekauft.
3. Nicht alles ist neu. Wo ist das alt_____ Zelt?
4. Von welchem alt_____ Zelt sprichst du denn?
5. Du hast es bei der letzt_____ Party von Rolf bekommen.
6. Mein Vater hat mir dieses grün_____ Zelt geliehen.
7. Soll ich die schwarz_____ Jacke in den Koffer packen?
8. Ich bringe lieber dieses grau_____ Sweatshirt mit.
9. Willst du nicht die englisch_____ Zeitschriften lesen?
10. Nein, aber ich werde das deutsch_____ Buch da lesen.

14. Ergänze die Sätze mit den Wörtern in Klammern (parentheses)!

❏ Wo ist _____? (Auto, toll)
   Wo ist das tolle Auto?

1. Hast du _____ gesehen? (Film, italienisch)
2. Welches _____ möchtest du kaufen? (Fahrrad, preiswert)
3. Die Touristen kommen aus _____. (Stadt, groß)
4. Der Herr besucht _____. (Rathaus, alt)
5. Ich möchte _____ besuchen. (Museum, interessant)
6. Der Bruder _____ wohnt in Leipzig. (Dame, alt)
7. Wir gehen zu _____. (Café, teuer)
8. _____ gefällt mir nicht.   (Kleid, rot)
9. Was macht ihr nach _____? (Spiel, lang)
10. Während _____ sitzen wir gern auf der Wiese. (Tag, schön)
11. Möchten Sie lieber _____? (Mantel, braun)
12. Habt ihr _____ geschrieben? (Aufsatz, kurz)

15. Bilde Sätze mit den folgenden Wörtern!

1. können / du / groß / Koffer / tragen
2. deutsch / Flugzeug / acht Uhr / abfliegen
3. lesen / dein / Mutter / lang / Brief
4. morgen / sehen / wir / interessant / Film
5. Karsten / kaufen / preiswert / Schinkenwurst
6. wir / kaufen / gelb / Bananen
7. wie / gefallen / du / neu / Geschäft
8. Jungen / nicht spielen / während / schlecht / Wetter
9. verstehen / ihr / einfach / Aufgabe
10. wollen / du / halb / Stück Kuchen / essen

16. Ergänze die folgenden Sätze mit den passenden deutschen Wörtern!

1. Haben Sie _____ besucht? (the large cities)
2. _____ hat mir gut gefallen. (the German restaurant)
3. Herr Schulz hat letzte Woche _____ gekauft. (this red car)
4. Hast du _____ gesehen? (the American movie)
5. _____ soll ich denn anprobieren? (which blue shirt)
6. Anstatt _____ kaufe ich lieber ein paar Leckerbissen. (the colorful flowers)
7. Ich habe mit _____ gesprochen. (the new doctor)
8. Wir sind durch _____ gegangen. (this well-known museum)
9. Gehen Sie gern zu _____? (this small department store)
10. Nach _____ kann ich wirklich nichts mehr essen. (this good meal)
11. _____ möchtest du zuerst lesen? (which long letter)
12. Von _____ habe ich schon lange nichts gehört. (this old gentleman)
13. Zeig mir doch _____! (these beautiful picture postcards)
14. Seit _____ hat er uns nicht geschrieben. (the cold March)
15. Während _____ machen wir eine Reise. (the warm summer)

Adjectives Used as Nouns

Some adjectives appear as nouns. Although these adjectives are capitalized, they still have the same endings as if they were to appear with nouns.

Beispiele: *Suchst du den Kleinen?*
(Are you looking for the little one?)

Ich kenne die Kluge.
(I know the smart one.)

17. *Erika ist neu in der Schule. Bei einem Tanz fragt sie Daniela oft über verschiedene Jungen und Mädchen.*

❑ Wen kennst du? (groß — die)
Die Große.

1. Mit wem tanzt er? (neu — die)
2. Wer ist das dort? (klug — der)
3. Bei wem steht sie? (bekannt — der)
4. Wen fragt der Lehrer? (klein — der)
5. Wen brauchen wir? (sportlich — die)

18. Günter will etwas über die Leute in der Nachbarschaft seiner Tante wissen.

❑ Wo arbeitet er? (alt)
Meinst du den Alten?

1. Wo wohnt sie? (klein)
2. Wo tanzt er gern? (deutsch)
3. Wo sitzt sie denn? (nett)
4. Wohin fährt er? (groß)
5. Wohin geht sie? (langsam)

Lesestück

Frau Riebe geht einkaufen

Frau Riebe geht ein paar Mal die Woche einkaufen. Freitags kauft sie immer etwas mehr, denn° am Wochen-   *because*
ende bringen ihre beiden Söhne oft Freunde mit nach

Frau Riebe schreibt auf, was sie alles kaufen muß.

Die Backwaren sind ganz frisch.

Hause. Dann will sie natürlich sicher sein, daß genügend° Lebensmittel da sind. Zuerst schreibt sie ihre Einkaufsliste. Sie nimmt ihre Einkaufstasche und verläßt ihre Wohnung gegen neun Uhr. Um diese Zeit sind alle Geschäfte geöffnet°.

enough

open

Gleich um die Ecke von ihrer Wohnung ist der Bäcker. Die Kunden kommen schon früh dorthin. Die Backwaren sind am Morgen ganz frisch.

Verkäuferin:	Guten Morgen, Frau Riebe. Sie haben mal wieder eine lange Einkaufsliste, nicht wahr°?
Frau Riebe:	Na, so lang ist sie nicht. Geben Sie mir doch zehn Brötchen.
Verkäuferin:	Die großen oder die kleinen?
Frau Riebe:	Natürlich die großen. Und ein Brot. Das ist dann alles.
Verkäuferin:	Ich wünsche Ihnen ein schönes Wochenende.
Frau Riebe:	Danke, gleichfalls°.

Isn't that so?

the same to you

Dienstags und freitags ist Markttag°. Deshalb geht Frau Riebe heute zum Markt. An einem Stand kauft sie einen Kopfsalat°. Die Blumen sehen auch sehr schön aus. Sie kauft ein paar, bezahlt und geht dann weiter zu einem anderen Stand. Frau Riebe kommt gern etwas früher zum Markt. In ein oder zwei Stunden ist es meistens zu voll° und die Auswahl ist jetzt auch viel besser.

market day

head lettuce

busy

An einem Gemüsestand° nimmt sie ein paar Karotten und gibt sie dem Verkäufer. Paprika und Tomaten braucht sie auch noch. Sie legt alles in ihre Einkaufstasche. Das Gemüse ist auf dem Markt preiswerter als im Geschäft. Es ist frisch und schmeckt besser als aus Dosen°. Dann bezahlt sie für alles.

vegetable stand

cans

Guten Morgen, Frau Riebe.

Kauft Frau Riebe Eier?

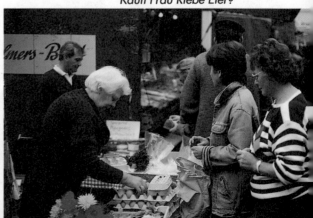

Sie schneidet ein Stück Käse ab.

Was hat Frau Riebe gekauft?

Jetzt geht sie noch schnell zum Käseladen°. Der ist auch gleich beim Markt. Vor dem Geschäft liest sie das heutige Angebot°. Im Schaufenster sieht sie verschiedene Käsesorten°. Dann geht sie in den Käseladen hinein. Die Verkäuferin begrüßt Frau Riebe. Sie kennt sie gut.

       cheese shop

       today's special
       kinds of cheese

Verkäuferin:	Tag, Frau Riebe! Ich habe Sie schon lange nicht gesehen.
Frau Riebe:	In letzter Zeit bin ich sehr beschäftigt gewesen. Wie schmeckt Ihr Goudakäse°? Kann ich den mal kosten?
Verkäuferin:	Ich schneide Ihnen ein Stück ab°. Hier, bitte. Meine Kunden kaufen ihn sehr gern.
Frau Riebe:	Der schmeckt wirklich gut. Geben Sie mir doch 200 Gramm° davon.
Verkäuferin:	Ja, gern. Es ist etwas mehr.
Frau Riebe:	Das macht nichts.
Verkäuferin:	Sonst noch etwas?
Frau Riebe:	Nein, danke.
Verkäuferin:	Das kostet 3 Mark 20.
Frau Riebe:	Bitte sehr.

name of cheese

schneide...ab cut off

grams

Jetzt hat Frau Riebe alles, was sie fürs Wochenende braucht. In ein paar Minuten kommt sie wieder zu Hause an. Sie schließt die Haustür auf° und geht ins Mietshaus hinein. In der Küche ihrer Wohnung packt sie die Lebensmittel aus°. Frau Riebe ist mit ihrem Einkauf zufrieden°.

schließt...auf *unlocks*

packt...aus *unpacks*
satisfied

Ergänze diese Sätze mit den passenden Wörtern!

1. Am _____ kauft Frau Riebe immer etwas mehr als an anderen Tagen.
2. Frau Riebe hat zwei _____.
3. Riebes wohnen in einer _____.
4. Der _____ ist um die Ecke von Riebes.
5. Jeden _____ und Freitag ist Markttag.
6. An einem Stand kauft Frau Riebe Kopfsalat und _____.
7. Gemüse ist in Geschäften teurer als auf dem _____.
8. Vor dem Käseladen sieht Frau Riebe das _____ des Tages.
9. Die _____ im Käseladen kennt Frau Riebe.
10. Frau Riebe kauft 200 _____ von dem Goudakäse.
11. Frau Riebe hat alle Lebensmittel fürs _____.
12. Sie packt alles in der _____ aus.

Beantworte die folgenden Fragen!

1. Wie oft geht Frau Riebe jede Woche einkaufen?
2. Wie weiß sie, was sie für die Familie kaufen muß?
3. Um wieviel Uhr geht sie einkaufen?
4. Warum kommen viele Kunden schon früh am Morgen zum Bäcker?
5. Was kauft Frau Riebe beim Bäcker?
6. Wie oft in der Woche ist Markttag?
7. Was sieht an einem Stand schön aus?
8. Warum geht Frau Riebe lieber früher zum Markt?
9. Wohin steckt sie das Gemüse?
10. Was ist auf dem Markt nicht so teuer wie im Geschäft?
11. Was sieht Frau Riebe im Schaufenster des Käseladens?
12. Ist Frau Riebe in den letzten Tagen im Käseladen gewesen?
13. Welchen Käse kaufen die Kunden gern?
14. Wieviel Käse kauft Frau Riebe?
15. Wie kommt sie ins Mietshaus hinein?
16. Was macht sie in der Küche?

auf dem Markt

im Käseladen

ein Kartoffelstand   *ein Obst- und Gemüsegeschäft*

Übung macht den Meister!

1. *Wir brauchen eine Einkaufsliste.* Imagine that your German Club will be preparing a meal at your school for members only. You have been put in charge of preparing a grocery list. Make up such a list including items that you'll need to make the food.

2. *Bitte schön?* You're in a department store to buy one or two presents for your friend's birthday. Develop a conversation with the salesperson, dealing with such matters as asking for a specific item, color, price, etc.

3. *In welcher Abteilung ist das?* You're working at the information booth right at the entrance of a department store. Since you know the store well, you answer the customers' questions. Role-play this scene with one of your classmates. You may have to answer such questions as: *Wo kann ich Hemden kaufen?, Können Sie mir sagen, wo die Lebensmittelabteilung ist?, Wo gibt's die preiswerten Jeans?, Wo ist die Kasse?*

4. *Auf dem Markt finde ich das bestimmt.* You're looking for a specific item to buy. At the market you'll find many different stands some of which may have your item. Develop a short dialog between you and the salespersons of two or three stands where you inquire whether or not they have your item, where you can find it, the price it may cost, etc.

5. *Was kann ich dafür kaufen?* Stell dir vor, du hast 200 Mark und kannst kaufen, was du willst. Schreib die Sachen und die Preise für alles auf!

Was gibt's hier?   *Was kaufen sie hier?*   *Die Leute kommen oft auf den Markt. (Würzburg)*

Erweiterung

19. Beantworte diese Fragen mit einem ganzen Satz!

1. Gibt es in der Nähe, wo du wohnst, ein Lebensmittelgeschäft?
2. Wie oft geht deine Familie einkaufen?
3. Was steht alles auf der Einkaufsliste?
4. Brauchst du beim Einkaufen eine Einkaufstasche?
5. Um wieviel Uhr machen die Geschäfte in deiner Nachbarschaft auf?
6. Beschreibe, wie du zum Kaufhaus kommst!

20. *Obst, Gemüse oder Backwaren?* **Die folgenden Wörter gehören (belong) zu einer dieser drei Kategorien (categories): Backwaren, Obst oder Gemüse.**

❐ Äpfel
   Obst

Obst und Gemüse (Bamberg)

1. Teig
2. Bananen
3. Kirschen
4. Brötchen
5. Kartoffeln
6. Spinat
7. Kekse
8. Spargel
9. Erdbeeren
10. Birnen
11. Kuchen
12. Karotten

WA10

180

21. Gib eine passende Antwort! Sei sicher, daß der ganze Dialog sinnvoll ist!

1. Was möchtest du?
2. Die großen oder kleinen?
3. Ja, die sind etwas billiger.
4. Sonst noch etwas?
5. Wir haben heute ein besonderes Angebot.
6. Die Bananen kosten 80 Pfennig das Stück.
7. Das macht DM 6,10 zusammen.
8. Und DM 3,90 zurück.

22. Beende die folgenden Sätze mit passenden Antworten!

1. Ich gehe fünfmal die Woche _____.
2. Die Auswahl im Geschäft _____.
3. Geben Sie mir bitte _____.
4. Im Schaufenster _____.
5. Das kostet _____.
6. Schneide mir _____ ab.
7. Auf dem Markt ist es _____.
8. Die Backwaren sind am Morgen _____.

23. Kannst du zusammengesetzte Hauptwörter (compound nouns) bilden? Kombiniere die Wörter auf der linken Seiten mit den entsprechenden Wörtern in der folgenden Liste!

❏   der Brief / die Freundin = die Brieffreundin

der Begleiter	die Pasta	die Liste	das Ende
die Matratze	das Buch	das Büro	die Karte
der Braten	der Platz	die Kontrolle	die Schwester

1. die Luft
2. der Sitz
3. das Schwein
4. der Kranke
5. der Einkauf
6. die Woche
7. der Zahn
8. das Telefon
9. der Paß
10. das Paket
11. der Flug
12. die Reise

Sprachspiegel

24. Stell dir vor, du verkaufst Obst und Gemüse auf einem Markt. Du sprichst mit vielen Kunden und hilfst ihnen beim Einkaufen.

1. Wie sind Ihre Tomaten?
2. Haben Sie noch Pfirsiche?
3. Warum sind Ihre Erdbeeren so teuer?
4. Ich möchte fünf Pfund Kartoffeln.
5. Wo gibt es hier Blumen?
6. 2 Pfund Äpfel, bitte.
7. Können Sie diese Karotten wiegen?
8. Wann bekommen Sie wieder die Apfelsinen aus Florida?

25. Wie sagt man's?

Rolltreppe	Erdgeschoß	schneiden	Einkaufsliste
Zeit	nachmittag	Käse	essen
gekauft	Wurst	Woche	Mal
Fußball	Kirschen	wiegt	einkaufen
ersten	bekommen	ist	finden
Gäste	gern	Dank	machen

1. Das Brot _____ zwei Pfund.
   Können Sie es _____?
   Ja, das kann ich _____.
   Vielen _____.

2. Diese _____ schmeckt mir nicht.
   Du brauchst sie ja nicht zu _____.
   Kann ich mal den _____ kosten?
   Ja, _____.

3. Hast du schon alles _____?
   Nein, ich habe meine _____ noch nicht geschrieben.
   Hast du denn keine _____?
   Leider weiß ich nicht, wann die _____ kommen.

4. Ich möchte einen _____ kaufen.
   Den _____ Sie in der Sportabteilung.
   Wo _____ die denn?
   Fahren Sie mit der _____ zum dritten Stock.

5. Verkaufen Sie _____ im Kaufhaus?
   Ja, die _____ sie in der Obstabteilung.
   Ist die hier im _____ Stock?
   Nein, im _____.

6. Wie oft gehen Sie denn _____?
   Ach, zwei- oder dreimal die _____.
   Wann gehen Sie das nächste _____?
   Bestimmt morgen _____.

26. *Uwes Freund Rolf kommt am Wochenende zu Besuch.* **Rolf wird zwei Tage bei Uwe bleiben. Uwes Mutter bittet ihren Sohn, eine Einkaufsliste zu machen. Uwe weiß besser, was Rolf gern ißt. Kannst du Uwe dabei helfen? Schreibe acht Lebensmittel mit den Preisen auf. Uwes Mutter will wissen, wieviel alles kostet.**

27. Wie heißt das auf deutsch?

1. Do you know how much the hot dogs cost?
2. The prices are posted there.
3. I would like to buy some cheese.
4. Should I cut it off?
5. Please give me 100 grams of this cheese.
6. Anything else?
7. That's all for today.
8. Come again soon.

Die Preise sind da angeschlagen.

In welcher Stadt ist dieses Kaufhaus?

Rückblick

I. Beantworte die folgenden Fragen mit „ja"!

❑ Brauchst du die Aktentasche?
Ja, die brauche ich.

1. Glauben Sie dem Jungen?
2. Fragen Sie die Verkäuferin?
3. Besprichst du den Aufsatz?
4. Hilfst du deinen Freunden?
5. Hast du den Beamten gesehen?
6. Verstehen die Touristen das?
7. Ist der Schüler sehr klug?
8. Kennst du diesen Herrn?

II. *Wer? Wen? Wem? Wessen?* Ergänze die Sätze mit einem dieser vier Fragewörtern!

1. _____ Schuhe sind das?
2. _____ kommt morgen zu Besuch?
3. _____ hast du zur Party eingeladen?
4. Von _____ hat Susi Post bekommen?
5. Für _____ wirst du spielen?
6. _____ Bruder heißt Rudi?
7. _____ geht heute einkaufen?
8. Bei _____ wohnt sie jetzt?
9. _____ haben Sie denn angerufen?
10. _____ soll ich später helfen?

III. *Wem gehören diese Sachen?* Nach dem Fußballspiel hat Heinz ein paar Sachen gefunden. Er fragt Hartmut, wessen Sachen das sind. Beantworte die Fragen!

❑ die Jacke / meine Freundin
Das ist die Jacke meiner Freundin.

1. das Buch / unser Lehrer
2. die Zeitschrift / mein Opa
3. die Tasche / ihre Mutter
4. das Brot / sein Freund
5. der Brief / die Nachbarin
6. der Mantel / der Verkäufer

IV. *Erzähle das noch einmal!* **Rewrite the following paragraph in the narrative past.**

Ingrid fährt am Samstag zu ihrer Freundin Daniela. Dort bleibt sie ein paar Tage. Sie bringt ihre Fotos mit. Was machen sie am Wochenende? Sie besuchen Danielas Onkel. Er ist immer nett. Der Onkel bäckt einen Kuchen. Der schmeckt sehr gut. Beide essen ein paar Stücke. Ingrid kommt am Dienstag wieder nach Hause.

Verkaufen sie hier Obst und Gemüse?

Was kauft die Dame vielleicht?

Land und Leute

Auf dem Markt

Einen offenen° Markt gibt es fast überall° in Deutschland. In den Großstädten findet man nicht nur einen Markt im Zentrum°, sondern° auch in den verschiedenen Vororten. Für Touristen ist es ein interessantes Erlebnis, einmal einen Markt zu besuchen. Dort herrscht° immer eine persönliche° Atmosphäre, und die Auswahl an verschiedenen Waren ist meistens gut. Der größte Betrieb° ist am Morgen.

open-air/all over

center/but

is/personal

traffic

An den Obstständen muß man eine erste Entscheidung treffen°. Hier findet man eine große Auswahl an Obst wie zum Beispiel Bananen, Pfirsiche, Erdbeeren und Kirschen. Manche Stände verkaufen nur eine Obstart°. Dort kann man vielleicht saftige° Äpfel kaufen oder auch reife° Erdbeeren, besonders im Juli. Wenn man damit° noch nicht zufrieden ist, kann man weitergehen°. Die Verkäufer lassen° ihre Kunden auch gerne kosten. Sie wollen sicher sein, daß ihre Kunden zufrieden sind und wiederkommen.

make...decision

kind of fruit
juicy
ripe
with that
keep going/let

Während sich einige Stände auf Obst spezialisieren, bieten andere hauptsächlich° Gemüse an°. Hier findet man zum Beispiel Karotten, Zwiebeln und viele andere Gemüsearten. Die Preise sind gut markiert°. Jeder Stand hat eine Waage°. Da wiegt° die Verkäuferin das Obst oder Gemüse und packt es in eine Tüte°. Viele Kunden bringen ihre eigenen Einkaufstaschen mit; dann kann die Verkäuferin das Obst oder Gemüse direkt in die Einkaufstasche legen.

bieten...an offer/mainly

marked
scale/weighs
bag

Wie wär's mit diesem?

Ich nehme diese Blumen.

Die Leute kommen gern zum Markt. (Würzburg)

ei jedem Stand muß man eine Entscheidung treffen. (Würzburg)

Das passende Geld, bitte.

Die Körbe kommen in allen Größen.

Hier wiegt man das Obst und Gemüse.

Außer den Obst- und Gemüseständen gibt es auch noch andere Stände. Deutsche essen sehr gern Brot. Es ist deshalb nicht erstaunlich°, daß man auf dem Markt einen Brotstand findet. Die Brote und anderen Backwaren sind frisch und knusprig°, denn sie kommen am Morgen direkt vom Bäcker. Möchten Sie Wurst kosten? Das kann man auch auf vielen Märkten bei einem Wurststand oder bei einem Imbiß°. Wenn man gern Käse ißt, findet man auch davon eine gute Auswahl. An den Käseständen kann man oft verschiedene Käsesorten kosten, bevor man sich entscheiden° muß. Manche Stände bieten nur Eier und Butter an. Die Eier und Butter sind natürlich ganz frisch, denn sie kommen direkt von den Bauernhöfen°.

amazing

crispy

snack bar

decide

farms

Die Deutschen haben Blumen sehr gern und schenken° sie oft ihren Verwandten und Bekannten. Deshalb ist ein Markt ohne Blumenstand undenkbar°. Die Auswahl ist auch hier gut. Manchmal kann man außer Obst, Gemüse und verschiedenen Lebensmitteln sogar° Kleidungsstücke kaufen. Auf jeden Fall° ist ein Besuch auf einem deutschen Markt für jeden zu empfehlen°.

give

unthinkable

even

in any case
ist...zu empfehlen is recommended

Ergänze die folgenden Sätze!

1. Es gibt offene Märkte in Großstädten und _____.
2. Auf einem Markt ist die Atmosphäre sehr _____.
3. Die meisten Leute kommen am _____.
4. Alle Preise sind gut _____.
5. Die Verkäuferin wiegt das Obst oder Gemüse auf einer _____.
6. Zum Einkaufen bringen viele Kunden ihre _____ mit.
7. Die Backwaren kommen schon früh am Morgen vom _____.
8. Die Eier und Butter kommen direkt von den Bauernhöfen. Deshalb sind sie _____.
9. Deutsche schenken ihren Verwandten gern _____.
10. Man kann einen _____ auf einem Markt sehr empfehlen.

Beschreibe ganz kurz einen deutschen Markt!

Sprichwort

Der Apfel fällt nicht weit vom Stamm.
(The apple does not fall far from the tree./
A chip off the old block.)

Mit der Rolltreppe geht's nach oben.

Geburtstagskarten

im Erdgeschoß

Kulturecke

A Tour Through a Department Store

F or the person who doesn't speak German or has a limited knowledge of the language, a visit to a department store offers easier shopping opportunities than the smaller shops. Many Germans also like to go to the large department stores, as the shopping there can be done rather quickly.

As you enter most department stores on the ground floor (*Erdgeschoß*), you will see a list of the departments posted at the entrance and again at the escalator. Let's take a tour through a department store, starting downstairs (*Untergeschoß*). What will you find there?

In almost all major department stores, you'll find a supermarket (*Supermarkt*). Notice that Germans take a shopping cart (*Einkaufswagen*) and then select their groceries. Don't be surprised if you find a line of people waiting patiently at a counter to order from the wide assortment of sausages and cold meats (*Wurst*). Here you can order chunks or slices which are weighed according to your request. If you want to buy pre-packaged cold cuts and meats, you can go directly to the packaged meat display and help yourself.

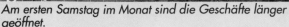

Am ersten Samstag im Monat sind die Geschäfte länger geöffnet.

Backwaren findet man im Untergeschoß.

Besides sausages, Germans love to eat cheese (*Käse*). A combination of these two is usually the main part of the cold evening meal called *Abendbrot*. Most Germans have their warm meal at noon. Germans prefer fresh fish to frozen fish. You'll find fresh fish at a counter marked with either "*Fisch*" or "*Meeresfrüchte*," which literally means "fruits of the sea."

The fresh fruits and vegetables are usually found in the "*Obst und Gemüse*" section. The fruit display closely resembles that found in American supermarkets; however, the unit measurement is different. The metric pound used in Germany (*Pfund*) weighs about 10 percent more than our pound. It's easy to weigh the different kinds of fruit. Just place them on a scale that has all the various items graphically displayed on buttons which are pushed to print out the exact weight and price.

Although some Germans still believe that frozen foods are *ungesund* (unhealthy), you will nevertheless find a large selection in the frozen food section. If you need assistance, look for sales personnel dressed in white smocks.

Few shoppers will ever pass the bread and pastry counter without stopping. The selection here is overwhelming. Germans are great bread and pastry eaters. There are several hundreds of breads and pastries to choose from—not in the same store, of course! For the diet and health-oriented person, there is a special section called *Diät* or *Reform*.

After you have finished your grocery shopping, you can go directly to any of the cash registers. If you haven't brought your own shopping bag, the clerk will provide you with a plastic bag and expect you to bag your own groceries while he or she is ringing up the various items.

You'll find the greatest selection of goods on the ground floor. Shoppers usually will spend more time here than on any other floor. Cookies (*Kekse*) and candies (*Bonbons*)—some of which are elaborately decorated—are enjoyed by Germans just as in our country. When invited to a home, it's a tradition to buy some flowers for the hostess and candy for the children.

190

Most of the specials (*Sonderangebote*) are located on the ground floor for the shopper who won't spend a lot of time roaming around. All the specials are clearly marked and arranged by item on various tables. Other items you may find here are jewelry (*Schmuck*), leather goods (*Lederwaren*), books and stationery (*Bücher und Schreibwarenartikel*), greeting cards (*Glückwunschkarten*) and even a travel agency (*Reisebüro*). Here, travel arrangements are made for those who are planning to go on vacation trips.

Standing in the record department, you may have the feeling you're back in the U.S. Much of the music on records, cassettes and CDs (*Schallplatten, Kassetten und CDs*) comes from the U.S. You'll find many well-known recordings of popular American singers among popular German rock groups that have become popular in Germany and beyond its border.

Although small clothing items, such as stockings, ties, scarfs and other special accessories, are found on the ground floor, major items of clothing for children, women and men are normally located on the first upper floor (*Erstes Obergeschoß*). If you're interested in buying a pair of slacks, you should have a general idea what size to wear. Some stores have charts that tell you the sizes in metric measures. When buying shirts, you'll have to know your size (actually the size of your neck). Shirt size 15, for example, is actually size 38 in Germany (15 inches = 38 cm). However, shoe size 41 is equivalent to U.S. size 10. Confused? Be sure to learn the measurement system or ask a salesperson for assistance. On the upper floor, you'll also find a beauty shop (*Friseursalon*) and a photography studio (*Fotostudio*) that specializes in family portraits.

Was kauft man hier?

Haushaltsartikel

Wann ist das Geschäft geöffnet?

Montag-Freitag	9.00 — 18.30	Uhr
Donnerstag	9.00 — 20.30	Uhr
Samstag	9.00 — 14.00	Uhr
1. Samstag im Monat	9.00 — 16.00	Uhr

ein großes Kaufhaus (Frankfurt)

Nach der Arbeit gehen viele Leute einkaufen. (Heidelberg)

Continuing your tour through the department store, you'll come to the second upper floor (*Zweites Obergeschoß*). Here you'll find typical household articles (*Haushaltsartikel*), such as electric coffeepots and cooking utensils. If you want to buy a gift, you'll look for the department called *Geschenkartikel*.

Eventually, you'll get to the third upper floor (*Drittes Obergeschoß*). Here you'll come across the most popular department, the *Computer-Center*, which displays PCs as well as various kinds of calculators. Once you've decided on any item in the department store, you'll have to pay at the *Kasse* which is located in each department. You may now be ready to sit down and enjoy some beverage and a snack or a meal. You'll find a *Restaurant* also on the top floor of the department store.

Wovon spricht man hier?

1. Wenn man viel in einem Supermarkt einkauft, dann braucht man einen _____.
2. In einem _____ kann man essen.
3. Die Preise sind heute besonders preiswert. Das Geschäft hat _____.
4. Mein Haar ist zu lang. Ich gehe zu einem _____.
5. _____ und Käse sind bei den Deutschen sehr beliebt.
6. Obst und Gemüse kann man nicht im Obergeschoß sondern nur im _____ kaufen.
7. _____ kommt oft aus der Nordsee frisch auf den Tisch.
8. Viele CDs, Kassetten und _____ kommen aus Amerika.
9. Bleistifte und Kulis sind _____.
10. Im _____ bekommt man Informationen über Reisen.

Vokabeln

abschneiden *(schnitt ab, abgeschnitten)* to cut off

die **Abteilung,-en** department

das **Angebot,-e** offer

angeschlagen posted

der **Apfel,-̈e** apple

die **Apfelsine,-n** orange

aufschließen *(schloß auf, aufgeschlossen)* to unlock

aufschreiben *(schrieb auf, aufgeschrieben)* to write down

auspacken to unpack

die **Banane,-n** banana

die **Birne,-n** pear

die **Bohne,-n** bean

die **Brombeere,-n** blackberry

denn because

die **Dose,-n** can

der **Einkauf,-̈e** purchase, shopping

eine Entscheidung treffen to make a decision

die **Erbse,-n** pea

die **Erdbeere,-n** strawberry

das **Erdgeschoß,-sse** ground floor, first floor (in America)

der **Fahrstuhl,-̈e** elevator

das **Gemüse** vegetable(s)

der **Gemüsestand,-̈e** vegetable stand

genügend enough, sufficient

geöffnet open

das **Geschäft,-e** store, shop

geschieden divorced

gleichfalls also, likewise

Danke, gleichfalls. Thanks, the same to you.

der **Goudakäse** Gouda cheese

das **Gramm,-e** gram

grüßen to greet, say "hello"

heutig today's, this day's

die **Karotte,-n** carrot

die **Kartoffel,-n** potato

der **Käse** cheese

der **Käseladen,-̈** cheese shop

die **Käsesorte,-n** kind of cheese

das **Kind,-er** child

die **Kirsche,-n** cherry

der **Kopfsalat,-e** head lettuce

die **Kühltruhe,-n** refrigerated section

der **Kunde,-n** customer

der **Ladentisch,-e** (store) counter

legen to place, put

die **Lebensmittel (pl.)** groceries

letzt- last, most recent

in letzter Zeit recently

der **Markt,-̈e** market

der **Markttag,-e** market day

das **Obst** fruit(s)

die **Obstabteilung,-en** fruit department

der **Paprika,-s** paprika, red pepper

der **Pfirsich,-e** peach

die **Pflaume,-n** plum

das **Pfund,-e** pound

reif ripe

die **Rolltreppe,-n** escalator

die **Schallplatte,-e** record

die **Schinkenwurst** ham-sausage

schön beautiful, pretty

ganz schön schwer pretty heavy

die **Schreibwaren (pl.)** stationery

der **Schritt,-e** step

schwer heavy

der **Sonderpreis,-e** special (price)

der **Spargel,-** asparagus

die **Spielwaren (pl.)** toys

der **Spinat** spinach

der **Stand,-̈e** stand, booth

die **Steuerberaterin,-nen** tax adviser

der **Stock,-̈e** floor

die **Tomate,-n** tomato

übereinstimmen to agree

voll full, busy

wahr true

Nicht wahr? Isn't it true? Is that so?

die **Weintraube,-n** bunch of grapes, grape

weitergehen *(ging weiter, ist weitergegangen)* to go on

zufrieden satisfied

zurückschicken to send back

zweimal twice

die **Zwiebel,-n** onion

am Obststand

ein Markt

Jugendherbergen und Campingplätze

Es gibt 557 Jugendherbergen° in der Bundesrepublik. Millionen Jugendliche — Deutsche und Ausländer — übernachten° jedes Jahr in deutschen Jugendherbergen. In den meisten° Städten sieht man Schilder° mit dem Wort „Jugendherberge". Man braucht nur diesen Schildern zu folgen, um° eine Jugendherberge zu finden. Mehr und mehr Jugendliche kommen heute mit Fahrrädern. Andere kommen mit Bussen, Zügen, Motorrädern und einige kommen sogar in Autos. Die meisten kommen in Gruppen.

Für die Übernachtung° muß man einen Jugendherbergsausweis° haben. Gleich nach der Ankunft stempelt° der Herbergsvater° den Jugendherbergsausweis. Am Eingang stehen wichtige Informationen an einer Tafel.

Die meisten Jugendlichen bringen ihre Rucksäcke, Taschen oder sogar Koffer mit. Der Herbergsvater sagt ihnen, in welchen Zimmern sie übernachten. Mahlzeiten° bekommen die Jugendlichen auch in einer Jugendherberge. Eine große Küche bereitet das Essen zu.

Nach dem Essen gehen manche Jugendliche in ihre Schlafzimmer. Sie lesen oder unterhalten sich°. Andere spielen Karten oder Tischtennis. Am Nachmittag spielen die meisten draußen. Besonders beliebt sind Wanderungen° oder Spiele im Freien°.

Die Übernachtung ist sehr preiswert. Sie kostet ungefähr 16 Mark. Dazu kommt noch die Gebühr für Bettlaken° und für einen Schlafsack° — wenn man keinen mitbringt. Mahlzeiten bekommt man für wenig Geld. Die Jugendlichen bleiben manchmal nur eine Nacht°, manchmal ein paar Tage bevor sie weiterfahren. Viele Jugendherbergen haben eine schöne Umgebung.

Campingplätze° sind noch beliebter als Jugendherbergen. Jedes Jahr fahren Millionen Deutsche und Ausländer auf Campingplätze. Wenn Deutsche oder Ausländer in eine bestimmte Gegend fahren wollen, dann finden sie eine Auswahl von mehr als 3 000 deutschen und ausländischen Campingplätzen im *Campingführer*. In diesem Buch steht alles über Campingplätze. Verschiedene Symbole erklären die Einrichtung° von jedem Platz. Den *Campingführer* kann man in den meisten Buchhandlungen° kaufen.

Man findet den Weg zu einem Campingplatz durch Schilder auf den Straßen. Auf diesen Schildern sieht man ein Zelt mit einem großen „C".

Ein solches° Schild zeigt, daß ein Campingplatz in der Nähe ist. Wie in Amerika findet man auch auf deutschen Campingplätzen nicht nur Zelte, sondern auch Wohnwagen°. Während des Sommers sind die Campingplätze sehr beliebt. Deshalb sind manche überfüllt°, besonders in größeren Städten. Auch solche Hinweise° findet man im *Campingführer*.

(*Jugendherbergen* youth hostels; *übernachten* to stay overnight; *meisten* most; *Schilder* signs; *um* in order to, to; *Übernachtung* (overnight) accommodation; *Jugendherbergsausweis* youth hostel identification (card); *stempeln* to stamp; *Herbergsvater* youth hostel director; *Mahlzeiten* meals; *sich unterhalten* to converse, talk; *Wanderungen* hikes; *im Freien* outside, outdoors; *Bettlaken* bed sheets; *Schlafsack* sleeping bag; *Nacht* night; *Campingplätze* campgrounds; *Einrichtung* facilities; *Buchhandlungen* bookstores; *solch* such; *Wohnwagen* campers; *überfüllt* overcrowded; *Hinweise* instructions, advice)

Was paßt hier am besten?

1. Die Übernachtung kostet
2. Campingplätze sind
3. Es gibt
4. Mahlzeiten bekommt
5. Am Eingang stehen
6. Auf Campingplätzen findet
7. Für die Übernachtung braucht
8. Im *Campingführer* hat
9. Viele Jugendliche kommen
10. In einer Jugendherberge muß

a. man einen Jugendherbergsausweis
b. 3 000 Campingplätze
c. mit Fahrrädern zur Jugendherberge
d. Informationen an einer Tafel
e. 16 Mark
f. man für Bettlaken bezahlen
g. man auch Wohnwagen
h. beliebter als Jugendherbergen
i. man eine große Auswahl von Campingplätzen
j. man auch in Jugendherbergen

Beantworte diese Fragen!

1. Übernachten nur Deutsche in Jugendherbergen?
2. Wie kann man eine Jugendherberge finden?
3. Wie kommen die Jugendlichen zu den Jugendherbergen?
4. Was braucht man für eine Übernachtung?
5. Was bringen die Jugendlichen alles mit?
6. Wie wissen sie, in welchen Zimmern sie übernachten sollen?
7. Was machen die Jugendlichen nach dem Essen?
8. Wieviel kostet die Übernachtung?
9. Wie lange bleiben die Jugendlichen?
10. Wie weiß man, wo es Campingplätze gibt?
11. Wo kann man ihn kaufen?
12. Wie findet man einen Campingplatz?
13. Was findet man außer Zelten noch?
14. Während welcher Jahreszeit sind die Campingplätze beliebt?

Übungen

1. *Flughafen, Post, Lebensmittelgeschäft oder Bahnhof?* Wo kann man die folgenden Gegenstände (objects) finden?

   1. Zoll
   2. Briefkasten
   3. Zug
   4. Tomaten
   5. Paketkarte
   6. Bordkarte
   7. Personenkontrolle
   8. zwei Dosen Bohnen
   9. Fahrplan
   10. Pflaumen
   11. Zwiebeln
   12. Briefumschlag
   13. Schlafwagen
   14. Pilot
   15. Brötchen

2. *Beschreibe, wo du wohnst!* Stell dir vor, du hast einen Brieffreund. Er hat dich im letzten Brief gebeten, deinen Ort zu beschreiben. Heute schreibst du ihm einen Brief und beschreibst deinen Ort in Einzelheiten.

3. Beantworte die folgenden Fragen!

   1. Bekommst du manchmal Post? Von wem?
   2. Was hast du in deinem Koffer oder in deiner Schultasche?
   3. Was möchtest du in einem Café bestellen? Warum?
   4. Was gibt es alles auf einem Markt?
   5. Warum geht man zum Lebensmittelgeschäft?
   6. Was können die Fluggäste in einem Flugzeug machen?
   7. Was kann man alles beim Bäcker kaufen?
   8. Was machst du heute in der Schule?

4. *Wir möchten gern eine Reise machen.* Anja hat vor, mit ihrer Freundin eine Reise zu machen. Sie weiß, daß du Deutschland gut kennst. Kannst du ihr etwas vorschlagen?

   Anja: Ich möchte mit Helga eine Reise machen. Was kannst du uns vorschlagen?
   Du: _____
   Anja: Nein, mit dem Zug.
   Du: _____
   Anja: Wir sind schon in München gewesen.

Rathaus in Hamburg

Hamburg ist eine große Stadt.

Du:	_____
Anja:	Nein, dort waren wir noch nie.
Du:	_____
Anja:	Hamburg ist doch eine große Stadt.
Du:	_____
Anja:	Wie ist denn das Wetter im Juni?
Du:	_____
Anja:	Mit dem Zug kann man in drei Stunden dort sein.
Du:	_____
Anja:	Es wird nicht teuer sein.

5. Ergänze diese Sätze! Folge dem Beispiel!

❏ (fahren) _____ du in die Stadt?
Fährst du in die Stadt?

1. (sprechen) _____ Renate Deutsch?
2. (geben) _____ er dir ein Fahrrad?
3. (lesen) _____ Sie die heutige Zeitung?
4. (verlassen) Peter _____ das Haus schon früh.
5. (tragen) Tanja _____ ihren Koffer.
6. (nehmen) Wir _____ unsere Bücher mit.
7. (essen) Was _____ du denn zum Mittagessen?
8. (gefallen) Das Auto _____ mir nicht.
9. (sehen) _____ Sie das Flugzeug?
10. (laufen) Der Film _____ schon.

6. Beschreibe jedes der folgenden Wörter mit zwei oder drei Sätzen!

1. das Geschäft
2. dein Wohnzimmer
3. die Post
4. der Markt
5. der Flughafen
6. dein Geburtstag

Ulrike wohnt in Bad Homburg

Ulrike ist sechzehn. Sie wohnt mit ihrem kleinen Bruder Jens und ihren Eltern in Bad Homburg. Diese Stadt liegt nördlich von Frankfurt. Ulrikes Vater arbeitet bei einer Bank in Frankfurt. Ihre Mutter ist meistens zu Hause. Ab und zu° arbeitet sie ein paar Stunden die Woche als Sprechstundenhilfe° bei einem Arzt.

Ulrike ist in der elften Klasse auf einem Gymnasium. Sie will später Lehrerin werden. Zuerst muß sie aber in zwei Jahren ihr Abitur° machen. Erst dann kann sie auf der Universität studieren°. Sie will Englisch und Französisch studieren. Sie hat schon sechs Jahre Englisch und vier Jahre Französisch gelernt. Diese Fächer hat sie natürlich am liebsten.

Seit einem Jahr hat sie eine Brieffreundin in Amerika, im Staat Minnesota. Sie hofft°, daß sie nächstes Jahr als Austauschschülerin° nach Amerika kommen kann. Ein Jahr in Amerika wird ihr Englisch sehr verbessern° und sie gut auf die Universität vorbereiten°. Ihre Brieffreundin hofft auch, daß sie nach Minnesota kommt.

Ulrike hat ein Hobby: Fotografieren. Vor zwei Jahren hat sie eine tolle Kamera zum Geburtstag bekommen. Seit dieser Zeit hat sie viel fotografiert — die Natur, Menschen und Tiere°. Ihr Fotoalbum ist voll von Fotos der Familie und ihrer Freundinnen und Bekannten.

Welche Fächer hat Ulrike am liebsten?

Ulrike wohnt in Bad Homburg.

Bad Homburg ist eine schöne Stadt.

Bad Homburg liegt in der Nähe von Frankfurt.

Und was macht sie gern in den Ferien? Im Sommer fährt sie mit ihren Eltern und ihrem Bruder zwei Wochen zum Gardasee° in Italien. Dort wohnen sie in einem kleinen Hotel, direkt am See. Es ist dort sehr schön. Sie kann etwas Italienisch sprechen, aber natürlich nicht so gut wie Englisch und Französisch.

Nach Weihnachten° fahren sie manchmal eine Woche nach Garmisch-Partenkirchen. Dort kann man besonders gut Ski laufen. Während des Jahres macht ihre Klasse immer eine Reise. Meistens dauert sie drei Tage. Dieses Jahr waren sie in Straßburg, in Frankreich. Das hat Ulrike besonders viel Spaß gemacht. Sie hat dort ihr Französisch ausprobiert.

Ulrikes Freundin, Martina, wohnt in derselben Gegend. Deshalb kann sie mit dem Fahrrad fahren oder, wenn sie viel Zeit hat, zu Fuß gehen. Martina wohnt mit ihrer Mutter in einer Wohnung. Ihre Eltern sind schon viele Jahre geschieden. Martina kocht gern. Das gefällt Ulrike besonders, denn sie kann Martinas Essen oft kosten.

(*ab und zu* once in a while; *Sprechstundenhilfe* receptionist (doctor's office); *Abitur* final examination in high school; *auf der Universität studieren* to study at the university; *hoffen* to hope; *Austauschschülerin* exchange student; *verbessern* to improve; *vorbereiten auf* to prepare for; *Natur, Menschen und Tiere* nature, people and animals; *Gardasee* name of lake in northern Italy which is very popular among Germans; *Weihnachten* Christmas)

Was weißt du über Ulrike?

1. Ihre Brieffreundin wohnt in _____.
2. Ihr Vater arbeitet in einer _____.
3. Ihr Bruder heißt _____.
4. Ihre Eltern wohnen in _____.
5. Ihre Lieblingsfächer sind _____.
6. Ihre Freundin heißt _____.
7. Ihr Hobby ist _____.
8. Sie will _____ werden.
9. Sie fährt zwei Wochen nach _____.
10. Sie fahren eine _____ nach Garmisch-Partenkirchen.

Das stimmt nicht. **Gib die richtigen Antworten!**

1. Ulrike kann besser Italienisch als Französisch sprechen.
2. Bad Homburg liegt westlich von Frankfurt.
3. Im Sommer fährt Ulrike nach Garmisch-Partenkirchen.
4. Martina wohnt in Frankfurt.
5. Ulrikes Vater arbeitet bei einem Arzt.
6. Ulrikes Hobby ist Fahrrad fahren.
7. Ihr Bruder ist älter.
8. Martina wohnt mit ihren beiden Eltern.
9. Ulrikes Klasse ist nach Italien gefahren.
10. Ulrike will nach dem Abitur arbeiten.

7. Ergänze die folgenden Sätze mit den richtigen Endungen!

1. Dies_____ klug_____ Schüler wissen immer alles.
2. D_____ amerikanisch_____ Touristen fliegen direkt nach München.
3. D_____ bunt_____ Kleid gefällt mir sehr.
4. Während d_____ warm_____ Tages brauche ich d_____ schwarz_____ Mantel nicht.
5. Kannst du d_____ deutsch_____ Lehrer nicht antworten?
6. Er kommt mit d_____ neu_____ Freundin.
7. Hast du d_as_ alt_e_ Fahrrad gekauft?
8. Anstatt dies_____ teur_____ Krawatte kaufe ich lieber dies_____ blau_____ Hemd.
9. Wir lesen d_____ interessant_____ Bücher.
10. Ich will dies_____ billig_____ Karten bestellen.

Wir sind nach Wetzlar gefahren.

Wie ist das Wetter gewesen?

Du bist dran!

1. Erzähle, was du in den Ferien gemacht hast! Beantworte die folgenden Fragen in deiner Beschreibung (description)!

   Wohin und wann bist du gefahren?
   Wie weit ist es gewesen?
   Wie bist du dorthin gekommen?
   Wo hast du gewohnt?
   Wie lange bist du dort geblieben?
   Was hast du dort alles gemacht?
   Wie ist das Wetter gewesen?

2. Beschreibe deine Nachbarschaft!

   Gibt es Geschäfte in der Nähe?
   Wohnst du in einer Stadt?
   Wie groß ist die Stadt oder der Ort, wo du wohnst?
   Wie ist der Verkehr?
   Hast du einen Freund oder eine Freundin in der Nähe?
   Wie kommst du zu ihnen?

8. *Warum antwortet er nicht?* **Change the following sentences to the narrative past.**

   1. Wir schreiben einen Brief an Ulli.
   2. Er antwortet nicht.
   3. Bestimmt hat er keine Zeit.
   4. Das verstehe ich aber nicht.
   5. Kommt er nicht schon früh aus der Schule?
   6. Nein, er bleibt manchmal länger da.
   7. Wir rufen ihn an.
   8. Er ist noch nicht zu Hause.
   9. Wir warten bis später.
   10. Wir fahren zu ihm rüber.

9. Welche Personen beschreibt man hier?

~~Sekretärin~~   Arzt   ~~Musikerin~~   ~~Friseur~~   Bäckerin
~~Schauspieler~~   Verkäufer   Fleischer   ~~Pilot~~   Briefträgerin
Butcher

1. Sie rollt den Teig.
2. Er schneidet das Haar.
3. Sie spielt Klavier.
4. Wir kennen ihn von Filmen.
5. Er fliegt oft von New York nach Europa.
6. Sie arbeitet in einem Büro.
7. Er macht frische Wurst.
8. Jeden Morgen bringt sie die Post.
9. Ich will ein Moped von ihm kaufen.
10. Es geht mir nicht gut. Ich rufe ihn an.

Herr Zimmert ist Friseur.

Herr Seidel ist Küchenchef.

10. *Wessen...ist das?* Bilde Sätze mit den folgenden Wörtern!

❏   das Bild / der Maler
Das ist das Bild des Malers.

1. das Auto / meine Lehrerin
2. die Schule / sein Bruder
3. die Farbe / unser Auto
4. der Verkäufer / diese Abteilung
5. der Brief / die Dame
6. das Haus / ihr Freund

Wieviel wollen Sie ausgeben? (Berlin)

Sonst noch etwas? (Bamberg)

11. Gib die richtigen Endungen!

1. Welch_____ Jungen meinst du?
2. Von dies_____ Buch verstehe ich nicht viel.
3. Ich kann jed_____ Wort hören.
4. Mit welch_____ Verkäuferin hast du gesprochen?
5. Während dies_____ Jahreszeit ist es sehr kalt.
6. Durch welch_____ Tür wird sie kommen?
7. Hast du dies_____ Aufgaben gemacht?
8. Für welch_____ Arzt arbeitet deine Mutter?

Nützliche Ausdrücke

Here are some phrases that are particularly helpful when shopping:

Sonst noch etwas?	Anything else?
Bitte sehr? Bitte schön?	May I help you?
Bitte sehr. Bitte schön.	Here you are.
Danke schön. Danke sehr.	Thank you very much.
Ich möchte...Ich hätte gern...	I would like...
Gut, das nehme ich.	OK, I'll take it.
Das haben wir nicht mehr.	We don't have that any more.
Kann ich Ihnen...vorschlagen?	Can I suggest...?
Wieviel wollen Sie ausgeben?	How much do you want to spend?
Kann ich Ihnen...empfehlen?	Can I recommend...?

ein schöngepflegtes (well-maintained) Haus

Die Deutschen haben Blumen sehr gern.

Cultural Notes

Visiting German Friends

When it comes to visiting each other, Germans tend to be somewhat more formal than Americans. Casual visits are not common. Therefore, if you have been invited to a German home, you may consider it a special gesture of friendship.

If you have been invited for dinner in Germany you are expected to be there at the time you are invited. Do not come earlier, or later than 10 or 15 minutes. It is customary to bring a bouquet of cut flowers to the hostess, usually an uneven number of five or seven flowers, do not forget to take off the wrapping before handing them to the hostess. You may want to bring a small gift of candy for the children.

Americans coming to Germany will also notice that Germans build more fences than Americans. There are exceptions in modern housing developments, but usually every house has a fenced-in front yard. If there is a back yard, this will be fenced-off as well.

Die meisten Studenten haben Fahrräder.

Man sieht auch viele Erwachsene mit Fahrrädern.

Flowers and Plants

Most Germans take great pride in the looks of their windows. You see flowers and potted plants in the windows of most every house. The abundance of flowers and plants in the windows delights most visitors to Germany. A recent survey showed that each German family has an average of 12 potted plants. The average German household spends about DM 100 annually on flowers. You will also see many public buildings, streets and parks decorated with flowers during the summer.

Bicycles

Americans first coming to Germany will soon notice that there are more bicycles and mopeds than in America, and that you will see people of all ages on bicycles. For many the bicycle is the most convenient means of transportation.

Bicyclists in America ride their bikes rather casually, whereas Germans must observe the same traffic laws as automobile drivers. Since German bicyclists must observe all traffic laws, many major intersections with bicycle lanes also have special traffic lights for the bicyclists. Unknown to us are the bicycle lanes found in most German cities. Pedestrians must keep to the sidewalks, otherwise they would be in real danger of being hit from behind. In Germany, quite often these special bicycle lanes are much nicer than the pedestrian sidewalks.

Cars must also look before making a right turn around the corner, for once again the bicyclist has the right of way.

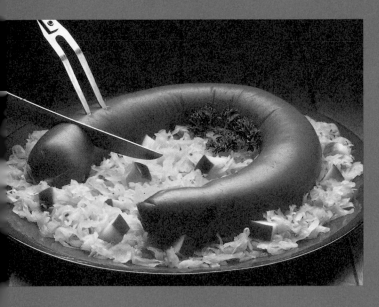

Communicative Functions

- requesting to exchange currency
- describing a table setting
- discussing a menu
- describing an eating establishment
- ordering a meal
- converting metric measures

In der Bank

Patrick steht vor der Bank und sieht nach, ob sie noch geöffnet ist. Er hat aber Glück. Es ist kurz vor ein Uhr und mittwochs ist die Bank am Nachmittag geschlossen. Er geht sofort hinein.

Angestellter:	Guten Tag!
Patrick:	Guten Tag! Ich möchte Reiseschecks einlösen.
Angestellter:	Na, da sind Sie an der richtigen Stelle. Für welchen Betrag?
Patrick:	150 Dollar, bitte.
Angestellter:	Da haben Sie Glück. Heute haben wir einen günstigen Kurs. Der Dollar steht mal wieder etwas höher.
Patrick:	Hier sind meine beiden Schecks...einer für 100 Dollar, der andere für 50.
Angestellter:	Ihren Reisepaß, bitte.
Patrick:	Bitte sehr.

Bring die folgenden Sätze in die richtige Reihenfolge (sequence)!

1. Patrick gibt dem Angestellten zwei Schecks.
2. Patrick geht in die Bank hinein.
3. Der Angestellte will den Paß sehen.
4. Patrick steht vor der Bank.
5. Patrick begrüßt den Angestellten.
6. Der Angestellte sagt, daß der Dollar heute gut steht.
7. Patrick sagt dem Angestellten, daß er Reiseschecks einlösen will.
8. Patrick sieht auf einem Schild nach, ob die Bank geöffnet ist.

Was macht Patrick vor der Bank?

Der Kurs ist heute günstig.

Hier sind meine beiden Schecks.

Ihren Reisepaß, bitte.   Zwei Schecks?   Ja, bitte.

Angestellter:	Zuerst muß ich alle Einzelheiten aufschreiben.
Patrick:	Es ist erstaunlich, was Sie alles wissen müssen.
Angestellter:	Ja, leider ist es bei uns so. Zuerst muß ich hier die Nummern der Schecks aufschreiben. Dann kommt noch die Information Ihres amerikanischen Reisepasses hinzu.
Patrick:	Gibt es hier in der Nähe ein Geschäft für typische deutsche Andenken?
Angestellter:	Ja, gleich gegenüber bei Kramers. Die sind besonders bei den Amerikanern sehr beliebt. So, hier ist Ihr Abschnitt.

Ergänze die Sätze mit den passenden Wörtern!

1. Ein Geschäft für Andenken ist in der _____.
2. Der Angestellte schreibt die Nummern der Schecks _____.
3. Der Angestellte gibt Patrick einen _____.
4. Patrick will ein paar _____ Andenken kaufen.
5. Der Angestellte schreibt zuerst alle _____ auf.
6. Patrick meint, sie wollen viel von ihm _____.
7. Patrick hat einen amerikanischen _____.
8. Kramers Andenken sind bei Amerikanern sehr _____.

Ich wünsche Ihnen bei Ihrem Einkauf viel Erfolg.

Patrick:	Geben Sie mir bitte Zwanziger und Zehner und etwas Kleingeld. Dann habe ich wenigstens für meinen Einkauf das passende Geld.
Angestellter:	Das geht in Ordnung. Eine Gebühr von fünf Mark habe ich schon abgezogen. Hier ist Ihr Geld.
Patrick:	Das wird nicht lange reichen. Hoffentlich sind die Preise bei Kramers günstig.
Angestellter:	Die haben immer ein paar Sonderangebote. Ich wünsche Ihnen bei Ihrem Einkauf viel Erfolg.
Patrick:	Den brauche ich bestimmt. Vielen Dank.

Was paßt hier am besten?

1. Ich brauche für den Einkauf
2. Kramers haben
3. Haben Sie
4. Geben Sie mir ein paar Fünfziger
5. Beim Einkauf wünsche ich
6. Das Geld reicht
7. Die Preise des Geschäfts sind

a. und etwas Kleingeld
b. nicht lange
c. die Gebühr abgezogen
d. heute sehr günstig
e. Sonderangebote
f. Ihnen Erfolg
g. passendes Geld

Fragen

1. Warum sieht Patrick vor der Bank nach?
2. Wann ist die Bank nicht geöffnet?
3. Warum geht Patrick in die Bank?
4. Steht der Dollar oder die Mark heute günstig?
5. Wie viele Dollar löst Patrick ein?
6. Was schreibt der Angestellte auf?
7. Wer verkauft deutsche Andenken?
8. Wer kauft dort gern?
9. Warum braucht Patrick etwas Kleingeld?
10. Was hat der Angestellte abgezogen?

The German banking scene is dominated by three large commercial banks (*Deutsche Bank, Dresdner Bank* and *Commerzbank*) with branch offices all across the Federal Republic. In addition there are sizeable regional banks and hundreds of savings banks (*Sparkassen*). The Post Office offers banking services as well.

Unless you plan to play the ever-fluctuating currency market, it may be advisable to convert your money to German traveler's checks prior to leaving the U.S. Checks made out in German currency are paid in full, whereas American traveler's checks (payable in dollars) are converted and then a nominal fee for this transaction is added.

Dresdner Bank (Osnabrück)   Sparkasse (Langenberg)   Man findet in jeder Stadt Banken. (Celle)

Kombiniere...

Wie viele Sätze kannst du bilden?

Geben	Sie	mir	zwei Fünfziger
Reicht	die Angestellte	dem Kunden	den Reisepaß
Braucht	Patrick	nicht	passendes Geld
Haben	die Verkäufer	vielleicht	die Nummer des Schecks

Sonnabends ist die Bank geschlossen.

Haben Sie das passende Geld?

Nützliche Ausdrücke

Sonnabends ist die Bank geschlossen.	The bank is closed on Saturdays.
Wieviel Geld wollen Sie einlösen?	How much money do you want to exchange?
Wie steht der Kurs heute?	What's the exchange rate today?
Der Dollar steht hoch.	The dollar is high.
Schreib die Einzelheiten auf!	Write down the details.
Haben Sie einen amerikanischen Reisepaß?	Do you have an American passport?
Das Geschäft ist gleich gegenüber.	The store is right across from here.
Haben Sie das passende Geld?	Do you have the right change?
Die Gebühr ist schon abgezogen.	The fee has already been deducted.
Ich wünsche Ihnen Erfolg.	I wish you success.

Gib eine passende Antwort auf die verschiedenen Sätze! In deiner Antwort, benutze (use) die Sätze auf der rechten Seite!

1. Hier sind drei Hunderter und ein Fünfziger.
2. Nehmen Sie Reiseschecks?
3. Wieviel bekomme ich?
4. Was für einen Reisepaß haben Sie?
5. Hat das Geschäft denn keine Sonderangebote?
6. Warum dauert das so lange?
7. Warum wünschen Sie mir guten Erfolg?
8. Der Dollar steht hoch.

a. Wie steht denn der Kurs?
b. Ich muß noch alle Einzelheiten aufschreiben.
c. Ja, natürlich. Wie viele wollen Sie einlösen?
d. Bitte geben Sie mir auch etwas Kleingeld.
e. Einen deutschen.
f. Ich hoffe, Sie finden günstige Preise.
g. Zweihundert Mark. Die Gebühr habe ich gleich abgezogen.
h. Ja, sehr oft. Sonntags sind sie aber geschlossen.

Das Geschäft hat heute Sonderangebote.

Hier gibt's Sonderpreise.

Was für einen Reisepaß haben Sie?

215

Was gibt's zu essen?

Zum Schwarzen Bock
RESTAURANT SPEISEKARTE

Suppen

Tagessuppe	DM 3,80
Gulaschsuppe	4,50
Gemüsesuppe	4,—
Tomatensuppe	4,20

Fleisch

Wiener Schnitzel	16,50
Schweinebraten	18,—
Sauerbraten	19,30
Bratwurst	6,40
Würstchen	5,30
Rinderbraten	18,70

Fisch

Forelle	19,10
Karpfen	21,80
Fischfilet	23,00

Beilagen

Pommes frites	3,50
Bratkartoffeln	4,80
Salzkartoffeln	4,—
Knödel	5,20

Gemüse und Salat

Bohnen	2,80
Erbsen	2,80
Karotten (Möhren)	2,80
Spargel	3,40
Spinat	2,50
Champignons	3,20
Gemischter Salat	3,70
Tomatensalat	3,—
Gurkensalat	3,—

Nachtisch

Eis	3,90
Kompott	3,50
Pudding	3,10
Obst	2,80
Apfelkuchen	3,30

Getränke

Bier	3,—
Wein	4,—
Kaffee	2,50
Tee	2,70
Kakao	3,50
Apfelsaft	2,60
Cola	2,40
Mineralwasser	2,40
Limonade	2,40

1. **Was braucht man dafür?** Sag, was man hier zum Essen oder Trinken braucht!

   ❑ Ich möchte Zucker in den Tee tun. Ich brauche _____.
     einen Teelöffel

   1. Ich schneide das Fleisch mit _____.
   2. Wir essen die Gulaschsuppe mit _____.
   3. Für die Milch braucht ihr _____.
   4. Stell doch die Tasse auf _____.
   5. Hast du _____ für die vielen Kartoffeln?
   6. Bring mir bitte _____ Kaffee.
   7. Für das Fleisch mußt du ein Messer und _____ haben.

2. **Was hat's zu essen gegeben?** Erika ist mit ihrem Freund essen gegangen. Was hat sie gegessen? Das mußt du raten (guess). Sie hat ein Getränk, eine Suppe, ein Hauptgericht (main meal) und einen Nachtisch gehabt. Für deine Antwort brauchst du die folgenden Silben (syllables).

BRA	BRAT	DE	DER	DING	FELN	GE	GE	KAR	LAT
LI	MISCH	MO	MÜ	NA	PE	PUD	RIN	SA	SE
SUP	TEN	TER	TOF						

Ich bringe Ihnen gleich eine Tasse Kaffee.

Hoffentlich schmeckt's!

Sag's mal!

Apfelstrudel

Salat   Pommes frites

ein Schnitzel   eine Salami Pizza

eine Kanne Kaffee

Schokoladentorte

etwas Süßes   einen   etwas zu trinken

eine Kleinigkeit   Gemüse   Hamburger

Sie haben gut gegessen und getrunken.

219

Übungen

Adjectives after *ein*-words

The endings of adjectives following *ein*-words differ in only three places from those following *der*-words. In the nominative singular (masculine) the ending is -er and in the nominative and accusative singular (neuter) the endings are -es in both cases. *Ein*-words are *ein*, *kein* and all possessive adjectives (*mein, dein, sein, ihr, sein, unser, euer, ihr, Ihr*).

		masculine	feminine	neuter
Singular	nominative	-er	-e	-es
	accusative	-en	-e	-es
	dative	-en	-en	-en
	genitive	-en	-en	-en
Plural	nominative	-en	-en	-en
	accusative	-en	-en	-en
	dative	-en	-en	-en
	genitive	-en	-en	-en

The following charts further illustrate these endings, together with corresponding nouns.

		masculine		
Singular	nominative	ein	alt-er	Freund
	accusative	einen	alt-en	Freund
	dative	einem	alt-en	Freund
	genitive	eines	alt-en	Freundes
Plural	nominative	keine	alt-en	Freunde
	accusative	keine	alt-en	Freunde
	dative	keinen	alt-en	Freunden
	genitive	keiner	alt-en	Freunde

feminine				
Singular	**nominative**	eine	nett-e	Dame
	accusative	eine	nett-e	Dame
	dative	einer	nett-en	Dame
	genitive	einer	nett-en	Dame
Plural	**nominative**	keine	nett-en	Damen
	accusative	keine	nett-en	Damen
	dative	keinen	nett-en	Damen
	genitive	keiner	nett-en	Damen

neuter				
Singular	**nominative**	ein	neu-es	Haus
	accusative	ein	neu-es	Haus
	dative	einem	neu-en	Haus
	genitive	eines	neu-en	Hauses
Plural	**nominative**	keine	neu-en	Häuser
	accusative	keine	neu-en	Häuser
	dative	keinen	neu-en	Häusern
	genitive	keiner	neu-en	Häuser

Beispiele (*singular*):

nominative: Ein kleiner Junge steht dort.
Meine große Schwester ist siebzehn Jahre alt.
Sein neues Auto fährt sehr gut.

accusative: Er will keinen alten Film sehen.
Siehst du meine braune Krawatte?
Sie gehen durch ein deutsches Museum.

dative: Gib deinem neuen Freund ein Geschenk!
Wir sprechen mit unseren netten Verwandten.
Maria kommt mit ihrem amerikanischen Freund.

genitive: Anstatt eines billigen Mantels kaufe ich mir lieber einen Anzug.
Die Tochter meiner alten Tante besucht uns.
Ist die Tür Ihres großen Zimmers geschlossen?

Beispiele (plural):
    nominative: Meine neuen Schuhe gefallen mir sehr gut.
    accusative: Habt ihr keine interessanten Bücher gelesen?
    dative: Er hat von seinen alten Freunden lange nichts gehört.
    genitive: Die Preise seiner neuen Kassetten sind toll.

3. *Was für ein Tag ist heute in...?* **Berichte (report), wie das Wetter in den verschiedenen Teilen Deutschlands ist!**

❑   Nürnberg / schlecht
    In Nürnberg ist heute ein schlechter Tag.

    1. Münster / kalt
    2. Köln / schön
    3. Hamburg / warm
    4. Frankfurt / kühl
    5. Berlin / heiß

4. *Ich stimme damit nicht überein.* **Deine Freunde sprechen über verschiedene Leute. Du stimmst aber nicht mit ihnen überein.**

❑   Herr Rühmann ist ein guter Bäcker.
    Nein, der ist kein guter Bäcker.

    1. Helga ist eine kluge Schülerin.
    2. Werner Rödler ist ein bekannter Schauspieler.
    3. Silke ist eine beliebte Sängerin.
    4. Dieter ist ein großer Junge.
    5. Frau Herder ist eine intelligente Frau.

5. *Tante Frieda zeigt dir ihr Haus.* **Mach ein paar Komplimente!**

    1. Ist die Küche nicht schön?
    2. Ist das Wohnzimmer nicht hell?
    3. Ist der Sessel nicht groß?
    4. Ist das Bild nicht bunt?
    5. Ist der Tisch nicht schwer?

6. *Woher kommen denn deine Verwandten und Bekannten?* **Sie scheinen von überall herzukommen.**

❑   Mein Onkel kommt aus Spanien.
    Wirklich? Ich habe auch einen spanischen Onkel.

    1. Mein Vater kommt aus Deutschland.
    2. Mein Freund kommt aus Italien.
    3. Meine Oma kommt aus Spanien.
    4. Meine Mutter kommt aus Frankreich.
    5. Meine Freundin kommt aus England.

7. Was kauft Rüdiger seinem Freund Timo zum Geburtstag?

☐ gelb
Er kauft ihm vielleicht ein gelbes Sweatshirt.

1. bunt

2. preiswert

3. interessant

4. neu

5. toll

6. hellblau

8. *Was hast du gestern gemacht?* Du erzählst, was du gestern gemacht hast.

☐ eine neue Aktentasche kaufen
Ich habe eine neue Aktentasche gekauft.

1. meine deutsche Zeitung lesen
2. einen langen Brief schreiben
3. seinen schweren Koffer tragen
4. unsere französische Tante besuchen
5. ihren neuen Ball holen

9. *Wie gefällt dir...?* Deine Eltern gehen mit dir in die Stadt. Sie wollen wissen, wie dir verschiedene Sachen gefallen. Sag ihnen, daß sie dir nicht gut gefallen.

☐ Wie gefällt dir der braune Rucksack? (rot)
Ich möchte lieber einen roten Rucksack.

1. Wie gefällt dir das alte Auto? (neu)
2. Wie gefällt dir die teure Jacke? (preiswert)
3. Wie gefällt dir der billige Fernseher. (gut)
4. Wie gefällt dir das große Haus? (klein)
5. Wie gefällt dir die graue Schultasche? (dunkelblau)
6. Wie gefällt dir der kurze Mantel. (lang)

10. *Wo wohnst du?* **Du bist neu in deiner Schule und willst wissen, wo die anderen Klassenkameraden wohnen.**

❐   Museum / alt
Ich wohne beim alten Museum.

    1. Bank / neu
    2. Café / italienisch
    3. Dom / groß
    4. Park / schön
    5. Straße / lang

11. *Und du? Machst du das auch?* **Folge dem Beispiel!**

❐   Ich gebe ihm ein schönes Andenken. Und du?
Ich gebe ihm keine schönen Andenken.

    1. Ich kaufe ein bekanntes Buch. Und du?
    2. Ich lese einen interessanten Roman. Und du?
    3. Ich fotografiere eine deutsche Familie. Und du?
    4. Ich esse eine reife Banane. Und du?
    5. Ich hole ein frisches Brötchen. Und du?

12. **Gib die passenden Endungen! Nicht in allen Sätzen benötigt** (need) **man Endungen.**

    1. Mein___e___ Eltern kaufen ein_____ klein___es___ Haus.
    2. Wo sind euer_____ deutsch___en___ Bücher?
    3. Er fährt mit sein_____ neu_____ Auto durch Europa.
    4. Hast du mein_____ alt_____ Kamera gesehen?
    5. Heute ist kein_____ schön_____ Tag.
    6. Sie besuchen kein_____ groß_____ Städte.
    7. Er gibt sein_____ gut_____ Freundin ein_____ klein_____ Geschenk.
    8. Die Touristen gehen durch ein deutsch_____ Museum.
    9. Sie gehen zu ein_____ interessant_____ Film.
   10. Mein englisch_____ Freund kommt zu Besuch.
   11. Wir haben viel von sein_____ nett_____ Schwester gehört.
   12. Ihr_____ braun_____ Schuhe gefallen mir gut.

Gibt es noch keine neuen Hits?

Sie besuchen ein bekanntes Museum. (Berlin)

Hier sind meine schönen
Ansichtskarten.

Sie spielt ihre neue Trompete.

Sie besuchen eine alte Stadt. (Heidelberg)

13. **Ergänze die folgenden Sätze mit den Wörtern in Klammern!**

❏ Hast du _____ gesehen? (dein Bruder, klein)
   Hast du deinen kleinen Bruder gesehen?

1. Er liest _____. (mein Buch, neu)
2. Wir besuchen _____. (ein Schloß, bekannt)
3. Ich habe _____. (seine Krawatte, blau)
4. Frau Schulz kauft _____. (keine Zeitschriften, deutsch)
5. Gibst du _____ ein Geschenk? (dein Bruder, groß)
6. Haben Sie _____ mitgebracht? (Ihre Kamera, teuer)
7. Was macht ihr mit _____? (euer Fernseher, alt)
8. Ich kann _____ nicht finden. (meine Ansichtskarte, schön)

14. *Ergänze diese Sätze!* **Use an** *ein***-word with an adjective and a noun.**
Use a different adjective in each sentence.

1. Kaufst du _____?
2. Habt ihr _____ gesehen?
3. Ich brauche _____.
4. Er wohnt bei _____.
5. Die Touristen fahren durch _____.
6. Haben Sie _____?
7. Wo bekommen wir _____?
8. Hast du _____ gebacken?
9. Ich habe _____ gelesen.
10. Seht ihr euch _____ an?

Im Imbiß kann man billig essen.

An warmen Tagen sitzen sie draußen. (Würzburg)

Leseecke

Wie und wo essen die Deutschen?

Wenn man nach Deutschland kommt, merkt° man sofort den Unterschied° zwischen den deutschen und amerikanischen Mahlzeiten°. Schon das Frühstück ist sehr verschieden. In den meisten Hotels bekommen die Gäste zum Frühstück Brötchen, Butter, Marmelade und Kaffee. Manchmal gibt es auch ein gekochtes° Ei und eine Auswahl von Käse und Wurst. Zum Mittag- und Abendessen trinken viele Deutsche ein Bier. Man stellt kein Wasser auf den Tisch, wie es in Amerika üblich° ist.

Deutsche halten° während der Mahlzeit die Gabel in der linken Hand und das Messer in der rechten. Beim Bezahlen nach der Mahlzeit gibt man dem Kellner oder der Kellnerin kein großes Trinkgeld°. Die Rechnung enthält° schon 10% oder 15% Trinkgeld. Das steht auch auf der Speisekarte°.

Wo essen die Deutschen, wenn sie nicht zu Hause sind? Es gibt viele Möglichkeiten. Es kommt natürlich darauf an°, ob man viel oder wenig Geld ausgeben will und wieviel Zeit man hat. Viele Restaurants machen Reklame° und versuchen, neue Gäste zu gewinnen. Wenn man wenig Zeit hat und sich nicht hinsetzen will, dann bieten° Imbißstände ein schnelles und billiges Essen. Manche Stände, besonders im Verkaufszentrum°, spezialisieren sich auf Brezeln, Bratwürste, belegte Brote° und andere Leckerbissen.

Während der Sommermonate gehen die Deutschen gern in ein Gartenlokal°. Dort sitzen sie im Freien, essen und trinken, unterhalten sich und beobachten° den Straßenverkehr. Seit den letzten Jahren sind Hamburger-Restaurants sehr beliebt. Diese Restaurants zeigen einen starken° amerikanischen Einfluß°.

Die Gaststätte oder das Gasthaus° ist für die meisten Deutschen das beliebteste Restaurant. Vor dem Gasthaus am Eingang hängt in einem kleinen Schaufenster die tägliche° Speisekarte aus°. Manche Restaurants schreiben die Speisekarte auf eine Tafel und stellen sie neben° den Eingang. Ein Ratskeller ist ein Keller-Restaurant° im Rathaus. Dort bekommt man immer ein gutes Essen. Im Ratskeller ist es aber oft auch sehr teuer.

Wer nicht in der Stadt essen will, hat eine gute Auswahl außerhalb° der Stadt. Auf dem Lande° gibt es Restaurants mit lokalen Spezialitäten. Manche Restaurants sind direkt am See oder am Fluß mit einem schönen Ausblick° aufs Wasser. Meistens kosten die Mahlzeiten dort etwas mehr. In den Großstädten kann man heute auch viele Spezialitäten aus dem Ausland° kosten. Besonders beliebt sind Speisen aus Italien, Griechenland und China°.

Für Deutsche ist es eine Tradition, ab und zu in eine Konditorei° zu gehen. An warmen Tagen kann man sogar draußen sitzen, Kaffee trinken und ein Stück Kuchen oder Torte° oder Eis essen. Die Auswahl an Kuchen und Torten in einer Konditorei ist phantastisch.

(*merken* to notice; *Unterschied* difference; *Mahlzeiten* meals; *gekocht* boiled; *üblich* customary; *halten* hold; *Trinkgeld* tip; *enthält* includes; *Speisekarte* menu; *kommt...darauf an* depends on; *Reklame* advertising; *bieten* offer; *Verkaufszentrum* shopping center; *belegte Brote* sandwiches; *Gartenlokal* outside restaurant; *beobachten* watch; *stark* strong; *Einfluß* influence; *Gaststätte/Gasthaus* type of restaurant; *täglich* daily; *hängt...aus* is displayed; *neben* next to; *Keller-Restaurant* restaurant located in basement; *außerhalb* outside; *auf dem Lande* in the country; *Ausblick* view; *Ausland* foreign country; *Griechenland und China* Greece and China; *Konditorei* café; *Torte* torte)

Beantworte diese Fragen!

1. Was essen die Deutschen zum Frühstück?
2. Was trinken viele Deutsche zum Mittagessen?
3. Wie essen die Deutschen? Was machen sie mit dem Messer und der Gabel?
4. Wieviel Trinkgeld muß man dem Kellner oder der Kellnerin außer der Rechnung geben?
5. Was ist ein Imbiß?
6. Wo können die Gäste die Speisekarte lesen?
7. Wo sitzen die Deutschen gern im Sommer?
8. Wie heißt das beliebteste Restaurant?
9. Was ist ein Ratskeller und wo findet man ihn?
10. Welche Speisen sind bei den Deutschen heute beliebt?

Sie haben guten Kaffee getrunken.

Man kann hier bayrische Spezialitäten bekommen.

Adjectives Not Preceded by Articles

Whenever an adjective is not preceded by an article, the adjective ending itself is identical to the ending of the article as if it had appeared. This is true for all four cases you have learned (nominative, accusative, dative and genitive). Note the variations in the neuter (nominative and accusative), where the ending actually is -es instead of -as as it appears in the article *das*, and in the masculine and neuter (genitive), where the ending is -en.

	masculine	Singular feminine	neuter	Plural
nominative	alter Mann	rote Bluse	neues Auto	kleine Kinder
accusative	alten Mann	rote Bluse	neues Auto	kleine Kinder
dative	altem Mann	roter Bluse	neuem Auto	kleinen Kindern
genitive	alten Mannes	roter Bluse	neuen Autos	kleiner Kinder

Beispiele: Die Band spielt die tolle Musik.
Die Band spielt tolle Musik.

Das braune Haar gefällt mir gut.
Braunes Haar gefällt mir gut.

Adjectives after *nichts*, *etwas* and *viel*

Adjectives following the words *nichts*, *etwas* or *viel* and appearing without a noun are always in the singular and are capitalized. Adjective nouns are always -es.

Beispiele: *Ich habe viel Gutes über ihn gehört.*
(I heard a lot of good things about him.)

Wir lesen nichts Besonderes.
(We are reading nothing special.)

Adjectives Following Quantity Words *viele*, *wenige*, *einige*, *andere* and *ein paar*

There are a number of quantity words such as *viele*, *wenige*, *einige*, *andere* and *ein paar*. If these quantity words are followed by adjectives, then the adjective endings are the same as those in *dieser*.

Beispiele: Wo sind diese schönen Briefmarken?
Viele schöne Briefmarken sind hier.

Bring mir diese neuen Bälle!
Bring mir ein paar neue Bälle!

Er erklärt diesen deutschen Schülern den Satz.
Er erklärt einigen deutschen Schülern den Satz.

NOTE: Whenever these quantity words are followed by adjectives, the adjective endings are either -e (nominative and accusative), -en (dative) or -er (genitive).

15. *Ich stimme mit dir nicht überein.* Beim Einkaufen bespricht Erich mit seinem Freund die verschiedenen Sachen.

❐ Das frische Brot schmeckt mir.
Nein, frische Brote schmecken mir nicht.

1. Der braune Ball gefällt mir.
2. Die bunte Tasse sieht gut aus.
3. Das grüne Auto finde ich toll.
4. Der französische Roman kostet viel.
5. Die grüne Banane ist reif.
6. Der große Stuhl steht dort drüben.

16. *Was hast du denn da gemacht?* **Du bist mit deiner Familie in den Ferien gewesen. Jetzt erzählst du deinen Freunden, was du da alles gemacht hast.**

❒ viel essen (gut)
   Ich habe viel Gutes gegessen.

   1. nichts machen (besonders)
   2. etwas lesen (interessant)
   3. viel kaufen (neu)
   4. etwas mitbringen (schön)
   5. nichts essen (lecker)

17. Bilde neue Sätze mit den Wörtern in Klammern!

❒ Das Brot schmeckt gut. (deutsch)
   Deutsches Brot schmeckt gut.

   1. Ich esse die Brötchen sehr gern. (frisch)
   2. Wir sehen nicht sehr oft Fußballspiele. (toll)
   3. Das Haar gefällt mir nicht. (dunkelbraun)
   4. Das Wetter habe ich gern. (schön)
   5. Lesen Sie die Zeitschriften gern? (bekannt)
   6. Das Essen schmeckt mir nicht. (kalt)
   7. Ich kann den Kaffee nicht trinken. (heiß)
   8. Hörst du die Musik? (spanisch)

18. Bilde Sätze mit den folgenden Wörtern!

   1. Liechtenstein / sein / ein / klein / Land
   2. sein / groß / Bruder / gern spielen / Tennis
   3. ich / können / du / nichts / interessant / sagen
   4. werden / die Mädchen / ein / teuer / Kleid / kaufen
   5. haben / Sie / kein / warm / Mantel
   6. mein / Onkel / erzählen / von / sein / lang / Reise
   7. sich aussuchen / wir / ein / schön / Platz
   8. wollen / du / nicht / ein paar / deutsch / Städte / fotografieren
   9. haben / Sie / ein / gut / und preiswert / Karte
   10. ich / schreiben / er / nichts / wichtig

Frische Brötchen schmecken immer gut.

Zum Frühstück gibt's leckere Wurst.

Sie sehen sich die Speisekarte an.

Hier ist die Speisekarte.

Lesestück

Hast du Appetit auf Pizza?

Das Telefon <u>klingelt</u>. Willi hebt den Hörer ab°. Sein Freund Georg ist am Telefon. — *picks up the receiver*

Georg: Grüß dich, Willi! Was machst du heute nachmittag?

Willi: Nichts Besonderes. Hast du was vor?

Georg: Ich wollte <u>eigentlich°</u> gern zur Pizzeria. Hast du auch Appetit auf° Pizza? — *actually* / *Do you also have an appetite for...?*

Willi: Ja, gern. <u>Wie wär's</u> in einer Stunde.

Georg: Sollen wir uns vor der Pizzeria treffen?

Willi: Ja, gut. Also, dann bis halb sechs.

Eine Stunde später treffen sich die beiden direkt vor dem Restaurant. Es ist eine sehr <u>beliebte</u> Pizzeria in der Nachbarschaft. Deshalb kommen sie <u>ab und zu</u> hierher. Auf einer Speisekarte° im Schaufenster steht die Auswahl der verschiedenen Mahlzeiten. Vieles sieht ganz lecker aus. <u>Da gibt's°</u> etwas für jeden <u>Geschmack°</u>. <u>Sicherlich°</u> finden auch Georg und Willi etwas, was ihnen schmecken wird. Also, gehen sie hinein. — *menu* / *they have/taste* / *surely*

Georg: Wann fährst du mit deinen Eltern in die Ferien?

Willi: Nächste Woche. Es geht schon früh am Morgen los. Von München zur Nordsee sind es etwa 900 Kilometer.

Kellner: Hier ist die Speisekarte.

Georg:	Was können Sie uns empfehlen?	*recommend*
Kellner:	Alles. Bei uns gibt's nur leckere Speisen. Das sagen unsere Kunden immer.	
Willi:	Jedes Mal studieren° wir diese Speisekarte, aber die ändert sich° ja nicht.	*study* *changes*
Georg:	Bringen Sie mir bitte die Pizza „Regina".	
Willi:	Für mich die Pizza „Calzone".	
Kellner:	Etwas zu trinken?	
Georg:	Ein Spezi°, bitte.	⟵ *cola with lemon soda*
Willi:	Für mich auch.	

Ein paar Minuten später bringt der Kellner die Getränke und stellt sie auf den Tisch. Das Spezi — das ist Cola mit Limonade — bestellen° Willi und Georg meistens. *order* Es schmeckt immer gut. Es dauert auch nicht lange, bis der Kellner die zwei Pizzas bringt.

Kellner:	So, bitte sehr. Guten Appetit!°	⟵ *Enjoy your meal!*
Willi:	Jetzt an die Arbeit! Die Pizza ist noch sehr heiß.	
Georg:	Der Käse, die Tomaten, die Champignons und der Schinken° schmecken mal wieder ausgezeichnet.	*ham*
Willi:	Ich kann mich auch nicht beklagen°. Auf meinem Teller ist mehr als genug. Ich habe natürlich auch noch Paprika auf meiner Pizza.	*complain*

Georg und Willi essen alles, was auf dem Teller ist. Sie sind jetzt wirklich satt°. Willi bittet den Kellner, die ⟵*full* Rechnung zu bringen. Der Kellner räumt zuerst den Tisch ab°. Dann gibt er den beiden die Rechnung. Willi ⟵*räumt...ab clears the table* und Georg bezahlen für das Essen, bedanken sich beim Kellner° und verlassen das Restaurant. *thank the waiter*

Sie studieren die Speisekarte.

Guten Appetit!

Das stimmt nicht. Die folgenden Sätze sind falsch. Gib die richtigen Antworten!

1. Willi ruft Georg an.
2. Willi hat heute viel vor.
3. Willi will Georg um sechs treffen.
4. Willi und Georg gehen nie zu der Pizzeria.
5. Die Speisekarte steht auf einer Tafel.
6. Willi und Georg wohnen an der Nordsee.
7. Der Kellner empfiehlt die Pizza Regina.
8. Willi trinkt eine Cola.
9. Die Pizza ist kalt.
10. Willi und Georg räumen das Geschirr ab.

Beantworte diese Fragen!

1. Was macht man, wenn das Telefon klingelt?
2. Wer wollte gern zur Pizzeria gehen?
3. Wo wollen sich Willi und Georg treffen?
4. Ist die Pizzeria weit entfernt?
5. Was steht auf der Speisekarte?
6. Wann fährt Georg in die Ferien?
7. Sind neue Speisen auf der Speisekarte?
8. Essen Willi und Georg dieselbe Pizza?
9. Was ist ein Spezi?
10. Was ist auf der Pizza?

Übung macht den Meister!

1. *Ich muß ein paar Reiseschecks einlösen.* Stell dir vor, daß du in Deutschland bist. Du hast amerikanische Reiseschecks und nur wenig deutsches Geld. Deshalb gehst du in eine Bank. Ein Angestellter hilft dir, die Reiseschecks einzulösen. Kannst du einen kurzen Dialog zusammenbauen (construct)? Übe diesen Dialog mit deinen Klassenkameraden!

2. *Die Gäste kommen bald.* Du hast ein paar Freunde zum Essen eingeladen. Du mußt noch schnell den Tisch decken. Beschreibe, was du alles auf den Tisch stellen mußt.

3. *Meine Lieblingsspeisekarte.* Du und deine Freunde gehen immer zu demselben Restaurant. Das Essen dort schmeckt dir nicht so gut. Du beklagst dich beim Besitzer (owner). Er

bittet dich und andere Kunden, eine neue Speisekarte zu schreiben. Was für eine Speisekarte schlägst du ihm vor?

4. *Ein Telefongepräch.* Du sprichst mit deinem Freund oder deiner Freundin. Ihr wollt essen gehen. Ihr besprecht die verschiedenen Restaurants in der Nachbarschaft. Am Ende entschließt ihr euch, zu einem bestimmten Restaurant zu gehen.

5. *Im Restaurant.* Schreibe einen kurzen Dialog einschließlich (including) der folgenden Einzelheiten: Du und dein Freund (deine Freundin) stehen vor einem Restaurant. Ihr studiert die Speisekarte, geht ins Restaurant hinein, setzt euch hin. Der Kellner kommt. Er fragt, was ihr wünscht; ihr fragt nach der Spezialität und bestellt verschiedene Essen. Ihr unterhaltet euch. Dann bringt der Kellner die Rechnung und ihr bezahlt.

Erweiterung

19. Was ist das Gegenteil von den einzelnen Wörtern!

❐ lang
   kurz

1. geöffnet
2. vor
3. wenig
4. zuerst
5. flach
6. leicht
7. spät
8. genau
9. klein
10. hell
11. immer
12. warm
13. schnell
14. links
15. ja
16. richtig
17. schlecht
18. interessant

Das Restaurant ist geöffnet.

Er löst deutsche Reiseschecks ein.

20. **Bilde Sätze mit den folgenden Wörtern!**

    1. wir / bestellen / ein Eis / italienisch
    2. wie / schmecken / euch / meine Speisen / lecker
    3. wer / bezahlen / für / dein Geschenk / schön
    4. haben / du / keine Note / gut / bekommen
    5. ich / müssen / ein paar / Reiseschecks / amerikanisch / einlösen
    6. haben / Sie / Geld / deutsch
    7. Hans / haben / viele / Kassetten / neu / kaufen
    8. die Schüler / schreiben / keine Aufsätze / lang

21. **Ergänze diese Sätze mit passenden Ausdrücken!**

    1. Zum Nachtisch möchte ich _____.
    2. Auf der Speisekarte stehen _____.
    3. Zum Frühstück essen wir _____.
    4. Ich habe Appetit auf _____.
    5. Trinkst du _____ gern?
    6. Bringen Sie uns _____.
    7. Für eine Suppe brauche ich _____.
    8. Ich möchte _____.

22. **Gib eine passende Antwort! Sei sicher, daß der ganze Dialog sinnvoll ist!**

    1. Was möchten Sie essen?
    2. Wiener Schnitzel.
    3. Ja, Bratwurst haben wir.
    4. Spezi, Cola und Limonade.
    5. Sonst noch etwas?
    6. Pudding, Eis und Kompott.

23. **Beschreibe jedes Wort mit einem ganzen Satz!**

    1. Bank
    2. Sonderangebot
    3. Schüssel
    4. Getränk
    5. Speisekarte
    6. Spezi

Sprachspiegel

24. *Bitte schön?* Du arbeitest in einem Restaurant als Kellner oder Kellnerin. Die Kunden fragen dich oft. Kannst du Ihnen helfen?

1. Was ist die Spezialität Ihres Restaurants?
2. Wieviel kostet das Erdbeereis?
3. Kann ich einen Reisescheck einlösen?
4. Wo können wir hier sitzen?
5. Was können Sie zum Nachtisch empfehlen?
6. Wie schmeckt bei Ihnen das Eis?
7. Wo ist die Toilette bitte?
8. Wie lange sind Sie geöffnet?

25. Wie sagt man's?

Auswahl	Kleingeld	Sauerbraten	Ostsee
Amerika	Reisepaß	Essen	Spezialitäten
Ecke	Speisekarte	Mark	Wetter
Jahreszeit	Telefon	Ferien	Ansichtskarten
Nähe	Staat	Zeit	Hörer
Freund			

1. Für Ihre Reiseschecks bekommen sie dreihundert _____.
   Geben Sie mir zwei Hunderter, vier Zwanziger und etwas _____.

2. Was für einen _____ haben Sie?
   Einen amerikanischen.
   Ich habe auch Verwandte in _____.
   In welchem _____ wohnen die denn?

3. Ist das Andenkengeschäft hier in der _____?
   Ja, es ist rechts um die _____.
   Gibt es da eine große _____?
   Ja, die haben besonders viele _____.

4. Das _____ hat geklingelt.
   Inge hat schon den _____ abgehoben.
   Ruft ihr _____ schon wieder an?
   Ja, meistens um diese _____.

Das Telefon hat geklingelt.

236

5. Wohin fahrt ihr in die _____?
   Bestimmt wieder an die _____.
   Ist es in dieser _____ da nicht etwas kalt?
   Das _____ ist für uns nicht wichtig.

6. Haben Sie eine _____?
   Ja, da stehen alle unsere _____.
   Was für ein _____ können Sie uns empfehlen?
   Der _____ ist heute besonders gut.

26. *Möchten Sie bei uns im Restaurant arbeiten? Bewerben (apply) Sie sich doch!* Stell dir vor, du liest das in der Zeitung. Du willst während der Sommermonate Geld verdienen (earn). Du willst dich deshalb für diesen Job bewerben. Du gehst zum Restaurant und sprichst mit dem Manager. Schreibe einen Dialog mit allen Fragen und Antworten.

27. **Beantworte die Fragen!**

   1. Was ißt du gern zum Nachtisch?
   2. Was möchtest du trinken?
   3. Was braucht man zum Essen?
   4. Was steht auf dem Tisch?
   5. Zu welchem Restaurant gehst du gern?

28. **Wie heißt das auf deutsch?**

   1. What kind of dessert do you have?
   2. What's the specialty of your restaurant?
   3. How does it taste?
   4. We have delicious meals.
   5. Bring the check, please.
   6. The waiter is clearing the table.

Celle ist eine kleine Stadt.

Sie warten bei ihren Fahrrädern.

Rückblick

I. Gib die richtigen Endungen (nominative)! Nicht alle Wörter haben Endungen.

1. ein_____ klein_____ Stadt
2. sein_____ neu_____ Freundin
3. ihr_____ beid_____ Töchter
4. kein_____ interessant_____ Film
5. unser_____ schön_____ Zimmer
6. dein_____ bunt_____ Hemd
7. ein_____ deutsch_____ Brieffreundin
8. euer_____ alt_____ Schultasche
9. kein_____ warm_____ Tage
10. Ihr_____ nett_____ Onkel

II. Bilde Sätze mit den folgenden Wörtern!

1. ich / besuchen / dein / groß / Bruder
2. wo / sein / euer / deutsch / Reisepaß
3. wir / werden / am Sonntag / zu / mein / alt / Freund / fahren
4. mein / englisch / Bücher / gefallen / ich
5. warum / schreiben / du / dein / Eltern / kein / Brief
6. mein / preiswert / Karte / geben / ich / mein / klein / Schwester

III. *Sie machen eine Reise.* Ergänze die folgenden Sätze mit den richtigen Endungen, wo nötig (necessary).

Heute ist ein_____ schön_____ Tag. Bruno trinkt ein_____ Tasse Kaffee und ißt ein_____ Stück frisch_____ Brot dazu. Er muß sich beeilen. In ein paar Minuten kommt sein_____ gut_____ Freund Hans, und beide werden dann zusammen mit ihr_____ neu_____ Fahrrädern zur Schule fahren.

Bruno holt schnell sein_____ interessant_____ Bücher und verläßt das
Haus. Auf der Straße ist viel Verkehr. Beide Jungen sehen, viele
alt_____ und neu_____ Autos und Motorräder. Alle wollen pünktlich zu
ihr_____ täglich_____ Arbeit kommen. Seit einigen Wochen gehen
Bruno und Hans zu ein_____ modern_____ Schule. Diese neu_____ und
groß_____ Schule gefällt ihnen sehr gut.

Nach der englisch_____ Klasse haben sie ein_____ kurz_____ Pause.
Dann kommt ihr Deutschlehrer, Herr Uhland. Er ist ein_____ älter_____
Lehrer. Bruno hat die deutsch_____ Stunde gern. Er bekommt in
Deutsch ein_____ besser_____ Note als in Englisch.

Am Nachmittag fahren Willi und Hans um ein_____ klein_____ See
herum, nicht weit von ihr_____ Haus. Sie sitzen dort oft bei dem
schön_____ See und sprechen über die Schule.

IV. Wie heißt das auf deutsch?

1. Have you seen our new house?
2. This German restaurant is very popular.
3. His older brother will take a long trip to Europe.
4. When will these American guests visit us?
5. Did you get good tickets?
6. I'll talk with the young waitress.

Sprichwort

Er hat Geld wie Heu.
(He has money like hay. / He's got money to burn.)

Wie weit ist es zum Taubensee?

Wo bekommt man Äpfel?

Wie hoch fährt die Zugspitzbahn?

Geben Sie mir bitte ein Pfund Kirschen.

Wo ist McDonald's?

Kulturecke

The Metric System

I f you travel in Germany or any other European country, you'll have to learn the metric system. Remember first that all metric measurements are based on 100, and second, that the prefix *centi* means hundred and *kilo* means thousand. When you're given a distance in kilometers, you should be able to estimate the total distance initially by comparing it to miles.

Long distances are indicated in kilometers (*Kilometer*). The numbers are usually followed by the letters *km*, the abbreviation for kilometers. Drivers must be aware of estimating distances and especially speed limit signs. A speed limit sign marked "80 km," for example, means that you must not travel faster than the equivalent of about 50 miles per hour.

A unit of measurement smaller than the kilometer is the meter (*Meter*), usually abbreviated by the letter *m*, although sometimes the letters *mtr* are used. Many signs indicate to the visitors the distances to certain hotels and guest-houses or to other points of interest. For instance, if you're standing in front of a sign pointing to a specific guest-house 120 meters away, you should be able to estimate the distance to be about 130 yards. There are 100 centimeters (*Zentimeter*), abbreviated *cm*, in one meter. The centimeter is an important unit if you buy clothing items.

When buying groceries, it's important to know the metric weight units. Many groceries are packaged to make it convenient to follow recipes that have standard measures. Germans commonly measure by the pound (*Pfund*) or *Kilo*. A *Pfund* is half a kilo, or 500 grams (*Gramm*). This makes it slightly more than our pound (454 grams). A *Kilo* is two *Pfund* or 1,000 *Gramm*. When a package is marked "*50 Gramm*," you should be able to estimate the contents to be one-tenth of a *Pfund* or slightly less than two ounces.

All liquids such as gasoline are measured by the liter (*Liter*), which is a little over a quart. German service stations always advertise the cost of gas by the liter. Some products, such as eggs, are sold by the piece (*Stück*) or in cartons of 10, not 12 like in the U.S. The same is true for fruit, such as apples, and the wide assortment of rolls and cookies sold in bakeries. This makes it easy to figure out the unit price.

Wie schnell kann man fahren? Wieviel kosten die Quarkhörnchen? Was ist heute frisch? Hier verkauft man Brötchen.

Wie weit ist Passau von hier? Drei Eier, bitte. Wir tanken 40 Liter Benzin.

Klecken ist drei Kilometer von hier.

Hier ist Ihre Cola.

Was kann man hier kaufen?

Wie kommt man zum Gasthof?

Sie kauft ein Kilo Karotten.

Wo ist Hotel Quellenhof?

Besides the metric measuring units, you should also be familiar with the way Germans write some letters, symbols and numbers. It can be a study in itself to decipher what the shopkeeper has to offer. The numbers *1* and *7* are the two numbers that are written quite differently from our way. The German number *1* looks like our number 7, and the German 7 has a crossed stem, resembling our capital letter *F*.

Finally, you may wonder why you aren't freezing when you see a thermometer reading of *15*. It is because the temperature is indicated in centigrade (*Celsius*). So relax—the temperature of 15°C is equivalent to 59°F.

Weißt du die Antworten?

1. 750 Gramm = _____ Pfund
2. 200 Zentimeter = _____ Meter
3. 120 Kilometer = _____ Meilen
4. 10 Pfund = _____ Kilo
5. 2 500 Meter = _____ Kilometer
6. 3 Kilo = _____ Gramm
7. 32°C = _____ °F

Vokabeln

abheben (*hob ab, abgehoben*) to pick up (receiver)

abräumen to clear the table

der **Abschnitt,-e** stub

abziehen (*zog ab, abgezogen*) to deduct

amerikanisch American

sich **ändern** to change

der **Apfelkuchen,-** apple cake

der **Appetit** appetite **Hast du Appetit auf...?** Do you have an appetite for...? **Guten Appetit!** Enjoy your meal!

sich **bedanken** to thank

die **Beilage,-n** addition **Beilagen** served with, side dish

sich **beklagen** to complain

bestellen to order

der **Betrag,-̈e** amount

das **Bier,-e** beer

die **Bratkartoffel,-n** fried potato

der **Champignon,-s** mushroom

der **Dollar,-s** dollar

eigentlich actually

einlösen to exchange, cash (in)

der **Erfolg,-e** success

das **Fischfilet,-s** fish fillet

das **Fleisch** meat

die **Forelle,-n** trout

die **Gabel,-n** fork

geben to give **Was gibt's...?** What is there...? **Da gibt's...** They have...

gegenüber across

die **Gemüsesuppe,-n** vegetable soup

geöffnet open

geschlossen closed

der **Geschmack** taste

die **Gulaschsuppe,-n** goulash soup

der **Gurkensalat,-e** cucumber salad

der **Hörer,-** (phone) receiver

die **Information,-en** information

der **Karpfen,-** carp

der **Kellner,-** waiter

das **Kleingeld** (small) change

der **Knödel,-** dumpling

das **Kompott,-e** stewed fruit

der **Kurs,-e** exchange rate

die **Limonade,-n** soft drink, lemonade

das **Messer,-** knife

das **Mineralwasser** mineral water

die **Möhre,-n** carrot

die **Ordnung,-en** order **Das geht in Ordnung.** That will be taken care of.

passend suitable, right **das passende Geld** the right change

die **Pizza,-s** pizza

die **Pommes frites (pl.)** french fries

reichen to be enough

der **Rinderbraten,-** beef roast

der **Salat,-e** salad **gemischter Salat** mixed (tossed) salad

die **Salzkartoffel,-n** boiled potato

satt full **Ich bin satt.** I'm full.

der **Sauerbraten,-** sauerbraten (marinated beef)

der **Scheck,-s** check

der **Schinken** ham

die **Schüssel,-n** bowl

die **Serviette,-n** napkin

sicherlich surely, certainly

das **Sonderangebot,-e** special (offer)

die **Speisekarte,-n** menu

das **Spezi,-s** cola and lemonade

studieren to study

die **Suppe,-n** soup

der **Suppenlöffel,-** soup-spoon

die **Tagessuppe,-n** soup of the day

der **Teelöffel,-** teaspoon

der **Teller,-** plate

der **Tomatensalat,-e** tomato salad

die **Tomatensuppe,-n** tomato soup

typisch typical

die **Untertasse,-n** saucer

der **Wein,-e** wine

das **Wiener Schnitzel** breaded veal cutlet

Die Pizza schmeckt gut.

Eine Gaststätte ist ein typisch deutsches Restaurant.

244

Communicative Functions

- describing how to take a streetcar
- talking about going swimming
- describing holidays and festivals
- extending greetings
- describing a youth hostel

245

Dort kommt die Straßenbahn.　　　　*Wo stehen sie?*　　　　*Sie steigen ein.*

Im Schwimmbad

Ali, Marc und Gabi stehen an der Haltestelle. Sie warten auf die Straßenbahn. Sie sehen auf dem Fahrplan nach, wann die nächste Straßenbahn kommt. Sie wollen heute zum Schwimmbad.

Gabi:　An Feiertagen kommt die Straßenbahn nicht so oft.

Ali:　Hier steht's. Die nächste Straßenbahn kommt um 10 Uhr 20.

Marc:　Dann müssen wir noch zwölf Minuten warten.

Gabi:　Zu Fuß ist es nur eine halbe Stunde.

Marc:　Du kannst ja laufen. Ich bin zu faul.

Ali:　Das stimmt. Du hast's selbst gesagt.

Gabi:　Er gibt es wenigstens zu.

Marc:　Bei der Hitze habe ich keine Lust, zu Fuß zu gehen.

Wähle die richtige Antwort!

1. Marc will	a. auf die Straßenbahn
2. Das Schwimmbad ist	b. es heiß
3. Die drei warten	c. zum Schwimmbad
4. Marc, Gabi und Ali fahren	d. nicht zu Fuß gehen
5. Eine Straßenbahn kommt	e. in zwölf Minuten
6. Heute ist	f. eine halbe Stunde zu Fuß
7. Es ist	g. an der Haltestelle
8. Sie stehen	h. kurz nach zehn Uhr

Die drei warten eine Weile, bis die Straßenbahn kommt. Dann steigen sie ein. Zum Schwimmbad fahren sie acht Haltestellen. Der Eingang ist gleich dort. An der Kasse stehen schon viele Leute. Als Schüler brauchen sie nur 2 Mark 50 zu bezahlen, sonst kostet es 4 Mark. Marc bezahlt für die anderen beiden. Sie haben ihm schon ihr Geld gegeben.

Gabi: Na, du verlierst aber auch keine Zeit.
Ali: Bei der Hitze ziehe ich mein T-Shirt gleich aus.
Marc: Die Umkleidekabinen sind da.
Gabi: Gehen wir am besten gleich dorthin.
Marc: Sieh dir das Schwimmbecken an!
Ali: Ja, um diese Zeit sind nur wenige hier.
Marc: Ali, warte auf der Wiese da drüben. Wir kommen gleich zurück.
Ali: Schade, daß ich meine Badehose vergessen habe.

Sie fahren acht Haltestellen.

Die Umkleidekabinen sind da.

das Schwimmbecken

Ergänze die folgenden Sätze mit den richtigen Wörtern!

zu   weit   acht   drei   an   aus   seine   auf   ein   viele

1. Die _____ Karten kosten DM 7,50.
2. Um halb elf sind nicht _____ Leute da.
3. Ali hat _____ Badehose nicht mitgebracht.
4. Der Eingang zum Schwimmbad ist nicht _____ von der Haltestelle entfernt.
5. Ali zieht sein T-Shirt _____.
6. Sie steigen in die Straßenbahn _____.
7. Marc und Gabi gehen _____ den Umkleidekabinen.
8. Ali soll _____ der Wiese warten.
9. Gabi, Ali und Marc fahren _____ Haltestellen.
10. Viele Leute stehen _____ der Kasse.

Marc und Gabi gehen zu den Umkleidekabinen und ziehen sich um. Nach ein paar Minuten treffen sie sich auf der Wiese. Ali zeigt Marc ein Foto.

Ali: Gefällt dir meine Freundin Heike?

Marc: Ein schönes Foto von ihr. Wie lange kennt ihr euch schon?

Ali: Wir haben uns zu Ostern kennengelernt.

Gabi: Müßt ihr immer über eure Freundinnen sprechen?

Ali: Wieso? Bist du denn eifersüchtig?

Marc: Das brauch' sie nicht. Gabi hat ja einen Freund.

Gabi: Was heißt Freund? Rainer ist mehr oder weniger ein Bekannter.

Ali: Man weiß nie, was daraus wird.

Marc: Das Wasser sieht so einladend aus.

Ali: Du hast recht. Gehen wir zum Schwimmbecken!

Marc, Gabi oder Ali? Sag, von wem man hier spricht!

1. Rainer ist ein Bekannter von _____.
2. _____ geht nicht zur Umkleidekabine.
3. _____ sieht sich ein Foto an.
4. _____ hat seine Freundin vor ein paar Monaten kennengelernt.
5. _____ hat einen Bekannten.
6. _____ hat eine Freundin.

Müßt ihr immer über eure Freundinnen sprechen?

Das Wasser sieht so einladend aus.

Ein schönes Foto von ihr.

Wie warm soll das Wasser sein?	*Spritz nicht, Marc!*	*Was wollen sie mit Gabi machen?*

Gabi: Das Wasser hat heute die richtige Temperatur.
Ali: Es soll 24 Grad sein.
Marc: Dann schnell hinein.
Gabi: Spritz nicht, Marc! Ich kann allein naß werden. Ali, du kannst ja leider nicht ins Wasser.
Ali: Mit der langen Hose geht das schlecht. Aber meine Füße können ein bißchen baden.
Marc: Und jetzt werfen wir die Gabi hinein.
Gabi: Nein, bitte nicht. Ich nehme es euch sonst sehr übel.
Ali: Gehen wir zurück zur Wiese! Ich habe Karten mitgebracht. Wir können da Skat spielen.

Das stimmt nicht. Gib die richtige Antwort zu den folgenden Sätzen!

1. Ali hat eine kurze Hose an.
2. Das Wasser ist zu warm.
3. Sie wollen auf der Wiese Ball spielen.
4. Gabi will, daß Marc sie spritzt.
5. Ali will, daß seine Hände naß werden.

Fragen

1. Wo warten die drei auf die Straßenbahn?
2. Wie wissen sie, wann die nächste Straßenbahn fährt?
3. Warum kommt die Straßenbahn heute nicht so oft?
4. Warum will Marc nicht zu Fuß gehen?
5. Wie weit ist das Schwimmbad?
6. Wieviel kosten alle Karten zusammen?
7. Wo kann man sich in einem Schwimmbad umziehen?
8. Schwimmen viele Leute schon?
9. Warum kann Ali nicht schwimmen?
10. Wessen Freundin ist auf dem Foto?
11. Seit wann kennt er sie schon?
12. Ist Rainer Gabis Freund?
13. Wie warm ist das Wasser?
14. Was machen die drei am Ende?

eine Straßenbahn (Bern)

Was machen die Leute?

Ist es heute warm?

Für dich

In most cities tickets for streetcars (*Straßenbahnen*) must be bought in advance. You can buy your ticket from an automat, which is usually right at the streetcar stop.

High school and university students can purchase most tickets for performances, transportation, or to get into museums, exhibits or public swimming pools at reduced prices. However, they must be in possession of a *Schülerausweis* or *Studentenausweis*.

The temperature is measured in centigrade (*Celsius*) rather than in Fahrenheit. To convert centigrade to Fahrenheit, multiply by 9, divide by 5 and add 32. Therefore, the water temperature of 24 degrees is the equivalent of 75 degrees Fahrenheit.

Kombiniere...

Wie viele Sätze kannst du bilden?

Ich weiß	daß	das Wasser	so spät fährt
Wir glauben nicht	wann	Gabi	schwimmen kann
Hast du eine Idee	ob	der Bus	bald kommt
Schade	warum	Marc	kalt ist

Nützliche Ausdrücke

Du hast's selber gesagt.	You said it yourself.
Gibst du es zu?	Do you admit it?
Bei der Hitze...	In this heat...
Verlier keine Zeit!	Don't lose any time.
Ich ziehe es aus.	I'm taking it off.
Schade, daß...	Too bad that...
Hast du dich umgezogen?	Did you change (clothes)?
Wann hast du ihn kennengelernt?	When did you first meet him?
Bist du eifersüchtig?	Are you jealous?
Daraus wird nichts.	Nothing will come of it.
Es sieht einladend aus.	It looks inviting.
Ich nehme es dir übel.	I'll get mad at you.

Was paßt hier? **Welche Antworten oder Fragen auf der rechten Seite passen mit denen auf der linken Seite?**

1. Sie hat ein schönes Kleid an.
2. Zieh dich doch um!
3. Ich schwitze sehr.
4. Kann ich langsam arbeiten?
5. Hast du die Reise geplant?
6. Am Sonnabend haben wir eine Party.
7. Ich gehe mit Susi tanzen.
8. Wirst du den dunklen Mantel tragen?
9. Ich kenne deine Freundin sehr gut.
10. Paul hat wirklich wenig Zeit, dir zu schreiben.

a. Wann hast du sie denn kennengelernt?
b. Ja, bei der Hitze bleibe ich lieber zu Hause.
c. Schade, daß ich nicht kommen kann.
d. Na und? Ich bin nicht eifersüchtig.
e. Ich habe die falschen Kleidungsstücke mitgebracht.
f. Das nehme ich ihm gar nicht übel.
g. Ja, in dem roten sieht sie sehr nett aus.
h. Nein, verlier keine Zeit.
i. Nein, ich ziehe ihn gleich aus.
j. Leider wird daraus nichts.

Wir planen eine Reise nach Amorbach.

Celle sieht einladend aus.

Sie hat ein schönes Kleid an.

251

Ergänzung

253

1. **Wann ist dieser besondere Tag in diesem Jahr?**

   1. dein Geburtstag
   2. Weihnachten
   3. Kolumbustag
   4. Washingtons Geburtstag
   5. Muttertag
   6. Neujahr
   7. Martin Luther Kings Geburtstag
   8. Vatertag
   9. Beginn der Schule
   10. Ostern

Weihnachten

Sag's mal!

Was sagt man zu den verschiedenen Festen?

Übungen

Prepositions with Dative or Accusative

There are a number of prepositions requiring the dative or the accusative case, depending on the particular situation. These prepositions are as follows:

an	on, at, to
auf	on, on top of
hinter	behind
in	in, into, to
neben	beside, next to
über	above, over, across
unter	under, below
vor	before, in front of
zwischen	between

Any of the prepositions above requires the dative case when used with a verb that does not indicate motion into or out of a place. The dative case can be determined by asking the question: where? (*wo?*)

Sie sitzen auf einer Bank.

Sie stehen neben dem Eingang.

Sie sitzen vor dem Café.

Sie fahren auf der Straße.

Any of these nine prepositions requires the accusative case when used with a verb that indicates motion toward a specific point or direction. The accusative case can be determined by asking the question: where to? or in which direction? (*wohin?*)

Beispiele:

Wo?	**Wohin?**
Er wohnt an der Ecke.	Er geht an die Ecke.
Der Teller steht auf dem Tisch.	Sie stellt den Teller auf den Tisch.
Das Auto steht hinter dem Haus.	Er fährt das Auto hinter das Haus.
Wohnst du in der Stadt?	Gehst du in die Stadt?
Sie treffen ihn neben der Schule.	Sie laufen neben die Schule.
Das Flugzeug ist über dem Flughafen.	Das Flugzeug fliegt über den Flughafen.
Das Kind ist unter dem Tisch.	Das Kind läuft unter den Tisch.
Die Schüler warten vor dem Bus.	Der Lehrer bringt die Schüler vor den Bus.
Das Fahrrad steht zwischen der Tür und dem Eingang.	Er stellt das Fahrrad zwischen die Tür und den Eingang.

NOTE: A sentence expressing motion within a given area or in general terms, without indicating a specific destination, requires the dative case.

Beispiele: Er fährt in der Stadt herum.
(He is driving around town.)

Schwimmst du im See?
(Are you swimming in the lake?)

Bist du am Kino vorbeigegangen?
(Did you go past the movie theater?)

Was machst du im Sommer?
(What are you doing during the summer?)

Some of the prepositions can be contracted with articles. These contractions are used more frequently in spoken German.

Dative Contractions	Accusative Contractions
an dem = am	an das = ans
in dem = im	in das = ins

The contractions *hinterm (hinters), überm (übers), unterm (unters), vorm (vors)* occur primarily in colloquial German.

2. *Wo ist alles im Haus? Sag, wo alle diese Sachen sind!*

☐ Wo steht das Sofa? (Wohnzimmer / in)
Es steht im Wohnzimmer.

1. Wo liegt die Schultasche? (Bett / auf)
2. Wo ist der Brief? (Fernseher / hinter)
3. Wo steht das Auto? (Haus / vor)
4. Wo steht das Bücherregal? (Ecke / in)
5. Wo ist das Bild? (Wohnzimmer / in)
6. Wo ist der Kuli? (Schreibtisch / auf)

3. **Ralf hat seine Freunde und Bekannten zu seinem Geburtstag eingeladen. Er hat nicht viel Platz in seinem Haus und sagt allen, wohin sie sich setzen sollen.**

☐ Hans / mein Stuhl / auf
Hans, setz dich auf meinen Stuhl!

1. Christa / dieser Sessel / auf
2. Peter / die Küche / in
3. Roland / mein Tisch / an
4. Heike / diese Lampe / vor
5. Monika / der Schrank / neben

4. *Wohin sollen wir heute nachmittag gehen?* **Ihr besprecht, was ihr heute nachmittag alles vorhabt. Deine Klassenkameraden schlagen vor, zu verschiedenen Plätzen zu gehen. Aber alles könnt ihr natürlich nicht schaffen.**

☐ Kino
Gehen wir doch ins Kino!

1. Café
2. Kaufhaus
3. Bank
4. Park
5. Bahnhof
6. Schule

5. *Familie Schubert hat ein neues Haus.* **Ihre Nachbarn helfen der Familie, alle Möbel (furniture) an den richtigen Platz zu stellen.**

☐ Schrank / neben / Tisch
Stellen Sie den Schrank neben den Tisch!

1. Bett / in / Schlafzimmer
2. Kühlschrank / in / Küche
3. Stereoanlage / hinter / Sofa
4. Schreibtisch / vor / Fenster
5. Stuhl / neben / Sessel

6. Frau Löser hat ihre Tochter Maria gebeten, ein paar Sachen zu erledigen (take care of). Jetzt fragt sie Maria, ob sie das getan hat.

❑ Liegt das Kleid auf dem Bett?
Ja, ich habe es aufs Bett gelegt.

Steht der Stuhl am Tisch?
Ja, ich habe ihn an den Tisch gestellt.

1. Liegt der Brief auf dem Schreibtisch?
2. Steht das Auto vorm Haus?
3. Liegt die Zeitung im Wohnzimmer?
4. Steht das Fahrrad neben der Tür?
5. Liegt die Postkarte im Briefkasten?
6. Steht der Koffer vorm Eingang?

7. *Wissen Sie, wo er wohnt?* Petra will ihren Onkel in einem kleinen Ort besuchen. Sie fragt einige Leute, aber sie wissen auch nicht genau, wo er wohnt.

❑ · das alte Museum / hinter
Ich glaube, hinter dem alten Museum.

1. die kleine Straße / in
2. das bekannte Rathaus / hinter
3. die große Bank / neben
4. der schöne Park / vor
5. das weiße Haus / in

8. *Wohin hast du mein Buch gelegt?* Monikas kleiner Bruder Heiko will ihr nicht sagen, wohin er ihr Buch gelegt hat. Er sagt ihr, sie soll es raten (guess).

❑ das große Zimmer / in
Ins große Zimmer?

1. die braune Schultasche / neben
2. der kleine Tisch / auf
3. die alte Zeitung / unter
4. das neue Bücherregal / auf
5. die schöne Lampe / hinter
6. der große Schrank / in

9. Frag deine Freunde, wohin sie heute nachmittag gehen! Deine Freunde geben dir die folgenden Antworten.

❑ Gehst du in die Stadt?
　Nein, ich gehe ins Kino.

4. Gehst du in die Schule?

1. Gehst du ins Schwimmbad?

3. Gehst du in die Bank?

2. Gehst du ins Café?

5. Gehst du ins Rathaus?

10. Ergänze die folgenden Sätze!

1. Warum hast du dein Auto nicht vor _____ Haus geparkt?
2. Der Bus hält direkt hinter _____ Schule an.
3. Er stellt sein Rad zwischen _____ Auto und _____ Motorrad.
4. Wir sind über _____ Fluß geschwommen.
5. Hast du Lust, auf _____ Fußballplatz zu gehen?
6. Die Gäste sitzen an _____ Tisch.
7. Bleibt ihr bis drei Uhr in _____ Schule?
8. Die Zeitung liegt unter _____ Stuhl.
9. Die Touristen treffen sich vor _____ Bahnhof.
10. Um wieviel Uhr gehen Sie in _____ Theater?
11. Siehst du das schöne Bild über _____ Klavier?
12. Der Briefträger steht vor _____ Tür.

11. Bilde neue Sätze! Folge dem Beispiel!

❑ Er geht ins Zimmer.
　Sie gehen in die Zimmer.

1. Das Kind spielt vor dem Haus.
2. Mußt du in die Stadt fahren?
3. Setz dich auf den Stuhl!
4. Er steht zwischen dem Jungen und dem Mädchen.
5. Der Lehrer hat die Klasse an den Zug gebracht.
6. Hast du das Buch auf die Zeitung gelegt?
7. Das Flugzeug fliegt über das Land.
8. Kannst du hinter dem Gebäude warten?
9. Sie ist in die Straßenbahn eingestiegen.
10. Das Boot fährt auf dem See.

12. *Wo ist sie?* Ändere (change) diese Sätze von *Sie ist* zu *Sie geht*.

❑ Sie ist im großen Zimmer.
  Sie geht ins große Zimmer.

1. Sie ist am langen Tisch.
2. Sie ist auf der kleinen Straße.
3. Sie ist im neuen Theater.
4. Sie ist vor der großen Tür.
5. Sie ist hinter dem alten Geschäft.
6. Sie ist im bekannten Museum.
7. Sie ist in der tollen Disko.

13. Wie heißen die englischen Wörter auf deutsch?

1. Das Gebäude (between this bank and this hotel) _____ ist sehr alt.
2. Meine Mutter bringt das Essen (into the kitchen) _____.
3. Hast du dein Motorrad (next to the new car) _____ gestellt?
4. Das Hemd liegt (under my blue tie) _____.
5. Die Jungen schießen den Ball (across the street) _____.
6. Herr Schmidt wohnt (behind the old cathedral) _____.
7. Haben Sie schon lange (in front of the airport) _____ gewartet?
8. Im Sommer fahren wir (to the lake) _____.
9. Die Kellnerin legt die Speisekarte (on the brown table) _____.
10. Die Leute warten (at the entrance) _____.

Leseecke

Beim Karneval oder Fasching

Karneval° ist ein sehr beliebtes Fest° in Deutschland. Der Kölner Karneval erreicht seinen Höhepunkt° am Rosenmontag. An diesem Tag ist in allen großen und kleinen Städten am Rhein und auch in Süddeutschland sehr viel los. Der Rosenmontag ist sogar ein Feiertag. Alle Geschäfte sind geschlossen und niemand° arbeitet. Schon früh am Morgen gehen Tausende von Menschen in die Innenstadt°. Die meisten müssen ihre Autos weit von der Innenstadt entfernt parken, denn es gibt da einfach keine Parkplätze an diesem Tag.

Die Leute suchen sich schon früh die besten Plätze aus. Sie müssen lange warten, bevor der Zug° beginnt. Die Polizei° ist auch schon sehr beschäftigt. Sie sorgt für Ordnung°. Manche Zuschauer haben sogar Kostüme° an. Man sieht besonders viele Clowns. Langsam vergeht° die Zeit. Viele

Menschen laufen die Straßen auf und ab°, um noch einen guten Platz zu bekommen. Die besten Plätze sind aber schon besetzt°. Die meisten Leute müssen stehen, aber einige haben sich Sitzplätze auf der Tribüne° gekauft. Dort hat man einen besonders guten Blick auf den Zug.

Endlich geht es los. Viele Kapellen machen Musik. Es ist nicht nur auf den Straßen viel zu sehen, sondern auch in der Luft°. Dort fliegen Flugzeuge und machen Reklame°. Die Zuschauer sind von den Festwagen° begeistert. Der Höhepunkt beim Karneval ist der Prinzenwagen°. Die Kölner begrüßen ihn mit einem „Alaaf".

Während in Köln der Karneval stattfindet, feiern° die Münchner den „Fasching". Genauso wie in Köln stehen auch in München Tausende von Menschen in der Innenstadt und sehen dem Faschingszug zu°. Nicht nur Erwachsene machen mit°; auch die Jugend hat beim Fasching viel Spaß. Manchmal haben sogar kleine Kinder Kostüme an. Im Faschingszug spielen die Kapellen eine wichtige Rolle°. Sie bringen die Zuschauer in die richtige Stimmung°.

(*Karneval* carnival; *Fest* festival; *Höhepunkt* highlight; *niemand* nobody; *Innenstadt* downtown, center of city; *Zug* parade; *Polizei* police; *für Ordnung sorgen* to keep order; *Kostüme* costumes; *vergeht* passes; *auf und ab* up and down; *besetzt* taken, occupied; *Tribüne* grandstand; *Luft* air; *Reklame machen* advertise; *Festwagen* float; *Prinzenwagen* prince's float; *feiern* celebrate; *sehen...zu* watch; *machen mit* participate; *Rolle* role; *Stimmung* mood)

Beantworte diese Fragen!

1. An welchem Tag erreicht der Kölner Karneval seinen Höhepunkt?
2. Kann man an diesem Tag einkaufen gehen?
3. Wo parken die meisten Leute ihre Autos? Warum?
4. Was macht die Polizei?
5. Wo findet man die besten Plätze?
6. Was ist der Höhepunkt beim Karnevalszug?
7. Wie heißt das Fest in München?
8. Machen nur die Erwachsenen mit?
9. Wer bringt die Zuschauer in die richtige Stimmung?

Die Kapellen machen Musik.

Der Karneval macht Spaß.

Fasching

da vs. *dahin* and *dort* vs. *dorthin*

The words *da* (there) and *dort* (there) indicate that there is no motion. The person or object referred to stays in a predetermined area. Therefore, the question word *wo?* is used to ask for the location of the person or object.

Beispiel: Wo ist das Geschäft?
              Das Geschäft ist da (dort).

The words *dahin* (there, to that place) and *dorthin* (there, to that place) indicate motion to a specific place. Therefore, the question word *wohin?* is used to ask for the direction.

Beispiel: Wohin stellen Sie Ihr Fahrrad?
              Ich stelle es dahin (dorthin).

14. Bei einer Schulparty soll Susanne ihrer Lehrerin helfen. Sie soll den anderen Schülern Informationen geben.

❏   Wo ist das Mathezimmer?
    Es ist da.

    Wohin soll ich gehen?
    Geh dahin!

    1. Wohin soll ich mich setzen?
    2. Wo sitzt Erich?
    3. Wohin soll ich die Bücher legen?
    4. Wo ist das Klavier?
    5. Wohin soll ich den Stuhl stellen?
    6. Wo steht die Cola?

15. *Was soll ich damit machen?*

❏   mit dem Auto
    Stell das Auto dorthin!

    1. mit der Gitarre
    2. mit dem Glas
    3. mit der Lampe
    4. mit den Büchern
    5. mit dem Spiegel
    6. mit der Schultasche

da- and *wo-*Compounds

Da- is combined with a preposition in place of a prepositional phrase that refers to an inanimate object. If the preposition begins with a vowel, an -r- is added to *da-* (*darüber, darunter, daran,* etc.)

Beispiele: Ich schreibe *mit dem Kuli.*   Ich schreibe *damit.*
           Stell den Teller *auf den Tisch!*   Stell ihn *darauf!*
           Sprecht ihr *über die Party?*   Sprecht ihr *darüber?*

Wo- compounds are used in questions in which they replace a prepositional phrase. An -r is also added to *wo-* if the preposition begins with a vowel.

Beispiele: Er wartet *auf den Zug.*   *Worauf* wartet er?
           Sie erzählen *von den alten Städten.*   *Wovon* erzählen sie?
           Ich bezahle viel Geld *für diese Reise.*   *Wofür* bezahle ich viel Geld?

16. **Alle sind sehr beschäftigt. Du hörst, was diese Leute alles machen, aber du bist nicht ganz sicher und fragst noch einmal.**

❐ Die Kinder laufen über die Straße.
Laufen sie wirklich darüber?

1. Herr Richter steht vor dem Eingang.
2. Rudi erzählt von seinem Besuch.
3. Anne spricht über die Schule.
4. Die Touristen fragen nach dem Restaurant.
5. Fritz schreibt mit dem Kuli.
6. Die Jugendlichen freuen sich auf die Ferien.

17. **Erika erzählt über ihre Sommerferien. Du willst viel darüber wissen. Sie spricht so schnell, daß du nicht alles verstehen kannst.**

❐ Wir sind oft mit dem Boot gefahren.
Womit seid ihr oft gefahren?

1. Wir haben schon viel von dem Ort gehört.
2. Wir schreiben über die Reise.
3. Wir denken manchmal an die schönen Tage.
4. Wir erzählen Monika von dem tollen Ausflug.
5. Wir wissen nichts über die Geschichte der Stadt.

18. Bilde neue Sätze!

❑ Marc sieht *auf einen Fahrplan.*
Marc sieht darauf.

1. *Neben der Kasse* stehen viele Leute.
2. Das bunte Kleid liegt *auf dem Stuhl.*
3. Dein Kuli liegt *unter deinem Heft.*
4. *Zwischen dem Berg und dem Ort* fließt ein Fluß.
5. Was hast du *in dem Koffer?*
6. Die Schüler fragen *nach den neuen Büchern.*
7. Haben Sie sich *über das Geschenk* gefreut?
8. Ich möchte gern *von deiner interessanten Reise* hören.
9. Vor sieben Uhr stehen schon ein paar Jugendliche *vor der Disko.*
10. Ich habe lange *auf deinen Brief* gewartet.

19. Frag doch über Christines Reise!

❑ Die Gäste haben oft *an langen Tischen* gesessen.
Woran haben sie oft gesessen?

1. Dieter hat nichts *von Fußball* verstanden.
2. Wir haben einmal *auf der Wiese* gespielt.
3. Manchmal haben wir die Räder *aus dem Haus* geholt.
4. Ich bin auch *mit dem Auto* gefahren.
5. *Für das Kino* mußten wir nicht bezahlen.
6. Ich freue mich schon jetzt *auf die nächsten Ferien.*
7. Susi hat viel *über die schöne Zeit* geschrieben.

Lesestück

In einer Jugendherberge

Gert und Harald fahren zwei Wochen lang mit ihren Fahrrädern durch Süddeutschland. Heute sind sie schon den ganzen Tag gefahren. Ab und zu — besonders in den Bergen — steigen sie ab° und schieben° ihre Räder. Endlich kommen sie zur Jugendherberge, wo sie übernachten werden. *they get off/push*

Der Herbergsvater stellt sich vor° und begrüßt seine Gäste. Harald und Gert sagen ihm, daß sie von der Reise etwas müde° sind. Der Herbergsvater bittet sie, zuerst zur Anmeldung° zu gehen. Dort müssen sie ihm ihre Jugendherbergsausweise° zeigen. Die braucht *introduces himself* *tired* *registration* *youth hostel ID cards* man natürlich, denn ohne Ausweise darf man in einer Jugendherberge nicht übernachten. Der Herbergsvater sieht sich beide Ausweise an und stempelt sie dann.

Für die Übernachtung müssen Gert und Harald sechzehn Mark pro° Person bezahlen. Dazu kommen noch° drei Mark pro Person für Bettwäsche°. Einen Schlafsack haben Harald und Gert auch nicht mitgebracht. Der kostet auch noch fünf Mark. Harald und Gert nehmen ihre Sachen und folgen einem anderen jungen Mann zu ihrem Zimmer. Es ist sehr einfach. Im Zimmer stehen ein Schrank und Schlafkojen° für vier Personen. Harald und Gert machen sofort ihre Betten.

per/added to this are
bed linen

bunk beds

In der Jugendherberge sprechen sie mit vielen Jugendlichen. Das ist immer interessant, Jugendliche aus Deutschland und anderen Ländern kennenzulernen. An einer Wand hängen° Poster von der Umgebung. Da können sie Informationen über Sehenswürdigkeiten lesen. Auf einer Tafel lesen sie über weitere Reiseziele° in Süddeutschland. Leider werden sie nicht viel Zeit haben, hier in dieser Jugendherberge zu bleiben, denn sie müssen morgen weiterfahren. Sie haben genau geplant, wie lange sie in den verschiedenen Orten bleiben werden.

on a wall are hanging

destinations

In einer Jugendherberge kann man Mahlzeiten bekommen. Dafür müssen die Gäste noch zusätzlich° bezahlen.

extra

Was zeigen sie ihm?

Wann verlassen sie die Jugendherberge?

Wo ist die Jugendherberge?

Das Essen ist meistens ganz gut und man wird auch satt. Gert und Harald haben heute abend keinen großen Hunger. Sie holen sich ein Getränk und ein paar Leckerbissen aus einem Automaten. Dann gehen sie ins Freie° und bewundern die schöne Jugendherberge. Sie sieht wie ein Schloß aus. Beide spielen gern Tischtennis. In einem Zimmer gibt es eine Platte. Da zeigen beide, wie gut sie spielen. Wer wird heute der Beste sein?

go outside

Am nächsten Morgen, gleich nach dem Frühstück, verlassen Harald und Gert die Jugendherberge. Der Herbergsvater steht am Eingang und wünscht ihnen eine gute Reise. Sie haben vor, am Nachmittag bei der nächsten Jugendherberge anzukommen. Wird es dort so schön sein wie hier? Beide hoffen es.

Ergänze die Sätze mit den passenden Wörtern auf der rechten Seite!

1. Jugendliche kommen nicht nur aus Deutschland sondern auch _____.
2. Der Herbergsvater wünscht seinen Gästen _____.
3. Wenn es zu schwer ist zu fahren, dann kann man _____.
4. Die Reiseziele können sie _____.
5. Gert und Harald haben _____.
6. Der Herbergsvater stempelt _____.
7. Gert und Harald wissen, _____.
8. Für Mahlzeiten muß man _____.
9. Getränke kann man _____.
10. Gert und Harald übernachten _____.

a. von einem Automaten bekommen
b. die Ausweise
c. das Rad schieben
d. wie lange sie hier bleiben werden
e. in einem Zimmer mit vier Schlafkojen
f. aus anderen Ländern
g. auf einer Tafel lesen
h. eine gute Reise
i. bezahlen
j. keine Schlafsäcke mitgebracht

Beantworte diese Fragen!

1. Wo liegt diese Jugendherberge?
2. Was müssen Gert und Harald an der Anmeldung tun?
3. Wieviel bezahlt Gert für die Übernachtung, die Bettwäsche und den Schlafsack?
4. Was steht in Gerts und Haralds Zimmer?
5. Wie wissen sie, was in der Umgebung los ist?
6. Wie lange bleiben sie in dieser Jugendherberge?
7. Was kaufen Gert und Harald in einem Automaten?
8. Was machen sie im Freien?
9. Was spielen sie später?
10. Was macht der Herbergsvater am Eingang?

Übung macht den Meister!

1. *Ich warte auf die Straßenbahn.* Stell dir vor, du stehst an einer Haltestelle und mußt auf eine Straßenbahn warten. Eine Dame wartet auch. Du fragst sie, (1) wie lange sie schon wartet; (2) ob sie weiß, wann die Straßenbahn kommt; (3) ob die Straßenbahn in die Stadt fährt, und so weiter (usw.). Spiel diese Rolle mit deinen Klassenkameraden!

2. *Hast du denn kein Geld?* Du gehst mit deinen Freunden zum Schwimmbad. Am Eingang findest du heraus (find out), daß du dein Geld vergessen hast. Du sagst das deinen Freunden. Sie wollen dir das Geld leihen, aber du mußt für sie bestimmte Angelegenheiten (matters) erledigen. Was mußt du für sie tun?

3. *Was macht diese Person denn hier?* Auf der Straße siehst du plötzlich jemanden, den (whom) du schon seit Jahren nicht gesehen hast. Du stellst dich vor und erkundigst dich (inquire), was diese Person in den letzten Jahren alles gemacht hat.

4. *Ein besonderer Tag!* Stell dir vor, heute ist ein Feiertag und du hast keine Schule. Beschreibe (describe), was du machen wirst.

5. *Da möchte ich hin.* Du hast vor, deinen Brieffreund oder deine Brieffreundin in Deutschland zu besuchen. Ihr beide wollt durch einen Teil Deutschlands fahren und in Jugendherbergen übernachten. Schreibe einen Brief und erkundige dich (inquire) über die Jugendherbergen. Ein Klassenkamerad kann deinen Brief beantworten.

Erweiterung

20. **Beantworte diese Fragen mit einem ganzen Satz!**

1. Was steht auf deinem Tisch?
2. Was liegt auf dem Bücherregal?
3. Wo stehen viele Autos?
4. Worüber willst du schreiben?
5. Worauf freust du dich?
6. Wovon sprichst du viel?

21. *Wohin gehen wir gern am Wochenende? Ergänze die folgenden Sätze!*
Benutze (use) die Wörter an, auf, in oder vor mit dem richtigen Artikel.
(Use contractions, where appropriate.)

1. _____ Sonntag fahren wir gern _____ Schwimmbad.
2. Meistens müssen wir ein paar Minuten _____ Haltestelle warten.
3. Das Schwimmbad ist _____ Lessingstraße.
4. _____ Morgen stehen nicht viele Leute _____ Kasse.
5. Manchmal treffen wir uns _____ Wiese oder _____ Umkleidekabine.
6. Dann gehen wir alle gleich _____ Wasser.

22. Beschreibe jedes Wort mit einem ganzen Satz!

1. Straßenbahn
2. Schwimmbad
3. Umkleidekabine
4. Jugendherberge
5. Schrank
6. Ausweis

23. Kannst du diese Sätze ergänzen?

1. Ich wünsche Ihnen _____.
2. Zu Ostern _____.
3. Mein Geburtstag ist _____.
4. Der Herbergsvater _____.
5. Im Zimmer stehen _____.
6. Nach der Mahlzeit _____.
7. Am Nachmittag spielen _____.
8. Am Eingang _____.

Das Schwimmbad ist in der Nähe.

Was bietet diese Stadt alles?

Was machen sie auf der Wiese?

Sie warten auf den Bus. *Endlich kommt er.* *Sie stehen an der Kasse.*

24. **Ergänze die folgenden Sätze mit der richtigen Form der Wörter aus der Liste!**

stehen   spritzen   kennenlernen   spielen   sein
vergessen   warten   hineinwerfen   haben   nehmen

1. Ich habe Rudi vor einer Woche _____.
2. Warum hast du Maria ins Wasser _____?
3. Erika _____ wirklich eifersüchtig.
4. Wenn du mich _____, dann werde ich naß.
5. Wir _____ nur fünf Minuten auf den Bus.
6. Hast du deine Badehose _____?
7. _____ du keine Lust, ins Kino zu gehen?
8. Viele Leute _____ an der Kasse.
9. Ich _____ es dir nicht übel.
10. _____ wir doch Skat!

Sprachspiegel

25. *Heute ist ein schöner Tag!* Du hast heute Lust, ins Schwimmbad zu gehen, aber niemand will mitkommen. Gib fünf Gründe (reasons), warum du heute dahingehen willst.

26. Stell dir vor, du arbeitest an der Kasse in einem Schwimmbad. Während des Tages mußt du viele Fragen beantworten.

1. Wie ist die Wassertemperatur?
2. Wieviel kostet ein Karte für Kinder?
3. Wo sind die Umkleidekabinen?
4. Kann ich mit meiner Luftmatratze ins Wasser?
5. Gibt es hier Getränke?
6. Um wieviel Uhr machen Sie am Sonntag auf?
7. Gibt es hier in der Nähe eine Bushaltestelle?
8. Darf man auf der Wiese Ball spielen?

Warum schieben sie ihre Räder?

Ist es einfach, in den Bergen zu fahren?

In den Alpen gefällt es uns.

27. Wie sagt man's?

vergessen	Umkleidekabine	Land	kennenlernen
übernachten	Hotel	schwimmen	Weihnachten
Markt	Ausweis	gefällt	Bekannte
Enkeln	tun	Fall	macht
schiebst	Bergen	nimmst	Sohn
muß	Wasser	Lust	Zeit
ist			

1. Wer kommt zu _____ zu Besuch?
   Unsere Tochter und unser _____.
   Dann haben Sie ja bestimmt viel zu _____.
   Ach, es geht. Mit _____ macht es immer Spaß.

2. Ich möchte gern deine Freundin _____.
   Es ist eigentlich nur eine _____ von mir.
   Das _____ nichts.
   Auf jeden _____ kennst du sie.

3. Gehst du nicht zur _____?
   Nein, das _____ ich nicht.
   Du kannst doch nicht mit deiner langen Hose _____?
   Wer sagt denn, daß ich ins _____ will.

4. Ich hoffe, du _____ es mir nicht übel, aber ich werde nimmst
   nicht kommen.
   Hast du denn keine _____?
   Doch, aber leider keine _____.
   Na, das _____ schade.

5. Warum _____ du denn dein Fahrrad?
   In den _____ ist es nicht einfach, zu fahren.
   Warum fahrt ihr nicht da, wo das _____ flach ist.
   In den Alpen _____ es mir besser.

6. Ihren _____, bitte.
Ich habe ihn leider _____.
Dann dürfen sie nicht hier _____.
Gibt es ein _____ in der Nähe?
Ja, direkt am _____.

28. Schreibe einen Dialog über das Thema „Wir fahren zur Jugendherberge". Du besprichst deine Reise mit deinen Klassenkameraden. Hier sind ein paar Einzelheiten, die (which) ihr besprechen müßt: Tag der Abreise (Wann fahren wir?), Reiseziel (Wohin fahren wir?), Ausweis (Was brauchen wir?), Gepäck (Was sollen wir mitnehmen?), Verkehrsmittel (Wie kommen wir dorthin?) usw.

29. Wie heißt das auf deutsch?

    1. How can you be tired?
    2. I didn't sleep much.
    3. What should we do now?
    4. I would like to swim.
    5. Unfortunately, I can't.
    6. I know you can swim.
    7. You're right, but I forgot my swimming trunks.

eine Jugendherberge (Bonn)

ein Jugendherbergsausweis

271

Rückblick

I. *Was haben alle in den Ferien gemacht?* **Die Schule beginnt wieder und Tanjas Feundinnen sprechen über die Ferien.**

❐ Christa / viele Briefe schreiben
Christa hat viele Briefe geschrieben.

1. Roland / oft Fußball spielen
2. Jugendlichen / jeden Tag im See schwimmen
3. wir / meistens im Schwimmbad sein
4. mein Freund und ich / ab und zu ins Kino gehen
5. unsere Familie / in die Berge fahren
6. ich / manchmal tanzen
7. Renate / ein paar Postkarten schicken
8. wir / zweimal ein Museum besuchen

II. *Wie war sein Ausflug?* **Onkel Johann erzählt seinen Verwandten, wie sein Ausflug in den Schwarzwald gewesen ist.**

❐ Es regnet oft.
Es regnete oft.

1. Wir fahren nach Freiburg.
2. Dort ist immer viel los.
3. Am Dom sehen wir uns die Geschäfte an.
4. Ich wandere gern im Schwarzwald.
5. Manchmal machen wir ein Picknick.
6. Deine Tante und ich gehen jeden Abend essen.
7. Einmal fahren wir an den Titisee.
8. Ich kaufe ein paar Andenken.

III. Bilde Sätze mit den folgenden Wörtern!

❐ Kunden / warten / vor / Geschäft
Die Kunden haben vor dem Geschäft gewartet.

1. wohin / ihr / so / schnell / laufen
2. Deutschland / sprechen / wir / viel / Deutsch
3. Günter / mit / Zug / fahren
4. Frau Nobel / bezahlen / Kasse
5. schneien / gestern
6. Tina / Karten / gern / spielen
7. lernen / Schüler / viel / von / Lehrerin
8. ich / Ausländer / nicht / verstehen

IV. Ergänze die folgenden Sätze!

Am früh_____ Morgen packen Roland und Peter ihr_____ Rucksäcke und fahren mit ihr_____Fahrrädern nach Rothenburg. Sie fahren schon um sechs Uhr weg. Zu dies_____ Zeit sehen sie auf den klein_____ Landstraßen noch kein_____ Autos. Nach zwei Stunden wollen sie ein klein_____ Picknick machen. Sie setzen sich auf ein_____ groß_____ Bank und essen ein paar lecker_____ Brötchen. Dann geht's weiter. Sie fahren nicht lange, bis sie in der klein_____ alt_____ Stadt ankommen. Sie übernachten dort in ein_____ beliebt_____ Jugendherberge.

V. Ergänze die Sätze mit den Wörtern in Klammern!

1. Trinken Sie diesen (Kaffee, heiß) _____?
2. Hat Ihnen unser (Restaurant, neu) _____ gefallen?
3. Wir freuen uns, daß deine (Verwandten, deutsch) _____ zu Besuch kommen.
4. Frau Krüger wohnt in einem (Haus, alt) _____.
5. Können wir durch die (Zimmer, groß) _____ gehen?
6. Mit welchem (Kleid, bunt) _____ kommst du zur Disko?
7. Leider kenne ich dieses (Museum, bekannt) _____ nicht.
8. Wir steigen in die (Straßenbahn, voll) _____ ein.
9. Stell den Teller auf den (Tisch, braun) _____!
10. Er kommt heute ohne seinen (Freund, gut) _____ in die Schule.

VI. Vervollständige (complete) die folgenden Sätze mit den richtigen Verbformen!

1. Hast du deine Hausaufgaben (machen) _____?
2. Wann werdet ihr wieder (zurückkommen) _____?
3. Hast du denn von den Gästen nichts _____?
4. Es (schneien) _____ gestern.
5. Die Kellnerin hat uns die Speisekarte (bringen) _____.
6. Unsere Klasse wird zu Ostern einen Ausflug (machen) _____.
7. Letzten Winter sind wir in den Alpen Ski (laufen) _____.
8. Ich habe für die Karten schon (bezahlen) _____.
9. Petra und Renate haben das Spiel (sehen) _____.
10. Meine Freundinnen (besuchen) _____ diese Stadt vor einem Monat.
11. Ich bin um den Flughafen (fahren) _____.
12. Zu Mittag haben wir (essen) _____ und (trinken) _____.

Ballons sind bei den Kindern immer beliebt.

Das Oktoberfest auf der Theresienwiese

Land und Leute

Auf dem Oktoberfest

Das größte Fest Bayerns° ist das Oktoberfest in München. Obwohl° es Oktoberfest heißt, beginnt es schon im September und endet° nach sechzehn Tagen am ersten Sonntag im Oktober. Ein paar Millionen besuchen jedes Jahr das bekannte Oktoberfest auf der Theresienwiese — oder auf der „Wies'n", wie sie die Bayern nennen°. Gleich am Eingang heißt man die Besucher willkommen°. Manche Leute haben ihre bayrischen Trachten° an. Die sehen besonders schön aus.

festival in Bavaria
although
ends

as the Bavarians call it
heißt...willkommen welcome/
costumes

Außer den Deutschen kommen auch viele Ausländer zum Oktoberfest. Alle kommen hierher, um ein paar frohe Stunden zu verbringen°, denn es gibt hier für jeden etwas. Besonders beliebt sind die verschiedenen Karusells°. Da kann man durch die Luft schweben° oder sehr schnell im Kreis° herumfahren. Andere haben Spaß auf der Geisterbahn°. Wenn man auf der Erde° bleiben will, dann kann man sich die Umgebung auch von unten° ansehen. Auf einem Schießstand° versuchen manche ihr Glück. Wer ein gutes Auge hat, bekommt bestimmt einen Preis.

spend

rides/soar through the air
circle
ghost ride
earth
below/shooting gallery

Die Verkäufer an den Ständen sind sehr beschäftigt. Die Kinder möchten natürlich einen Ballon°. Erwachsene° kaufen gern ein oder zwei Andenken. Viele kaufen die beliebten T-Shirts. Man will ja seinen Bekannten, Freunden und Verwandten zeigen, daß man auf dem Oktoberfest gewesen ist. Wie wär's mit einem leckeren Herzen° für die Freundin oder den Freund? Die Auswahl ist immer groß.

balloon/adults

heart

Da wir schon vom Essen sprechen, gibt es auch hier viele Möglichkeiten. An warmen Tagen schmeckt das Eis besonders gut. Viele Stände verkaufen Bratwürste und andere Wurstsorten°. Gebackener° Fisch ist bei den Bayern auch beliebt. Den bekommt man mit Kartoffelsalat° oder auf Semmeln. Backwaren verkauft man überall. Da gibt es viele verschiedene Sorten. Am beliebtesten sind die Brezeln. Die kann man in allen Größen kaufen, aber die großen Brezeln verkaufen sich am besten.

kinds of sausage/baked

potato salad

Wenn die Besucher vom Laufen müde sind, können sie sich im Freien an lange Tische setzen, ihre Brezeln essen und ein Getränk bestellen. Andere gehen gern in ein Bierzelt°. Dort ist immer viel los. Eine Kapelle spielt den ganzen Tag. Die Leute singen, essen, trinken und sorgen für Gemütlichkeit°. Am Wochenende ist es dort meistens schwer, einen Platz zu finden. Aber die Leute rücken° gern auf den langen Bänken zusammen. Man merkt° sofort, daß sich alle gut amüsieren°.

beer tent

provide for a cozy atmosphere

move
notices/have a good time

Jede große Brauerei° in München hat ein Bierzelt auf der Theresienwiese. Vor dem Zelt zeigen sie die schön geschmückten Pferde°. Die Besucher bewundern sie. Jedes Fest geht aber doch einmal zu Ende°. Ein Besuch in München während der letzten zwei Wochen im September oder in der ersten Woche im Oktober ist undenkbar, ohne zum Oktoberfest zu gehen. Es ist für alle Besucher ein großes Erlebnis.

brewery

beautifully decorated horses
geht...zu Ende comes to an end

Es macht viel Spaß.

Was kauft er?

Die Verkäufer sind sehr beschäftigt.

Was weißt du über das Oktoberfest?

1. Das Oktoberfest findet
2. In den Bierzelten sorgen
3. Wer ein gutes Auge hat, geht
4. Die Brauereien haben
5. Am Eingang heißt
6. Das Oktoberfest beginnt
7. Manche schweben auf Karusells
8. Die Leute müssen im Bierzelt
9. Viele Stände verkaufen
10. Die Leute sitzen
11. Die Verkäufer sind
12. Gebackenen Fisch kann

a. im September
b. sehr beschäftigt
c. die Leute für Gemütlichkeit
d. auf Bänken zusammenrücken
e. schön geschmückte Pferde
f. man mit Kartoffelsalat bekommen
g. auf der Wies'n statt
h. an langen Tischen
i. durch die Luft
j. man die Besucher willkommen
k. zum Schießstand
l. verschiedene Wurstarten

Beantworte diese Fragen!

1. Wie lange dauert das Oktoberfest?
2. In welcher Stadt findet es statt?
3. Kommen nur Deutsche zum Oktoberfest?
4. Was ist bei den Besuchern besonders beliebt?
5. Was für Andenken kaufen manche?
6. Was schmeckt an einem warmen Tag sehr gut?
7. Wo sitzen Leute, wenn sie müde sind?
8. Was machen die Besucher im Bierzelt?
9. Was machen die Leute, wenn nicht genug Platz ist?
10. Was zeigen die Brauereien vor dem Bierzelt?

Sprichwort

Ein Spatz in der Hand ist besser als eine Taube auf dem Dach.

(A sparrow in the hand is better than a dove on the roof./
A bird in the hand is worth two in the bush.)

Kulturecke

Holidays and Festivals in Germany

The German calendar is filled with religious and secular holidays as well as numerous local and regional festivals. The four Sundays of Advent mark the beginning of the Christian celebration and with it the beginning of the Christian church year. On each Sunday, many families gather around the Advent wreath (*Adventskranz*) and light one candle until all four candles are burning together. Most German children have a colorful Advent calendar (*Adventskalender*). Every morning, starting with the first day of December, they get to open one of the 24 numbered windows or doors until the last one is opened on Christmas Eve. The German Santa Claus, called *der Weihnachtsmann*, appears before and during Christmas to the delight of the children.

Christmas markets with their colorful displays offer shoppers and curiosity seekers many opportunities to absorb the festive atmosphere. Famous among the Christmas markets is the *Christkindlesmarkt* in Nürnberg. Christmas trees are usually bought just a few days before Christmas. Most children don't see the fully decorated tree (*Weihnachtsbaum*) until Christmas Eve (*Heiliger Abend*). Many German homes still use traditional wax candles on their trees. Christmas Eve is the focal point of the celebration in Germany, and both the 25th and 26th of December are national holidays.

der Weihnachtsmann

Christkindlesmarkt in Nürnberg

277

Sie feiern das neue Jahr.

das Osternest

bunte Ostereier

The German New Year's Eve, called *Silvester*, is usually celebrated with close friends and relatives. Many towns also schedule fireworks to welcome the new year. One of the most famous German festivals is the *Karneval* in Cologne. Although the carnival season lasts several weeks, the climax is reached on *Rosenmontag*, the Monday before Ash Wednesday. On Rose Monday, a five-mile parade with floats, horses and bands winds in slow procession through the city. Prince Carnival (*Prinz Karneval*) reigns over the city. Although Cologne's celebration is known as *Karneval*, this celebration is called *Fassenacht* in Mainz and *Fasching* in Munich. As in Cologne, Munich has a spectacular, colorful parade as well.

During the Lenten season there are almost no celebrations in Germany. One week before Palm Sunday, however, the *Sommertagszug* takes place in Heidelberg. Many people parade through the city, dressed as white and green straw figures decorated with colorful ribbons. These traditional figures suggest that winter is over and spring and summer are not far away.

Easter activities center around the Easter eggs (*Ostereier*). It is quite common for families to spend many hours decorating the eggs, using elaborate techniques. These colorful eggs are placed together with chocolate and nougat eggs into a basket or, as the Germans call it, an "Easter nest" (*Osternest*). Children eagerly look forward to hunting Easter eggs which are usually hidden inside or outside the home.

Between Easter and Pentecost (*Pfingsten*) which is celebrated between May 9 and June 13 (the seventh Sunday and Monday after Easter) there are numerous religious celebrations and processions, particularly in the southern part of Germany. The *Siedertanz* in Schwäbisch Hall reminds everyone in the town that it was saved from a disastrous fire over 600 years ago.

On Pentecost Monday (*Pfingstmontag*), the small romantic town of Rothenburg resembles a medieval military camp. Townspeople dressed in picturesque uniforms sit around a campfire, recreating the historical *Meistertrunk*. During the Thirty Years' War (1618-1648), the Swedish army intended to destroy the town unless someone could be found to drink a huge jug of wine. The mayor agreed and accomplished this feat, thus saving the town from certain destruction. A similar festival, called *Kinderzeche*, takes place in Dinkelsbühl, near Rothenburg. In Dinkelsbühl, the children saved the town from destruction during the Thirty Years' War by pleading with a Swedish general.

Siedertanz in Schwäbisch Hall

Meistertrunk in Rothenburg

Kinderzeche in Dinkelsbühl

On *Pfingstdienstag*, townspeople and visitors can enjoy the well-known goat auction (*Geißbockversteigerung*) in Deidesheim, located along the *Deutsche Weinstraße*. During the auction a bell is struck at regular intervals and the goat is awarded to whoever makes the last bid at exactly 6 P.M. The history of this auction goes back to the 15th century.

Whoever is interested in witnessing the involvement of an entire town and its inhabitants should attend the famous "Landshut Wedding" (*Landshuter Hochzeit*), which takes place every three years. It recreates the legendary wedding of Georg, the son of Duke Ludwig, and Hedwig, the daughter of the Polish King Kasimir in the year of 1475. It is said that 10,000 people, mostly friends and relatives of the royal families, had to be fed and housed for a whole week, thus creating an event discussed throughout Europe.

One of the oldest festivals, taking place every four years and going back to the 15th century, is the tilting contest in Ulm (*Ulmer Fischerstechen*). Groups of two men try to push each other off fishing boats into the water, using a pole. Thousands of spectators watch from the shore of the Danube River.

Among the summer festivals is the Shepherds' Run of Urach (*Uracher Schäferlauf*), a tradition that dates back several hundred years. At that time, after the shepherds of Urach completed their work, they then competed in various games, including a 300-meter run. The winner received a sheep.

The floral parade in Bad Ems on the Lahn River is a magnificent spectacle. On the last Sunday of August, a four-kilometer long procession of 40 floats decorated with flowers winds through the streets for two hours. More than a million dahlias, carnations and roses are transported from the Netherlands to Bad Ems only one day in advance.

In northern Germany, the Marksmen's Festival (*Schützenfest*) has its origin in the 13th century. At that time towns in the area held marksmanship contests to practice with new weapons. Today, there is hardly any town in the northern part that doesn't have at least one rifle club whose members, dressed in their club uniforms, march in a parade accompanied by one or more bands.

The annual Sausage Fair (*Wurstmarkt*) in Bad Dürkheim, which takes place in September, claims proudly to be the "world's largest wine festival." Originally, during the 15th century, is was a flea market. In the middle of the 18th century it turned into a festival.

The Canstatt Festival (*Canstatter Volksfest*) near the city of Stuttgart is the second largest festival in Germany next to the *Oktoberfest*. It lasts for 16 days and is attended by several million people. Besides merry-go-rounds, thrill-seeking rides, a Ferris wheel and other amusements, there are numerous beer and wine stands. So popular is this festival that the Swabians from that area who immigrated to America are continuing their tradition in celebrating their annual Cannstatt Festival in Chicago, Brooklyn and Philadelphia.

The largest German festival is the annual *Oktoberfest*, celebrated in Munich. Although this famous festival is called *Oktoberfest*, it actually begins during September and ends on the first Sunday in October after 16 days. A big parade kicks off the festive activities, as it winds through the center of the city, ending up on the *Theresienwiese*, called simply *"Wies'n."* Millions of Germans and many foreigners visit the *Oktoberfest* every year. Here they can enjoy not only the many challenging games and rides but also the abundance of food and beer. Especially popular are the big pretzels which are sold everywhere. Beer tents have been constructed by the major breweries. These beer tents can accommodate several thousand people who congregate here on long benches at wooden tables, socializing with friends and even strangers, singing songs and consuming beer while brass bands provide the musical atmosphere.

Geißbockversteigerung in Deidesheim

Landshuter Hochzeit

Ulmer Fischerstechen

Schützenfest

Oktoberfest in München

Wo finden diese Feste statt?

1. Schäferlauf
2. Karneval
3. Oktoberfest
4. Wurstmarkt
5. Geißbockversteigerung
6. Fassenacht
7. Fischerstechen
8. Meistertrunk
9. Siedertanz
10. Volksfest bei Stuttgart
11. Kinderzeche
12. Fasching

Beantworte diese Fragen! Auf deutsch, bitte!

1. An welchem Tag findet der Meistertrunk statt?
2. Wie heißt der deutsche „Santa Claus"?
3. Was war im Jahre 1475?
4. Was sehen die Kinder erst am Heiligen Abend?
5. Was ist das größte Volksfest in Deutschland?
6. Wo liegt Deidesheim?
7. Was bekommen viele Kinder am 1. Dezember?
8. Was dekorieren Familien zu Ostern?
9. In welcher Stadt findet der berühmte Christkindlesmarkt statt?
10. Wann ist Pfingsten?

Vokabeln

als as
die **Anmeldung** registration
der **Ausweis,-e** identification (card)
der **Automat,-en** automat
baden to bathe, go swimming
die **Badehose,-n** swimming trunks
beide both **die anderen beiden** the other two
die **Bettwäsche** bed linen
bißchen: ein bißchen a (little) bit
daraus: daraus werden to come of it
dazukommen (*kam dazu, ist dazugekommen*) to be added
eifersüchtig jealous
einladend inviting
faul lazy
der **Feiertag,-e** holiday
Freie: ins Freie outside
froh happy, glad
glücklich happy **Ein glückliches Neues Jahr!** A happy New Year!
die **Haltestelle,-n** stop (streetcar, bus)
hängen to hang
der **Himmelfahrtstag** Ascension Day
hineinwerfen (*wirft hinein, warf hinein, hineingeworfen*) to throw in(to)

die **Hitze** heat **bei der Hitze** in this heat
der **Jugendherbergsausweis,-e** youth hostel ID card
Karfreitag Good Friday
kennenlernen to get to know
die **Lust** pleasure, joy **Ich habe Lust...** I would like to...
mehr: mehr oder weniger more or less
müde tired
naß wet **Ich werde naß.** I'm getting wet.
nennen to name, call
das **Neujahr** New Year
Ostern Easter
Pfingsten Pentecost
pro per
das **Reiseziel,-e** destination
schade too bad
schieben (*schob, geschoben*) to push
die **Schlafkoje,-n** bunk bed
das **Schwimmbad,-̈er** swimming pool
das **Schwimmbecken,-** (swimming) pool
selbst yourself **Du hast's selbst gesagt.** You said it yourself.
der **Skat** German card game
spritzen to spray
die **Temperatur,-en** temperature

übelnehmen (*nimmt übel, nahm übel, übelgenommen*) to take offense **Ich nehme es ihm übel.** I'll blame him.
die **Umkleidekabine,-n** changing room
sich **umziehen** (*zog um, umgezogen*) to change (clothes)
der **Valentinstag** Valentine's Day
vergessen (*vergißt, vergaß, vergessen*) to forget
verlieren (*verlor, verloren*) to lose
der **Volkstrauertag** Day of National Mourning
sich **vorstellen** to introduce (oneself)
die **Wand,-̈e** wall
Weihnachten (pl.) Christmas **Fröhliche Weihnachten!** Merry Christmas!
die **Weile** while **eine Weile** a while
wenige a few
wieso why
zugeben (*gibt zu, gab zu, zugegeben*) to admit
zurückkommen (*kam zurück, ist zurückgekommen*) to come back
zusätzlich extra

Tausende sitzen im Bierzelt.

Jetzt geht's los.

283

Vergnügen

Communicative Functions

- talking about a boat ride
- identifying animals
- describing a zoo
- discussing leisure-time activities
- describing a youth-activity event

Mit dem Boot

Heidelberg ist eine kleine Stadt von Weltruf. Diese beliebte Stadt liegt am Neckar, südlich von Frankfurt. Während der Sommermonate kommen viele Besucher nach Heidelberg. Besonders beliebt ist die Altstadt. Dort kann man auf einer alten Brücke den Neckar überqueren. Hoch auf einem Hügel steht das schöne Heidelberger Schloß. Die Touristen gehen meistens dorthin, um es zu besichtigen. Unten am Fluß ist aber auch viel los. Da sind viele Leute am Ufer — Touristen und Heidelberger. Manche sonnen sich, andere wollen gern mit Booten auf dem Wasser fahren. Heidi und Tina sind heute auch hierhergekommen. Sie haben vor, sich ein Boot zu mieten.

Was weißt du von Heidelberg? **Die folgenden Sätze stimmen nicht. Gib die richtigen Antworten!**

1. Eine Straße geht durch den Fluß.
2. Heidi und Tina wollen im Neckar schwimmen.
3. Heidelberg ist nur in Deutschland bekannt.
4. Die meisten Besucher kommen im Frühling nach Heidelberg.
5. Heidelberg liegt südlich von München.
6. Das Schloß steht auf einem See.

Tina: Weißt du, daß wir schon eine halbe Stunde hier warten?
Heidi: Hast du es eilig? Wir haben doch heute nachmittag nichts vor.
Tina: Ja, aber ich liege lieber auf der Wiese, anstatt hier zu stehen.
Heidi: Immer mit der Ruhe! Wir sind bald dran.
Tina: Noch zehn Leute vor uns. Das dauert bestimmt eine viertel Stunde.
Heidi: Na, wenn schon. Es wird sich schon lohnen.

Hoch auf einem Hügel steht das schöne Heidelberger Schloß.

Viele Touristen besichtigen das Schloß.

Tina

Sie warten eine halbe Stunde.

Heidi

Ergänze diese Sätze!

Fill in

1. Die beiden Mädchen haben am Nachmittag nichts _____.
2. Tina will lieber auf der Wiese _____.
3. Tina und Heidi warten eine halbe _____.
4. Sie werden bald dran _____.
5. Zehn Personen stehen vor _____.
6. Sie müssen noch fünfzehn Minuten _____.

LISA

(eine Weile später)

Tina: Sollen wir das Boot für eine Stunde mieten? *Rent*

Heidi: Zwölf Mark die Stunde? Das ist mir zu teuer. *to expensive strianius*

Tina: Du hast recht. Außerdem ist es zu anstrengend.

Heidi: Wir möchten ein Boot für eine halbe Stunde mieten, und geben Sie mir bitte eine Fanta. *POP*

Dame: Sieben Mark für eine halbe Stunde und zwei Mark fürs Getränk. Und hier sind unsere Regeln. Die müssen Sie beachten. Viel Vergnügen!

Herr: Das Boot steht für Sie bereit.

Tina: Paß auf, daß du nicht reinfällst!

Heidi: Mach dir keine Sorgen! Steig schnell ein!

Welche Antworten passen hier am besten?

1. Ein Boot für dreißig Minuten zu mieten kostet
2. Das Boot steht
3. Eine Fanta
4. Die Dame gibt ihnen
5. Tina soll sich
6. Eine Stunde kostet
7. Die Dame wünscht ihnen
8. Tina meint, daß es mit dem Boot

a. zwölf Mark
b. ist ein Getränk
c. für eine Stunde zu anstrengend ist
d. schon da
e. sieben Mark
f. keine Sorgen machen
g. viel Vergnügen
h. die Regeln

Was müssen sie machen, um vorwärtszukommen?

Was steht auf der anderen Seite des Neckars?

(auf dem Neckar)

Tina:	Jetzt müssen wir viel treten, damit wir vorwärtskommen.
Heidi:	Strenge dich auch etwas an. Ich will nicht alleine treten. Sieh! Dort steht das Schloß.
Tina:	Ich kann mir gut vorstellen, wie es im Mittelalter hier war.
Heidi:	Na, du hast wirklich viel Phantasie.
Tina:	Die vier in dem großen Boot da müssen sich noch mehr anstrengen als wir.
Heidi:	Sie kommen aber schneller vorwärts.
Tina:	Vielleicht ist das Rudern einfacher als das Treten mit den Füßen.
Heidi:	Das glaube ich nicht. Die Zeit ist um. Wir müssen wieder zurück.
Herr:	Wie war's denn?
Tina:	Leider zu kurz.
Heidi:	Wir wollen noch das Schloß besichtigen.
Tina:	Ich weiß nicht, ob ich das noch schaffe.

Wer hat das gesagt? Tina oder Heidi?

1. Wir haben keine Zeit mehr.
2. Du sollst auch etwas treten.
3. Die Zeit ist etwas zu kurz gewesen.
4. Ich kann mir denken, wie es früher hier war.
5. Wir werden zum Schloß gehen.
6. Die anderen im Boot fahren nicht so langsam wie wir.
7. Ich kann nicht mehr hoch auf den Hügel laufen.
8. Rudern ist bestimmt leichter.

Fragen

1. Wo liegt Heidelberg?
2. Was steht auf einem Hügel?
3. Was machen einige Leute am Ufer?
4. Warum sind Heidi und Tina hierhergekommen?
5. Warum will Tina das Boot nur eine halbe Stunde mieten?
6. Was sollen sie beachten?
7. Warum müssen sie treten?
8. Warum hat Tina eine gute Phantasie?
9. Fahren die vier anderen Personen langsamer?
10. Rudern Heidi und Tina?

Die vier in dem großen Boot da müssen sich noch mehr anstrengen als wir.

Es war leider zu kurz.

Heidelberg, located on the Neckar River, is one of the most romantic places to visit. Its university is the oldest in Germany, dating back to 1386. The 17th-century castle, which can be seen from far away, is noted for its beautiful gardens and lavish interior. Today, the castle is used strictly as a tourist attraction and for special events such as concerts.

In recent years, Germany has enforced environmental and safety regulations to protect nature and man. It's quite common, as in the dialog situation, to be made aware of regulations concerning the operation of rental boats (traffic rules, river safety, etc.).

Kombiniere...

Wie viele Sätze kannst du bilden?

Die Touristen	haben Lust	ob	es zu besichtigen
Andere	gehen zu Fuß	bevor	es zu spät wird
Ein paar Leute	fahren dorthin	aber	leider keine Zeit
Wir	fragen	um	sie genug Geld hat

In Heidelberg ist immer etwas los.

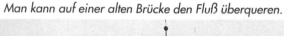

Man kann auf einer alten Brücke den Fluß überqueren.

Es ist eine sehr romantische Stadt.

Heute haben sie es nicht eilig.

Er strengt sich an, schneller zu laufen.

Nützliche Ausdrücke

Ich habe es eilig.	I'm in a hurry.
Immer mit der Ruhe!	Take it easy!
Lohnt es sich?	Is it worthwhile?
Es ist zu anstrengend.	It's too exhausting.
Beachten Sie die Regeln!	Observe the rules!
Viel Vergnügen!	Have fun!
Steht es bereit?	Is it ready (to go)?
Fall nicht rein!	Don't fall in.
Mach dir keine Sorgen!	Don't worry.
Streng dich an!	Try hard.
Die Zeit ist um.	Time is up.

Gib eine passende Antwort in den folgenden Situationen!

1. Uwe macht eine lange Reise. Seine Bekannten sagen: „_____"
2. Unsere Klasse schreibt eine Arbeit. Nach einer Stunde sagt der Lehrer: „_____"
3. Anne hat eine Arbeit geschrieben. Sie weiß nicht, ob sie eine gute Note bekommt. Ihr Freund sagt: „_____"
4. Peter kann einen Job auf dem Markt bekommen. Werden sie gut bezahlen? Er fragt einen Bekannten: „_____"
5. Monika kann nicht gut schwimmen. Sie steht im Boot auf. Ihre Freundin sagt: „_____"
6. Rainer muß die Koffer tragen. Seine Tante fragt ihn: „_____"
7. Rita fährt heute zum ersten Mal Auto. Ihre Lehrerin sagt: „_____"
8. Ich sage meinem Freund, daß ich mich beeilen muß. Er hat aber viel Zeit und sagt: „_____"

das Pferd

die Kuh

die Ziege

der Esel

der Vogel

das Schaf

das Schwein

die Katze

der Hund

die Ente

das Huhn

293

Leseecke

Hagenbecks Tierpark

Deutsche machen gern mit ihren Familien einen Ausflug zum Zoo. Vom April bis Oktober ist immer Hochsaison. In Deutschland ist Hagenbecks Tierpark° in Hamburg sehr bekannt.

Neben dem Tierpark parken die Leute ihre Autos. Am Eingang ist die Kasse. Erwachsene° zahlen 14 Mark, Kinder nur die Hälfte°. Gleich vom Eingang aus kann man Schildern folgen, die die Reihenfolge° der Stationen für einen Rundgang° durch den Tierpark zeigen. Zuerst sieht man das Carl Hagenbeck Denkmal°. Es zeigt, wie Hagenbeck einen Löwen streichelt°, der ihm das Leben gerettet° hat. Daneben stehen die Zeiten der Tierfütterungen° auf einer Tafel.

Auf dem Weg kommen die Besucher an einem großen Vogelteich° vorbei. Dort gibt es viele verschiedene Vögel. Die Löwen sind hier nicht hinter Gittern°. Ein großer Graben° macht es für die Löwen unmöglich°, aus dem Gehege herauszuspringen°. Die Löwen fressen° jeden Tag ungefähr 15 Pfund Fleisch. Die Besucher kommen nicht nur zum Tierpark, um die Tiere zu sehen, sondern auch den schön gepflegten° Park zu bestaunen.

Etwas weiter von den Löwen entfernt kommt man bei den Giraffen vorbei. Danach kann man die Bisons sehen, die Indianerbüffel° der nordamerikanischen Prärien. Ein Leopard läuft hinter einem Gitter auf und ab°. Sibirische Tiger haben auf einem kleinen Felsen° ihren jetzigen Lebensraum°. Aber von all den Tieren sind die Elefanten die beliebtesten. Sie stehen vor den Besuchern und hoffen, daß sie von ihnen Futter° bekommen.

Was steht auf der Tafel?

Eingang zu Hagenbecks Tierpark

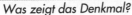
Was zeigt das Denkmal?

Warum können die Löwen nicht
aus dem Gehege springen?

Für Familien, die ihre kleinen Kinder mitbringen, bietet der Tierpark auch einen Spielplatz°. Da gibt es ein kleines Karusell und auch eine Schaukel°. Besucher, die sich hinsetzen wollen, finden überall Bänke; sie können auch in einem Restaurant sitzen und dort essen.

In dem Troparium° gibt es verschiedenartige° Tiere, wie zum Beispiel Schildkröten° und Schlangen in allen Größen. Nicht weit vom Troparium bestaunen viele die großen Bären. Es sind Kodiakbären, die 3,5 Meter groß sind. Für alle — ganz gleich wie alt — ist ein Besuch in Hagenbecks Tierpark ein großes Erlebnis.

(*Tierpark* zoo; *Erwachsene* adults; *die Hälfte* half; *Reihenfolge* sequence; *Rundgang* stroll, walk; *Denkmal* monument; *einen Löwen streicheln* to stroke a lion; *das Leben retten* to save (someone's) life; *Tierfütterungen* animal feedings; *Vogelteich* bird pond; *Gitter* fence, iron bars; *Graben* ditch; *unmöglich* impossible; *aus dem Gehege herausspringen* to jump out of the pen (corral); *fressen* to eat (animals); *gepflegt* well-groomed; *Indianerbüffel* Indian buffalo; *auf und ab* back and forth; *Felsen* rock; *Lebensraum* living space; *Futter* food; *Spielplatz* playground; *Schaukel* swing; *Troparium* building containing tropical animals and plants; *verschiedenartig* different kinds, various; *Schildkröten* turtles

Beantworte diese Fragen!

1. In welcher Stadt ist Hagenbecks Tierpark?
2. Wieviel kosten die Karten für Erwachsene und Kinder?
3. Wie wissen Besucher, wo die verschiedenen Tiere sind?
4. Warum können die Löwen nicht aus dem Gehege herausspringen?
5. Kommen die Leute nur hierher, um die Tiere zu sehen?
6. Wo sind die sibirischen Tiger?
7. Welche Tiere sind im Tierpark die beliebtesten?
8. Was gibt es für Kinder?
9. Welche Tiere sieht man im Troparium?
10. Was bestaunen die Leute neben dem Troparium?

1. *Was für ein Tier möchtest du haben? Erkläre, warum du dieses Tier haben willst. Gib fünf Gründe (reasons) dafür!*

Sag's mal!

alle Jungtiere, weil sie niedlich aussehen

keine

Meerschweinchen, weil sie zahm sind

Dolphine – sie sind intelligent

Pferde - sie sind verläßliche Freunde

Goldfische – sie sehen so schön aus

Katzen – sie haben ihren eigenen Willen

Hunde können treue Freunde sein

Vögel - sie sind klein und können fliegen

simple past   past participle
Ich hatte geshen
I   had   seen

Ichwar im zoo gewesen
        had

Übungen

Past Perfect Tense

The formation of the past perfect tense in German is quite simple. All you have to do is use the past tense of *haben* or *sein* and add the past participle.

ich *hatte* gelesen	ich *war* gegangen
du *hattest* gefragt	du *warst* geschwommen
er, sie, es *hatte* gegessen	er, sie, es *war* gewesen
wir *hatten* geschrieben	wir *waren* geflogen
ihr *hattet* gesprochen	ihr *wart* gelaufen
sie, Sie *hatten* geholt	sie, Sie *waren* geblieben

The past perfect tense is considerably different from the other tenses. It expresses an event or action that has taken place prior to an event or action that occurred in the past.

Beispiele: *Wir fuhren in die Ferien. Vor unserer Abreise hatten wir schon unsere Koffer gepackt.*
(We went on vacation. Before our departure we had already packed our suitcases.)

Mein Freund hat mich gefragt. Leider hatte ich ihn nicht verstanden.
(My friend asked me. Unfortunately, I didn't understand him.)

Remember that verbs with separable prefixes have the *ge-* between the prefix and the past participle.

Beispiele: *angekommen, eingeladen, eingestiegen*

2. *Meine Ferien im Sommer.* Richard erzählt Dieter von seinen Ferien.

❑ vor vier Wochen abfahren
Wir waren vor vier Wochen abgefahren.

1. ein schönes Haus mieten
2. viel schwimmen
3. Tante Frieda besuchen
4. ein paar Filme sehen
5. um den See laufen
6. Freunde einladen

3. Was war gestern passiert?

❑ Paul hatte kein Glück.
Paul hatte kein Glück gehabt.

1. Christine aß zu viel.
2. Wir schrieben eine Arbeit.
3. Unsere Klasse ging zum Schwimmbad.
4. Wir waren auf einer Party.
5. Ulli und Christian machten Musik.
6. Sie spielten Fußball.

4. *Was für ein Erlebnis!* Stell dir vor, du bist gerade aus Deutschland zurückgekommen. Deine Freunde wollen natürlich wissen, wie es dir gefallen hat.

> ❏ Wir sind an einem Sonntag angekommen.
> Wir waren an einem Sonntag angekommen.

1. Meine Brieffreundin hat mich am Flughafen begrüßt.
2. Dann sind wir zu ihrem Haus gefahren.
3. Dort habe ich ihre Eltern besucht.
4. Natürlich haben sie einen Kuchen gebacken.
5. Der hat auch sehr gut geschmeckt.
6. Am nächsten Tag sind wir in den Bergen gewandert.
7. Das hat viel Spaß gemacht.
8. Mein Besuch ist ein großes Erlebnis gewesen.

5. Bilde Sätze mit den folgenden Wörtern!

> ❏ essen / ihr
> Hattet ihr gegessen?

1. sein / du / zu Hause
2. wir / besuchen / das Schloß
3. Herr Reuter / oft fliegen
4. warten / ihr
5. die Gäste / lange bleiben
6. Renate und Ingrid / fragen / ihr Lehrer
7. kommen / sein Bruder / später
8. abfahren / die Touristen / früh
9. die Jugendlichen / Fußball spielen
10. trinken / die Gäste / Kaffee

Viele besuchen das Schloß Charlottenburg in Berlin.

Sie sind gern in den Bergen gewandert.

Conjunctions

Coordinating conjunctions

Coordinating conjunctions are used to connect two words, phrases or main clauses. The addition of a coordinating conjunction does not affect the word order of the two main clauses joined together. The most common coordinating conjunctions are:

aber	but
denn	for, because
oder	or
sondern	but (on the contrary)
und	and

Beispiele: Ich möchte länger bleiben, aber ich habe keine Zeit.
Er fährt nicht nach Köln, denn er hat die Stadt nicht gern.
Fliegt ihr mit dem Flugzeug, oder fahrt ihr mit dem Schiff?
Sie kommen nicht zu uns, sondern wir gehen zu ihnen.
Werner bekommt eine Krawatte, und Paul bekommt ein Hemd.

NOTE: After a preceding negation, use the conjunction *sondern* instead of *aber*.

Beispiel: Ich gehe nach Hause, aber Elke geht in die Stadt.
Ich gehe nicht nach Hause, sondern ich gehe in die Stadt.

6. *Heiko möchte rüberkommen, aber er muß zuerst...* **Heiko hat ein paar Gründe, warum er nicht gleich zu Erich rüberkommen kann.**

☐ Ich muß zuerst meine Aufgaben machen.
Heiko möchte rüberkommen, aber er muß zuerst seine Aufgaben machen.

1. Ich muß zuerst meiner Mutter helfen.
2. Ich muß zuerst meine Arbeit machen.
3. Ich muß zuerst den Tisch für meine Oma decken.
4. Ich muß zuerst auf den Markt einkaufen gehen.
5. Ich muß zuerst einen Aufsatz schreiben.

7. *Und was bekommen die anderen?* **Christa fragt ihre Freunde, was ihre Verwandten und Bekannten zu Weihnachten bekommen.**

❐ Rainer / ein Moped — Tina / eine Bluse
Rainer bekommt ein Moped, und Tina bekommt eine Bluse.

1. Hans / Fernseher — Fritz / Jacke
2. Oma / Bild — Opa / Buch
3. Britta / Kleid — Rosi / Paar Schuhe
4. Mein Vater / Koffer — meine Mutter / Mantel
5. Rolf / Krawatte — Susi / Pulli

8. Kombiniere diese Sätze!

❐ Sie geht nach Hause. Wir gehen ins Kino. (und)
Sie geht nach Hause, und wir gehen ins Kino.

1. Er möchte Kaffee. Sie möchte Tee. (aber)
2. Der Junge schwimmt nicht. Er darf nicht. (denn)
3. Die Touristen fahren zum Rathaus. Sie gehen zum Museum. (oder)
4. Wir essen Pizza. Wir bestellen Kuchen. (oder)
5. Meine Schwester fliegt nach Österreich. Ich fliege in die Schweiz. (aber)
6. Die eine Klasse fährt mit dem Zug. Die andere Klasse nimmt den Bus. (und)

9. Ergänze die folgenden Sätze mit den richtigen Konjunktionen!

❐ Ich gehe ins Schwimmbad, _____ Rainer geht nach Hause.
Ich gehe ins Schwimmbad, und (aber) Rainer geht nach Hause.

1. Frau Strunk kauft sich kein Kleid, _____ sie hat nicht genug Geld.
2. Peter möchte in die Disko gehen, _____ seine Freundin will lieber einen deutschen Film sehen.
3. Wir gehen heute morgen auf den Markt, _____ wir gehen später einkaufen.
4. Sie möchte kein Eis, _____ sie bestellt sich ein Stück Kuchen.
5. Susi wartet vor der Schule, _____ Renate steht an der Ecke.
6. Familie Meier fährt nicht nach Hamburg, _____ es ist zu weit.

Subordinating conjunctions

Subordinating conjunctions are used to connect a main clause and a dependent clause. A subordinating conjunction does not affect the word order in English, but in German it does. In a sentence beginning with the main clause, the main verb of the dependent clause appears at the end of the dependent clause or the complete sentence.

Beispiele: Wir gehen ins Restaurant, weil wir Hunger haben.
Christa kauft ein Fahrrad, sobald sie genug Geld hat.

In a sentence beginning with the dependent clause (the conjunction is at the beginning of the sentence), the main verb of the dependent clause appears at the end of the dependent clause (before the comma) and the main verb of the main clause is inverted.

Beispiele: Weil wir Hunger haben, gehen wir ins Restaurant.
Sobald sie genug Geld hat, kauft Christa ein Fahrrad.

The most common subordinating conjunctions are:

als	when
bevor	before
bis	until
da	since (inasmuch as)
damit	so that, in order that
daß	that
ehe	before
nachdem	after (having)
ob	whether, if
obgleich, obwohl	although
seitdem	since
sobald	as soon as
solange	as long as
während	while
weil	because
wenn	when, if, whenever

NOTE: Although the two subordinating conjunctions *als* and *wenn* have similar meanings, *als* refers to a single event in the past and *wenn* refers to an action that is repeated in any tense. You can always say *immer wenn* in order to emphasize this habitual repetition.

Beispiele: Als ich zehn Jahre alt war, bekam ich von meinem Vater ein Fahrrad.
Wenn ich nach Hause komme, muß ich meiner Mutter bei der Arbeit helfen.

10. *Was machen wir, wenn es regnet?* Du besprichst mit deinen Freunden, was ihr machen werdet, wenn es regnet.

❏ Karten spielen
Wenn es regnet, dann spielen wir Karten.

1. zu Hause bleiben
2. fernsehen
3. Kassetten hören
4. Bücher lesen
5. Karten spielen
6. ein paar Briefe schreiben
7. einen Kuchen backen
8. unsere Freunde anrufen

11. *Warum fährt Bernd immer an die Ostsee?* Jedes Jahr fährt Bernd an die Ostsee. Immer wieder fragen ihn seine Freunde, warum er zu demselben Ort fährt. Kannst du die Antworten geben?

❏ Die Sonne scheint oft.
Er fährt dorthin, weil die Sonne oft scheint.

1. Da ist immer viel los.
2. Ich schwimme gern.
3. Meine Eltern haben da eine Wohnung.
4. Ich fahre gern mit dem Boot.
5. Es ist dort sehr schön.
6. Es ist da nicht so heiß.

12. **Kombiniere diese Sätze zu einem Satz!**

❏ Ich spiele gern Tennis. Es ist warm. (wenn)
Ich spiele gern Tennis, wenn es warm ist.

1. Katrin sieht fern. Helmut macht seine Aufgaben. (während)
2. Ich werde Fußball spielen. Es regnet. (obgleich)
3. Herr Hoffmann fährt mit dem Schiff. Herr Schulz fliegt. (aber)
4. Es ist nicht nur kalt. Es schneit auch. (sondern)
5. Sie schreibt. Walter will noch lange in Europa bleiben. (daß)
6. Sie sind nach Berlin gefahren. Sie haben schon viel von dieser Stadt gehört. (da)
7. Essen Sie Schweinebraten? Möchten Sie Sauerbraten? (oder)
8. Er sprach kein Deutsch. Er kam nach Deutschland. (als)
9. Was werden Sie denn machen? Sie haben das Buch gelesen. (nachdem)
10. Wir müssen uns beeilen. Wir haben keine Zeit. (denn)

13. Bilde neue Sätze! Folge dem Beispiel!

☐ Er war zu Hause, als seine Verwandten zu Besuch kamen.
Als seine Verwandten zu Besuch kamen, war er zu Hause.

1. Ich bin froh, wenn sie wieder zu uns kommen.
2. Er weiß nicht, ob er dorthin fahren soll.
3. Wir werden warten, bis sie kommt.
4. Ich kann keine Karten kaufen, solange ich kein Geld habe.
5. Das Café hat gutes Eis, obgleich es nicht teuer ist.
6. Sie bekommt viel bessere Noten, seitdem sie ihre Hausaufgaben macht.
7. Er hat nicht gewußt, daß du Deutsch sprechen kannst.
8. Die Kinder spielen, während die Eltern mit ihren Gästen sprechen.
9. Sie wollten früh in der Stadt sein, da die Geschäfte heute schon um neun Uhr aufmachen.
10. Wir freuten uns sehr, als unser Onkel ankam.

Wenn es regnet, können die Leute nicht draußen sitzen. (Stuttgart)

Die Schüler freuten sich sehr, als sie das Schloß besuchten.

Sie warten, bis der Lehrer kommt.

Sie weiß nicht, ob der Zug pünktlich abfährt.

303

Alle wollen, daß ihre Mannschaft gewinnt.   Sechs Jugendliche tragen eine große Fahne.   Sie wartet auf das Signal

Ein Sportfest in Altenburg

Altenburg ist eine Kleinstadt mit 53 000 Einwohnern und liegt etwa 30 Kilometer südlich von Leipzig. Jedes Jahr im Juni kommen die Schüler der zwölf Oberschulen zum Stadion°. Nur die besten Sportler° dürfen an diesem Sportfest teilnehmen°.

stadium/athletes participate in this sports festival

Die Zuschauer — die meisten sind Bekannte oder Verwandte der Teilnehmer° — kommen eine viertel oder sogar eine halbe Stunde vor dem Start ins Stadion. Viele Jugendliche helfen schon ein paar Stunden vor dem Start, damit später alles gut abläuft°.

participants

runs well

Alle Teilnehmer müssen beim Eingang warten. Um vier Uhr geht's endlich los. Sechs Jugendliche tragen eine große Fahne ins Stadion. Ihnen folgen einzelne° Gruppen der verschiedenen Schulen. Eine Schulkapelle sorgt für die richtige Stimmung. Die Zuschauer sitzen auf Bänken und sehen mit Interesse zu°. Alle Teilnehmer versammeln sich° auf der Wiese. Einer der besten Sportler läuft mit einer Fackel° ins Stadion. Er läuft an den Teilnehmern und Zuschauern vorbei°. Dann zündet er das Feuer an°. Es ist wie bei der Olympiade° — auch eine Tradition beim Sportfest in Altenburg.

individual

sehen...zu look on
gather
torch
läuft...vorbei runs by/lights the fire/ Olympic Games

Ein Schüler spricht ins Mikrophon. Er gibt die Namen der besten Sportler bekannt und wünscht allen Teilnehmern Erfolg°. Jetzt geht's los. Die jüngeren Schüler machen ein paar Pendelläufe°. Eine Mannschaft hat acht Jungen oder Mädchen — vier stehen auf jeder Seite. Jeder muß 50 Meter von einer Seite zur anderen laufen. Wer wird hier gewinnen?

success

shuttle runs

Jetzt gibt ein Junge das Signal zum Start des Staffellaufes°. Die Jungen laufen so schnell sie können und übergeben° nach einhundert Metern den Stab°. Eine Gruppe von Mädchen zeigen ihre Kunst° beim Trampolin. Sie springen° hoch in die Luft° und landen auf einer Luftmatratze. Nach den verschiedenen Wettkämpfen° schreiben die Richter die Ergebnisse auf.

relay race

hand over/baton

artistic skill

jump/air

competitions

Am Ende des Sportfests gibt man die Ergebnisse bekannt. Die besten Sportler bekommen einen Preis° — eine Sporttasche°. Andere bekommen ein Poster oder eine Urkunde°. Alle Sportler und Zuschauer haben an diesem Sportfest viel Spaß gehabt.

prize

sports bag

certificate

Was paßt hier am besten?

1. Einer der besten Sportler
2. Bei den Pendelläufen
3. Die Stadt Altenburg
4. Eine Schulkapelle
5. Ein Schüler
6. Die besten Sportler
7. Ein paar Mädchen
8. Das Sportfest
9. Sechs Jugendliche
10. Die Richter

a. springen auf einem Trampolin hoch in die Luft
b. liegt südlich von Leipzig
c. schreiben die Ergebnisse auf
d. zündet das Feuer an
e. tragen eine Fahne ins Stadion
f. sind acht Jungen oder Mädchen in einer Mannschaft
g. beginnt um 16 Uhr
h. dürfen teilnehmen
i. sorgt für gute Stimmung
j. gibt die Namen der besten Sportler bekannt

Sie laufen so schnell sie können.

Die Mädchen zeigen ihre Kunst beim Trampolin.

Wo ist der Stab?

Beantworte diese Fragen!

1. Wie viele Schulen nehmen an dem Sportfest teil?
2. Kommen die meisten Zuschauer um vier Uhr?
3. Was machen sechs Jugendliche?
4. Wo sind die Zuschauer?
5. Was trägt ein Sportler?
6. Was machen die jüngeren Schüler?
7. Was macht ein Junge, bevor der Staffellauf beginnt?
8. Was machen die Richter?
9. Was bekommen die besten Sportler?

Übung macht den Meister!

1. *Im Wasser haben wir viel Spaß!* Stell dir vor, daß du mit Bekannten an einem kleinen See bist. Ihr habt alle Lust, ein Boot zu mieten. Du besprichst mit deinen Bekannten folgendes:

   — Wie lange und wann wollt ihr es mieten?
   — Wer kommt alles mit?
   — Wieviel kostet es?
   — Müßt ihr irgendwelche (any) Regeln beachten?
   — Was für ein Boot wird es sein?

2. *Habt ihr Lust, in den Zoo zu gehen?* Dein Lehrer oder deine Lehrerin hat vor, mit deiner Klasse einen Ausflug zum Zoo zu machen. Gib fünf Gründe, warum du und deine Klassenkameraden keine Lust dazu haben.

3. *Welches Tier hast du gern?* Beschreibe in ein paar Sätzen, welches Tier du gern hast und warum.

4. *Wir planen ein Schulfest.* Am Ende des Schuljahres gibt's ein großes Schulfest. Besprich mit deinen Klassenkameraden, was ihr alles vor dem Schulfest planen müßt. Macht eine Liste und besprecht sie.

Erweiterung

14. Bilde zusammengesetzte Hauptwörter. Kombiniere die Wörter auf der linken Seite mit den entsprechenden Wörtern in der folgenden Liste!

der Führer	der Monat	die Suppe	das Ziel
die Matratze	die Abteilung	die Kapelle	der Löffel
die Traube	die Wäsche	das Fest	die Koje

1. das Obst
2. der Tee
3. der Sommer
4. der Sport
5. das Bett
6. der Tag
7. die Luft
8. die Reise
9. der Schlaf
10. das Camping
11. der Wein
12. die Schule

ein Schulsportfest

15. In welche Wortgruppe gehören diese folgenden Wörter: Zoo, Bank, Haus, Schwimmbad?

1. Fernseher
2. Umkleidekabine
3. Esel
4. Küche
5. Schlange
6. Geschirr
7. Reisescheck
8. Wasser
9. Bücherregal
10. Badehose
11. Affe
12. Kurs

Was gibt es Neues im Zoo?

16. Ergänze diese Sätze!

1. Sobald ich nach Hause komme, _____.
2. Bevor ich dieses Buch lese, _____.
3. Ich habe keine Zeit, weil _____.
4. Er erzählt mir, daß _____.
5. Wir gehen zum Sportfest, aber _____.
6. Gehst du zu Fuß, oder _____?
7. Weil ich kein Geld habe, _____.
8. Wenn ich sie besuche, _____.

17. Beschreibe die folgenden Wörter mit einem ganzen Satz!

1. Boot
2. Mikrophon
3. Kapelle
4. Trampolin
5. Fisch
6. Schloß

18. Beantworte diese Fragen!

1. Fährst du gern mit einem Boot?
2. Was für ein Tier hast du gern? Warum?
3. Wo ist bei dir der nächste Zoo? Was für Tiere gibt es da?
4. Gibt es in deiner Schule ein Sportfest während des Jahres? Wann und wo findet es statt?

Sprachspiegel

19. Schreibe einen kurzen Dialog oder Aufsatz über das Thema „Wir gehen zum Zoo"!

20. Wie sagt man's?

Teilnehmer	Namen	Schwimmbecken	Wasser
Glück	Regeln	Mikrophon	Luftmatratze
Sportler	Wetter	Boot	Preis
Zuschauer	Schloß	Film	Spiel
Stunde	Geld	Lust	Stadion
Bänken	Staffellauf	Sport	Sonne

1. Wozu brauchst du die _____?
   Fürs _____.
   Beachte die _____ dort!
   Ich habe nicht gewußt, daß man damit nicht ins _____ darf.

2. Willst du dieses _____ nicht mieten?
   Nein, es kostet 10 Mark für eine _____.
   Soviel _____ ist das doch nicht.
   Ich habe aber auch keine _____.

3. Hast du das alte _____ fotografiert?
   Bei dem schlechten _____ geht das nicht gut.
   Ja, aber jetzt scheint die _____.
   Leider habe ich keinen _____ mehr.

4. Hat er die _____ der Sportler bekanntgegeben?
   Ja, aber ohne _____ können ihn die Leute schlecht hören.
   Was für einen _____ treiben die Jungen da?
   Das ist der _____.

5. Wo werden alle _____ sitzen?
   Wahrscheinlich auf _____.
   Gibt es denn so viele im _____?
   Viele _____ kommen bestimmt nicht.

6. Hat Peter einen _____ bekommen?
   Nein, er hat das _____ nicht gewonnen.
   Er ist doch sonst immer so ein guter _____.
   Heute hat er leider kein _____ gehabt.

21. **Stell dir vor, du hast dein eigenes Geschäft. Du verkaufst und vermietest (rent) Fahrräder und Mopeds. Leute kommen in dein Geschäft und wollen Information haben. Kannst du ihnen helfen?**

1. Haben Sie ein rotes Fahrrad?
2. Wieviel kostet ein Moped für eine Stunde?
3. Kann ich für dieses Moped mit Kreditkarte bezahlen?
4. Verkaufen Sie viele von diesen Fahrrädern?
5. Ist es schwer, so ein Moped zu fahren?
6. Ich möchte ein Moped für einen ganzen Tag mieten. Geht das?

22. **Wie heißt das auf deutsch?**

1. I would like to rent a boat.
2. That's no problem.
3. How much is it for half an hour?
4. Don't worry. It's quite reasonable.
5. I have enough money but not much time.
6. Don't you want to come back tomorrow when you have more time?

Was mietet die Familie?

Rückblick

I. Ergänze die folgenden Sätze mit entsprechenden Fragewörtern!

1. _____ machst du heute abend?
2. _____ hat er das Buch gegeben?
3. _____ kommen Sie zu Besuch?
4. _____ fährt die Familie denn?
5. _____ Freund hat er bei der Arbeit geholfen?
6. _____ bleibst du so lange in der Stadt?
7. _____ warten die Jugendlichen auf den Bus?
8. _____ Motorrad wirst du kaufen?
9. _____ ist das Café?
10. _____ hast du auf der Straße getroffen?
11. _____ Hemd möchtest du kaufen?
12. _____ ist dieses Mädchen dort drüben?

II. Schreibe neue Sätze. Folge dem Beispiel!

❒   Ich will dieses Moped nicht mieten.
    Ich wollte dieses Moped nicht mieten.

1. Wir wollen nach Europa fahren.
2. Müßt ihr denn die Hausaufgaben machen?
3. Ich mag diesen Kuchen nicht.
4. Herr Hofer will früh am Morgen einkaufen.
5. Müssen Sie in die Stadt?
6. Ihr sollt den Pendellauf gewinnen.
7. Können Sie bei dem Wetter fahren?
8. Er darf das nicht.
9. Willst du den Arzt besuchen?
10. Sie kann es nicht.

III. Ergänze die folgenden Sätze!

1. Hast du lange an _____ Ecke gewartet?
2. Steig schnell in _____ Boot ein!
3. Der Zug steht schon auf _____ Bahnhof.
4. Setz den Teller zwischen _____ Gabel und _____ Löffel!
5. Ist das Gabriele da drüben neben _____ Eingang?
6. Das Sportfest findet in _____ Stadion statt.
7. Geh bitte an _____ Tür!
8. Sein Boot steht hinter _____ Haus.

IV. Vervollständige die Sätze mit den richtigen Wörtern!

Schwimmbad   Campingplatz   Wasser   Bäcker
Rechnung   Mikrophon   Briefkasten   Rolltreppe
Markt   Bank   Schloß   Ergebnis

1. Christa wirft den Brief in den _____ ein.
2. Eine _____ geht bis zum vierten Stock.
3. Obst und Gemüse kann man schon früh am Morgen auf dem _____ bekommen.
4. Ich kaufe das Brot beim _____.
5. Auf dem _____ stehen viele Zelte.
6. Nachdem wir gegessen haben, gibt uns der Kellner die _____.
7. Die Besucher besichtigen gern das _____.
8. Wenn dich alle hören sollen, dann sprich bitte ins _____.
9. Am Ende des Staffellaufs geben die Richter das _____ bekannt.
10. Was machen alle diese Boote auf dem _____?
11. Bei diesem heißen Wetter möchte ich gerns ins _____ gehen.
12. Kann man in der _____ Reiseschecks einlösen?

Sprichwort

Du machst aus einer Mücke einen Elefanten.
(You make an elephant out of a mosquito./
You are making a mountain out of a molehill.)

Viele Deutsche wohnen in neuen Stadtteilen. (Hamburg)

Blankenese, eine moderne Gegend in Hamburg

Die meisten Familien haben einen Zaun (fence) um ihr Haus herum.

Kulturecke

Where and How Do Germans Live?

Housing conditions in Germany have improved dramatically during the past few decades. Completely new, modern cities have sprung up in places where pastures used to be. The improvement in the standard of living is strongly reflected in the increasing number of modern communities. Generally, these new communities can be found on the outskirts of major cities.

Almost 60 percent of all Germans rent apartments (*Wohnungen*). This is because land is scarce and costly. Houses (*Häuser*) cost considerably more than they do in the U.S. Therefore, the demand for new apartment buildings is quite heavy. Although living conditions have improved, not all the newer apartment complexes are luxurious by any means. Many provide adequate living space but have limited facilities such as playgrounds and parks. Most apartments are small. This is especially true of a typical apartment kitchen. Most bedrooms don't have built-in closets, but have a closet as a separate piece of furniture. By the way, most Germans have feather beds (*Federbetten*) which are extremely comfortable to sleep in.

Since most apartment dwellers do not have a yard of their own, there has been a demand for tiny cottages or small lots called *Kleingärten* or *Schrebergärten*. Usually there are hundreds of these lots at the edge of the city. Here Germans can relax in their spare time, plant vegetables, fruits and flowers and enjoy some privacy away from their congested apartment buildings.

Slightly more than 40 percent of German families own their own single-family house. Many houses have been passed on from generation to generation. Germans cherish their privacy. Therefore, most families define their property lines with various types of separations, ranging from iron-rod type fences to wood fences or simply hedges.

Most of the newly built houses are found outside the city. The land often costs as much as the house itself. Many Germans who have built their houses are fairly well-to-do. Because of the high cost of property, Germans who cannot afford a house may be able to buy a condominium (*Eigentumswohnung*). Here they will enjoy most of the conveniences of a house.

The small towns have not seen as rapid a growth as the cities. About one-fifth of all Germans live in towns with a population of 10,000 or less. The interior as well as exterior of many farm houses have improved and kept pace with city homes.

Houses are markedly different in style from the North Sea to Bavaria. In northern Germany most houses are built with brick and many have thatched roofs. In Lower Saxony, most houses have red-tiled roofs. From here on, all the way to the southern part of Germany, many are half-timbered houses called *Fachwerkhäuser*.

Even though many houses have similar styles, they are uniquely designed to preserve the architectural style of the area. This is true all over Germany. Renovated, rebuilt and newly constructed houses are subject to strict building codes and inspection. Any new houses within an older part of town must be built in the original style, thus blending in with houses that may be several hundred years old.

Man hat viele Häuser in den letzten zehn Jahren gebaut.

ein modernes Wohnzimmer

Viele kleine Städte sehen heute noch so aus wie vor vielen Jahren. (Schwäbisch Hall)   *ein sehr altes Haus (Celle)*

The Black Forest houses have a unique style of their own. These houses have to cope most with the weather; it rains and snows here often. The roofline of Black Forest family homes and farmhouses slope quite steeply to protect the house against bad weather conditions. Typically, the living quarters are still on one side of the house. On the other side, under the same roof, are the animals. Houses in northern Germany make use of brick, whereas many homes in the southern part, particularly in Bavaria, use wood in the main construction. Regardless of where Germans live, they always decorate their homes inside and outside with flowers and keep their front and backyards in impeccable shape.

Kannst du die richtige Antwort finden?

1. *Fachwerkhäuser* are
2. About 40 percent own
3. *Schrebergärten* are
4. Houses in the northern part are
5. *Federbetten* are
6. About 20 percent live
7. Most houses are
8. Many Bavarians build
9. Most roofs in Lower Saxony are
10. The roofs in the Black Forest have

a. their house with wood
b. found in bedrooms
c. a steep slope
d. mostly built with brick
e. half-timbered houses
f. fenced
g. usually located on the outskirts of a city
h. tiled red
i. their houses
j. in small towns

Vokabeln

ablaufen (*läuft ab, lief ab, ist abgelaufen*) to run well (smoothly)

der **Affe,-n** ape, monkey

sich **anstrengen** to try hard

anstrengend exhausting, strenuous

anzünden to light (a fire)

aufpassen to watch, pay attention

der **Bär,-en** bear

beachten to observe

bereitstehen (*stand bereit, bereitgestanden*) to be ready

besichtigen to visit, view

die **Brücke,-n** bridge

eilig urgent, speedy **Ich habe es eilig.** I'm in a hurry.

einzeln individual, single

der **Elefant,-en** elephant

die **Ente,-n** duck

der **Esel,-** donkey

die **Fackel,-n** torch

die **Fahne,-n** flag

die **Fanta** soda (orange-flavored)

das **Feuer** fire

der **Fisch,-e** fish

der **Hügel,-** hill

das **Huhn,-̈er** chicken

der **Hund,-e** dog

das **Interesse,-n** interest

die **Katze,-n** cat

die **Kuh,-̈e** cow

die **Kunst,-̈e** art, artistic skill

landen to land

sich **lohnen** to be worthwhile

der **Löwe,-n** lion

das **Mikrophon,-e** microphone

das **Mittelalter** Middle Ages

die **Olympiade,-n** Olympic Games

der **Pendellauf,-̈e** shuttle run

die **Phantasie,-n** phantasy

der **Preis,-e** prize, award

die **Regel,-n** rule

reinfallen (*fällt rein, fiel rein, ist reingefallen*) to fall in

rudern to row

die **Ruhe** silence, peace **Immer mit der Ruhe!** Take it easy.

das **Schaf,-e** sheep

die **Schlange,-n** snake

schon already **Na, wenn schon!** So what!

die **Schulkapelle,-n** school band

das **Schwein,-e** pig

sich **sonnen** to bask in the sun

die **Sorge,-n** concern, care **Mach dir keine Sorgen!** Don't worry.

sowie as well as

das **Sportfest,-e** sports festival

der **Sportler,-** athlete

die **Sporttasche,-n** sports bag

springen (*sprang, ist gesprungen*) to jump

der **Stab,-̈e** baton

das **Stadion,-dien** stadium

der **Staffellauf,-̈e** relay race

der **Start,-s** start

südlich south of

teilnehmen (*nimmt teil, nahm teil, teilgenommen*) to participate

der **Teilnehmer,-** participant

der **Tiger,-** tiger

die **Tradition,-en** tradition

das **Trampolin,-e** trampoline

treten (*tritt, trat, getreten*) to pedal

übergeben (*übergibt, übergab, übergeben*) to hand over

überqueren to cross

das **Ufer,-** shore, (river) bank

um around, at **Die Zeit ist um.** Time is up.

die **Urkunde,-n** certificate

das **Vergnügen** fun, enjoyment **Viel Vergnügen!** Have fun!

sich **versammeln** to gather, come together

der **Vogel,-̈** bird

vorbeilaufen (*läuft vorbei, lief vorbei, ist vorbeigelaufen*) to run past

sich **vorstellen** to imagine

vorwärtskommen (*kam vorwärts, ist vorwärtsgekommen*) to make headway

der **Weltruf** international reputation

der **Wettkampf,-̈e** competition

der **Wolf,-̈e** wolf

die **Ziege,-n** goat

zusehen (*sieht zu, sah zu, zugesehen*) to look on, watch

Nördlingen
Historische Altstadt

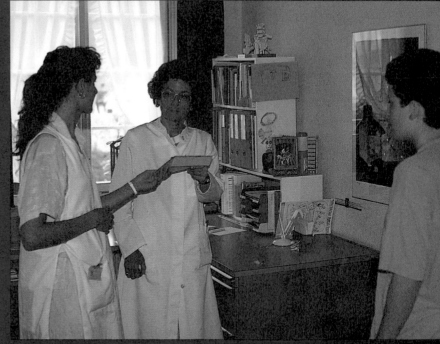

Communicative Functions

- describing an accident
- talking about ailments
- naming some medical items
- discussing well-known places

317

Franz hat sich verletzt

Franz und Paul haben zweimal die Woche Werkunterricht. In dieser Klasse lernen sie, wie man mit verschiedenen Geräten umgeht. Herr Werner, der Lehrer, weist immer darauf hin, daß sie vorsichtig sein sollen. Franz und Paul arbeiten heute mit einem Bohrer.

Franz: Du, halte das Stück Holz fest!

Paul: Nimm deine Hand vom Bohrer weg! Das ist zu gefährlich.

Franz: Mach lieber deine eigene Arbeit! Du redest wie mein Vater. Au! Verflixt! Jetzt habe ich mich verletzt.

Paul: Ist etwas ins Auge gekommen?

Franz: Ja, wahrscheinlich ein Splitter. Meine Hand hat's auch erwischt.

Paul: Halte still. Ich will mal nachsehen.

Etwas stimmt hier nicht. **Die folgenden Sätze sind nicht richtig. Weißt du, was da nicht stimmt?**

1. Paul und Franz haben jeden Tag Werkunterricht.
2. Herr Werner lernt, wie man mit den Geräten arbeitet.
3. Franz soll das Holz festhalten.
4. Franz soll seine Hand vom Holz wegnehmen.
5. Franz hat einen Splitter in der Hand.

(Paul geht zum Lehrer.)

Paul: Herr Werner, der Franz ist verletzt.

Lehrer: Was? Wie ist denn das passiert?

Paul: Mit dem Bohrer.

Lehrer: Laß mich das ansehen. Die Hand blutet ja ganz schön. Was ist mit deinem Auge?

Franz: Da muß ein Splitter drin sein.

Lehrer: Ja, es sieht etwas rot aus. Wir brauchen zuerst einen Verband. Paul, geh doch zum Schulleiter! Sag ihm, wir brauchen einen Verbandskasten.

Herr Werner, der Franz ist verletzt.

Laß mich das ansehen.

318

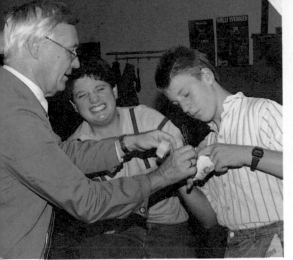

Was macht der Schulleiter?

Wer empfängt Franz an der Tür?

Ergänze diese Sätze!

1. Paul sagt Herrn Werner, daß Franz _____ ist.
2. Franz hat sich mit dem _____ verletzt.
3. Ein Splitter ist im _____.
4. Die Hand _____ sehr.
5. Paul soll den _____ holen.
6. Sie _____ einen Verbandskasten.

(nach ein paar Minuten)

Schulleiter: Hier ist der Verbandskasten. Zuerst muß ich die Wunde auf der Hand besprühen. Das wird etwas wehtun.

Franz: Mein Auge tut auch weh.

Schulleiter: Da machen wir später eine Augenbinde. Dieser Verband schützt deine Hand vor Infektion.

Franz: Machen Sie den Verband bitte etwas lockerer. Die Wunde tut sehr weh.

Schulleiter: So schlimm kann's doch nicht sein. Paul, halte bitte seine Hand, damit ich den Verband befestigen kann. Ich rufe noch schnell das Krankenhaus an.

Paul: Du machst ja auch tolle Sachen.

Franz: Das kann jedem passieren.

Schulleiter: Wir müssen dein Auge noch gut verbinden. So, diese Augenbinde sitzt gut.

Die Schulsekretärin bringt Franz zum Auto. Dann fährt sie ihn zum Krankenhaus. Das Krankenhaus ist nur einen Kilometer von der Schule entfernt. Eine Krankenschwester empfängt Franz an der Tür und bittet ihn, ins Krankenhaus hineinzukommen.

Was paßt hier am besten?

1. Der Verband schützt
2. Der Schulleiter befestigt
3. Das Auge von Franz tut
4. Der Schulleiter besprüht
5. Eine Krankenschwester spricht
6. Paul hält
7. Die Sekretärin fährt
8. Der Schulleiter bringt

a. den Verbandskasten
b. mit Franz vor dem Krankenhaus
c. Franz' Hand vor Infektion
d. die Hand von Franz
e. den Verband
f. Franz zum Krankenhaus
g. die Wunde
h. weh

Fragen

1. Was lernen Franz und Paul im Werkunterricht?
2. Mit welchem Gerät arbeiten sie heute?
3. Was soll Paul festhalten?
4. Warum sagt Franz: „Verflixt."
5. Was blutet?
6. Warum soll Paul zum Schulleiter gehen?
7. Was macht der Schulleiter zuerst?
8. Wovor schützt der Verband?
9. Warum soll der Schulleiter den Verband nicht so sehr festmachen?
10. Was legt er auf sein Auge?
11. Wer fährt Franz zum Krankenhaus?
12. Ist das Krankenhaus weit von der Schule?

Für dich

Franz and Paul are students at a *Berufsschule* (part-time vocational school). Most young people, upon completion of their compulsory education, elect to learn one of the approximately 430 currently government-recognized occupations for which accredited vocational training is required. They concurrently receive training on the job and in a part-time vocational school. The students enrolled in these vocational schools serve as apprentices (*Lehrlinge*, or nowadays called *Auszubildende* or *Azubis* for short).

The dual system of vocational training is firmly rooted in the educational system of Germany and can be traced back to the Middle Ages. The training system developed by the guilds, the master apprenticeship, may be considered the forerunner of the in-plant part of training within the dual system. As early as the 12th and 13th centuries, professional organizations established regulations governing the training of the next generation of craftsmen.

Until the beginning of the 19th century, only merchant and craft trades trained apprentices. As industrialization increased, this form of training spread to industry and, after the beginning of the 20th century, to all economic and occupational sectors.

Kombiniere...

Wie viele Sätze kannst du bilden?

Ich muß	die Wunde	halten
Sollst du	das Auge	holen
Können Sie	den Verband	befestigen
	die Hand	schützen
	den Schulleiter	besprühen
		anrufen
		verbinden

Nützliche Ausdrücke

Weißt du, wie man damit umgeht?	Do you know how to use this?
Er weist darauf hin, daß...	He points out that...
Es hat mich erwischt.	It got me.
Wie ist das passiert?	How did this happen?
Es blutet ganz schön.	It's bleeding pretty badly.
Tut es weh?	Does it hurt?
Es schützt vor Infektion.	It protects against infection.
Du machst ja tolle Sachen.	You're really doing wild (dumb) things.

Welche Antwort paßt am besten? **Wähle die richtigen Antworten von der rechten Seite, die am besten mit denen auf der linken Seite zusammenpassen.**

1. Wofür ist dieser Verband?	a. Das weiß ich.
2. Warum blutet dein Bein?	b. Ich habe leider keinen Verband.
3. Du machst tolle Sachen.	c. Meinen Fuß.
4. Was hast du in dem Finger drin?	d. Ich habe mich verletzt.
5. Ich besprühe deine Wunde.	e. Er schützt vor Infektion.
6. Was hat's erwischt?	f. Einen Splitter.
7. Du sollst vorsichtig damit umgehen.	g. Das kann dir auch passieren.
8. Kannst du meine Hand nicht verbinden?	h. Tut das weh?

Barbara fühlt sich heute nicht wohl. Barbaras Mutter hat an die Lehrerin einen Brief geschrieben. Barbaras Freundin, Hannelore, soll ihn zur Schule mitnehmen. Auf dem Weg zur Schule regnet es und der Brief fällt (falls) auf die Straße. Deshalb dauert es eine Weile, bis die Lehrerin alles deutlich lesen kann. Kannst du alles deutlich lesen?

Liebe _____ Herder!

_____ kann heute leider nicht zur _____ kommen. Sie hat starke Kopf_____ und auch hohes _____. Unser Arzt hat _____, sie soll ein paar _____ zu _____ bleiben. Könnten Sie _____ sagen, welche _____ Barbara während dieser Zeit machen soll?

Mit freundlichen Grüßen!
Anneliese Schurz

Sag's mal!

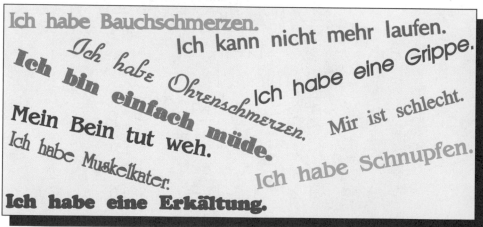

324

Übungen

Relative Pronouns

The relative pronoun relates to the noun in the main clause (the antecedent), reflecting its case, gender and number. The relative pronouns in German are *der* and *welcher*. However, the form of *welcher* is not used in the genitive case. The relative pronouns correspond to *who, which* and *that* in English. The emphasis in this lesson has been placed on the various forms of the relative pronoun, *der*.

	masculine	Singular feminine	neuter	Plural
nominative	der	die	das	die
accusative	den	die	das	die
dative	dem	der	dem	denen
genitive	dessen	deren	dessen	deren

NOTE: Except for the genitive (singular and plural) and the dative plural pronoun, all other relative pronouns are identical to the forms of the definite article.

The relative pronoun follows its antecedent as closely as possible. It may follow the main clause or be positioned within the main clause.

Beispiele:
Nominative: Der Mann, der ins Auto einsteigt, ist mein Vater.
(The man, who is getting into the car, is my father.)
Kennst du die Verkäuferin, die so nett ist?
(Do you know the saleslady, who is so nice?)
Wo ist das Buch, das so interessant sein soll?
(Where is the book that is supposed to be so interesting.)
Die Touristen, die nach Europa fliegen, kommen aus Chicago.
(The tourists, who are flying to Europe, are from Chicago.)

Accusative: Wer ist der Junge, den du kennengelernt hast?
Wo ist die Zeitschrift, die du heute morgen gelesen hast?
Das neue Buch, das ich gekauft habe, gefällt mir sehr.
Gibt es deutsche Städte, durch die du gefahren bist?

| Dative: | Der Ausländer, dem ich geholfen habe, kam aus Frankreich. |

Dative: Der Ausländer, dem ich geholfen habe, kam aus Frankreich.
Wo wohnt die Dame, von der du mir erzählt hast?
Das Mädchen, mit dem ich ins Kino gegangen bin, ist meine Schwester.
Das sind unsere Verwandten, denen wir ab und zu ein Geschenk schicken.

Genitive: Wo wohnt der Arzt, dessen Tochter in unsere Schule geht?
Dort ist die Angestellte, deren Haus wir gekauft haben.
Ich kenne das Mädchen, dessen Bruder Deutsch lernt.
Wer sind die Jungen, deren Motorräder so toll sind?

1. *Wen kennt Ulla alles?* Petra ist neu in der Nachbarschaft. Sie will von Ulla wissen, wen sie alles kennt.

❏ Lehrer / Er wohnt hier.
Sie kennt den Lehrer, der hier wohnt.

1. Dame / Sie steht an der Kasse.
2. Kellner / Er arbeitet im Café.
3. Arzt / Er geht da drüben.
4. Verkäuferin / Sie bedient die Kunden.
5. Schulleiter / Er ist sehr nett.
6. Amerikanerin / Sie kommt aus New York.

2. *Was schmeckt denn gut hier?* Peter hat seine Freunde zum Essen eingeladen. Er sagt ihnen, was gut schmeckt.

❏

Das ist der Kuchen, der so gut schmeckt.

1.

2.

3.

4.

5.

3. *Möchtest du das wirklich sehen?* Christa ist bei ihrer Tante zu Besuch. Ihre Tante schlägt ihr vor, was sie in der Umgebung sehen kann.

❑ die Stadt
  Ja, das ist eine Stadt, die ich sehen möchte.

  1. das Museum
  2. die Disko
  3. das Stadion
  4. der Flughafen
  5. der Dom
  6. der Park

4. *Erzähl von den verschiedenen Sachen.* Folge dem Beispiel!

❑ Der Fernseher ist teuer. Ich habe ihn gekauft.
  Der Fernseher, den ich gekauft habe, ist teuer.

  1. Das Kleid ist sehr billig. Ich habe es gesehen.
  2. Die Musik ist ganz toll. Ich habe sie gehört.
  3. Das Buch ist sehr interessant. Ich habe es gelesen.
  4. Der Kuchen schmeckt gut. Ich habe ihn gegessen.
  5. Die Pizza ist lecker. Ich habe sie gekostet.

5. *Alles ist so groß.* Rudi erzählt von seiner Ferienreise.

❑ der See / an
  Der See, an den wir gefahren sind, ist groß.

  1. das Land / in
  2. die Stadt / durch
  3. die Brücke / über
  4. der Fluß / an
  5. der Ort / um

6. *Meine sind auch so.* Monika spricht über ihre Verwandten und Bekannten. Jetzt sagst du ihr auch deine Meinung (opinion) dazu.

❑ Das Auto gefällt meinem Freund.
  Ich habe auch einen Freund, dem das Auto gefällt.

  1. Das Buch gefällt meiner Tante.
  2. Das Moped gefällt meinem Bruder.
  3. Die Zeitschrift gefällt meiner Oma.
  4. Der Pulli gefällt meiner Schwester.
  5. Das Haus gefällt meinem Onkel.

7. Wer ist das?

❑ die Dame / meine Lehrerin
Die Dame, der ich geholfen habe, ist meine Lehrerin.

1. der Herr / sein Vater
2. der Junge / ihr Bruder
3. das Kind / ihre Tochter
4. die Verkäuferin / seine Tante
5. das Mädchen / deine Schwester
6. der Schulleiter / unser Onkel

8. *Was ist in der Nähe?* Sag, wo die Leute in der Nähe arbeiten.

❑ Das Büro, in dem Paul arbeitet,
ist ganz in der Nähe.

Paul

1. Herr Meier   2. Frau Holland   3. Ingrid   4. wir

9. Kombiniere die folgenden Sätze!

❑ Die Amerikaner sprechen Deutsch. Ich gehe zu ihnen.
Die Amerikaner, zu denen ich gehe, sprechen Deutsch.

1. Die Ausländer arbeiten den ganzen Tag. Er wohnt bei ihnen.
2. Die Kinder laufen sehr schnell. Du folgst ihnen.
3. Die Mädchen sind seine Schwestern. Er glaubt ihnen.
4. Kennst du die Österreicher? Du hast ihnen geholfen.
5. Die Verwandten wohnen in Amerika. Ich habe viel von ihnen gehört.

10. Bilde einzelne Sätze aus den Satzpaaren (pairs of sentences)!

❑ Dort ist der Arzt. Er wird es wissen.
Dort ist der Arzt, der es wissen wird.

1. Da ist das Geschäft. Wir haben es schon lange gekannt.
2. Wann kommt der Bus? Du mußt ihn nehmen.
3. Kennst du meinen Freund? Sein Bruder ist ein guter Sportler.
4. Ich habe die Karten. Wir haben sie gestern gekauft.
5. Der Zug steht noch im Bahnhof. Ich muß in den Zug einsteigen.
6. Der Flughafen ist in der Nähe. Auf dem Flughafen landen Flugzeuge aus vielen Ländern.
7. Die Touristen sprechen fast nur Englisch. Sie kommen aus Amerika.
8. Kennst du den Jungen? Er hat dir ein Geschenk mitgebracht.
9. Die Dame ist eine bekannte Ärztin. Ihr Mann ist Pilot.
10. Ihr Sohn ist vor Jahren nach Europa gegangen. Sie haben schon lange nichts von ihm gehört.
11. Meine Tante wohnt in München. Ich besuche sie oft.
12. Die Kunden finden die Preise gut. Sie kommen oft hierher.
13. Der Junge ist erst acht Jahre alt. Seine Mutter gibt ihm Geld zum Einkaufen.
14. Der Beamte hat mir den Weg gezeigt. Ich habe ihn gefragt.

11. Ergänze die folgenden Sätze.

1. Ich kenne den Herrn gut, _____ du bei seiner Arbeit geholfen hast.
2. Wo sind die Bücher, _____ ich Ihnen gegeben habe?
3. Hier ist der Lehrer, _____ mit dir sprechen will.
4. Besuchst du meinen Onkel, _____ Haus so groß ist?
5. Warum liest du die Zeitung, _____ so langweilig ist?
6. Frag doch die Kellnerin, _____ dort drüben steht.
7. Zeigen Sie mir den Anzug, _____ ich kaufen möchte.
8. Wohnen die Jugendlichen hier, _____ Fahrräder hier stehen?
9. Das Mädchen, mit _____ ich gestern in der Disko war, kommt aus Italien.
10. Gisela, _____ Eltern nach Köln geflogen sind, ist meine Freundin.
11. Die Ecke, an _____ ich gestern gewartet habe, ist in der Nähe.
12. Die bekannte Stadt, durch _____ so viele Touristen fahren, liegt in Süddeutschland.
13. Viele Kunden, _____ mit der Verkäuferin zufrieden sind, kommen bestimmt wieder.
14. Da sind die amerikanischen Spieler, von _____ wir schon viel gehört haben.

Die Gedächtniskirche in Berlin

Im Sommer sitzen die Berliner gern draußen.

Leseecke

„Ich will nach Berlin!"

Heute ist Montag, ein kalter, aber sonniger Tag im März. An diesem Tag kommt Claus Heck, 22, in Berlin an. Er will hier studieren. Aber er kennt niemanden in dieser fremden° Stadt, und er hat auch keine Wohnung. Er ist ein Fremder° in einer fremden Stadt.

„Berlin ist vielleicht die einzige° deutsche Stadt, wo etwas los ist", begründet Claus seinen Wechsel° von Essen hierher. Die Lokale° haben Tag und Nacht geöffnet. Es gibt viele Konzerte, über fünfzig Kinos und viele interessante Leute. Claus will hier Germanistik und Philosophie° studieren. Deshalb hat er seinen Rucksack gepackt und ist nach Berlin gekommen. Von einer Mitfahrzentrale° hat Claus den Namen und die Telefonnummer eines Autofahrers bekommen, der auch nach Berlin wollte. Mit ihm ist er hierher gefahren und hat dafür einen Teil des Benzins° bezahlt. Der Fahrer gibt Claus den Tip, zur Mitwohnzentrale° zu gehen. Sie vermittelt° Zimmer und Wohnungen für eine kurze Zeit. Mit dem

Stadtplan° findet er die Mitwohnzentrale schnell. Er bekommt ein Zimmer für die ersten drei Nächte. Das kostet zwanzig Mark pro Nacht. Am Abend telefoniert er mit seinen Eltern. „Endlich kann ich machen, was ich will. Keiner redet mir rein°", denkt er.

Claus muß bis zum Studienbeginn° eine Wohnung finden. Aber das ist in Berlin nicht so einfach. Es gibt zu wenige Wohnungen für die drei Millionen Menschen, die in der Stadt wohnen. Die Mitwohnzentrale vermittelt Claus ein Zimmer im Stadtteil° Kreuzberg, aber nur für einen Monat.

Die Suche° geht weiter. Ende März findet Claus ein Zimmer, wieder nur für einen Monat. Die Zeit drängt°, der Studienbeginn kommt näher. Jeden Morgen muß Claus früh aufstehen, Zeitungen kaufen und die Wohnungsanzeigen° lesen. Dann telefoniert er mit den Vermietern° und hört immer wieder: „Die Wohnung ist schon vergeben°." Die Stadt lernt er in dieser Zeit nicht kennen. Er ist zu beschäftigt, eine Wohnung zu finden. Um schneller eine Wohnung zu bekommen, hängt er Zettel° an Bäume° und Telefonzellen°. Erfolg hat er damit nicht.

Das Semester hat schon angefangen, als Claus endlich Glück hat. Durch Kontakte bekommt er eine Zweizimmer-Wohnung im Süden der Stadt. Und das Tollste: Er kann dort, neben seinem Studium, als Hausmeister° arbeiten. Er muß keine Miete° bezahlen und bekommt noch 100 Mark extra. Zum Studium kommt er dieses Semester nicht. Er sieht sich die Stadt an. Am besten geht's mit dem Stadtplan und in der oberen Etage der Doppeldeckerbusse°. Von da hat er einen guten Ausblick°. Einmal fährt er zum Zoo, ein anderes Mal zum Wannsee oder zum Kurfürstendamm, der teuren Einkaufsstraße in der Mitte Berlins. Stadtmagazine und Plakate° informieren über Filme, Konzerte und Ausstellungen°, die er besuchen will. Vom 150 Meter hohen Funkturm° sieht er die ganze Stadt.

In einem Café am Kurfürstendamm.

In Berlin ist immer etwas los.

331

Claus muß alles selbst bezahlen. Das ist schwer, denn in Berlin sind die Preise für Lebensmittel, Kleidung und viele andere Sachen höher als in anderen Teilen Deutschlands. Aber Claus verdient° Geld. Zuerst arbeitet er in einer großen Möbelfirma°, später an der Garderobe° einer Diskothek. An der Uni° und bei Ausflügen hat er Freunde gewonnen. Er fühlt sich wohl in Berlin. „Eine tolle Erfahrung°", meint er. Wenn es ihm in Berlin nicht mehr gefällt, „dann gibt es ja noch Wien, Paris, London und Rio!"

(*fremd* strange; *Fremder* stranger; *einzig* only; *begründet seinen Wechsel* justifies his change; *Lokale* pubs; *Gemanistik und Philosophie* study of German language/literature and philosophy; *Mitfahrzentrale* ride share agency; *Benzin* gasoline; *Mitwohnzentrale* type of apartment information office; *vermitteln* to locate; *Stadtplan* city map; *Keiner redet mir rein.* Nobody meddles in my affairs; *Studienbeginn* beginning of (university) semester; *Stadtteil* part of city; *Suche* search; *drängen* to press; *Wohnungsanzeigen* apartment ads; *Vermieter* renters; *vergeben* is taken; *Zettel* notes; *Bäume* trees; *Telefonzellen* telephone booths; *Hausmeister* caretaker; *Miete* rent; *in der oberen Etage der Doppeldeckerbusse* on the upper floor of the double-decker buses; *Ausblick* view; *Plakate* posters; *Ausstellungen* expositions; *Funkturm* name of famous radio tower; *verdienen* to earn; *Möbelfirma* furniture company; *Garderobe* checkroom; *Uni* is short form for *Universität*; *Erfahrung* experience)

Beantworte diese Fragen!

1. Warum fährt Claus nach Berlin?
2. Hat er viel Gepäck mitgebracht?
3. Wie ist er nach Berlin gekommen?
4. Was macht eine Mitwohnzentrale?
5. Wo übernachtet er die ersten drei Nächte?
6. Ist es leicht, in Berlin eine Wohnung zu finden?
7. Wo wohnt er für einen Monat.
8. Warum muß Claus früh aufstehen?
9. Was macht er noch alles, um eine Wohnung zu finden?
10. Warum hat Claus endlich Glück?
11. Wie lernt er Berlin kennen?
12. Wie weiß er, was alles in Berlin los ist?
13. Wo arbeitet er, um Geld zu verdienen?
14. Gefällt es ihm jetzt in Berlin?

Viele Studenten studieren an der Universität in Berlin.

Die Berliner gehen gern zum Konzert.

Die Leute warten auf den nächsten Flug.

Deutschland grenzt an Österreich.

Verbs with Prepositions

As in the English language, a number of German verbs are used with certain prepositions. In English, for example, there are verbs (including prepositions) such as: to depend *on*, to talk *about*, to ask *for*. In German, these prepositions that follow certain verbs require either the dative or the accusative case. Below you will find a list of those verbs with their corresponding prepositions that you have learned up to now.

These verbs and prepositions are followed by the accusative case:

sich beklagen über	to complain about
sich freuen auf	to look forward to
grenzen an	to border on
sehen auf	to look at
sprechen über	to talk about
warten auf	to wait for

Beispiel: *Warten Sie auf diesen Bus?*
          (Are you waiting for this bus?)

12. ***Worauf freut sich Ingo?*** **Ingo hat in zwei Wochen Ferien. Er hat schon lange darauf gewartet. Jetzt kann er planen, was er machen will.**

❑   die Reise
     Er freut sich auf die Reise.

    1. das Schwimmbad
    2. der Film
    3. der Besuch
    4. die Ferien
    5. der Geburtstag
    6. das Fest

13. *Sie sprechen über verschiedene Sachen.* Anne und Rolf sind gute Freunde und sprechen oft über verschiedene Sachen, die für beide von Interesse sind.

❏ Arbeit / schwer
  Sie sprechen über die schwere Arbeit.

  1. Wetter / schön
  2. Lehrer / nett
  3. Schloß / alt
  4. Mannschaft / toll
  5. Fernseher / neu
  6. Boot / teuer

14. **Bilde Sätze mit den folgenden Wörtern!**

  1. Leute / warten auf / Zug
  2. Wir / sich beklagen / über / schlecht / Wetter
  3. Warum / sprechen über / Paul / immer / Schule
  4. Tina / sich freuen auf / schön / Ferien
  5. Touristen / sehen auf / groß / Landkarte
  6. Land / grenzen an / lang / Fluß

Verbs with Dative

There are several verbs in German that take the dative case. The following verbs that you have learned fall into this category:

antworten	to answer
folgen	to follow
gefallen	to like
gratulieren	to congratulate
helfen	to help
passen	to fit
schmecken	to taste

15. *Hat es ihnen gefallen?* Bernd erzählt, was verschiedene Leute gemacht haben. Heike will wissen, ob es ihnen gefallen hat.

❏ Meine Eltern sind in die Schweiz gefahren.
  Hat es deinen Eltern denn gefallen?

  1. Meine Freunde sind oft im Schwimmbad gewesen.
  2. Meine Tante ist viel in den Bergen gewandert.
  3. Meine Mutter hat immer im Büro gearbeitet.
  4. Mein Bruder ist am See gewesen.
  5. Meine Freundin hat viele Briefmarken gesammelt.

16. *Wem kann ich helfen?* Stell dir vor, daß du heute viel Zeit hast, und du kannst anderen helfen.

❐ deine Großmutter
  Ich kann deiner Großmutter helfen.

  1. sein Onkel
  2. ihre Mutter
  3. meine Freundin
  4. unsere Tante
  5. dein Lehrer

17. *Schmeckt es ihnen nicht?* Auf Uwes Geburtstagsparty sagt Dieter, was alle nicht essen. Uwe will wissen, ob es ihnen nicht schmeckt.

❐ Inge ißt keinen Fisch.
  Schmeckt er ihr nicht?

  1. Hans ißt kein Obst.
  2. Tanja und Monika essen keine Suppe.
  3. Herr Wolters ißt kein Fleisch.
  4. Oma ißt keinen Pudding.
  5. Christa und Walter essen kein Gemüse.
  6. Meine Schwester ißt keinen Kuchen.

18. Ergänze die folgenden Sätze mit den Wörtern in Klammern!

  1. Der Anzug paßt (dein Bruder) _____ gut.
  2. Wie gefällt (du) _____ mein Kleid?
  3. Hast du (sein Freundin) _____ bei der Arbeit geholfen?
  4. Gratuliere (er) _____ doch zum Geburtstag!
  5. Kannst du (die Verkäuferin) _____ antworten?
  6. Folge bitte (der Arzt) _____.
  7. Das Essen schmeckt (die Gäste) _____ sehr gut.

Was kann man hier essen?

Kann ich Ihnen helfen?

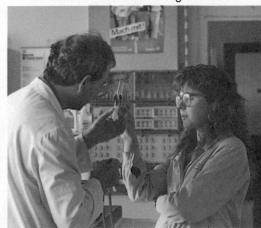

Er hat ihr bei der Arbeit geholfen.

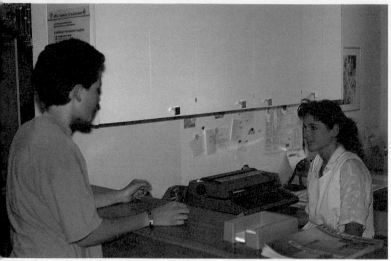

Melanie spricht mit der Sprechstundenhilfe.

Melanie folgt ihr zum Arztzimmer.

Lesestück

Melanie geht zur Ärztin

Melanie fühlt sich nicht wohl. Ihre Mutter sagt ihr, sie soll zur Ärztin gehen. Im Empfang° erzählt sie Fräulein Hiebert, der Sprechstundenhilfe°, daß sie mit der Ärztin sprechen möchte. Fräulein Hiebert bittet Melanie, ein paar Minuten ins Wartezimmer zu gehen. Dort setzt sie sich hin und liest eine Zeitschrift. Es dauert aber nicht lange, bis Fräulein Hiebert ins Zimmer kommt und ihr sagt, daß sie jetzt mit der Ärztin sprechen kann. Melanie folgt ihr und geht dann ins Arztzimmer hinein.

reception
receptionist

Ärztin:	Grüß Gott, Melanie. Was fehlt dir denn?
Melanie:	Ich habe Halsschmerzen. Außerdem tut mir der Kopf weh. Fieber habe ich auch.
Ärztin:	Na, dann will ich dich mal kurz untersuchen°. Leg dich bitte hier hin°. Wie lange hast du denn schon Hals- und Kopfschmerzen?
Melanie:	Seit gestern. Ich konnte fast die ganze Nacht nicht schlafen.
Ärztin:	Die Halsdrüsen° sind etwas geschwollen°. Mach mal deinen Mund auf. Ja, die Mandeln° sind entzündet°.

examine
Leg dich...hin. Lie down.

glands (neck)/swollen

tonsils/infected

Melanie:	Ich kann fast gar nicht schlucken°.	*swallow*
Ärztin:	Jetzt will ich noch in deine Ohren sehen. Die sind in Ordnung°. Deine Augen sind auch klar°.	*OK* *clear*
Melanie:	Warum messen Sie meinen Blutdruck°?	*measure my blood pressure*
Ärztin:	Das machen wir immer. Sei nicht so steif°! Halte deinen Arm etwas locker!	*stiff*
Melanie:	Wie ist mein Blutdruck?	
Ärztin:	Ganz normal.	

Die Ärztin bittet Melanie, sich wieder auf den Stuhl zu setzen. Sie sagt ihr, daß sie eine Halsentzündung° und eine Art Grippe° hat. Sie gibt ihr Medizin für den Hals. Sie soll oft damit gurgeln°. Dann schreibt sie ein Rezept° und sagt Melanie, sie soll die Tabletten dreimal am Tag nehmen. Die Tabletten kann sie in der Apotheke° bekommen. Die Ärztin glaubt, daß Melanies Fieber in ein oder zwei Tagen weg sein wird°. Dann kann sie wieder zur Schule gehen. Falls° sie sich in zwei Tagen nicht besser fühlt°, soll sie die Ärztin anrufen.

throat infection
type of flu
gargle
prescription

pharmacy
will be gone
if
feel

Was paßt hier am besten?

1. Fräulein Hiebert arbeitet
2. Melanies Kopf tut
3. Die Ärztin mißt
4. Die Ärztin schreibt
5. Melanies Mandeln sind
6. Fräulein Hiebert kommt
7. Melanie soll
8. Melanie wartet
9. Die Ärztin gibt
10. Melanie fühlt

a. im Wartezimmer
b. weh
c. ins Wartezimmer
d. im Empfang
e. sich nicht wohl
f. ein Rezept
g. ihren Arm locker halten
h. den Blutdruck
i. Melanie Medizin für den Hals
j. entzündet

Was fehlt Melanie?

Was macht die Ärztin?

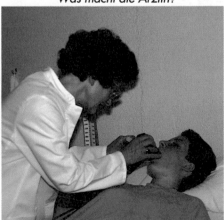

Was schreibt die Ärztin?

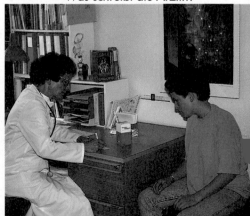

Beantworte die folgenden Fragen!

1. Wer ist Fräulein Hiebert?
2. Was macht Melanie im Wartezimmer?
3. Was für Schmerzen hat Melanie?
4. Was ist etwas entzündet?
5. Wie ist Melanies Blutdruck?
6. Was fehlt Melanie?
7. Was soll Melanie mit der Medizin für den Hals tun?
8. Wann kann Melanie wieder in die Schule?

Übung macht den Meister!

1. *Wie ist das passiert?* Erzähle von einem Unfall (accident), den jemand (Bekannter oder Verwandter) gehabt hat. *Wann, wo und wie ist das passiert?*, *Hat sich jemand verletzt?*, usw.

2. *Ein Besuch beim Arzt.* Seit ein paar Tagen fühlst du dich nicht wohl. Endlich gehst du zum Arzt. Schreibe einen kurzen Dialog darüber.

3. *Mein Hobby.* Beschreibe ein Hobby, das du hast. Frag deine Klassenkameraden, was für Hobbys sie haben. Sie sollen ihre Hobbys auch beschreiben.

4. Your friend has had an accident. Describe what you did to help (bandage, call for help, take to the hospital, etc.).

Erweiterung

19. Beantworte diese Frage mit einem ganzen Satz: „Wofür braucht man...?

❒ Aspirin
Aspirin braucht man für Kopfschmerzen.

1. Hustensaft
2. Verband
3. Tabletten
4. Salbe
5. Fieberthermometer

Wo kann man Geld bekommen?

Wo sitzen die Leute?

Wann kann man mit der
Zahnärztin sprechen?

20. Ergänze die folgenden Sätze!

1. Wenn man einen Film sehen will, dann geht man ins _____.
2. Wenn man krank ist, dann soll man zum _____ gehen.
3. Wenn man hungrig ist, dann kann man in einem _____ essen.
4. Wenn man nach Europa fliegen will, dann kann man mit einem _____ fliegen.
5. Wenn man Geld braucht, dann kann man es in der _____ bekommen.
6. Wenn man Brot braucht, dann kann man es beim _____ kaufen.
7. Wenn man Briefmarken kaufen will, dann kann man das bei der _____ machen.
8. Wenn man eine Reise machen will, dann kann man ein _____ anrufen.
9. Wenn Jugendliche preiswert übernachten wollen, dann können sie das in einer _____ tun.
10. Wenn man tanzen will, dann kann man in eine _____ gehen.

21. Gib eine passende Antwort. Sei sicher, daß der ganze Dialog sinnvoll ist!

1. Ich habe Kopfschmerzen.
2. Nein, leider habe ich keins.
3. Ich habe nicht genug Geld.
4. Das ist sehr nett.
5. Vier Mark sollte genügen.
6. Ich gebe dir die sechs Mark gleich zurück, und die vier Mark bekommst du morgen.

22. Welche Wörter passen zusammen? Kombiniere die Wörter auf der linken Seite mit den entsprechenden Wörtern in der folgenden Liste! Du kannst alle zusammengesetzten Wörter in dieser Lektion finden. Nachdem du alle Wörter gefunden hast, nimm sechs der zusammengesetzten Wörter und bilde ganze Sätze!

der Saft	das Thermometer	die Hilfe
die Drüse	das Zimmer	die Binde
der Kasten	die Schrift	das Pflaster
der Druck	das Haus	der Leiter

1. der Verband
2. das Auge
3. der Kranke
4. die Schule
5. Sprechstunde
6. das Blut
7. der Hals
8. der Arzt
9. der Husten
10. das Fieber
11. das Heft
12. die Zeit

23. Beantworte diese Fragen!

1. Bist du in letzter Zeit krank gewesen?
2. Zu welchem Arzt gehst du?
3. Wo kannst du Medizin kaufen?
4. Was soll man tun, wenn man krank ist?
5. Wo gibt es in deiner Gegend ein Krankenhaus?

Sprachspiegel

24. *Wie man gesund bleiben kann!* Beschreibe fünf Möglichkeiten, wie man gesund bleiben kann.

25. Wie sagt man's?

gegeben	zeigen	besuchen	passiert
nachmittag	zweimal	erkältet	hohes
angerufen	glaube	krank	gestern
weiß	verschiedenen	schlägt	gefahren
gehabt	geschwollen	neuen	gemacht
mußt	bekommen	verletzt	viele

1. Hast du schon lange _____ Fieber?
   Seit _____.
   Hast du dich _____?
   Ja, ich _____.

2. Was ist denn an der Ecke _____?
   Ein Motorrad ist in den Zeitungsstand _____.
   Hat der Fahrer sich _____?
   Nein, er hat Glück _____.

3. Von wem hast du diese Medizin _____?
   Mein Arzt hat sie mir _____.
   Wie oft _____ du sie nehmen?
   Er hat gesagt, _____ am Tag.

4. Meine Hand ist _____.
   Was hast du denn _____?
   Das ist mit meinem _____ Schläger passiert.
   Weißt du denn nicht, daß man den Ball _____ und nicht die Hand?

5. Kannst du mit den _____ Geräten umgehen?
   Nein, noch nicht. Unser Lehrer wird es uns _____.
   Wie _____ Wochen hast du denn Werkunterricht?
   Ich _____ nicht genau.

6. Warum hast du das Krankenhaus _____?
   Die Ulrike ist _____.
   Willst du sie _____?
   Ja, heute _____.

26. Welches Fernsehprogramm siehst du dir gern an?

1. Hast du ein Fernsehprogramm, das dir besonders gefällt?
2. Wie heißt es? Warum gefällt es dir so gut?
3. Wie oft siehst du dir dieses Programm an?
4. Wo spielt es und wer sind die Schauspieler?
5. Stell dir vor, du hast dein eigenes Fernsehprogramm. Was für ein Programm würdest (would) du zeigen?

27. Wie heißt das auf deutsch?

1. Aren't you feeling well?
2. No, I have the flu.
3. Do you have a headache?
4. No, I have a sore throat.
5. Don't you want to call the doctor?
6. He can write a prescription.

Rückblick

I. Bilde Sätze mit den folgenden Wörtern!

1. Wir / fahren / mit / Schiff / oder / fliegen / Flugzeug
2. Obgleich / Paul / keine Zeit / haben / besuchen / er / sein / Onkel / sein / Tante
3. Ich / müssen / Arbeit / machen / bevor / ich / zu / Disko / gehen / können
4. Solange / wir / kein / Geld /haben / können / wir / kein / Musikinstrument / kaufen
5. Christa / Hausaufgaben / machen / während / Gabi / einkaufen gehen
6. Du / müssen / warten / bis / er / von / Geschäft / zurückkommen
7. Was / werden / wir / machen / wenn / dein / Freund / zu Besuch kommen

II. Ergänze diese Sätze!

1. Ich möchte in die Stadt gehen, aber _____.
2. Herr Schmidt muß ins Büro, weil _____.
3. Da _____, kann er keinen Anzug kaufen.
4. Frau Holzmann macht noch einige Einkäufe, bevor _____.
5. Meine Verwandten kommen nicht zu uns, sondern _____.
6. Nachdem _____, werfen wir ihn in den Briefkasten ein.
7. Peter bekommt ein Fahrrad, und _____.
8. Ich weiß nicht, ob ich _____.
9. Sie fliegen nach Europa, denn _____.
10. Als _____, sahen wir viele alte Städte.

III. Welche Endungen fehlen hier?

Herr und Frau Schmidt haben Lust, zu d_____ neu_____
französisch_____ Restaurant in d_____ Stadt zu fahren. Ihre Bekannten
haben ihnen in d_____ letzt_____ Tagen viel von dies_____ elegant_____
Restaurant erzählt. Am spät_____ Nachmittag fahren sie mit d_____
Straßenbahn direkt zu_____ Bahnhof. Von dort gehen sie bis zu_____
erst_____ Ecke und dann d_____ zweit_____ Straße nach rechts.

Im Restaurant herrscht ein_____ gemütlich_____ Atmosphäre. Schmidts
bekommen ein_____ gut_____ Platz. Nach einer Weile bringt ein_____
nett_____ Kellner ein_____ groß_____ Speisekarte. Obwohl d_____
meist_____ Speisen französisch sind, bietet d_____ Restaurant auch
ein paar deutsch_____ Speisen an. Der Kellner empfiehlt Schmidts,
ein_____ französisch_____ Essen zu bestellen.

IV. Welche Wörter passen zusammen?

Obst	Medizin	Bohnen	Fleisch
Speisekarte	Sport	Disko	Umkleidekabine
Kino	Fußball	Arzt	Fuß

1. Film
2. Stadion
3. Schuhe
4. Essen
5. Krankenhaus
6. Gemüse
7. Schweinebraten
8. Kirschen
9. Musik
10. Schwimmbad
11. Tabletten
12. Staffellauf

Schwimmbad (Göttingen)

V. Ergänze die folgenden Sätze!

1. Auf (Markt) _____ ist immer viel los.
2. Wir gehen gern in (Museum) _____.
3. Mein Moped steht hinter (Haus) _____.
4. Wenn es regnet, stehen wir unter (Brücke) _____.
5. Setzen Sie sich hier auf (Stuhl) _____!
6. Kannst du an (Ecke) _____ warten?
7. Das Lineal liegt zwischen (Buch) _____ und (Zeitung) _____.
8. Stell die Teller bitte auf (Tisch) _____!

Der Mainzer Dom

Wohin kann man fahren?

Am Rhein gibt's viele Burgen.

Land und Leute

Der Rhein

Der Rhein entspringt am St. Gotthard° in der Schweiz, fließt durch den Bodensee von Süden nach Norden durch Deutschland, dann weiter durch die Niederlande und fließt in die Nordsee. Das ist eine Strecke von 1 320 km. Den schönsten Teil des Rheins findet man zwischen Mainz und Köln. *name of mountain*

Mainz ist die Hauptstadt des Landes° Rheinland-Pfalz. Schon 13 v. Chr. (vor Christus) war diese Stadt ein römisches Militärlager°. Der Dom, mehr als 900 Jahre alt, ist das Wahrzeichen der Stadt. Von Mainz fließt der Rhein westlich und dann bei Bingen wieder nach Norden. Gegenüber von Bingen liegt die kleine Stadt Rüdesheim, die bei Touristen sehr beliebt ist. Besonders berühmt ist die Drosselgasse°. Hoch über Rüdesheim steht das Niederwalddenkmal°, erbaut zur Erinnerung an den Krieg° zwischen Deutschland und Frankreich (1870-71). Von hier oben hat man einen schönen Blick auf den Rhein. *State*

Roman military camp

name of narrow street
name of monument
in memory of the war

Zwischen Rüdesheim und Aßmannshausen fährt man am Mäuseturm vorbei°. Eine Sage° erzählt von dem geizigen° Mainzer Bischof° Hatto II (968-70), der sehr *go past the Mouse Tower/*
legend
stingy/Bishop unmenschlich° war. Die Einwohner haben ihn in den Turm° geworfen, wo die Mäuse° ihn aufgefressen° haben. Aßmannshausen (nur fünf Kilometer von Rüdesheim entfernt) ist auch sehr bekannt. Eine gotische Kirche° ist der Mittelpunkt° dieser kleinen Stadt. Auf der anderen Seite des Rheins steht Burg° Rheinstein, wo früher Prinz Friedrich von Preußen (1825-29) gewohnt hat. Heute kann man diese Burg besichtigen. Nicht weit von Burg Rheinstein gibt es zwei andere Burgen. Die eine heißt Burg Reichenstein (über 1000 Jahre alt), die andere ist Burg Sooneck (im Jahre 1010 erbaut). Bacharach liegt auf derselben Seite wie diese beiden Burgen. Diese Stadt, auch über 1000 Jahre alt, hat noch heute 16 Wachtürme°.

inhuman
tower/mice/ate up

gothic church/center of attraction
castle

watch towers

Niemand° hat den Rhein wirklich gesehen, ohne an der Loreley vorbeizufahren. Die Loreley ist ein großer Felsen° (132 m) zwischen Kaub und St. Goarshausen, auf der rechten Seite des Flußes. Eine Sage erzählt von einem schönen Mädchen, das oben auf dem Felsen saß. Viele Schiffer° verloren ihr Leben°, weil sie wegen des Mädchens nicht aufpaßten, wohin sie fuhren.

nobody

rock

boatmen/life

Der Mäuseturm

Die Loreley

345

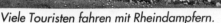
Viele Touristen fahren mit Rheindampfern.

St. Goar

Bonn, eine beliebte Stadt am Rhein

Auf der anderen Seite liegt St. Goar (gegründet° im *founded*
Jahre 570). Alle Häuser baut° man hier heute noch im *build*
alten Stil°. Hoch über der Stadt und mit einem Blick auf *style*
den Rhein steht Burg Rheinfels. Man hat diese Burg im
Jahre 1250 gebaut, aber heute ist sie nur noch eine
Ruine°. Zwölf Kilometer nördlich, auf derselben Seite, *ruins*
ist Boppard. Wie alle kleinen Orte in dieser Gegend,
bietet° der Rhein auf beiden Seiten viele Weinberge°. *offers/vineyards*
Während der Monate Juli bis Ende September finden
hier viele Weinfeste° statt. In der Nähe von Koblenz *wine festivals*
steht Burg Stolzenfels (erbaut vor mehr als 600 Jahren).

Obwohl die Strecke zwischen Mainz und Koblenz die
schönste auf dem Rhein ist, gibt es doch auch nördlich
von Koblenz noch viel zu sehen. Bonn liegt ungefähr
60 Kilometer von Koblenz entfernt. Besucher aus vielen
Ländern kommen jedes Jahr nach Bonn. Während der
Sommermonate kommen die Touristen mit Rhein-
dampfern°, Autos, Bussen oder Zügen. Von Bonn sind *Rhine steamers*
es nur 30 Kilometer bis Köln. Der Kölner Dom ist das
Wahrzeichen der Stadt und ist schon aus weiter Entfernung zu sehen.

Man sagt, daß eine Reise nach Deutschland undenkbar
ist, ohne einen Teil des Rheins gesehen zu haben. Es ist
für alle immer ein großes Erlebnis.

Was weißt du vom Rhein?

1. Die Drosselgasse ist
2. Die Loreley ist
3. Koblenz liegt
4. Bischof Hatto war
5. Eine gotische Kirche ist
6. Burg Rheinfels ist
7. Bacharach hat

a. in der Burg Rheinstein gewohnt
b. heute eine Ruine
c. älter als 1400 Jahre
d. sechzig Kilometer von Bonn
    entfernt
e. zwischen Koblenz und Köln
f. eine sehr kleine Straße

8. Prinz Friedrich von
   Preußen hat
9. Das Wahrzeichen Kölns ist
10. Bonn liegt
11. Der Bodensee ist
12. St. Goar ist

g. sechzehn Wachtürme
h. ein großer Felsen
i. in Süddeutschland
j. sehr unmenschlich
k. der Dom
l. der Mittelpunkt von
   Aßmannshausen

Beantworte diese Fragen!

1. Durch wie viele Länder fließt der Rhein?
2. Wie heißen sie?
3. Was ist Mainz vor 2000 Jahren gewesen?
4. Warum hat man das Niederwalddenkmal gebaut?
5. Was haben die Mainzer mit Bischof Hatto II gemacht?
6. Warum?
7. Wie alt ist Burg Reichenstein?
8. Was hat die Stadt Bacharach heute noch?
9. Was soll mit vielen Schiffern passiert sein, als sie das schöne
   Mädchen auf dem Felsen sahen?
10. Gibt es heute in St. Goar viele moderne Häuser?
11. Was gibt es am Rhein während der Sommermonate?
12. Wie kommen die Besucher nach Bonn?

Sprichwort

Wo gehobelt wird, fallen Späne.
(Where one planes, there will be shavings. /
You cannot make an omelette without breaking eggs.)

Wo liegt Bayern?

Die Alte Mainbrücke in Würzburg

Der Marktplatz in Rothenburg

Kulturecke

Die Romantische Straße

D ie *Romantische Straße*, the oldest and most famous German vacation route, offers the traveler history, culture and—most of all—scenery of indescribable beauty. The *Romantische Straße* winds its way through Bavaria, Germany's largest state. It stretches 200 miles from Würzburg in the northern part to Füssen at the southern tip of Bavaria.

Würzburg, located along the Main River, dates back to the first century before Christ. The Marienberg Castle, situated among lovely vineyards and overlooking the the city of Würzburg, was built in the 18th century and is one of the biggest and most beautiful baroque palaces in Germany. The oldest bridge, the *Alte Mainbrücke* (built between 1453 and 1543) takes you right into town.

You may either follow a map or be directed by road signs that point you in the right direction of the *Romantische Straße*. Going south, within an hour's drive, you come to Weikersheim which is proud of its spacious renaissance palace which was once reserved for the use of guests from Europe's royal families. Like many towns in this area, Weikersheim with its old houses and city gates takes you back to the Middle Ages. About 10 miles from Weikersheim you'll come through Creglingen. Many tourists come here every year to visit the *Herrgottskirche* with the famous

348

Marienaltar created by the masterful wood-carver, Tilman Riemenschneider.

Undoubtedly, the most frequently visited town along the *Romantische Straße* is Rothenburg ob der Tauber. You will have to enter the town through any one of four or five gates which are part of the ancient city wall that surrounds the town. Although cars are allowed to enter Rothenburg, all tour buses must park outside of the city wall. There are no parking lots in the city itself.

The market square (*Marktplatz*) is the center of life and the starting point of daily tours. Visitors gather here on the hour to witness the recreation of the famous *Meistertrunk*. The town was besieged and conquered by a Swedish General in 1631. According to legend, Mayor Nusch saved the town by taking up the general's challenge to drink a huge jug of wine. The city hall is more than 500 years old and considered one of the finest in Germany. The fountain (*Georgsbrunnen*), located in the southwest corner of the market square, was used since 1446 to supply the citizens with water.

Strolling down the cobblestone street, you will admire the colorful residential homes which are beautifully decorated with flowers. Then, suddenly you stand in front of the *Plönlein*, one of the most picturesque and most frequently photographed streets in Europe. Although the town was almost completely destroyed during the Thirty Years' War, this Free Imperial City of the Middle Ages has maintained its charm and culture, unharmed by any wars since that time.

From Rothenburg the road leads past farm fields and tiny towns until you come to Dinkelsbühl, another fairy-tale-like city. Dinkelsbühl is over 1,000 years old. Many of the houses, although renovated over the years, are still from the Middle Ages. A watchman still surveys the town from the top of the Gothic church of St. George (*St. Georgskirche*).

Georgsbrunnen (Rothenburg)

Wo ist die Romantische Straße?

Nördlingen

Dinkelsbühl   *Ein Blick auf Dinkelsbühl*   *Augsburg*

About 20 miles from Dinkelsbühl, you'll come to Nördlingen which according to the townspeople is called the "living city of the Middle Ages" (*die lebende Stadt des Mittelalters*). Like other towns along the *Romantische Straße*, Nördlingen has preserved its medieval charm and character as well.

Not far away from Nördlingen you'll pass *Schloß Harburg* together with the township of the same name. The castle, which was never captured or destroyed, is today a museum housing art treasures, including Gothic tapestries and valuable manuscripts and works by Riemenschneider. As you continue traveling south, you'll cross the Danube River at Donauwörth, a former Free Imperial City. Augsburg, Bavaria's third-largest city, is the oldest city on the *Romantische Straße* with a history dating back 2,000 years, including 450 years as the capital of a Roman province, 500 years of power as a Free Imperial City and 1,400 years as a religious center.

Time permitting, your trip will eventually take you to the end of the *Romantische Straße*, to the city of Füssen where you view perhaps one of the most beautiful and spectacular sites in all of Germany—*Schloß Neuschwanstein*.

Wie heißen die Städten, die man hier beschreibt?

1. Man nennt sie „die lebende Stadt im Mittelalter".
2. Dort steht der Marienaltar.
3. Nördlingen ist etwas mehr als 30 Kilometer von dieser Stadt entfernt.
4. Diese kleine Stadt liegt am Ende der Romantischen Straße.
5. In dieser Stadt findet man den Georgsbrunnen.
6. Das Schloß und die Stadt haben denselben Namen.
7. Diese Stadt liegt an der Donau.
8. Der Main fließt durch diese Stadt.
9. Diese Stadt liegt westlich von München und ist 2 000 Jahre alt.
10. Diese Stadt kann man in einer Stunde von Würzburg erreichen.

Vokabeln

die **Apotheke,-n** pharmacy
die **Art,-en** type, kind
die **Ärztin,-nen** doctor (female)
das **Arztzimmer,-** doctor's office
das **Aspirin** aspirin
Au! Ouch!
die **Augenbinde,-n** (eye) bandage
der **Bauch,-̈e** stomach
die **Bauchschmerzen (pl.)** stomachache
besprühen to spray
der **Blutdruck** blood pressure
den Blutdruck messen to take the blood pressure
bluten to bleed
der **Bohrer,-** drill
drin (or: **darin**) in it
empfangen (*empfängt, empfing, empfangen*) to receive
der **Empfang** reception
entzündet infected
sich **erkälten** to catch a cold
erwischen to get (hold of) **Es hat mich erwischt.** It got me.
falls if, in case
fehlen to be missing **Was fehlt dir?** What's wrong with you?
festhalten (*hält fest, hielt fest, festgehalten*) to hold tight
das **Fieber** fever
das **Fieberthermometer,-** fever thermometer
fühlen to feel
gefährlich dangerous
das **Gerät,-e** tool, instrument
gesund healthy, well
geschwollen swollen
die **Grippe** flu
gurgeln to gargle
die **Halsdrüse,-n** gland (neck)

die **Halsentzündung** throat infection
die **Halsschmerzen (pl.)** sore throat
das **Heftpflaster,-** adhesive bandage, Band-Aid
hineinkommen (*kam hinein, ist hineingekommen*) to come inside
sich **hinlegen** to lie down
hinweisen auf (*wies hin, hingewiesen*) to point out
der **Hustenbonbon,-s** (also: *das Bonbon*) cough drop
der **Hustensaft,-̈e** cough syrup
die **Infektion,-en** infection
klar clear
die **Kopfschmerzen (pl.)** headache
krank sick, ill
das **Krankenhaus,-̈er** hospital
locker loose
die **Mandel,-n** tonsil
die **Medizin** medicine
messen (*mißt, maß, gemessen*) to measure
normal normal
reden to talk, speak
das **Rezept,-e** prescription
die **Rückenschmerzen (pl.)** backache
die **Sachen (pl.)** items, things **Du machst tolle Sachen.** You are doing dumb things.
die **Salbe,-n** ointment, salve
schlimm bad
schlucken to swallow
der **Schulleiter,-** school principal
die **Schulsekretärin,-nen** school secretary

schützen vor to protect against
schwindlig dizzy **Mir ist schwindlig.** I'm dizzy.
sitzen (*saß, gesessen*) to sit, fit
der **Splitter,-** splinter
die **Sprechstundenhilfe,-n** receptionist (doctor's assistant)
steif stiff
stillhalten (*hält still, hielt still, stillgehalten*) to hold still
die **Tablette,-n** tablet, pill
umgehen (*ging um, ist umgegangen*) to handle
untersuchen to examine
der **Verband,-̈e** bandage
der **Verbandskasten,-̈** first-aid kit
verbinden (*verband, verbunden*) to bandage
Verflixt! Darn!
sich **verletzen** to injure, get hurt
wahrscheinlich probably
das **Wartezimmer,-** waiting room
weg: weg sein to be gone
wegnehmen (*nimmt weg, nahm weg weggenommen*) to take off (away)
wehtun (*tat weh, wehgetan*) to hurt
der **Werkunterricht** shop class
wohl well **sich wohl fühlen** to feel well
die **Wunde,-n** wound
die **Zahnschmerzen (pl.)** toothache

Roboterstraße 2
Typ W 124 / W 201

Dirk's Fahrschule

7,5 t
Anlieger frei

20 ZONE

Altstadt
laden · laden
gehen · gehen

Umleitung

FLUGHAFEN HAMBURG

Fahrzeuge

Communicative Functions

- naming parts of a car
- talking about purchasing a vehicle
- describing traffic signs
- talking about driver's training

Kurt kauft ein Moped

Kurt hat lange gewartet, um sich ein Moped zu kaufen. Er hat sich ein ganzes Jahr Geld gespart. Endlich glaubt er, genug Geld für ein neues Moped zu haben. Er sieht sich mit seinem Freund Wolf einen Prospekt an. Seidl's Zweiradshop hat die besten Preise. Deshalb gehen sie heute nachmittag dorthin.

(vor dem Schaufenster)

Wolf: Einen Helm brauchst du natürlich auch.

Kurt: Damit habe ich gar nicht gerechnet. Hoffentlich hab' ich genug Geld. Gehen wir hinein!

Verkäuferin: Grüß Gott, Kurt. Ist heute der große Tag? Du hast dir ja schon seit Monaten bei uns Mopeds angeschaut.

Kurt: Nach ihrem Prospekt haben Sie diese Woche ein Sonderangebot.

Verkäuferin: Ja, wenn du das Moped kaufst, bekommst du den Helm kostenlos.

Was paßt hier am besten?

1. Kurt und Wolf gehen
2. Kurt ist
3. Heute haben
4. Beim Fahren muß
5. Kurt hat
6. Seidl's Zweiradshop hat
7. Die beiden Jungen sehen sich
8. Wolf und Kurt stehen

a. die besten Preise
b. schon ein paar Mal in Seidl's Zweiradshop gewesen
c. man einen Helm aufsetzen
d. vor dem Schaufenster
e. am Nachmittag zum Mopedgeschäft
f. sie ein Sonderangebot
g. einen Prospekt an
h. genug Geld für ein Moped gespart

Was sehen sie sich an?

Wer hat die besten Preise?

Könnten Sie mir das Moped dort mal vorführen?

Das Startpedal ist an diesem Modell besser als an vielen anderen Mopeds.

(vor dem Geschäft)

Inhaber: Wir haben viele von diesen Mopeds verkauft. Die sind bei den Jugendlichen besonders beliebt.

Kurt: Könnten Sie mir das Moped dort mal vorführen?

Inhaber: Eine gute Wahl.

Kurt: Ja, stimmt. Es ist das Moped im Prospekt. Der Preis ist nicht schlecht. Wolf, setz dich mal drauf.

Wolf: Der Sitz ist ganz bequem.

Inhaber: Das Startpedal ist an diesem Modell besser als an vielen anderen Mopeds. Ihr könnt es ja mal hier ganz kurz ausprobieren. Ich muß noch schnell dem Kunden da den Reifen wechseln.

Ergänze diese Sätze!

1. Der Inhaber muß einen Reifen _____.
2. Der Sitz auf dem Moped ist sehr _____.
3. Der Inhaber sagt, daß er viele von diesen Mopeds _____.
4. Der Preis des Mopeds im Prospekt ist _____.
5. Wolf soll sich auf das Moped _____.
6. Das Startpedal an dem Moped, das der Inhaber vorführt, soll besser als an vielen _____.

Kurt: Was meinst du, Wolf? Gefällt es dir?
Wolf: Auf jeden Fall ist es besser als meins.
Kurt: Das ist wirklich kein Kompliment. Dein Moped ist für den Schrott reif.
Wolf: Solange es fährt, beklage ich mich nicht.
Kurt: Also, ich habe meine Entscheidung getroffen. Dieses Moped fährt wirklich ganz toll.

Beide gehen ins Geschäft zurück. Frau Seidl, die Frau des Inhabers, schreibt die Rechnung. Kurt freut sich sehr über seinen Kauf. Jetzt kann er mit seinem neuen Moped überall schneller hinkommen.

Beantworte die folgenden Fragen!

1. Wer ist Frau Seidl?
2. Was meinst du, ist Wolfs Moped neu?
3. Warum freut sich Kurt?
4. Welche Entscheidung hat Kurt getroffen?

Von wem spricht man hier? (Herr Seidl, Frau Seidl, die Verkäuferin, Kurt oder Wolf) Wer...?

1. verkauft viele Mopeds
2. braucht einen Helm
3. schreibt die Rechnung
4. meint, daß der Sitz bequem ist
5. freut sich über den Kauf
6. sagt, daß der Helm kostenlos ist, wenn man diese Woche ein Moped kauft
7. hat die Entscheidung getroffen
8. meint, daß das Startpedal an dem Moped sehr gut ist
9. hofft, genug Geld zu haben
10. will sich nicht beklagen

Für dich

Teenagers are allowed to drive a moped (*das Moped*) at the age of fifteen. However, Germans have to wait until they are 18 before they can get a driver's license (*der Führerschein*). Anyone who wants to get a driver's license will have to take 10 to 12 lessons offered by any driving school (*die Fahrschule*) found throughout Germany. These schools offer theoretical as well as practical training in operating an automobile or other motorized vehicle. Each lesson is fairly expensive, but the driver is taught not only how to drive an automobile but also receives instruction in basic repair and maintenance procedures. A driver's license in Germany does not have to be renewed every few years; it is good for a lifetime.

People who own a car in Germany keep the same license plate as long as it is registered with the same local traffic authority. If the owner moves to another district, he has to register the car at the new location. License plates identify the city or town where the car is registered. The first group of letters on the license plate stands for the city or district (HH = Hansestadt Hamburg, M = München, etc.)

Kombiniere...

Wie viele Sätze kannst du bilden?

Ich habe nicht gewußt	daß	er Autofahren kann
Hast du gefragt	wann	es heute ein Sonderangebot gibt
Wir haben ihnen erzählt	ob	sie im Prospekt nachgesehen haben
Glaubt ihr	wie	wir überall schnell hinkommen
Kannst du dir vorstellen	wo	Paul den Reifen gewechselt hat

Nützliche Ausdrücke

Ich habe nicht damit gerechnet.	I didn't expect it.
Wir bekommen es kostenlos.	We get it free.
Könnten Sie es uns vorführen?	Could you demonstrate it for us?
Setz dich drauf.	Sit on it.
Ist es bequem?	Is it comfortable?
Es ist für den Schrott reif.	It's ready for scrap.
Beklag dich nicht!	Don't complain.

Gib eine passende Antwort in den folgenden Situationen! Benutze die Ausdrücke von den „Nützlichen Ausdrücken" in deiner Antwort!

1. Sitzt du gern auf diesem Sessel? Ja,...
2. Ich habe von meinem Onkel 500 Mark bekommen.
3. Dein Auto ist doch schon fünfzehn Jahre alt. Es fährt doch gar nicht mehr.
4. Möchten Sie einen Fernseher kaufen? Ja,...
5. Es ist zu spät. Wir können nicht ins Kino gehen und für die Disko habe ich nicht genug Geld.
6. Ist das dein Pferd? Kann ich es reiten (ride)? Ja,...
7. Wieviel hast du für dein Fahrrad bezahlt? Nichts,...

Ergänzung

S-Bahn

Straßenbahn

Bushaltestelle

Bus

Straßenbahn-
haltestelle

Teile eines Autos

das Dach

die Windschutz-
scheibe

das
Steuerrad

der
Rücksitz

der
Kofferraum

der
Vordersitz

die
Tür

der
Scheinwerfer

der
Sicher-
heitsgurt

B·KL63

das
Nummernschild

der Reifen

U-Bahn

Verkehrsschilder

Gemeinsamer Weg für Radfahrer und Fußgänger

Baustelle (Fahrer und Fußgänger aufpassen!)

Vorfahrt gewähren! (Die anderen dürfen zuerst fahren)

Kinder (Fahrer aufpassen!)

Fußgängerüberweg

Hier helfen Schülerlotsen beim überqueren der Straße

Vorfahrtstraße

Halt! Vorfahrt gewähren! (Die anderen dürfen zuerst fahren)

Vorfahrt nur an der nächsten Kreuzung (Die anderen müssen warten)

Fußgängerunterführung

Nur für Radfahrer

Nur für Fußgänger

359

1. Von welchem Teil des Autos spricht man hier?

1. Zwei Personen sitzen vorne und zwei andere sitzen auf _____.
2. Wenn es dunkel ist, braucht man _____.
3. Der Herr kommt aus München. Das kann man an _____ sehen.
4. Ein Auto hat vier _____.
5. Wenn man das Auto nach rechts oder links fährt, dann braucht man _____.
6. Lege bitte das Gepäck in _____.
7. Ich kann gar nicht durch _____ sehen. Es regnet zu stark.
8. Mach _____ bitte auf!
9. Du mußt _____ befestigen.
10. Der Fahrer sitzt auf _____.

Sag's mal!

Die Gangschaltung funktioniert nicht.

Ich habe kein Öl.

Ich habe kein Benzin mehr.

Ich weiß es nicht.

Der Reifen ist kaputt.

Da ist was am Gaspedal.

Wir haben einen Motorschaden.

Ich habe einen Platten.

Übungen

Subjunctive

The subjunctive of a verb expresses a specific mood. It is used mostly to indicate actions that are unreal or not factual. Most English verbs do not have a special form for the subjunctive and, therefore, you use it often without realizing it. The subjunctive form is used frequently in German. It is used in *indirect discourse, expressions of politeness and wishes,* and in *contrary-to-fact statements.*

There are basically two tenses in the subjunctive: *present* (present subjunctive I and present subjunctive II) and *past* (past subjunctive I and past subjunctive II).

Subjunctive Tenses

Present subjunctive I

The present subjunctive I is formed by using the infinitive stem of the verb and adding the subjunctive endings that are identical for all verbs (regular and irregular) and all tenses, except that there is no ending in the first and third person singular of the verb *sein.* These subjunctive verb forms are quite often used in the media (TV and newspapers). In colloquial usage, the present subjunctive II forms are preferred.

	fragen	kommen	haben	sein
ich	frage	komme	habe	sei
du	fragest	kommest	habest	seiest
er, sie, es	frage	komme	habe	sei
wir	fragen	kommen	haben	seien
ihr	fraget	kommet	habet	seiet
sie, Sie	fragen	kommen	haben	seien

Beispiele: *Der Briefträger sagt ihr, er habe heute keine Post.*
(The mail carrier tells her that he doesn't have any mail today.)

Peter glaubt, Gisela fühle sich heute nicht wohl.
(Peter thinks that Gisela doesn't feel well today.)

Present subjunctive II

The present subjunctive II is formed by using the stem of the past tense verb and adding the subjunctive endings. The vowels a, o and u in the stem of the past tense of irregular verbs change to ä, ö and ü.

	fragen	**kommen**	**haben**	**sein**
ich	fragte	käme	hätte	wäre
du	fragtest	kämest	hättest	wärest
er, sie, es	fragte	käme	hätte	wäre
wir	fragten	kämen	hätten	wären
ihr	fragtet	kämet	hättet	wäret
sie, Sie	fragten	kämen	hätten	wären

Beispiele: *Sie schreibt, sie käme morgen abend.*
(She is writing that she is coming tomorrow evening.)

Er sagt mir, er hätte kein Geld.
(He is telling me that he doesn't have any money.)

Er liest, es wäre morgen kalt.

Sie sagt, sie käme morgen abend.

Man gibt bekannt, daß der Flug nach New York zwei Stunden später abfliegen würde.

NOTE: The following modal auxiliaries have an umlaut in the present subjunctive II:

	dürfen	ich dürfte
	mögen	ich möchte
	können	ich könnte
	müssen	ich müßte
but:		
	sollen	ich sollte
	wollen	ich wollte

Past subjunctive I

The past subjunctive I is formed by using the present subjunctive I of *haben* or *sein* and adding the past participle.

ich	habe gespielt	sei gegangen
du	habest gespielt	seiest gegangen
er, sie, es	habe gespielt	sei gegangen
wir	haben gespielt	seien gegangen
ihr	habet gespielt	seiet gegangen
sie, Sie	haben gespielt	seien gegangen

Beispiel: *Der Ansager sagte, daß Walter gewonnen habe.*
(The announcer said that Walter had won.)

Past subjunctive II

The past subjunctive II is formed by using the present subjunctive II of *haben* or *sein* and adding the past participle. This form is more widely used than the past subjunctive I.

ich	hätte gespielt	wäre gegangen
du	hättest gespielt	wärest gegangen
er, sie, es	hätte gespielt	wäre gegangen
wir	hätten gespielt	wären gegangen
ihr	hättet gespielt	wäret gegangen
sie, Sie	hätten gespielt	wären gegangen

Beispiel: *Meine Freundin schrieb, sie hätte schöne Ferien gehabt.*
(My girlfriend wrote that she had a nice vacation.)

Indirect Discourse

The indirect discourse is used in reporting rather than quoting a statement. In German, the subjunctive is required in indirect discourse.

If the direct statement is in the present tense, use either the present subjunctive I or II.

Beispiele: Er schrieb: „Ich komme am Dienstag an."
Er schrieb, er komme (käme) am Dienstag an.
Er schrieb, daß er am Dienstag ankomme (ankäme).

Should the verb form of the present subjunctive I be identical to the present tense of the direct statement, you should use the present subjunctive II form.

Beispiele: Kurt sagt: „Wir haben keine Zeit."
Kurt sagt, sie hätten keine Zeit.
Kurt sagt, daß sie keine Zeit hätten.

Use the past subjunctive I or II when the direct statement is in the simple past, present perfect or past perfect.

Beispiel: Er schrieb: „Ich bin letzte Woche zum See gefahren."
Er schrieb, er wäre (sei) letzte Woche zum See gefahren.

2. *Was sagt der Ansager?* Bei einem Sportfest gibt der Ansager verschiedenes bekannt. Kannst du davon erzählen?

❏ Das nächste Spiel ist in München.
Er sagt, das nächste Spiel sei in München.

  1. Das Programm beginnt gleich.
  2. Die Sporthalle ist offen.
  3. Die Uhr geht nach.
  4. Rainer gewinnt bestimmt.
  5. Die Teilnehmer schreiben ihre Namen auf.

3. *Bestimmt!* In der Schule unterhalten sich ein paar Schüler. Was meinen sie?

❏ Monika weiß es vielleicht. (Helga)
Helga wüßte es bestimmt.

  1. Hans fährt vielleicht mit dem Auto. (Holger)
  2. Herr Meier hat vielleicht eine Idee. (Frau Schulz)
  3. Seine Mutter geht vielleicht einkaufen. (sein Vater)
  4. Im Ort läuft vielleicht ein guter Film. (in der Stadt)
  5. Der Lehrer ist vielleicht in der Klasse. (der Schulleiter)

4. *Sie sagen, daß sie das auch machten.* **Folge dem Beispiel!**

❐ Ich habe keine Zeit. Und was sagt Susi dazu?
Sie sagt, sie hätte auch keine Zeit.

1. Ich fahre ein Moped. Und was sagt Paul dazu?
2. Ich schreibe einen Brief. Und was sagt Andrea dazu?
3. Ich gehe ins Kino. Und was sagt Rudi dazu?
4. Ich schwimme sehr gern. Und was sagt Tanja dazu?
5. Ich lese viele Bücher. Und was sagt Günter dazu?

5. *Was sagen sie alles?* **Bei einem Interview schreibst du auf, was die einzelnen Personen sagen.**

❐ Herr Müller sagt: „Ich arbeite in einem Büro."
Herr Müller sagt, er arbeite in einem Büro.

1. Der Junge sagt: „Ich verletze mich nie."
2. Der Besucher sagt: „Ich besuche das bekannte Museum."
3. Ulrike sagt: „Ich komme aus Stuttgart."
4. Der Pilot sagt: „Ich fliege überall hin."
5. Die Dame sagt: „Ich esse Sauerbraten gern."

6. *Sie hat gefragt, ob...* **Nach den Sommerferien will Frau Buller wissen, ob ihre Schüler das gemacht haben, was sie vorgehabt hatten.**

❐ Holger / zum Campingplatz fahren
Sie hat gefragt, ob Holger zum Campingplatz gefahren wäre.

1. Susanne / nach Europa fliegen
2. Peter / viel arbeiten
3. Tina / ihre Verwandten besuchen
4. Rolf / bei seiner Tante sein
5. Steffie / oft Gitarre üben
6. Rainer / Tennis spielen

7. **Bei einer Meinungsumfrage (opinion poll) sprechen die Leute über Verschiedenes.**

❐ ein paar / Die Autos sollen von der Straße weg.
Ein paar Leute meinten, die Autos sollten von der Straße weg.

1. viele / Die Menschen können mehr arbeiten.
2. manche / Die Preise dürfen nicht so hoch sein.
3. andere / Die Kaufhäuser sollen bis acht Uhr geöffnet sein.
4. die meisten / Die Diskos können schon um sieben Uhr aufmachen.
5. wenige / Die Jugendlichen müssen auf die Universität gehen.

8. Schreibe neue Sätze. Folge dem Beispiel!

❏ Er sagt: „Ich komme heute spät nach Hause."
 Er sagt, er käme heute spät nach Hause.

1. Der Amerikaner sagte: „Ich flog letztes Jahr nach Köln."
2. Meine Eltern schrieben: „Wir fahren morgen nach Hamburg."
3. Angelika sagt: „Ich weiß das nicht."
4. Rudi erklärte: „Ich habe mich ganz schön verletzt."
5. Er sagt: „Die Spieler haben viel Glück."
6. Inge meinte: „Wir müssen zuerst die Arbeit machen."
7. Frau Schulz erzählte: „Wir sind durch den Schwarzwald gefahren."
8. Der Lehrer sagt: „Wir besprechen die neue Lektion."
9. Die Verkäuferin meint: „Ich habe diese Farbe leider nicht."
10. Wir sagten: „Wir sind im Stadion gewesen."
11. Der Ansager gab bekannt: „Nummer 12 hat gewonnen."
12. Die Zeitung schrieb: „Die Polizisten haben die zwei Männer gefunden."

9. In den folgenden Sätzen, schreibe neue Sätze mit *daß*!

❏ Sie erklärte: „Ich habe keine Zeit."
 Sie erklärte, daß sie keine Zeit hätte.

1. Sie hat ihm gesagt: „Ich bin noch nie in Frankfurt gewesen."
2. Die Dame sagte: „Ich bin davon ganz begeistert."
3. Mein Bruder meinte: „Ich kann dir dabei nicht helfen."
4. Der Schüler sagt: „Ich habe von diesem Aufsatz nichts gewußt."
5. Er wird sagen: „Ich habe schon davon gehört."
6. Ich sagte zu ihm: „Ich glaube dir nicht."
7. Er sagt: „Ich sprach kein Deutsch."

Meine Freundin meint, daß Würzburg schön wäre.

Sie sagt, sie käme aus Amerika.

Er schreibt, Bremen gefiele ihm.

Wenn ich doch länger bei Tante Erna bleiben könnte!

Wenn er doch bald kommen würde!

Könnte ich hier sitzen?

Möchten Sie die Blumen da?

Expressions of Politeness and Wishes

You actually used the subjunctive form before in the phrase *ich möchte* (I would like), for example, which is considered a polite expression. To emphasize politeness, Germans make use of the subjunctive quite often.

Beispiele: *Könnte ich noch ein Stück Kuchen haben?*
(Could I have another piece of cake?)

Wir möchten ins Museum gehen.
(We would like to go to the museum.)

Das wäre mir recht.
(That would be all right with me.)

The subjunctive is used quite often in expressing a wish that can or cannot be fulfilled.

Beispiele: *Wenn er nur hier wäre!*
(If only he were here!)

Wenn ich doch etwas mehr Geld hätte!
(If only I had a little more money!)

Do you know what the following saying means? „*Wenn das Wörtchen ‚wenn' nicht wär', wär' mein Vater Millionär.*"

10. *Als Gast zu Besuch.* Stell dir vor, daß du bei Deutschen zu Besuch bist. Du willst natürlich höflich (polite) sein. Gib die passenden Sätze!

❐ Kann ich ein Stück Kuchen haben?
Könnte ich ein Stück Kuchen haben?

1. Das ist mir recht.
2. Um acht Uhr habe ich Zeit.
3. Natürlich mag ich noch mehr von dem Pudding.
4. Kann ich Ihnen dabei helfen?
5. Darf ich mitkommen?
6. Ich muß jetzt noch meine Aufgaben machen.

11. *Es gibt so viele Fragen!* Die Schüler des Schiller-Gymnasiums in Wiesbaden machen nächste Woche einen Klassenausflug. Heute besprechen sie den Ausflug mit ihrem Lehrer.

❐ Kann ich meine Luftmatratze mitnehmen?
Könnte ich meine Luftmatratze mitnehmen?

1. Dürfen wir dort Ski laufen?
2. Kann Gisela ihre Gitarre mitbringen?
3. Soll Hans für die Karte schon jetzt bezahlen?
4. Wollen Sie auch wandern?
5. Können wir mit dem Zug fahren?
6. Darf ich dort meinen Onkel besuchen?

12. *Wenn doch nur...!* Elkes Eltern hatten Verwandte und Bekannte zu ihrem Jubiläum eingeladen. Nicht alles hatte geklappt. Sie wünschten, daß alles etwas besser geklappt hätte.

❐ die Gäste / früher kommen
Wenn die Gäste doch nur früher gekommen wären!

1. Elke / den Tisch decken
2. ihre Verwandten / anrufen
3. sie / Geschenke kaufen
4. die Gäste / etwas später gehen
5. die Oma / die Fotos sehen
6. ihr Onkel / pünktlich sein

Sie könnten zu Fuß gehen...   *...oder mit der Straßenbahn fahren.*

368

Auf der Autobahn gibt es kein Tempolimit.

*Wo ist die Autobahn
nach Hamburg?*

Leseecke

Das Auto als Streitobjekt!

Wer wagt noch (k)eins zu haben?

Nichts hat die Welt mehr verändert° als das Auto. Die Konsequenzen auf
die Umwelt° sind katastrophal. Ohne Auto würden viel mehr Menschen
sterben°, bevor sie das Krankenhaus erreichen. Ist das Grund° genug,
daß jeder einfach fahren kann, wann und wohin er will? Und so schnell
er will? Es gibt in der Bundesrepublik kein Tempolimit°. Wenn es das
Auto schafft, kann man auf der Autobahn 200 Kilometer die Stunde
fahren.

Braucht der Mensch das Auto?

Die Redakteurin° Beate Schröder steht auf der „Pro-Seite", während der
Journalist Adolph Benning für die Argumente der „Contra-Seite" spricht.

Pro

—Ja, sagt Beate Schröder. Was würde ich ohne Auto anfangen? Schon
morgens wäre die Welt nicht mehr in Ordnung. Mit dem Auto fahre ich die
15 Kilometer ins Büro in einer halben Stunde. Mit dem Bus und der S-Bahn
brauche ich dafür mindestens° dreimal soviel Zeit, denn ich muß zweimal
umsteigen.

Mit dem Auto fahre ich wann ich will, wohin ich will, und mit wem ich will. Ich brauche keine Fahrpläne. Ich wähle Temperatur und Luftzufuhr°. Ich entscheide über Rauchen° oder Nichtrauchen. Daß dieser Komfort seinen Preis hat, sagt mir mein Portemonnaie°. Aber auch Zeit ist Geld. Außerdem ist mein Auto kein Luxus sondern Notwendigkeit°. Hier in München wohnen nur 20 von 100 Pendlern° in der Nähe der Haltestelle. Da braucht man einfach ein Auto.

Mein Auto ist auch mein Privattransporter. Welcher Großmarkt bringt mir Bierkästen und Waschpulverkartons° ins Haus? Welche Straßenbahn fährt meinen Sessel zum Aufmöbeln°? Am Wochenende bringt mich mein Auto aus der Stadt heraus. Ich bin nicht an Zeit oder Ort gebunden°. Bei Regen weiß ich, wo ich ein Dach überm Kopf finde. Man sagt, ich verpeste° die Luft. Doch die dicke° Luft in unseren Städten hat auch andere Gründe. Private Schornsteine° und die Industrie zum Beispiel. Es gibt kein Fahrzeug°, daß unfallsicher° ist. So lange die Ingenieure dieses Fahrzeug nicht erfunden° haben, so lange werde ich weiter Auto fahren. Und das am Ende nicht zuletzt deshalb, weil ich es gern tue. Autofahren macht mir auch sehr viel Spaß!

Contra

—Ich besitze° kein Auto, habe auch keinen Führerschein°, sagt Adolph Benning, der in Hamburg wohnt. Das heißt, daß ich in der motorisierten Gesellschaft° ein schwarzes Schaf bin. Ich zahle keine Kfz-Steuer°, ich kaufe kein Benzin°, ich fülle keine Parkuhr° mit Geld. Ich hinterlasse° kein Kohlenmonoxid und kein Blei° in der Luft.

Wenn es abends spät wird, will meistens jemand mich in seinem Auto mitnehmen. Ich sage dann immer: „Ach danke, ich wohne wirklich nicht weit, und etwas frische Luft würde mir jetzt sehr gut tun."

Aber bei so netten Menschen nützt das nicht°. Ich soll auch einmal schnell und bequem nach Hause kommen. So gehen wir dann fünf Minuten zum Parkplatz. Dann brausen wir los°. Sieben Minuten später stehe ich vor meiner Haustür. Alles zusammen dauert es 15 Minuten. Zu Fuß hätte ich 17 Minuten gebraucht; und 17 Minuten zu Fuß ist für einen Büromenschen nur gut.

Nun, die meisten haben einen weiteren Weg zur Arbeit als 17 Minuten. Aber mit anderen Verkehrsmitteln fahren die Autobesitzer° nur bei Schneesturm oder Glatteis°. Dann merken sie, daß alle Busse, Straßenbahnen, S- und U-Bahnen sehr voll sind von all den Leuten, die sonst immer mit dem Auto fahren.

In dieser Tankstelle kann man bleifreies Benzin kaufen.

Für viele Leute ist das Auto eine Notwendigkeit.

eine S- und U-Bahn-Haltestelle

Ich wohne zentral. Aber der Verkehrslärm° wird schlimmer und läßt mir nachts immer weniger Ruhe. Ich muß mir bald was anderes suchen° — irgendwo außerhalb° der Stadt. Ob es da ohne Auto geht? Man sagt: „Das Auto ist ein Stück Freiheit°." Man kann mehr von der Schönheit° in dieser Welt sehen. Aber das Auto macht nicht nur die Welt kleiner. Es verändert sie auch, und nicht immer zu ihrem Vorteil°.

(*Streitobjeckt* matter in dispute; *wagen* to dare; *verändern* to change; *Umwelt* environment; *sterben* to die; *Grund* reason; *Tempolimit* speed limit; *Redakteurin* editor)

(**Pro**: *mindestens* at least; *Luftzufuhr* air supply; *Rauchen* smoking; *Portemonnaie* pocketbook; *Notwendigkeit* necessity; *Pendler* commuters; *Bierkästen und Waschpulverkartons* beer cartons and detergent boxes; *Aufmöbeln* reupholstering; *gebunden an* dependent on; *verpesten* to pollute; *dick* thick; *Schornsteine* chimneys; *Fahrzeug* vehicle; *unfallsicher* safe from accidents; *erfinden* to invent)

(**Contra**: *besitzen* to own; *Führerschein* driver's license; *Gesellschaft* society; *Kfz-Steuer* motor vehicle tax; *Benzin* gasoline; *Parkuhr* parking meter; *hinterlassen* to leave behind; *Blei* lead; *nicht nützen* to be of no use; *losbrausen* to dash off; *Autobesitzer* car owner; *Schneesturm oder Glatteis* snowstorm or icy roads; *Verkehrslärm* traffic noise; *suchen* to look for, search; *außerhalb* outside; *Freiheit* freedom; *Schönheit* beauty; *Vorteil* advantage)

Beantworte diese Fragen!

1. Was sind Beate Schröder und Adolph Benning von Beruf?
2. Wo wohnen sie?
3. Wie fährt Beate zur Arbeit?
4. Wie kommt Adolph zur Arbeit?
5. Warum muß Adolph bald eine Wohnung außerhalb der Stadt suchen?
6. Wie findet Beate das Autofahren?
7. Wie viele von den Pendlern in München wohnen in der Nähe von einer Haltestelle?
8. Warum glaubt Adolph, daß er ein schwarzes Schaf ist?
9. Wie kommen die Autobesitzer bei einem Schneesturm oder bei Glatteis zur Arbeit?
10. Was verpestet außer den Autos noch die Luft?

Contrary-to-Fact Condition

Present time

The present subjunctive II is used to express a contrary-to-fact condition that exists at the present time. You may use either the subjunctive form or the auxiliary *würde* and the infinitive. The latter is more common in spoken German.

Beispiele: *Wenn ich Geld hätte, würde ich nach Europa fahren.*
Wenn ich Geld hätte, führe ich nach Europa.
(If I had money, I would go to Europe.)

Wenn es warm wäre, würden wir ins Schwimmbad gehen.
Wenn es warm wäre, gingen wir ins Schwimmbad.
(If it were warm, we would go to the swimming pool.)

The word *wenn* can be omitted. However, if you wish to omit *wenn*, you must place the verb first in the clause. Also, in the conclusion the words *so* or *dann* are often introduced.

Beispiele: Hätte ich Geld, so würde ich nach Europa fahren.
Wäre es warm, dann gingen wir ins Schwimmbad.

In making a contrary-to-fact statement, you should use the conjunction *als*, *als ob* or *als wenn*.

Beispiele: *Er sieht aus, als ob er müde wäre.*
(He looks as if he were tired.)

Past time

The past subjunctive I or II is used to express a contrary-to-fact condition that existed at some time in the past. Generally, the past subjunctive is preferred to *würde* with the perfect infinitive.

Beispiele: *Wenn ich gestern gegangen wäre, hätte ich zuviel bezahlt.*
Wenn ich gestern gegangen wäre, würde ich zuviel bezahlt haben.
(If I had gone yesterday, I would have paid too much.)

13. *Wenn ich zu Hause wäre, könnte ich... Sag, was du machen könntest, wenn du zu Hause wärest!*

❐   Ich höre meine neuen Kassetten.
Wenn ich zu Hause wäre, könnte ich meine neuen Kassetten hören.

1. Ich lese den Brief.
2. Ich helfe meiner Mutter.
3. Ich sehe ein Fernsehprogramm.
4. Ich schreibe meinen Aufsatz.
5. Ich spiele mit meinen Freunden.
6. Ich spreche darüber.

14. *Was würdest du tun, wenn du viel Zeit hättest? Folge dem Beispiel!*

❐   mehr arbeiten
Wenn ich viel Zeit hätte, würde ich mehr arbeiten.

1. mit dir in die Disko gehen
2. dich besuchen
3. dir einen langen Brief schreiben
4. die Zeitung lesen
5. im Restaurant essen
6. zu Hause bleiben

Würdest du zur Disko mitkommen?

Was liest sie?

Möchtest du mitspielen?

15. *Wenn ich Geld gehabt hätte...* Sag, was du gemacht hättest, wenn du Geld gehabt hättest!

❏ Ich komme zu euch.
   Wenn ich Geld gehabt hätte, wäre ich zu euch gekommen.

   1. Ich mache eine Reise.
   2. Ich kaufe ein Auto.
   3. Ich fliege mit dem Flugzeug.
   4. Ich besuche meine Freundin.
   5. Ich komme mit dem Auto.
   6. Ich spreche länger am Telefon.

16. Kombiniere die folgenden Sätze!

❏ Ich habe Zeit. Ich spreche mit ihm.
   Wenn ich Zeit hätte, würde ich mit ihm sprechen.

   1. Es ist Juni. Wir besuchen sie.
   2. Du weißt es. Du sagst es mir.
   3. Sie spricht langsamer. Ich verstehe sie.
   4. Es ist warm. Wir spielen im Freien.
   5. Es schneit. Ich laufe Ski.

17. Sag diese Sätze anders! Folge dem Beispiel!

❏ Wenn es schöner wäre, würden wir an den See fahren.
   Wäre es schöner, würden wir an den See fahren.

   1. Wenn du das Moped gekauft hättest, würdest du jetzt damit fahren.
   2. Wenn du älter wärest, würdest du das machen.
   3. Wenn du Deutsch könntest, würdest du ihn verstehen.
   4. Wenn ich Geld hätte, würde ich das Fahrrad kaufen.
   5. Wenn sie eine Gitarre hätte, würden wir besser singen.
   6. Wenn er uns besucht hätte, würden wir ihm nicht schreiben.

18. Kannst du sagen, warum du froh sein würdest?

❏ Maria arbeitet.
   Ich würde froh sein, wenn Maria arbeitete.

   1. Meine Mutter bestellt die Karten.
   2. Wir treffen uns vor der Schule.
   3. Du sprichst laut.
   4. Dieter ruft mich an.
   5. Er kommt mit dem Auto.
   6. Mein Freund fühlt sich wohl.

Wenn das Wasser wärmer wäre,
würden viele schwimmen.

Wenn ich Zeit gehabt hätte,
wäre ich auch Ski gelaufen.

Wie würde man zum
Hotel kommen?

19. Bilde neue Sätze! Folge dem Beispiel!

☐ Wenn ich Geld habe, kaufe ich ein Auto.
   Wenn ich Geld hätte, würde ich ein Auto kaufen.

1. Wenn ich nach Hause komme, esse ich sofort.
2. Wenn wir dorthin fahren, übernachten wir in einer Jugendherberge.
3. Wenn er das hört, kommt er nicht nach Hause.
4. Wenn es kälter ist, schwimmen wir nicht.
5. Wenn er zu lange wartet, bekommt er nichts zu essen.
6. Wenn es schneit, fahren wir in die Berge.
7. Wenn du das willst, machen wir das.
8. Wenn ich Lust habe, arbeite ich in einem Büro.
9. Wenn sie die Reise macht, komme ich gern mit.
10. Wenn das Auto nicht fährt, gehe ich zu Fuß.

20. Schreibe die Sätze noch einmal, ohne das Wort „wenn".

☐ Wenn er das Buch gelesen hätte, könnten wir darüber sprechen.
   Hätte er das Buch gelesen, könnten wir darüber sprechen.

1. Wenn du weniger gearbeitet hättest, wärest du früher rübergekommen.
2. Wenn er das Geld bekommen hätte, wären wir ins Kino gegangen.
3. Wenn meine Freundin mir einen Brief geschrieben hätte, hätte ich mich sehr gefreut.
4. Wenn ich das gewußt hätte, wäre ich nicht gekommen.
5. Wenn sie teilgenommen hätte, wären wir bestimmt an erster Stelle gewesen.
6. Wenn ich mich nicht verletzt hätte, wäre ich gelaufen.

Fahrschule Flieger

Cornelia erklärt die Verkehrsschilder.

Lesestück

Cornelia lernt Fahren

Wenn man in Deutschland Auto fahren will, dann muß man einen Führerschein° haben. Den kann man aber erst mit achtzehn Jahren bekommen. Cornelia hat schon seit ein paar Monaten theoretischen und praktischen Unterricht bei Herrn Flieger, dem Inhaber der Fahrschule.

driver's license

Heute muß Cornelia zeigen, was sie kann. An einer Schautafel° erklärt sie Herrn Flieger die einzelnen Verkehrsschilder. Sie hat alle Verkehrsschilder auswendig gelernt° und kann sie ohne Schwierigkeiten° erklären. Auf einer anderen Schautafel sieht man ein paar Automodelle. Daneben stehen einzelne Teile des Autos. Die muß sie nennen. Das ist schon etwas schwerer. Dann gehen sie zu einer anderen Tafel, worauf Herr Flieger verschiedene Verkehrsituationen zeigt. Für jedes Beispiel muß Cornelia sagen, was sie in dem Fall machen würde. Zuletzt füllt sie einen Fragebogen aus°. Herr Flieger ist mit Cornelias Antworten sehr zufrieden.

chart

memorized/difficulties

fills out a questionnaire

Vor der Fahrschule steht das Auto, in dem Cornelia mit Herrn Flieger schon ein paar Mal gefahren ist. Herr Flieger macht die Motorhaube° auf. Cornelia prüft° den Ölstand° und die Batterie und nennt die wichtigsten Teile des Motors. Ihr Vater und ihre Freunde warten geduldig°. Wird es Cornelia schaffen?

hood/examines

oil level

patiently

Unterdessen ist auch der Prüfer° vom TÜV (Technischer Überwachungsverein)° da. Er sitzt hinten im Auto und paßt auf, daß Cornelia alles richtig macht. Zuerst legt sie den Sicherheitsgurt an. In Deutschland fordert es das Gesetz°. Dann stellt sie den Innespiegel ein°, so daß sie alles deutlich hinter sich sehen kann. Zuletzt dreht sie den Schlüssel°. Der Motor springt gleich an°. Sie fährt in der Stadt herum und kommt nach einer halben Stunde wieder zurück.

examiner
name of technical inspection organization

the law requires it/ adjusts inside mirror

turns the key/springt...an starts

Nachdem Cornelia eine Weile in der Fahrschule gewartet hat, übergibt Herr Flieger Cornelia das Ergebnis der Prüfung°. Er gratuliert ihr, denn sie hat alles gut bestanden°. Zwei Wochen später kommt sie wieder zurück, um ihren Führerschein zu bekommen. Jetzt darf sie allein fahren. Wird ihr Vater sie ab und zu mit seinem Auto fahren lassen?

test
passed

Cornelia füllt einen Fragebogen aus.

Sie stellt den Innenspiegel ein.

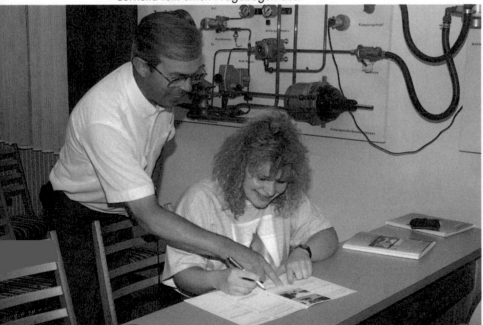

Cornelia bekommt ihren Führerschein.

Ergänze die folgenden Sätze mit dem richtigen Wort!

1. Herr Flieger ist der Inhaber einer _____ .
2. Die Automodelle sieht man auf einer _____.
3. Wenn man Auto fährt, braucht man einen _____.
4. Sobald Cornelia den Schüssel dreht, springt der _____ an.
5. In Deutschland fordert das Gesetz, daß man den _____ anlegt.
6. Cornelia hat alle _____ auswendig gelernt.
7. Hoffentlich wird ihr Vater sie _____ oft fahren lassen.
8. Cornelia muß einen _____ ausfüllen.
9. Einen Führerschein bekommt man mit achtzehn _____.
10. Cornelia muß einzelne _____ des Autos nennen.

Beantworte diese Fragen!

1. Wie alt muß man in Deutschland sein, bevor man Auto fahren kann?
2. Was für Unterricht hat Cornelia gehabt?
3. Was hat Cornelia auswendig gelernt?
4. Warum ist Herr Flieger mit Cornelia zufrieden?
5. Was macht Cornelia unter der Motorhaube?
6. Warum warten Cornelias Vater und ihre Freunde?
7. Wer sitzt auf dem Rücksitz?
8. Was legt sie an?
9. Wo fährt sie herum?
10. Warum gratuliert ihr Herr Flieger?

Übung macht den Meister!

1. *Ich möchte ein Moped kaufen.* Stell dir vor, du hast genug Geld gespart, um ein Moped zu kaufen. Besprehe mit deinen Klassenkameraden, warum du ein Moped kaufen willst. Gib mindestens fünf Gründe (reasons) an.

2. *Kann ich Ihnen helfen?* Spiele die Rolle eines Verkäufers oder einer Verkäuferin in einem Autogeschäft. Ein paar Kunden wollen etwas über die neuesten Autos wissen. Gib Ihnen Auskunft darüber.

3. *Ich habe meinen Führerschein bekommen.* Du erzählst deiner Brieffreundin oder deinem Brieffreund in Deutschland, daß du den Führerschein bekommen hast. Erkläre, was du alles machen mußtest, um ihn zu bekommen.

4. *Da stimmt etwas nicht!* Du fährst mit deinem Freund oder deiner Freundin in die Stadt. Plötzlich will dein Auto nicht mehr weiterfahren. Was ist los? Beschreibe ganz kurz, was du nun machst!

Erweiterung

21. **Welche Wörter von der Liste passen am besten mit den Wörtern auf der linken Seite zusammen. Bilde zusammengesetzte Wörter!**

der Gurt	das Modell	die Stelle	das Schild
das Pedal	der Schein	der Stand	der Raum
die Bahn	das Rad	die Scheibe	der Werfer

1. das Steuer
2. der Führer
3. die Nummer
4. der Windschutz
5. das Auto
6. die Sicherheit
7. der Koffer
8. das Öl
9. der Schein
10. der Bau
11. die Straße
12. der Start

neue Automodelle (Wolfsburg)

22. **Ergänze die folgenden Sätze!**

1. Wenn ich Geld hätte, _____.
2. Hätte ich viel Zeit, dann _____.
3. Wenn ich zu euch gekommen wäre, _____.
4. Peter sagt, er _____.
5. Sabine meinte, wir _____.
6. Wenn ich dir geschrieben hätte, _____.
7. Wäre es warm gewesen, dann _____.
8. Ich wünschte, _____.
9. Wenn ich gute Noten bekommen hätte, _____.
10. Hättest du geschlafen, dann _____.

23. **Bilde ganze Sätze mit den folgenden Wörtern!**

1. Ich / können / Sie / Auto / vorführen
2. Wir / haben / heute / Sonderangebot
3. Inhaber / müssen / Reifen / wechseln
4. Haben / du / Entscheidung / treffen
5. Sich freuen über / du / Kauf
6. Cornelia / aufmachen / Motorhaube
7. Fahrlehrer / anlegen / Sicherheitsgurt

24. Ergänze diese Sätze!

1. Er gratuliert ihr, denn _____.
2. Sie wartet geduldig, bis _____.
3. Ich stelle den Innenspiegel so ein, daß _____.
4. Jetzt mußt du zeigen, was _____.
5. Unter der Motorhaube prüft _____.
6. Nachdem ich den Schlüssel gedreht habe, _____.

25. Was ist das Gegenteil von diesen Wörtern?

❏   leicht
    schwer

1. vor
2. viele
3. richtig
4. unten
5. lang
6. immer
7. bergig
8. groß
9. schlecht
10. heiß
11. hin
12. links

In der Innsbrucker Gegend ist es sehr bergig.

26. Beantworte diese Fragen!

1. Hast du schon deinen Führerschein gemacht?
2. Wofür braucht man einen Sicherheitsgurt?
3. Hast du schon einmal einen Reifen gewechselt?
4. Was kann man in einem Prospekt lesen?
5. Warum soll man den Innenspiegel richtig einstellen?

Wofür braucht man einen Sicherheitsgurt?

Hat sie ihren Führerschein gemacht?

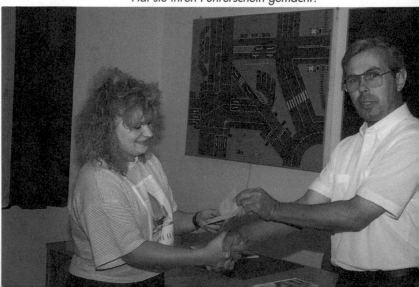

Sprachspiegel

27. *Mein Fahrrad ist kaputt.* **Beschreibe, wie es passiert ist.**

28. Wie sagt man's?

spielen	bestanden	kaputt	sparen	gewartet
recht	versuchen	neu	kaufst	bekommen
Verkehr	gedauert	gehe	alt	viel
Zeit	zehn	Jahre	oft	gekauft
Monaten	leider			

1. Hast du lange _____, bis du ein Moped gekauft hast?
   Ja, zwei _____.
   Warum hat es so lange _____?
   Ich mußte erst genug Geld _____.

2. Ist dein Rad schon wieder _____?
   Leider ist es sehr _____.
   Warum _____ du kein anderes?
   Das kostet zu _____.

3. Hast du alles gut _____?
   Nein, _____ nicht.
   Wann wirst du es noch einmal _____?
   Vielleicht in drei _____.

4. Gisela hat eine Gitarre _____.
   Ist die _____?
   Ja, ihre Mutter hat sie zu Weihnachten bei Grubers_____.
   Jetzt kann sie oft _____.
   Sie sagt immer, sie hätte wenig _____.

5. Wie _____ kommt der Bus hier vorbei?
   Alle _____ Minuten.
   Bei dem _____ kann es aber länger dauern.
   Ja, da haben Sie _____.
   Ich glaube, ich _____ lieber zu Fuß.

29. *Ich lerne Auto fahren!* Schreibe einen kurzen Aufsatz darüber! Falls du noch keinen Fahrunterricht hast, sprich mit deinen Klassenkameraden oder anderen Personen, die schon Auto fahren.

30. **Wie heißt das auf deutsch?**

   1. When are you getting your driver's license?
   2. I still have to wait five months before I'm 16.
   3. Will you buy a car then?
   4. First, I'll have to save some money.
   5. Maybe you'll get it free from your father.
   6. If only you were right!

Rückblick

I. **Stelle Fragen! Folge dem Beispiel!**

   ❏ Herr Schmidt ist schnell *nach Hause* gefahren.
   Wohin ist Herr Schmidt schnell gefahren?

   1. Sie fahren *auf der Straße*.
   2. Am Eingang steht *eine Tafel*.
   3. *Die Zuschauer* gehen schon früh zum Stadion.
   4. Die Touristen fahren *am nächsten Montag* ab.
   5. Wir schicken ein Paket *an meine Eltern*.
   6. Er hat ein *grünes* Hemd an.
   7. Die Kinder glauben *dem Mann* nicht.
   8. Dort drüben steht der Wagen *meines Onkels*.
   9. Die Schüler haben *ihre Lehrerin* gefragt.
   10. Er kann nicht mit mir sprechen, *weil er keine Zeit hat*.

II. **Ergänze die folgenden Sätze!**

   1. Der Kellner, _____ uns das Essen bringt, wohnt in unserer Gegend.
   2. Kennst du die Dame, _____ mit der Straßenbahn zum Büro fährt?
   3. Mein Onkel, von _____ wir gestern einen Brief bekommen haben, wohnt in der Schweiz.
   4. Wo sind die Kinder, _____ wir beim Lesen geholfen haben?
   5. Ist das der Tisch, auf _____ du deine Schultasche gestellt hast?
   6. Dort steht der Zug, mit _____ wir fahren können.
   7. Warum fragst du nicht deine Freundin, _____ die Stadt so gut kennt.

8. Wir gehen zu unseren Verwandten, _____ ganz in der Nähe wohnen.
9. Das Museum, in _____ wir hineingehen, ist in der ganzen Welt bekannt.
10. Dort ist mein Freund, für _____ ich diese Karte gekauft habe.

III. Ergänze die Sätze mit der korrekten Form der Verben.

| sich beklagen über | sich freuen auf | grenzen an |
| sehen auf | sprechen über | warten auf |

1. Ich _____ gern _____ unsere Reise im letzten Jahr.
2. _____ doch _____ die Tafel da!
3. Du kannst dich _____ deine Noten nicht _____.
4. Wir _____ schon eine halbe Stunde _____ den Bus.
5. _____ welche Länder _____ Deutschland?
6. _____ ihr euch nicht _____ euere Ferien?

IV. Welche Form von *haben* oder *sein* fehlt in jedem Satz? Folge dem Beispiel!

❏ _____ du deinen Führerschein bestanden?
Hattest du deinen Führerschein bestanden?

1. Ich _____ gestern nicht zu Hause gewesen.
2. _____ Sie keinen Spaß gehabt?
3. Wir _____ schnell in die Schule gelaufen.
4. _____ ihr wirklich so spät gekommen?
5. Paul _____ keinen Aufsatz geschrieben.
6. Warum _____ du keine Karten mehr bekommen?

Sprichwort

Wenn man den Wolf nennt, kommt er gerennt.
(If you name the wolf, he comes running./
Speak of the devil, and he is sure to appear.)

Burg Reichenstein

Schloß Neuschwanstein

Kulturecke

Famous Castles in Germany

Traveling in Germany can be quite a unique experience, particularly for those who like to relive bygone days. Many castles scattered throughout the country vividly portray the splendor and grandeur in which the nobility lived in those days. The princes, dukes and other nobility had their castles along the Rhine; they controlled the waterways and required riverboats to pay heavy duties for the privilege of passing through their principalities. Most of the rulers along the Rhine built their castles on top of hills so that they would be well protected from possible attack.

One of the 10 most popular German tourist destinations, according to a recent survey, is *Burg Eltz*, located along the Mosel River. This medieval castle from the 12th century is particularly picturesque. Valuable furniture and tools from centuries ago are exhibited here. The picture of the castle also decorates one side of the 500-mark bill.

The Heidelberg Castle overlooks the Neckar River. Here, the castle was destroyed in 1689 by armies of the French King Louis XIV. Since then, the burned-out ruin of the castle, which was built and added to from the 14th to the 17th century and in which one can recognize all the developments in architecture from Gothic and Renaissance to Baroque, has become the epitome of German Romanticism. The individual buildings of the castle, which have deteriorated over the years, are constantly undergoing renovation so that the structures can be preserved for generations to come.

Schloß Glücksburg, a castle near the Danish border, is a particularly popular spot because it sits in the middle of a small lake. The same is true of *Schloß Mespelbrunn*, located in the Spessart. The location of these castles made it difficult for neighboring rival princes to approach these fortresses without being detected.

Perhaps the most famous German castles are located in Bavaria and were built by King Ludwig II (1845-1886). Although King Ludwig is known primarily for building the castles at *Neuschwanstein, Linderhof* and *Herrenchiemsee*, he spent most of his time at *Schloß Hohenschwangau*. This castle dates back to the 12th century but was completely renovated by King Maximilian II, Ludwig's father. It was here at Hohenschwangau that King Ludwig II spent a great deal of his time during his reign—from 1868 until his death in 1886.

der Spiegelsaal (Herrenchiemsee)

Schloß Herrenchiemsee

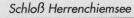

Schloß Hohenschwangau

der Sängersaal (Neuschwanstein)   *der Thronsaal (Neuschwanstein)*

Schloß Neuschwanstein, in the Bavarian Alps near the city of Füssen, was built by Ludwig II between 1869 and 1886. This castle, which has been a model for fairy-tale movies and travel posters throughout the world, is an architectural expression of the Romantic period that dominated German art and literature during much of the 19th century. The elaborate thronehall (*Thronsaal*) reflects the king's eccentric nature in the ornamental and extremely plush interior. The marble stairs were planned to lead to a throne built of gold and ivory, but because of the king's untimely death, the work on the throne was cancelled. The huge chandelier, located in the center, is made of gilded brass and can be lowered for cleaning or replacing the 96 candles that it holds.

During the king's life, the hall of singers (*Sängersaal*) was never used. It was only in 1933 that musical concerts were given in honor of Richard Wagner, who had died 50 years earlier. Richard Wagner's close friendship with the king becomes evident in this as well as other rooms. Various paintings here reflect one of Wagner's musical dramas, *Parsifal*. Additional paintings of another Wagner opera, *Tannhäuser*, are found in the king's study (*Arbeitszimmer*). This room, built in Romanesque style, shows a distinct resemblance of the study in the Wartburg castle, where Luther translated the Bible.

King Ludwig's eccentric nature becomes especially evident in the bedroom (*Schlafzimmer*), which took 14 sculptors 4½ years to complete. The room shows an abundance of sumptuous and symbolic features reflecting the king's emotional state of mind. Another room deserves mention—the living room (*Wohnzimmer*). The swan was Ludwig's favorite animal and, therefore, is seen not only on the embroidered curtains but also in paintings, as well as in the big flower vase that has the form of a swan. And, of course, the German word "swan" (*Schwan*) is part of the name of the castle—*Neuschwanstein*.

Whereas *Schloß Neuschwanstein* reminds one of a castle from the Middle Ages and strongly draws on King Ludwig's friendship with Richard Wagner, *Schloß Linderhof* was the king's first attempt to imitate features of the palace of *Versailles*, thus expressing his enthusiasm about the royal French family. The castle, located 30 kilometers from Neuschwanstein, was built within a period of four years (1874-1878). The hall of mirrors (*Spiegelsaal*) was designed by French architects and painters. The various mirrors around this room magnify and reflect the lavishly ornamental and decorative chandeliers, gilded walls and ceiling edges.

The king began to enlarge the bedroom after the castle was completed. Eventually, the bedroom became the largest room in the castle. Most of the paintings were completed before the king's death. The dining room (*Speisezimmer*) is evidence of Ludwig's loneliness. The dining table in the center could be lowered so that the kitchen staff was able to serve him from below. In this manner, the king, who many times ate by himself or with other royal guests, could remain undisturbed by the staff.

The blue grotto (*Blaue Grotte*) is located within a few hundred yards of the castle. It was created for the purpose of staging the Wagner operas, which were presented with a full array of colorful lights and with other special effects, such as a machine that produced rainbows. The king created various places, including a shell-shaped throne, from which he could view the operas.

Schloß Linderhof

der Spiegelsaal (Linderhof)

Schloß Herrenchiemsee is the third most famous castle built by Ludwig II between 1878 and 1886. To reach the castle, visitors have to take a 10-minute boat ride to the *Herreninsel*. These short boat trips are scheduled regularly during the tourist season, from early spring to late fall. Since the king admired Louis XIV of France, he patterned his Herrenchiemsee castle after the palace of Versailles. This imitation is obvious when going through the beautifully landscaped palace gardens. Although Ludwig could not completely match the interior of the castle with that of Versailles, his castle nevertheless reveals a strong influence, particularly the immense staircase (*Treppenhaus*).

Similar to the bedrooms in the other castles built by Ludwig II, the bedroom here is most lavishly decorated with golden ornaments, displayed on the walls and ceilings, and blue tapestries, reflecting the king's favorite color. The dining room also shows a strong French influence. Here again, as at Linderhof, the king could lower the table through the floor to be served from the kitchen below.

Perhaps the most spectacular room at Herrenchiemsee is the gallery of mirrors. King Ludwig requested a matching but scaled-down version of the famous hall of mirrors at Versailles from his architect. The end result is seen in the illustrious hall that displays numerous candelabra and chandeliers reminiscent of the era of Louis XIV.

Wann war das passiert? **Auf der rechten Seite findest du die Antworten zu den Ereignissen, die auf der linken Seite stehen. (*Vokabeln*: gestorben died, *Jahrhundert* century, *zerstören* to destroy, *leben* to live)**

1. König Ludwig II ist im _____ gestorben.
2. Der französische König hat das Heidelberger Schloß im _____ zerstört.
3. Man hat schon im _____ angefangen, Burg Eltz zu bauen.
4. Schloß Linderhof hat man im _____ erbaut.
5. König Ludwig hat vom _____ bis zum Jahr 1886 im Schloß Hohenschwangau gewohnt.
6. Man hatte im _____ angefangen, Schloß Neuschwanstein zu bauen.
7. Richard Wagner ist im _____ gestorben.
8. König Ludwig II hat im _____ gelebt.

a. Jahr 1883
b. Jahr 1868
c. 19. Jahrhundert
d. Jahr 1689
e. Jahr 1878
f. Jahr 1886
g. Jahr 1869
h. 12. Jahrhundert

Vokabeln

anlegen to put on

sich **anschauen** to look at

anspringen (*sprang an, ist angesprungen*) to start (engine)

die **Antwort,-en** answer

ausfüllen to fill out

auswendig lernen to memorize, learn by heart

das **Automodell,-e** car model

die **Batterie,-n** battery

die **Baustelle,-n** construction site

bequem comfortable

bestehen (*bestand, bestanden*) to pass (test)

die **Bushaltestelle,-n** bus stop

sich **draufsetzen** (*sitzt drauf, saß drauf, draufgesessen*) to sit on it

drehen to turn

einstellen to adjust

erlaubt allowed

die **Fahrschule,-n** driving school

fordern to require, demand

der **Fragebogen,-** questionnaire

die **Frau,-en** wife

der **Führerschein,-e** driver's license

der **Fußgänger,-** pedestrian

der **Fußgängerüberweg,-e** pedestrian crossing

die **Fußgängerunterführung, -en** pedestrian underpass

geduldig patient

gemeinsam common, joint

das **Gesetz,-e** law

gewähren to yield, grant **Vorfahrt gewähren!** Yield the right of way!

halten (*hält, hielt, gehalten*) to stop

der **Helm,-e** helmet

hinkommen (*kam hin, ist hingekommen*) to get there

identifizieren to identify

der **Inhaber,-** owner

der **Innenspiegel,-** inside rearview mirror

der **Kauf,-̈e** purchase

der **Kofferraum,-̈e** trunk

kostenlos free (of charge)

die **Kreuzung,-en** intersection

meins mine

das **Modell,-e** model

der **Motor,-en** motor, engine

die **Motorhaube,-n** hood

nach according to

das **Nummernschild,-er** license plate

der **Ölstand** oil level

praktisch practical

prüfen to examine

der **Prüfer,-** examiner, tester

der **Radfahrer,-** biker

rechnen to count **damit rechnen** to count on it

der **Reifen,-** tire

der **Rücksitz,-e** back seat

die **S-Bahn,-en** city train

die **Schautafel,-n** chart, graph

der **Scheinwerfer,-** headlight

der **Schlüssel,-** key

der **Schrott** scrap

der **Schülerlotse,-n** school patrol

die **Schwierigkeit,-en** difficulty

der **Sicherheitsgurt,-e** safety belt

der **Sitz,-e** seat

solange as long as

sich **sparen** to save

das **Startpedal,-e** starting pedal (moped)

die **Straßenbahnhaltestelle,-n** streetcar stop

das **Steuerrad,-̈er** steering wheel

der **Test,-s** test

theoretisch theoretical

TÜV (Technischer Überwachungsverein) name of technical inspection organization

die **U-Bahn,-en** subway

der **Unterricht** instruction

die **Verkehrssituation,-en** traffic situation

der **Vordersitz,-e** front seat

die **Vorfahrt** right of way

die **Vorfahrtstraße,-n** main street

vorführen to demonstrate

das **Verkehrsschild,-er** traffic sign

die **Wahl,-en** choice

wechseln to change

die **Windschutzscheibe,-n** windshield

Sie kommen von der Herreninsel zurück.

Wie kommt man zum Schloß?

SCHIFFSVERBINDUNG ZUR HERRENINSEL [KÖNIGSSCHLOSS] UND FRAUENINSEL

6⁴⁵ 7³⁰ 8¹⁵ 9³⁰ 10⁵⁵ 11¹⁵ 11⁴⁵ 13⁰⁰ 14⁰⁰ 15⁰⁰ 16¹⁵ 18³⁰

ZWISCHENFAHRTEN ZUR HERRENINSEL WERDEN DURCHGEFÜHRT
* NUR HERRENINSEL

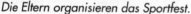
Die Eltern organisieren das Sportfest.

Ein Vater gibt das Startsignal.

Ein Schulsportfest

Jedes Jahr vor den Sommerferien findet in der Hauptschule in Altenmarkt ein Schulsportfest statt. Die Eltern organisieren dieses Sportfest schon Monate vorher°. Endlich ist der Tag da. Alle Jugendlichen, die teilnehmen wollen, sowie die Zuschauer kommen am frühen Nachmittag zur Schule.

Der Schulleiter bittet alle Teilnehmer, sich in Gruppen aufzustellen°. Dann begrüßt er sie und wünscht ihnen beim Wettkampf viel Erfolg. Jetzt kann es losgehen.

Die Jugendlichen nehmen nicht nur an den verschiedenen Wettkämpfen teil, sondern sie helfen auch, daß alles in gutem Zustand° ist. Beim Weitsprung° muß natürlich genug Sand da sein. Nach jedem Sprung rechen° ein oder zwei Jungen den Sand. Alle versuchen beim Weitsprung ihr bestes. Zwei Jungen messen°, wie weit jeder gesprungen ist. Die Eltern schreiben die Ergebnisse auf.

Beim Einhundert-Meter-Lauf° zeigen andere, was sie können. Ein Vater gibt das Startsignal und die Jungen und Mädchen laufen so schnell sie können. Nach den einzelnen Wettkämpfen wollen manche Teilnehmer wissen, wie viele Punkte° sie bekommen haben; denn bei jedem Wettkampf gibt's Punkte, wenn man gut abgeschnitten° hat.

Für den Ballweitwurf° markieren einige Jugendliche alle zwei Meter, so daß die Richter sofort nachsehen können, wie weit die einzelnen Teilnehmer den Ball geworfen haben. Manche haben schon eine Weile vor dem Wettkampf geübt und sind jetzt wirklich in guter Form. Die Eltern sehen allen Wettkämpfen mit Interesse zu. Sie wollen natürlich, daß ihre Söhne und Töchter gut abschneiden.

Nachdem die Wettkämpfe zu Ende sind, stellen ein paar Eltern lange Tische auf°. Darauf bereiten sie ein Büfett zu. Später wird es Bratwurst, Brezeln und andere Leckerbissen geben. Andere Eltern sind damit beschäftigt, die Urkunden für die besten Sportler zu schreiben.

Unterdessen haben die Jugendlichen noch viel Spaß. Beim Sackhüpfen° versuchen sie, so schnell wie möglich von einer zur anderen Seite zu hüpfen. Alle jubeln und schreien, denn jeder will, daß seine Mannschaft gewinnt. Die Eltern machen auch mit°. Sie haben einen riesengroßen° Ballon mitgebracht. Es ist eine Weltkugel°, die sie im Laufen mit ihren Händen hoch über ihren Köpfen tragen.

Ein paar Eltern stellen lange Tische auf.

Sie tragen eine Weltkugel.

Spät am Nachmittag versammeln sich alle, denn jetzt bekommen die besten Sportler einen Preis. Der Schulleiter hängt den Siegern eine Medaille um° und gratuliert ihnen. In jeder Gruppe gibt es einen Sieger°, der am besten bei allen Wettkämpfen abgeschnitten hat. Als Preis bekommen die einzelnen Sieger nicht nur eine Medaille, sondern auch eine Urkunde.

(vorher before; sich aufstellen to line up; Zustand condition; Weitsprung broad jump; rechen to rake; messen to measure; Einhundert-Meter-Lauf 100-meter run; Punkte points; gut abschneiden to do well; Ballweitwurf ball throwing; aufstellen to put up; Sackhüpfen sack hopping; mitmachen to participate; riesengroß gigantic; Weltkugel globe; eine Medaille umhängen to put a medal around the neck; Sieger winner)

Ergänze die einzelnen Sätze mit passenden Wörtern, die unten stehen! Du brauchst nicht alle Wörter.

Ballweitwurf	Schulleiter	Tische	Urkunden
Töchter	Punkte	Sportler	Medaille
Ballon	Jahr	Vater	Sieger
Weitsprung	Startsignal	Sackhüpfen	Nachmittag

1. Nach den Wettkämpfen stellen die Eltern ein paar _____ auf.
2. Die besten Sportler bekommen eine Urkunde und eine _____.
3. Beim Einhundert-Meter-Lauf gibt jemand das _____.
4. Der _____ sagt, daß sich die Teilnehmer in Gruppen aufstellen sollen.
5. In jeder Gruppe gibt es einen _____.
6. Beim _____ mißt man, wie weit jeder springt.
7. Die Eltern laufen mit einem großen _____ hoch über dem Kopf.
8. Die Zuschauer und Teilnehmer kommen früh am _____ zur Schule.
9. Für den _____ markieren sie alle zwei Meter.
10. Ein paar Eltern schreiben die _____ für die besten Sportler.
11. Das Sportfest findet jedes _____ statt.
12. Bei jedem Wettkampf bekommen die besten Teilnehmer _____.

Beantworte diese Fragen!

1. Wo findet das Schulsportfest statt?
2. Was müssen die Jugendlichen vor dem Wettkampf machen?
3. Was braucht man beim Weitsprung?
4. Was messen die Jungen beim Weitsprung?
5. Was wollen ein paar Teilnehmer nach den Wettkämpfen wissen?
6. Warum stellen die Eltern ein paar Tische auf?
7. Warum jubeln und schreien die Jugendlichen?
8. Warum versammeln sich später alle?

Was machen die Schüler?

Wer begrüßt die Schüler?

394

Übungen

1. **Ergänze jeden Satz mit den Wörtern in Klammern! Paß gut auf, daß die Endungen stimmen!**

    1. Die Touristen fahren zu (diese Stadt / bekannt) _____.
    2. Kannst du (ein Paket / groß) _____ mit der Post schicken?
    3. Haben Sie schon von (das Café / französisch) _____ gehört?
    4. Stellen Sie bitte (die Tasche / braun) _____ auf (der Stuhl / klein) _____!
    5. Die Schüler besuchen (dieses Museum / neu) _____.
    6. Ich arbeite in (ein Geschäft / klein) _____.
    7. Viele (Besucher / amerikanisch) _____ kommen jedes Jahr hierher.
    8. Welche (die Hose / teuer) _____ haben Sie in (das Kaufhaus / modern)_____ gekauft?
    9. Wir lesen ein paar (Bücher / deutsch) _____.
    10. Kennst du die Geschichte (diese Kirche / berühmt) _____?

2. **Bilde ganze Sätze!**

    1. Er sagte, _____.
    2. Hätte ich etwas Geld, _____.
    3. Wenn wir Zeit gehabt hätten, _____.
    4. Wenn du doch _____!
    5. Ich würde froh sein, wenn _____.
    6. Sie sieht aus, als ob sie _____.
    7. Wenn es nicht so teuer wäre, _____.
    8. Wenn ich gestern gefahren wäre, _____.

3. **Welche Wörter fehlen hier?**

    1. Der Briefträger, _____ jeden Morgen die Post bringt, kommt immer um neun Uhr.
    2. Kennst du die Dame, _____ mit dem Bus zur Arbeit fährt?
    3. Mein Onkel, von _____ wir gestern gehört haben, wohnt in Süddeutschland.
    4. Wo sind die Kinder, _____ wir geholfen haben?
    5. Ist das der Tisch, an _____ wir den Stuhl gestellt haben?
    6. Dort steht der Zug, mit _____ wir fahren können.
    7. Meine Freundin, _____ ich oft besuche, wohnt in einem Vorort.
    8. Der Brief, _____ ich bekommen habe, ist sehr interessant.
    9. Die Verkäuferin, _____ Tochter ich gut kenne, arbeitet schon lange in diesem Geschäft.
    10. Die Karten, _____ seit Wochen ausverkauft sind, haben 50 Mark gekostet.

4. Bilde neue Sätze! Folge dem Beispiel!

◻ Kommt ihr zu uns?
  Kamt ihr zu uns?
  Seid ihr zu uns gekommen?

1. Sie bringen das Paket zur Post.
2. Um wieviel kommt das Flugzeug an?
3. Die Jugendlichen fahren im Sommer in die Ferien.
4. Trägt er das Gepäck zum Auto?
5. Der Arzt verschreibt die Medizin.
6. Versteht ihr das gut?
7. Es geht heute leider nicht.
8. Wann rufen Sie an?

5. Beantworte die folgenden Fragen mit einem ganzen Satz!

1. Was für eine Sportart hast du gern? Warum?
2. Was möchtest du in einem Restaurant essen?
3. Wie bekommt man einen Führerschein?
4. Was kauft man in einem Kaufhaus ein?
5. Was für Obst kann man auf einem Markt kaufen?
6. Was nimmst du mit, wenn du in die Ferien fährst?
7. Was machst du, wenn dein Fahrrad kaputt ist?
8. Was machst du, wenn du verletzt bist?

6. Daniel will beim nächsten Sportfest teilnehmen, aber sein Freund Peter hat keine Lust.

Daniel: Nächste Woche findet unser Sportfest statt. Machst du mit?
Peter: _____
Daniel: Warum nicht?
Peter: _____
Daniel: Das macht doch nichts. Nicht alle sind gut.
Peter: _____
Daniel: Das stimmt. Auf jeden Fall bist du dann da.
Peter: _____
Daniel: Um zwei, aber ich will schon um eins da sein.
Peter: _____
Daniel: Prima.

Beeil dich!

Welchen Sport treibt er?

Jedes Jahr findet in Altenburg ein Sportfest statt.

7. Zu welcher Kategorie gehören die folgenden Wörter? *Auto,*
Restaurant, Sportfest, Post oder *Geschäft.*

1. Weitsprung
2. Steuerrad
3. Anzug
4. Briefmarken
5. Speisekarte
6. Richter
7. Reifen
8. Kellnerin
9. Paket
10. Koffer
11. Vordersitz
12. Teilnehmer
13. Telegramm
14. Schweinebraten
15. Verkäufer
16. Führerschein

Weitsprung (Leipzig)

Du bist dran!

1. *Ein großes Ereignis.* Erzähle von einem Sportereignis in
   deiner Schule. In deiner Beschreibung solltest du
   folgende Fragen beantworten:

   Wann und wo findet es statt?
   Was ist so besonders an diesem Ereignis?
   Wer kommt alles?
   Was machen alle?
   Wie bereitet ihr alles vor?

2. *Wie bekommt man einen Führerschein?* Beschreibe, wie
   man in deiner Gegend einen Führerschein bekommen
   kann.

3. *Meine Traumreise.* Stell dir vor, daß du viel Geld hast
   und dir eine Reise erlauben kannst.

   Wohin würdest du fahren? Warum?
   Wer würde mitkommen?
   Was würdest du da machen?
   Wie lange würdest du da bleiben?

Was für ein Zimmer kann man hier bekommen?

Die Zimmer in einem Gasthaus sind einfach und sauber.

Es gibt Hotels in allen Preisklassen.

Alte Hotels sind oft sehr gemütlich.

Was hat das Hotel zu bieten?

Manche Hotels bieten allen Luxus und Komfort.

Wo kann man übernachten?

Reisende°, die durch deutsche Städte fahren und Hotelzimmer suchen, brauchen nicht von einem Hotel zum anderen zu fahren. Sie fragen einfach nach der *Tourist Information*. Dort wird man Ihnen Zimmer in verschiedenen Preisklassen° empfehlen. In manchen Städten, meistens im Zentrum, gibt es eine *Hotelinformation*. Da stehen die Namen der verschiedenen Hotels der Stadt und Umgebung. Ein Stadtplan° zeigt genau, wo die einzelnen Hotels liegen. Von diesem Stand kann man die Hotels direkt anrufen und sich dort nach den Einzelheiten erkundigen°.

In kleineren Städten gibt es meistens keine Hotelinformation. Dort sieht man am Stadtrand° oft eine große Tafel mit den Schildern der einzelnen Hotels, Gasthäuser° und Pensionen. Die Besucher müssen dann selbst nach Zimmern fragen. Die Schilder geben den Gästen wichtige Tips, wie zum Beispiel den Namen der Pension und andere Einzelheiten. Manche Schilder zeigen Reisenden sogar die Richtung° und die genaue Entfernung zum Hotel.

Ein Gasthaus ist ein typisches und preiswertes deutsches Hotel. Dort kann man auch immer gut essen. Nachdem Sie sich entschieden haben, in einem Gasthaus zu übernachten, müssen Sie zuerst ein Formular° ausfüllen. Man will von den Reisenden verschiedenes wissen, wie zum Beispiel Name (Vor- und Nachname°), die Anschrift, das Geburtsdatum°, den Geburtsort° und die Staatsangehörigkeit°. In den meisten Hotels (kleinen und großen) schließt der Preis des Zimmers das Frühstück mit ein. Um sicher zu sein, fragen Sie am besten gleich nach der Ankunft danach. Die Zimmer in einem Gasthaus sind einfach und sauber°. Eine Toilette oder sogar ein Badezimmer gibt es dort nicht im Zimmer. Die finden Sie aber auf demselben Stock. Seife° müssen Sie auch meistens selbst mitbringen.

Manche kleine Hotels, besonders in Süddeutschland, sehen oft bunt aus und laden die Reisenden freundlich ein. Hotels gibt es in allen Preisklassen. Es kommt nur darauf an°, was Sie für ein Zimmer ausgeben wollen. Ein Hotel-Garni bedeutet°, daß es dort nur Frühstück gibt und kein Restaurant, wie in anderen Hotels. Viele deutsche Hotels sind alt aber gemütlich°. In den Städten und bekannten Orten finden Sie erstklassige Hotels. Dort müssen Sie oft schon vorher Zimmer bestellen, besonders im Sommer. Sie können natürlich auch in den großen internationalen Hotels übernachten. Diese Hotels bieten Ihnen allen Luxus und Komfort°. Natürlich ist es dort immer sehr teuer. Die Gäste in diesen Hotels kommen nicht nur aus Deutschland, sondern auch aus dem Ausland.

Wenn Sie eine preiswerte Übernachtung suchen, dann können Sie in einer Pension übernachten. Die Besitzer° wohnen in demselben Haus und vermieten° nur ein paar Zimmer. Die Atmosphäre in einer Pension ist immer sehr gemütlich und persönlich. Wenn Ihnen eine Pension nicht recht ist, haben Sie die Möglichkeit, in einer Jugendherberge zu übernachten. Die gibt es überall in Deutschland. Manche Jugendherbergen sehen moderner aus als viele Hotels. In Jugendherbergen übernachten aber mehrere Personen im Zimmer. Eine Jugendherberge ist natürlich unter° den Jugendlichen besonders beliebt, denn die Übernachtung dort ist sehr preiswert. Campingplätze sind noch preiswerter und beliebter als Jugendherbergen. In Deutschland haben Sie eine Auswahl von 3 000 Campingplätzen. Die Reisenden kommen mit Zelten oder mit Wohnwagen° und verbringen manchmal eine oder zwei Wochen auf einem Campingplatz.

(*Reisende* travelers; *Preisklassen* price categories; *Stadtplan* city map; *sich erkundigen nach* to inquire about; *Stadtrand* outskirts of city; *Gasthäuser* type of inn; *Richtung* direction; *Formular* form; *Vor- und Nachname*; first and last name; *Geburtsdatum* date of birth; *Geburtsort* birthplace; *Staatsangehörigkeit* citizenship; *sauber* clean; *Seife* soap; *Es kommt nur darauf an...* It only depends on...; *bedeuten* to mean; *gemütlich* comfortable; *Luxus und Komfort* luxury and comfort; *Besitzer* owners; *vermieten* to rent; *unter* among; *Wohnwagen* campers)

Kannst du die richtige Antwort finden?

1. Ein Gasthaus ist
2. Die *Tourist Information* empfiehlt
3. In einem Hotel-Garni gibt
4. Manche Schilder zeigen
5. Die *Hotelinformation* ist
6. Beim Übernachten muß
7. Eine Toilette findet
8. Manche Jugendherbergen sind
9. Die Besitzer einer Pension wohnen
10. Campingplätze sind

a. in demselben Haus
b. es nur Frühstück
c. man nicht im Zimmer eines Gasthauses
d. noch preiswerter als Jugendherbergen
e. ein typisches deutsches Hotel
f. man ein Formular ausfüllen
g. Hotels in allen Preisklassen
h. moderner als Hotels
i. meistens in der Mitte der Stadt
j. Reisenden, wo die Hotels sind

Viele übernachten gern auf Campingplätzen.

Jugendherbergen sind sehr beliebt.

400

Ist hier noch ein Zimmer frei?   *Was ist im Preis mit eingeschlossen?*

Beantworte diese Fragen!

1. Wie können Reisende in Deutschland ein Hotel finden?
2. Was ist eine *Hotelinformation*?
3. Wie kann man in kleineren Städten ein Hotel finden?
4. Was steht alles auf den Schildern?
5. Wie sind die Mahlzeiten in einem Gasthaus?
6. Was muß man alles auf einem Anmeldeformular ausfüllen?
7. Wonach soll man gleich bei der Ankunft fragen?
8. Wo gibt es eine Toilette in einem Gasthaus?
9. Was ist ein Hotel-Garni?
10. Was sollen Reisende während der Sommermonate tun?
11. Was ist eine Pension?
12. Womit kommen die Reisenden zu den Campingplätzen?

Nützliche Ausdrücke

The following phrases may be helpful to know when you have car trouble or you wish to help a German who has encountered some problems on the road:

Haben Sie eine Panne?	Are you having car trouble?
Kann ich Ihnen helfen?	May I help you?
Ja, das ist sehr nett von Ihnen.	Yes, that's very kind of you.
Das Auto springt nicht an.	The car won't start.
Soll ich anschieben?	Do you want me to push?
Könnten Sie ihn mit anschieben?	Could you help push it?
Wir müssen das Auto abschleppen.	We must tow the car.
Haben Sie ein Abschleppseil?	Do you have a tow rope?

Sie tanken Super-Benzin.

Hier kann man bleifreies Benzin tanken.

An den Autobahnen gibt es viele Tankstellen.

Cultural Notes

At a German Service Station

You won't have to speak much at a self-service station marked with the letters *SB* (*Selbstbedienung*), but at other stations you may have to use some German words.

To have your tank filled up, you would say *"Volltanken, bitte!"* You can also ask for 10, 20 or more liters of gas by saying, for example, *"Zehn Liter Benzin, bitte."* One gallon equals rougly four liters; therefore, 10 gallons of gas would be about 40 liters. Leaded regular gasoline is no longer available at German filling stations, but leaded Super (ethyl) is, as well as regular or Super unleaded gasoline. Unleaded is called *bleifrei*.

To have the air pressure in the tires checked, ask for *"Reifendruck prüfen"* or (more colloquial), *"Luft nachsehen."* Air pressure is not measured in pounds per square inch as here but in "bar" (formerly *AT*). For example, 28 psi is 1.9 bar, and 30 psi is 2.1 bar. To find a filling station, simply look for the word *Tankstelle*.

Eating Manners

One of the things that strikes most Americans arriving in Germany as odd is the way the Germans eat. Whenever they eat something that requires cutting, they hold the fork in the left hand and the knife in the right throughout the meal. The knife is also used to push the food onto the fork. If a knife is not needed, the fork is used in the right hand and the left hand is placed on the table beside the plate, not on the lap. Meat is cut with a knife similar to the one commonly used in this country. Fish, however, will be cut with either a special fish knife or a fork.

Seldom will you see a German drink plain water with meals. The most common table drinks for lunch or dinner will be beer or wine for adults and milk or fruit juice for young people.

Dialects

Many Americans going to certain parts of Germany, with what they think is a good command of German, get the shock of their lives when a native starts to speak. Not understanding a word, the American traveler may wonder what kind of language he or she actually learned in school. This could well be the case if the American came to a small town in Bavaria (*Bayern*), Swabia (*Schwaben*), the Palatinate (*Pfalz*) or Hesse (*Hessen*). In these southern and central parts of Germany, local dialects are often especially difficult for foreigners to understand— even for northern Germans, by the way! *Plattdeutsch*, still spoken in rural areas of Lower Saxony (*Niedersachsen*), Westphalia (*Westfalen*), *Schleswig-Holstein* and in the ports (*Hamburg, Bremen*) is very similar to the Dutch language and closer to English. But chances are it too will throw most strangers.

The German spoken in *Hannover* generally is considered the best "High-German" (*Hochdeutsch*), the standard pronunciation. Educated people all over the country are able to speak High-German (although often with a shade of the local dialect), and it will be readily understood by Americans acquainted with the language. But the regional dialects are colorful, and they can be learned if one has patience and a good ear.

Was bedeutet das? (Bremen)

Plattdeutsch ist ein Dialekt in Norddeutschland.

Was soll man tun? (Tecklenburg)

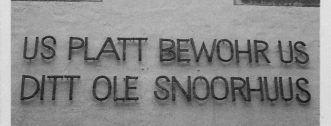

Deutsches
Sprachgebiet

Nordsee

Ostsee

Flensburg
Helgoland
Kiel
Fehmarn
Rügen
Lübeck
Rostock
Schwerin
Inseln
Bremerhaven
Emden
Wilhelmshaven
Hamburg
Oldenburg
Bremen
Elbe
Berlin
Oder
Osnabrück
Hannover
Braunschweig
Magdeburg
Münster
Bielefeld
Goslar
Dessau
Cottbus
Dortmund
DEUTSCHLAND
Saale
Essen
Halle
Duisburg
Wuppertal
Kassel
Leipzig
Dresden
Düsseldorf
Rhein
Erfurt
Gera
Köln
Jena
Chemnitz
Aachen
Bonn
Thüringer Wald
Erzgebirge
Zwickau
Koblenz
Fulda
Wiesbaden
Frankfurt/Main
Bayreuth
LUXEMBURG
Mainz
Würzburg
Trier
Darmstadt
Mannheim
Nürnberg
Heidelberg
Saarbrücken
Neustadt
Rothenburg
Donau
Karlsruhe
Regensburg
Baden-Baden
Stuttgart
Passau
Augsburg
München
Linz
Freiburg
Wien
Schwarzwald
Konstanz
Chiemsee
Salzburg
Neusiedlersee
Titisee
Oberammergau
Zugspitze
Basel
Bodensee
Garmisch-
Watzmann
ÖSTERREICH
Zürich
Partenkirchen
Aare
Alpen
Vaduz
LIECHTENSTEIN
Innsbruck
Luzern
Rhein
Graz
Bern
Grossglockner
SCHWEIZ
Rhone
Genf
Monte Rosa

Personal Pronouns

SINGULAR	Nominative	Accusative	Dative
1st person	ich	mich	mir
2nd person	du	dich	dir
3rd person	er sie es	ihn sie es	ihm ihr ihm
PLURAL			
1st person	wir	uns	uns
2nd person	ihr	euch	euch
3rd person	sie	sie	ihnen
formal form (plural or singular)	Sie	Sie	Ihnen

Reflexive Pronouns

SINGULAR	Accusative	Dative
1st person *(ich)*	mich	mir
2nd person *(du)*	dich	dir
3rd person *(er)* *(sie)* *(es)*	sich	sich
PLURAL		
1st person *(wir)*	uns	uns
2nd person *(ihr)*	euch	euch
3rd person *(sie)*	sich	sich
formal form *(Sie)* (plural or singular)	sich	sich

Relative Pronouns

	Singular			Plural
	Masculine	Feminine	Neuter	
Nominative	der	die	das	die
Accusative	den	die	das	die
Dative	dem	der	dem	denen
Genitive	dessen	deren	dessen	deren

Demonstrative Pronouns

	Singular			Plural
	Masculine	Feminine	Neuter	
Nominative	der	die	das	die
Accusative	den	die	das	die
Dative	dem	der	dem	denen

Definite Article

	Singular			Plural
	Masculine	Feminine	Neuter	
Nominative	der	die	das	die
Accusative	den	die	das	die
Dative	dem	der	dem	den
Genitive	des	der	des	der

Der-Words

	Singular			Plural
	Masculine	**Feminine**	**Neuter**	
Nominative	dieser	diese	dieses	diese
Accusative	diesen	diese	dieses	diese
Dative	diesem	dieser	diesem	diesen
Genitive	dieses	dieser	dieses	dieser

Other der-words introduced are *welcher, jeder, solcher, mancher, derselbe.*

Question Words: *Wer? Was?*

Nominative	wer	was
Accusative	wen	was
Dative	wem	
Genitive	wessen	

Indefinite Article

	Singular			Plural
	Masculine	**Feminine**	**Neuter**	
Nominative	ein	eine	ein	keine
Accusative	einen	eine	ein	keine
Dative	einem	einer	einem	keinen
Genitive	eines	einer	eines	keiner

Adjectives after *Der*-Words

	Singular			Plural
	Masculine	**Feminine**	**Neuter**	
Nominative	-e	-e	-e	-en
Accusative	-en	-e	-e	-en
Dative	-en	-en	-en	-en
Genitive	-en	-en	-en	-en

	Singular			Plural
	Masculine	**Feminine**	**Neuter**	
Nominative	der alte Film	die nette Dame	das neue Haus	die guten Schüler
Accusative	den alten Film	die nette Dame	das neue Haus	die guten Schüler
Dative	dem alten Film	der netten Dame	dem neuen Haus	den guten Schülern
Genitive	des alten Filmes	der netten Dame	des neuen Hauses	der guten Schüler

The following words expressing quantity can be used only in the plural with their corresponding adjective endings for der-words: *alle, beide.*

Adjectives after *Ein*-Words

	Singular			Plural
	Masculine	**Feminine**	**Neuter**	
Nominative	-er	-e	-es	-en
Accusative	-en	-e	-es	-en
Dative	-en	-en	-en	-en
Genitive	-en	-en	-en	-en

	Singular			Plural
	Masculine	**Feminine**	**Neuter**	
Nominative	ein alter Film	eine nette Dame	ein neues Haus	keine guten Schüler
Accusative	einen alten Film	eine nette Dame	ein neues Haus	keine guten Schüler
Dative	einem alten Film	einer netten Dame	einem neuen Haus	keinen guten Schülern
Genitive	eines alten Filmes	einer netten Dame	eines neuen Hauses	keiner guten Schüler

The following words expressing quantity can be used only in the plural: *andere, ein paar, einige, viele, wenige*. Adjectives following these words take the ending -e (nominative, accusative) or -en (dative).

Adjective Endings for Adjectives Not Preceded by Articles

	Singular			Plural
	Masculine	**Feminine**	**Neuter**	
Nominative	alter Freund	rote Bluse	neues Auto	kleine Kinder
Accusative	alten Freund	rote Bluse	neues Auto	kleine Kinder
Dative	altem Freund	roter Bluse	neuem Auto	kleinen Kindern
Genitive	alten Freundes	roter Bluse	neuen Autos	kleiner Kinder

Comparison of Adjectives and Adverbs

Adjective/Adverb	schnell	warm	gut	hoch	gern
Comparative	schneller	wärmer	besser	höher	lieber
Superlative	schnellst-	wärmst-	best-	höchst-	liebst-

Plural of Nouns

	Singular	Plural
no change or add umlaut	das Zimmer die Mutter	die Zimmer die Mütter
add -n, -en, or -nen	die Ecke der Herr die Freundin	die Ecken die Herren die Freundinnen
add -e or ⸚e	der Tag die Stadt	die Tage die Städte
add ⸚er	das Buch das Fach	die Bücher die Fächer
add -s (adopted foreign words)	das Café das Büro	die Cafés die Büros

Prepositions

Dative	Accusative	Dative or Accusative	Genitive
aus	durch	an	anstatt
außer	für	auf	trotz
bei	gegen	hinter	während
mit	ohne	in	wegen
nach	um	neben	
seit		über	
von		unter	
zu		vor	
		zwischen	

Inverted Word Order

1. Formation of questions beginning with the verb
   Spielst du heute Fußball?

2. Formation of questions beginning with a question word
   Wohin gehen Sie heute nachmittag?

3. Command forms
   Hab keine Angst!
   Lauft schnell!
   Passen Sie auf!
   Gehen wir!

4. Sentence beginning with a part other than the subject
   Am Sonntag fahren wir zu meiner Tante.

Word Order of Dative and Accusative Case (Objects and Pronouns)

Er gibt	dem Fluggast	eine Bordkarte.
Er gibt	ihm	eine Bordkarte.
Er gibt	sie	dem Fluggast.
Er gibt	sie	ihm.

Word Order When Using Relative Pronouns and Conjunctions

1. Relative pronouns
   Der Mann, der ins Auto einsteigt, ist mein Vater.
   Wer ist der Mann, den du getroffen hast?

2. Coordinating conjunctions
   Ich möchte bleiben, aber ich habe keine Zeit.

3. Subordinating conjunctions
   Wir gehen ins Restaurant, weil wir Hunger haben.
   Weil wir Hunger haben, gehen wir ins Restaurant.

Verbs Followed by Dative Case

antworten   folgen   gefallen   gratulieren   helfen   passen   schmecken
Gabi hilft ihrer Mutter.
Ich gratuliere ihm zum Geburtstag.

The verb *glauben* may take either the dative or accusative case. If used with a person, the dative follows *(Ich glaube ihm)*. If used with an object, the accusative is used *(Ich glaube das nicht)*.

Verbs with Prepositions Followed by Accusative Case

sich freuen auf	to look forward to
grenzen an	to border on
sehen auf	to look at
sprechen über	to talk about
warten auf	to wait for

Regular Verb Forms — Present Tense

	gehen	finden	heißen	arbeiten
ich	gehe	finde	heiße	arbeite
du	gehst	findest	heißt	arbeitest
er, sie, es	geht	findet	heißt	arbeitet
wir	gehen	finden	heißen	arbeiten
ihr	geht	findet	heißt	arbeitet
sie, Sie	gehen	finden	heißen	arbeiten

Irregular Verb Forms — Present Tense

	haben	sein	wissen
ich	habe	bin	weiß
du	hast	bist	weißt
er, sie, es	hat	ist	weiß
wir	haben	sind	wissen
ihr	habt	seid	wißt
sie, Sie	haben	sind	wissen

Verbs with Stem Vowel Change—Present Tense

	a to ä	*e to i*	*e to ie*
ich	fahre	spreche	sehe
du	fährst	sprichst	siehst
er, sie, es	fährt	spricht	sieht
wir	fahren	sprechen	sehen
ihr	fahrt	sprecht	seht
sie, Sie	fahren	sprechen	sehen

Command Forms

Familiar (singular)	Geh!	Warte!	Sei!	Hab!
Familiar (plural)	Geht!	Wartet!	Seid!	Habt!
Formal (singular/plural)	Gehen Sie!	Warten Sie!	Seien Sie!	Haben Sie!
Wir-form (Let's...)	Gehen wir!	Warten wir!	Seien wir!	Haben wir!

Modal Auxiliaries

	dürfen	können	mögen	müssen	sollen	wollen
ich	darf	kann	mag	muß	soll	will
du	darfst	kannst	magst	mußt	sollst	willst
er, sie, es	darf	kann	mag	muß	soll	will
wir	dürfen	können	mögen	müssen	sollen	wollen
ihr	dürft	könnt	mögt	müßt	sollt	wollt
sie, Sie	dürfen	können	mögen	müssen	sollen	wollen

Future tense (*werden* + infinitive)

ich	werde
du	wirst
er, sie, es	wird
wir	werden
ihr	werdet
sie, Sie	werden

Sie werden nächstes Jahr nach Deutschland fahren.
Wirst du morgen ins Kino gehen?

Past Tense (Narrative Past Tense)

	Regular Verbs		Irregular Verbs				
	sagen	**arbeiten**	**kommen**	**gehen**	**fahren**	**haben**	**sein**
ich	sagte	arbeitete	kam	ging	fuhr	hatte	war
du	sagtest	arbeitetest	kamst	gingst	fuhrst	hattest	warst
er, sie, es	sagte	arbeitete	kam	ging	fuhr	hatte	war
wir	sagten	arbeiteten	kamen	gingen	fuhren	hatten	waren
ihr	sagtet	arbeitetet	kamt	gingt	fuhrt	hattet	wart
sie, Sie	sagten	arbeiteten	kamen	gingen	fuhren	hatten	waren

Present Perfect Tense

regular verbs: *haben* + past participle (*ge* + 3rd person singular)
Sie hat gefragt.
Hast du etwas gesagt?

irregular verbs: *haben* or *sein* + past participle
Ich habe das Brot gegessen.
Wir sind dorthin gefahren.

Past Perfect Tense

Past tense of *haben* or *sein* plus past participle
> *Hattest du den Brief geholt?*
> *Wart ihr zu Hause gewesen?*

Irregular Verbs

The following list contains all the irregular verbs used in *Deutsch Aktuell 1* and 2. Verbs with separable or inseparable prefixes are not included when the basic verb form has been introduced, then the verb with its prefix is included. Verbs with stem vowel changes as well as those constructed with a form of *sein* have also been indicated.

Infinitive	Present Tense Stem Vowel Change	Past	Past Participle	Meaning
abbiegen		bog ab	abgebogen	to turn to
abheben		hob ab	abgehoben	to lift (receiver)
anfangen	fängt an	fing an	angefangen	to begin
angreifen		griff an	angegriffen	to attack
auffressen	frißt auf	fraß auf	aufgefressen	to eat up, devour
aufschließen		schloß auf	aufgeschlossen	to unlock
aufsteigen		stieg auf	ist aufgestiegen	to get on (bike)
ausleihen		lieh aus	ausgeliehen	to check out
beginnen		begann	begonnen	to begin, start
bekommen		bekam	bekommen	to get, receive
bestehen		bestand	bestanden	to pass (test)
bieten		bot	geboten	to offer
bitten		bat	gebeten	to ask, plead
bleiben		blieb	ist geblieben	to stay, remain
bringen		brachte	gebracht	to bring
denken		dachte	gedacht	to think
dürfen	darf	durfte	gedurft	to be allowed, may
einladen	lädt ein	lud ein	eingeladen	to invite
einschließen		schloß ein	eingeschlossen	to include
empfehlen	empfiehlt	empfahl	empfohlen	to recommend
entscheiden		entschied	entschieden	to decide
sich erkennen		erkannte	erkannt	to recognize each other

Infinitive	Present Tense Stem Vowel Change	Past	Past Participle	Meaning
essen	ißt	aß	gegessen	to eat
fahren	fährt	fuhr	ist gefahren	to drive, go
fallen	fällt	fiel	ist gefallen	to fall
finden		fand	gefunden	to find
fliegen		flog	ist geflogen	to fly
fließen		floß	ist geflossen	to flow, run
geben	gibt	gab	gegeben	to give
gefallen	gefällt	gefiel	gefallen	to like
gehen		ging	ist gegangen	to go, walk
gewinnen		gewann	gewonnen	to win
gießen		goß	gegossen	to pour
haben	hat	hatte	gehabt	to have
halten	hält	hielt	gehalten	to hold
hängen		hing	gehangen	to hang
heißen		hieß	geheißen	to be called
helfen	hilft	half	geholfen	to help
kennen		kannte	gekannt	to know (person)
kommen		kam	ist gekommen	to come
können	kann	konnte	gekonnt	to be able to, can
lassen	läßt	ließ	gelassen	to leave, let
laufen	läuft	lief	ist gelaufen	to run, walk
lesen	liest	las	gelesen	to read
liegen		lag	gelegen	to lie
messen	mißt	maß	gemessen	to measure
mögen	mag	mochte	gemocht	to like
müssen	muß	mußte	gemußt	to have to, must
nehmen	nimmt	nahm	genommen	to take
pfeifen		pfiff	gepfiffen	to whistle
rufen		rief	gerufen	to call
scheinen		schien	geschienen	to shine
schieben		schob	geschoben	to push
schießen		schoß	geschossen	to shoot
schlafen	schläft	schlief	geschlafen	to sleep
schlagen	schlägt	schlug	geschlagen	to hit, beat
schneiden		schnitt	geschnitten	to cut, chop
schreiben		schrieb	geschrieben	to write
schreien		schrie	geschrien	to scream, shout
schwimmen		schwamm	ist geschwommen	to swim
sehen	sieht	sah	gesehen	to see

Infinitive	Present Tense Stem Vowel Change	Past	Past Participle	Meaning
sein	ist	war	ist gewesen	to be
singen		sang	gesungen	to sing
sitzen		saß	gesessen	to sit
sollen	soll	sollte	gesollt	to supposed to, should
sprechen	spricht	sprach	gesprochen	to speak, talk
springen		sprang	ist gesprungen	to jump
stehen		stand	gestanden	to stand
steigen		stieg	ist gestiegen	to climb
tragen	trägt	trug	getragen	to carry
treffen	trifft	traf	getroffen	to meet
treiben		trieb	getrieben	to do sports
trinken		trank	getrunken	to drink
tun	tut	tat	getan	to do
umziehen		zog um	umgezogen	to change (clothes)
verbinden		verband	verbunden	to connect, bandage
vergessen	vergißt	vergaß	vergessen	to forget
verlassen	verläßt	verließ	verlassen	to leave
verlieren		verlor	verloren	to lose
verschlingen		verschlang	verschlungen	to devour, swallow (up)
verstehen		verstand	verstanden	to understand
wachsen	wächst	wuchs	ist gewachsen	to grow
sich waschen	wäscht	wusch	gewaschen	to wash
werfen	wirft	warf	geworfen	to throw
wiegen		wog	gewogen	to weigh
wissen	weiß	wußte	gewußt	to know
wollen	will	wollte	gewollt	to want to

Subjunctive

Present Subjunctive I

	fragen	kommen	haben	sein
ich	frage	komme	habe	sei
du	fragest	kommest	habest	seiest
er, sie, es	frage	komme	habe	sei
wir	fragen	kommen	haben	seien
ihr	fraget	kommet	habet	seiet
sie, Sie	fragen	kommen	haben	seien

Present Subjunctive II

	fragen	kommen	haben	sein
ich	fragte	käme	hätte	wäre
du	fragtest	kämest	hättest	wärest
er, sie, es	fragte	käme	hätte	wäre
wir	fragten	kämen	hätten	wären
ihr	fragtet	kämet	hättet	wäret
sie, Sie	fragten	kämen	hätten	wären

Past subjunctive I

Present subjunctive I of *haben* or *sein* plus past participle
> *du habest gesucht*
> *er sei gegangen*

Past subjunctive II

Present subjunctive II of *haben* or *sein* plus past participle
> *du hättest gesucht*
> *er wäre gegangen*

The following selected readings are excerpts from EMC's *Easy Readers*, a series of shortened and simplified texts adapted from works of well-known German authors. The individual excerpts appear in sequential order in terms of vocabulary and grammar difficulty. The vocabulary not listed at the end of the book is printed in italics and explained in the margin of the line in which the word or phrase appears. Vocabulary preceded by the symbol (°) is explained by means of illustrations. Cognates (*Wind*, *Sand*, etc.) and compound nouns—which can be taken apart and identified in the end vocabulary—are not explained. Phrases and expressions containing grammar unfamiliar to the student at the suggested reading level are also explained in marginal notes.

Lesestück I

Gänsebraten

klingeln

der Brief

Paul und Pauline tranken ihren Kaffee.

   Da °*klingelte* es.

   „Die Post!"

Minna war ins Zimmer gekommen und brachte die Morgenpost.
Es war nur ein °*Brief*. Er war an Pauline. Also *öffnete* ihn der   *opened*
Mann.

   „Wer schreibt denn?" fragte Pauline.

   „Wer denkst du denn, wer schreibt?"

   „Wer soll uns schon schreiben?"

   Der Mann legte den Brief auf den Tisch.

   „Hannemanns schreiben", sagte er.

   „Hannemanns? Welche Hannemanns?"

   „Hannemanns aus Halle! Die wir in den *Sommerferien*   *summer vacation*
kennengelernt haben."

   „So? Leben die auch noch? Was schreiben sie denn?"

   „Sie wollen uns morgen besuchen. Zum Abendessen."

   „Sollen sie kommen!"   *Let them come!*

   „Was heißt das: sollen sie kommen", *schimpfte* Paul, „warum   *grumbled*
kommen sie denn? Was wollen sie denn? Sich einen billigen
Abend machen, *sich vollessen* für mein Geld, das wollen sie!   *to stuff themselves*
Das sind so deine Freunde!"

„*Wieso* meine Freunde? Du kennst sie doch genauso gut wie ich."

„Wer hat denn zuerst mit der Frau gesprochen?"

„Ich. Aber nur, weil du den Mann kanntest."

„Weil ich den Mann kenne, mußt du noch lange nicht gleich mit der ganzen Familie gut Freund sein. Bald *befreundest du dich* noch mit der Frau von dem Mann, *der mich auf der Straße um Feuer* für seine Zigarette *bittet*, und sagst, sie sollen bei uns *frühstücken.* Häng doch gleich eine Tafel vor das Haus: „Freies Mittagessen für alle! Mein Mann bezahlt!" — Aber jetzt hast du falsch gedacht, Pauline! Du *kriegst* keinen °*Pfennig* von mir. Sieh zu, wie du deinen Gästen etwas zu essen machst!"

you become friendly

who asks for a light

have breakfast

get

Pauline °*weinte* noch ein wenig in ihre Tasse. Dann ging sie in die °*Küche.*

„Minna!" rief sie. — „Bitte?"

„Wir bekommen morgen abend Gäste. Haben Sie noch Geld?" Minna antwortete wie alle Frauen *in solchen Lagen:* „Nein, nur noch ein paar °*Mark.*"

in such situations

der Pfennig   die Mark   weinen

„Dann müssen wir etwas Einfaches kochen. Für jeden zwei Paar warme °*Würstchen.* Ich werde vor dem Essen erzählen, daß es °*Gänsebraten* gibt. Bevor Sie jetzt die Würstchen bringen, *lassen* Sie einen *Teller* laut *fallen*, schreien laut, ich komme in die Küche, und wir *tun, als ob* uns der Gänsebraten in den °*Kohlenkasten* gefallen ist. Dann bringen Sie einfach die gekochten warmen Würstchen. Haben Sie mich verstanden?"

drop

pretend as if

„Natürlich, Frau Flemming!" *lachte* Minna. Die Sache fand sie sehr gut.

laughed

„Die Familie Hannemann ist da!" rief Minna am nächsten Abend.

Paul und Pauline kamen schnell.

„Das ist aber nett, " sagte Paul und gab beiden die Hand, „wir haben uns sehr gefreut, als Ihr Brief kam." Hannemann nahm drei sehr kleine °*Blumen* aus dem Papier.

„Bitte, schön!"

„Aber das brauchten Sie doch wirklich nicht zu tun", antwortete Pauline und stellte die Blumen in die °*Vase*, die schon dafür da stand. „Sie werden sicher großen Hunger haben. Darf ich gleich zu Tisch bitten?"

die Küche

der Teller

das Würstchen

der Kohlenkasten

der Gänsebraten

Hannemanns *ließen sich das nicht zweimal sagen.* Sie gingen schnell in das Eßzimmer, wo *der gedeckte Tisch* stand. Pauline stellte die Blumen in die Mitte.

didn't have to be told twice

the set table

„Sie haben sich doch nicht zu viel Arbeit gemacht?" meinte Herr Hannemann.

„Aber nein! Aber nein!"

„Das ist aber gut!"

„Wir haben nur eine *Gans*", sagte Pauline. *goose*

„Siehst du, Erich!" sagte da Frau Hannemann und sah sehr froh aus, „was habe ich gesagt? Wir bekommen hier sicher etwas Gutes zu essen! Vielleicht eine Gans. Es ist ja jetzt die Zeit der Gänse!"

„Da bin ich aber froh, daß Sie Gans mögen." Dies sprach Pauline und klingelte dem Mädchen.

Jetzt mußte es ja *geschehen.* *happen*

Minna, das Mädchen, stand in der Küche. *Weit und breit* kein *far and wide*
Gänsebraten. Aber sie hielt in der Hand einen Teller mit acht gekochten Würstchen, in der anderen Hand aber einen *leeren* *empty*
Teller, den sie in den Kohlenkasten *fallen lassen wollte.* Da *wanted to drop*
klingelte es.

Im Eßzimmer nahm man die °*Servietten* in die Hand. Pauline klingelte *nochmals.* Da *hörte* man aus der Küche einen Teller *once more*
herunterfallen. Eine *Frauenstimme* schrie. *heard...being dropped/*
woman's voice

„*Ach du lieber Himmel!* Die Gans", sprang Pauline auf und *Good heavens!*
lief schnell in die Küche, und noch im Zimmer rief sie: „Minna, Minna! Was haben Sie denn gemacht. Was ist Ihnen denn heruntergefallen? Sicher die gute Gans, was?"

Minna weinte und schrie in der Küche, *wie man ihr gesagt* *as they had told her*
hatte.

„Das ist aber schade", sagte Pauline zu Hannemanns. Jetzt haben wir nichts mehr zu essen. Nur ein paar warme Würstchen. Nein, *so was Dummes*, Minna! Kommen Sie sofort herein." *such nuisance*

Minna kam langsam *weinend* durch die Tür. *crying*

Pauline freute sich über das gute Mädchen.

„Was haben Sie denn fallen lassen?", fragte sie böse.   *angrily*

Minna weinte und gab keine Antwort.

„Sie haben doch etwas fallen lassen?"

„Ja", weinte Minna.

„Wohin?"

„In den Kohlenkasten."

„Die gute Gans, was?",

Da weinte Minna immer lauter und sagte:

„Nein. Die Würstchen."

Fragen

1. Wer hatte geschrieben?
2. Woher kannten sie Hannemanns?
3. Warum bekommt Pauline kein Geld für das Essen?
4. Was glauben Hannemanns, was es zu essen gibt?
5. Was soll Minna rufen, bevor sie die warmen Würstchen bringt?
6. Was passiert mit den Würstchen?

Lesestück II

Es klingelt an der Tür

Die Kinder *waren* noch nicht nach Hause *gekommen*, und Herr
Massing *schmückte* den *Weihnachtsbaum*. Es war ein kleiner
Baum, denn die Wohnung war nicht sehr groß — zwei Zimmer
und Küche. Da klingelte es an der Tür.

„Machst du auf, Anna?" rief er hinaus.

„Ich bin schon da."

Im nächsten *Augenblick* kam seine Frau ins Zimmer. Sie
brauchte ein wenig Zeit, bevor sie sprechen konnte.

„Eduard! Ein Mann mit einem Weihnachtsgeschenk ist an
der Tür."

„Ein Weihnachtsgeschenk? Von wem?"

„Er weiß es nicht."

„*Führ ihn herein!*"

„Er ist nicht allein."

„Dann *bitte* beide *herein*", sagte Herr Massing. Er *hätte es
nicht sagen sollen.*

Ein Mann im Mantel *trat ein*. Mit ihm ein *riesiger* °*Hund*.
Wenn er den Kopf *hob*, konnte er aus dem Fenster sehen. Die Tür
ging kaum hinter ihm *zu*, so groß war er.

„Frohe Weihnachten!" sagte der Mann, *der* den Hund führte.
„Bin ich hier recht bei Herrn Massing?"

had come

decorated/Christmas tree

moment

Bring him in.

ask to come in
He shouldn't have said it.

stepped in/huge
raised
hardly closed

who

Excerpt from: Jo Hanns Rösler WOHIN SIND ALL' DIE JAHRE, copyright Stieglitz
  Verlag, Mühlacker 1973. The *Easy Reader* (an A-level book) entitled GÄNSE-
  BRATEN UND ANDERE GESCHICHTEN, containing this simplified excerpt, is
  published by EMC Publishing.

Herr Massing sagte: „Ja." Er war *böse auf* den Hund und *fürchtete* für seinen Weihnachtsbaum.

mad at
feared

„Ich soll Ihnen ein Weihnachtsgeschenk bringen", sagte der Mann.

„Danke schön. Aber können Sie den Hund nicht vor dem Haus lassen?"

„Das geht leider nicht."

„Warum nicht?"

„Er ist das Weihnachtsgeschenk."

„Wie bitte?"

„*Jemand* schickt Ihnen als Weihnachtsgeschenk den Hund."

somebody

„Das nenne ich ein Geschenk", *schimpfte* Herr Massing und sah den riesigen Hund böse an. Der Hund verstand es falsch und *bewegte* den °*Schwanz hin und her.* Die Vase auf dem Tisch und der Weihnachtsbaum *fielen* fast *zu Boden.*

grumbled

moved back and forth
fell on the floor

„Mir schickt jemand einen Hund? Wer, ich bitte Sie?"

„Er hat seinen Namen nicht gesagt. Er hat mir nur gesagt, ich soll den Hund mit den besten Wünschen bei Ihnen *abgeben.*"

accept

Herr Massing schimpfte: „Das kann ja nicht sein. Ich *nehme* das Geschenk nicht *an.* Was mache ich mit einem so großen Hund in der kleinen Wohnung?"

„Und was er ißt" sagte die Frau.

Der Mann sah sich um.

„Sie haben doch Kinder. Vielleicht *ist* der Hund *für die Kinder gedacht.* Ihre Kinder werden sich bestimmt freuen."

is intended for the children

„Die Kinder?" rief Herr Massing. „Sie können gleich kommen! Und wenn sie den Hund sehen, werden sie ihn nie mehr *hergeben.*"

return

Jetzt mußte schnell etwas geschehen. Herr Massing *ging auf* den Mann *zu* und rief:

walk towards

„Nehmen Sie ihn wieder mit! Ich *behalte* ihn nicht. Bringen Sie ihn zurück. So eine Idee, mir einen Hund ins Haus zu schicken!"

keep

„Ich weiß nicht, wo er wohnt."

„Dann behalten Sie ihn. Ich schenke ihn Ihnen. Das ist ein schöner Hund. Was soll ich mit dem *Riesenhund* in unserer kleinen Wohnung?"

gigantic dog

„Meine Wohnung ist auch sehr klein", sagte der Mann. „Es kostet zu viel, so einen Hund zu halten. Das kann ich nicht."

„Dann *geben* Sie den Hund *weiter!* Jetzt zu Weihnachten!" Ihre Freunde werden froh sein."

pass on

„Nein", sagte der andere, „wer nimmt einen so großen Hund? Das tut doch kein Mensch."

Der Hund, *der sich hingelegt hatte*, stand plötzlich auf. Dabei *fiel* der Tisch *um*. *which had lain down / tipped over*

„Lieber, guter Mann!" rief jetzt herr Massing. „Sie können von mir haben, was Sie wollen, nur nehmen Sie den Hund wieder mit. Sie haben ja Ihr Geld vom *Spender* schon bekommen, aber ich gebe Ihnen fünf mal so viel, wenn Sie den Hund wieder mitnehmen." *contributor*

Der Mann im Mantel sagte:

„Der Spender hat mir aber viel Geld gegeben."

„Gut. Ich gebe Ihnen noch mehr. Da, sehen Sie, das ist für Sie —"

Er nahm schnell einen großen *Geldschein* aus der *Tasche* und gab ihn dem Mann. *bill/pocket*

„Nehmen Sie ihn und dann *nichts wie raus*, Sie und der Hund!" *get out*

„Lieber alter, guter Keschan!" sagte der Mann im Mantel zu dem Hund, als er ihn wieder auf die Straße führte. „Ich weiß, das ist ein dummes Spiel, aber du weißt ja, wie sehr ich dich liebe, mein bester Freund. Aber die *einzige* Möglichkeit, dich zu behalten, ist, dich jedes Weihnachten viele Mal zu verschiedenen Menschen als Weihnachtsgeschenk zu bringen. Nur so bekommen wir das *Futtergeld* für das ganze Jahr zusammen und können noch lange, lange zusammen bleiben..." *only / money for food*

Fragen

1. Was macht Herr Massing, als es klingelt?
2. Wer ist an der Tür?
3. Warum will Herr Massing den Hund nicht behalten?
4. Will der Herr im Mantel den Hund wirklich weggeben?

Lesestück III

Till Eulenspiegel

In dieser *Geschichte* erzählt man, wie Till Eulenspiegel mit seinem Vater und seiner Mutter in ein anderes Dorf *zog*, wie Till lernte, auf einem °*Seil* zu gehen und wie die Leute im Dorf *sich um die Schuhe schlugen*.

story

moved

fought for the shoes

Till Eulenspiegel zog mit seinen Eltern von Kneitlingen weg in ein anderes Dorf. Der Vater *starb* bald, und die Mutter war mit ihrem Sohn jetzt allein. Sie aßen und tranken, was sie hatten. Viel war es nicht, und bald waren sie sehr *arm*.

died

poor

Eulenspiegel war nun schon sechzehn Jahre alt. Er hatte aber keine Lust, ein *Handwerk* zu lernen. Er lernte nur *Dummheiten und Narrenstreiche*, und darüber war seine Mutter sehr unglücklich.

trade

foolish pranks

Das Haus, in dem er mit seiner Mutter wohnte, lag an einem Fluß. Über diesen Fluß *zog* Eulenspiegel ein Seil von dem *Dachboden* des Hauses zu dem Haus auf der anderen Seite des Flusses. Dann versuchte er, auf dem Seil zu gehen.

pulled

attic

Viele junge und alte Leute waren zum Fluß gelaufen, um Eulenspiegel auf dem Seil zu sehen. Seine Mutter sah es auch, und sie *schlich heimlich* auf den Dachboden und schnitt das Seil kaputt. Eulenspiegel *fiel* ins Wasser, die alten Männer *lachten*, und die jungen Leute riefen laut:

sneaked secretly

fell

laughed

„Seht den *Narren!* Er badet im Fluß. Bade nur, Eulenspiegel! Ein Bad kannst du gut *gebrauchen!*"

fool

use

Eulenspiegel hatte nichts gegen das Bad. Das Rufen der Jungen *ärgerte* ihn aber. Und nun *überlegte* er, wie er *sich an den Jungen rächen konnte*.

irritated/thought about

could get back at

Kurze Zeit später zog Eulenspiegel das Seil wieder über den Fluß. Die Leute, jung und alt, kamen gelaufen, um ihn auf dem Seil zu sehen.

Eulenspiegel bat nun alle, ihm den linken Schuh zu geben und sagte:

„Ich will euch ein schönes *Kunststück* auf dem Seil zeigen."

trick

Excerpt from: TILL EULENSPIEGEL, copyright GRAFISK FORLAG A/S 1986. The *Easy Reader* (an A-level book) with the same title is published by EMC Publishing.

Die Leute glaubten Eulenspiegel das und *zogen* ihre Schuhe *took off*
aus. Den linken Schuh gaben sie Eulenspiegel. Es waren über
hundert Schuhe. Eulenspiegel zog die Schuhe auf eine *Schnur* *string*
und *machte* sie an dem Seil *fest*. Dann setzte er sich selbst auf *attached*
das Seil. Alle sahen zu ihm *hinauf* und warteten nun auf das *up*
Kunststück.

Da rief Eulenspiegel zu ihnen *herunter*: *down*
„Seht mein Kunststück! Jetzt bekommt ihr eure Schuhe wieder! Jeder muß seinen Schuh selbst *suchen!*" *look for*

Im gleichen *Augenblick* schnitt er die Schnur, an der die *moment*
Schuhe *hingen*, kaputt. Alle Schuhe fielen auf die Erde. Ein *were hanging*
Schuh fiel über den anderen. Alle *stürzten sich auf* die Schuhe. *pounced on*
Der eine nahm hier einen Schuh, der andere dort.

Der eine rief: „Das ist mein Schuh!"

Der andere rief: „Du *lügst!* Das ist mein Schuh!" *are lying*

Sie *zogen sich* an den Haaren und fingen an, *sich zu schla-* *pulled each other/*
gen. Der eine lag unten, der andere oben. Der eine schrie, der *to hit each other*
andere *weinte*, der dritte lachte. Auch die Alten zogen sich an *cried*
den Haaren und schlugen sich.

das Seil

Eulenspiegel saß auf seinem Seil, lachte und rief:
„Sucht nur eure Schuhe!"

Dann lief er vom Seil ins Haus, um sich in *Sicherheit zu bringen*. Die Jungen und die Alten schlugen sich noch lange weiter.

to look for a safe place

Vier Wochen sah man Eulenspiegel nicht in dem Dorf. Er saß bei seiner Mutter im Haus und half ihr bei der Arbeit. Die Mutter freute sich darüber und dachte: Vielleicht wird doch alles gut! Vielleicht wird er doch noch *ein fleißiger und vernünftiger Mensch!*

an industrious and sensible person

Sie kannte aber die Geschichte mit den Schuhen nicht und wußte nicht, daß ihr Sohn Angst vor den Leuten hatte.

Fragen

1. Wo wohnte Till Eulenspiegel mit seinen Eltern früher?
2. Warum war Tills Mutter sehr unglücklich?
3. Was machte sie auf dem Dachboden?
4. Warum zogen die Leute ihre linken Schuhe aus?
5. Was machte Till mit den Schuhen?
6. Warum schlugen sich die Leute am Ende?

Lesestück IV

Auf dem Wege zum Zug war mein Koffer viel schwerer als vor drei Tagen, als ich hier ankam. Ich hatte genau dasselbe im Koffer. Aber jeder Weg wird weiter, jeder Koffer schwerer, wenn man ohne *Erfolg* zurückfährt. — *success*

Es war ein Nachmittag im Oktober. Das flache Land mit seinem Wind, *der nach Salzwasser roch*, lag unter einem grauen *Himmel*. Genau so grau sah es auch in mir aus. — *that smelled like salt water / sky*

Der Zug sollte hier seine Reise beginnen. Ich *konnte* die Wagen weiter hinten *stehen sehen*. Es war zu kalt, um eine halbe Stunde hier zu warten. Also ging ich in ein Gasthaus. Ich bestellte mir einen großen *Schnaps*. Der Schnaps ist das Beste in dieser Gegend. Er ist klar, sauber und schmeckt nach Sommer und grünen Feldern. Nur der Name auf der *Flasche* gefällt mir nicht. Es ist der Name des Mannes, *bei dem ich* in diesen drei Tagen *überhaupt keinen Erfolg gehabt hatte*. Er ist Millionär. Ich war hierher gekommen, um mit ihm ein Geschäft zu machen, ein Geschäft um eine halbe Million. — *could see / liquor / bottle / with whom I had had no success at all*

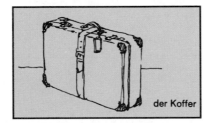

der Koffer

Der Name auf der *Schnapsflasche* gefällt mir noch *aus einem anderen Grunde* nicht. Es wird mir jedesmal kalt, wenn ich diesen Namen höre oder sehe. Aber das wußte ich noch nicht, als ich in dem Restaurant saß und einen *doppelten* Schnaps bestellte. — *liquor bottle/for another reason / double*

Langsam wurde mir warm. Ich freute mich auf mein Zimmer in Hamburg. Ich freute mich sogar darauf, morgen meinen Chef zu sehen, wenn ich ihm von meinem Besuch bei dem Schnapsmillionär *erzählen würde*. — *would tell*

Excerpt from: Hansjörg Martin KEIN SCHNAPS FÜR TAMARA, copyright Rowohlt Taschenbuch Verlag GmbH, Reinbek/Hamburg 1975. The *Easy Reader* (a B-level book) with the same title is published by EMC Publishing.

Mein Koffer war nicht mehr ganz so schwer, als ich zum Zug ging, *der* jetzt *bereitstand.* Es waren nur zwei oder drei Menschen auf dem Bahnhof. Ich setzte mich in den Zug. Den Mantel *behielt* ich *an.* Es war recht kalt. Ich hörte *Rufe* — dann fuhr der Zug ab. — *which was ready to go* — *kept on/shouts*

Ich sah aus dem Fenster. Es blieb kalt. Zwei Stunden in diesem Wagen zu *frieren,* hatte ich keine Lust. Ich nahm meinen Koffer und ging *auf die Suche nach einem geheizten Wagen.* — *freeze* — *on the lookout for a heated car*

Das erste, was ich von ihr sah, war die Hand. Das Mädchen schien zu schlafen. Sie sah aus, *als schliefe sie* schon seit Stunden. Na, vielleicht war sie schon müde, als sie in den Zug stieg. Aber ich *hatte sie nicht einsteigen sehen.* — *as if she had been sleeping* — *had not see her get in*

Die Hand, *die* neben ihr lag, war ganz weiß — die Hand gefiel mir nicht. So schläft doch niemand. — *which*

Ich hatte das alles gesehen und gedacht, *als ich vorbeigegangen war.* Erst zwei Wagen weiter *setzte* ich meinen Koffer *ab* und ging zu ihr zurück. *Das hätte ich nicht tun sollen!* — *when I went by* — *put down* — *I shouldn't have done that.*

die Träne

Ich machte die Wagentür auf und sagte: „Hallo!" und noch einmal etwas lauter: „Hallo!"

Das Mädchen *bewegte sich nicht*. Ich ging hinein, um das Gesicht zu sehen. Aber *das gelang nicht*, denn das schwarze Haar hing über ihrem Gesicht. Ich rief, um *irgendetwas* zu tun, noch einmal: „Hallo!" Dann *faßte* ich den Arm des Mädchens *an* — nichts. Ich nahm ihre weiße Hand. Die Hand war sehr kalt. Dann *hob* ich ihren Kopf *hoch*. Das Gesicht war noch weißer als die Hand. Die Augen *waren geschlossen*. An dem linken Auge hing eine °*Träne*. Der Mund war offen. Ich *öffnete* ihr linkes Auge und sah, was ich schon wußte:

didn't move

didn't succeed

anything

took hold of

raised

opened

Das Mädchen war *tot*.

dead

Sie war etwa Mitte bis Ende zwanzig. Das Gesicht hatte ich schon einmal gesehen. Aber ich wußte nicht, wo. Ich konnte nicht klar denken. Aber ich hatte dieses Gesicht schon gesehen.

Ich *ließ* den Kopf *fallen*. Die Haare fielen wieder über ihr Gesicht. Kalt war es in dem Zug. Ich setzte mich *der Toten gegenüber*, um in Ruhe *darüber nachzudenken*, was ich tun sollte. Ich *kam nicht dazu*, denn der Zug hielt. Das Mädchen *fiel* noch mehr *in sich zusammen*.

dropped

across from the dead person/think about

didn't get to it

collapsed

Fragen

1. Wann begann die Geschichte?
2. Warum war der Erzähler in diese Stadt gekommen?
3. Was gefiel ihm nicht an der Schnapsflasche?
4. Warum ging er in eine Gaststätte?
5. Warum suchte er sich einen anderen Wagen im Zug?
6. Was fiel ihm zuerst an dem schlafenden Mädchen auf?
7. Wie sah das Mädchen aus?
8. Wie alt war sie?
9. Woran sah er, daß sie tot war?

Lesestück V

Das dicke Kind

Es war Ende Januar, bald nach den Weihnachtsferien, als das *dicke* Kind zu mir kam. Ich hatte in diesem Winter angefangen, *fat* den Kindern der Nachbarn Bücher zu leihen. Sie sollten sie an einem bestimmten Tag holen und zurückbringen. Natürlich kannte ich fast alle diese Kinder; aber es kamen auch manchmal andere, die nicht in unserer Straße wohnten. Viele von ihnen blieben nur ganz kurze Zeit; doch gab es einige, die sich setzten und gleich zu lesen begannen. Dann saß ich an meinem Schreibtisch und arbeitete. Die Kinder saßen an dem kleinen Tisch bei der Bücherwand. Sie *waren mir angenehm* und *störten* *were pleasant/disturbed* mich nicht.

Das dicke Kind kam an einem Freitag oder Samstag. Der Tag für die Bücher war es nicht. Ich wollte später wegehen und hatte mir gerade °*Butterbrote* gemacht, die ich ins Zimmer trug. Kurz vorher hatte ich Besuch gehabt, und dieser hatte wohl vergessen, die Eingangstür zu *schließen*. So kam es, daß das *close* dicke Kind plötzlich vor mir stand. Es war ein Mädchen von vielleicht zwölf Jahren in einem *unmodernen* Mantel und schwar- *old-fashioned* zen, dicken °*Gamaschen*. In der Hand hatte es ein Paar °*Schlittschuhe*. Es erschien *mir bekannt* und doch nicht richtig *seemed familiar to me* bekannt. Weil es so *leise* hereingekommen war, hatte es mir *quietly* Angst gemacht.

das Butterbrot

„Kenne ich dich?" fragte ich.

Das dicke Kind sagte nichts. Es stand nur da und legte die Hände auf dem runden °*Bauch* zusammen und sah mich mit *wasserhellen* Augen an. *clear*

Excerpt from: Marie Luise Kaschnitz LANGE SCHATTEN, copyright Claasen Verlag GmbH, Düsseldorf 1960. The *Easy Reader* (a B-level book) entitled *Kurzge-schichten*, containing this simplified excerpt, is published by EMC Publishing.

„Möchtest du ein Buch?" fragte ich.

Das dicke Kind gab wieder keine Antwort. Ich zog ein paar Bücher heraus und legte sie vor das fremde Mädchen hin.

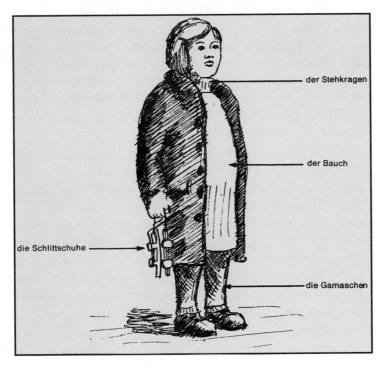

Dann fing ich an, eine *Leihkarte* zu schreiben.

„Wie heißt du denn?" fragte ich.

„Sie nennen mich die Dicke", sagte das Kind.

„Soll ich dich auch so nennen?" fragte ich.

„Es ist mir gleich", sagte das Kind. Es *lächelte* nicht. Ich glaube, daß ich auf seinem *Gesicht* ein Zeichen von *Schmerz* sah.

„Wann bist du *geboren*?" fragte ich weiter.

„Im *Wassermann*", sagte das Kind *ruhig*.

Diese Antwort machte mir Spaß, und ich schrieb sie auf die Karte. Dann sah ich wieder auf die Bücher.

„Möchtest du etwas Bestimmtes?" fragte ich.

Aber dann *bemerkte* ich, daß das fremde Kind gar nicht auf die Bücher sah, sondern auf den Tisch, auf dem mein Tee und meine Brote standen.

checkout card

It doesn't matter to me.
smiled
face/pain

born

Aquarius/quietly

noticed

„Vielleicht möchtest du etwas essen?" fragte ich.

Das Kind sagte ja und begann, meine Brote eins nach dem andern zu essen. Es tat dies *auf eine besondere Weise*, die ich erst später verstand. Dann saß es wieder da und ließ seine langsamen, kalten *Blicke* durch das Zimmer gehen. *Etwas in seiner Art* gab mir ein *unangenehmes Gefühl*. Ja gewiß, ich habe dieses Kind von Anfang an *gehaßt*: seine *Faulheit*, sein *hübsches*, *fettes Gesicht*, seine müde und doch *fordernde* Art zu sprechen. Ich wollte nun nicht mehr *spazierengehen*, sondern mit dem Kind im Hause bleiben. Und doch war ich *überhaupt nicht* freundlich zu ihm, sondern *hart* und kalt.

in a special way

eyes/something in its manner

unpleasant feeling
hated/laziness/its pretty, fat face
demanding
to take a walk
not at all
harsh

Man kann es doch nicht besonders *freundlich* nennen, daß ich nun meine Arbeit nahm und nur kurz sagte: „Lies jetzt." Ich wußte doch ganz genau, daß das fremde Kind gar nicht lesen wollte. Und ich saß da und wollte schreiben und konnte nicht. Ich hatte ein *merkwürdiges* Gefühl — so, als ob man etwas *erraten* soll und *rät es* nicht; — und erst wenn man es geraten hat, kann alles so werden wie vorher. Und eine Zeit hielt ich das aus, aber nicht sehr lange. Ich begann eine *Unterhaltung*, und mir fielen nur die *dümmsten* Fragen ein.

friendly

strange
guess/guesses it

conversation
dumbest

„Hast du Brüder oder Schwestern?" fragte ich.

„Ja", sagte das Kind.

„Gehst du gern in die Schule?" fragte ich.

„Ja", sagte das Kind.

„Was magst du am liebsten?"

„Ich weiß es nicht", sagte das Kind.

„Vielleicht Deutsch?" fragte ich.

„Ich weiß es nicht", sagte das Kind.

Und wie es da saß in seinem *haarigen* Mantel, sah es aus wie eine fette °*Raupe*. Wie eine Raupe hatte es auch gegessen, und wie eine Raupe *bewegte* es nun wieder seine Nase.

hairy

moved

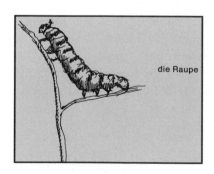

die Raupe

„Jetzt bekommst du nichts mehr", dachte ich. Aber dann ging ich doch hinaus und holte Brot und Wurst. Und das Kind sah es an mit seinem *leeren* Gesicht, und dann fing es an zu essen. Wie eine Raupe hat es gegessen, langsam und sicher, und *ich* sah es *böse* an.

empty

angrily

Nun war es schon so weit, daß ich alles an diesem Kind haßte. „Was für ein dummes weißes Kleid, was für ein *häßlicher* °*Stehkragen!"* dachte ich, als das Kind seinen Mantel *öffnete*. Ich setzte mich wieder an meine Arbeit, aber dann hörte ich das Kind hinter mir essen, und ich dachte: „Was willst du von mir, *geh fort*, geh fort!" Und ich hatte Lust, das Kind aus dem Zimmer zu *stoßen* wie ein Tier. Aber dann sprach ich nur wieder mit ihm, und es war wieder auf die gleiche böse Art.

ugly

opened

go away

push

„Gehst du jetzt auf das Eis?" fragte ich.

„Ja", sagte das dicke Kind.

„Kannst du gut auf Schlittschuhen laufen?" fragte ich.

„Meine Schwester kann gut", sagte das Kind. Wieder sah ich ein kurzes *Zeichen* von Schmerz auf seinem Gesicht.

sign

„Wie sieht deine Schwester aus?" fragte ich. „Wie du?"

„O nein", sagte das dicke Kind. „Meine Schwester ist ganz *dünn* und hat schönes schwarzes Haar. Im Sommer, beim °*Gewitter*, steht sie nachts auf und singt."

thin

das Gewitter

„Und du?" fragte ich.

„Ich bleibe im Bett", sagte das Kind, „ich habe Angst."

„Deine Schwester hat keine Angst, nicht wahr?" sagte ich.

„Nein", sagte das Kind, „sie hat niemals Angst. Sie springt auch vom höchsten *Brett*, und dann schwimmt sie weit hinaus." *(diving) board*

„Was singt deine Schwester?" fragte ich.

„Sie singt, was sie will. Sie macht alles", sagte das dicke Kind *traurig*. *sad*

„Und du?" fragte ich.

„Ich tue nichts", sagte das Kind. Und dann stand es auf und sagte: „Ich muß jetzt gehen." Ich gab ihm meine Hand, und es legte seine dicken Finger hinein. Ich weiß nicht genau, was ich fühlte. Es war etwas wie eine *Bitte*, ihm zu folgen. *plea*

„Komm einmal wieder", sagte ich, aber ich meinte es nicht. Das Kind sagte nichts und sah mich mit seinen kühlen Augen an. Dann war es fort. Aber die Tür war *kaum* zu, da lief ich schon *hardly* auf den *Gang* hinaus und zog meinen Mantel an. Ich *rannte* *hallway/ran* ganz schnell und erreichte die Straße gerade, als das Kind um die nächste Ecke *verschwand*. *disappeared*

„Ich muß doch sehen, wie die Raupe auf Schlittschuhen läuft", dachte ich. „Ich muß doch sehen, wie sich diese *Fettkugel* *butter ball* auf dem Eis bewegt." Und ich ging schneller, um das Kind nicht aus den Augen zu verlieren.

Ich hatte als Kind einige Jahre in dieser Stadt gewohnt, aber ich kannte sie nicht mehr gut. Ich wußte bald nicht mehr, welchen Weg wir gingen. Die Straßen und Plätze waren mir *völlig fremd*. Es wurde dunkel, und ich bemerkte plötzlich, daß *completely foreign* die Luft *sich verändert hatte*. Es war sehr kalt gewesen, und nun *had changed* wurde es langsam wärmer.

Wir kamen vor die Stadt hinaus, dorthin, wo die Häuser große Gärten haben. Und dann waren gar keine Häuser mehr da, und das Kind verschwand plötzlich. Ich hatte *erwartet*, nun *expected* das Eis zu sehen, hell und *glänzend*, voll Schreien und Musik. *glittering* Aber nein — dort unten lag der *See*, ganz still in den schwarzen *Wäldern*. Ich hatte geglaubt, daß sie überall an seinen Ufern *forests* Häuser gebaut hatten. Aber er sah genau wie früher aus.

Bei diesem Anblick hatte ich fast das fremde Kind vergessen. *at this sight* Aber dann sah ich es wieder. Es saß am Ufer und versuchte, ein

438

der Dampfersteg

der See

Bein über das andere zu legen, um die Schlittschuhe *festzuma-*   *to tighten*
chen. Es wurde immer dunkler. Der *Dampfersteg* stand tief-
schwarz über dem Wasser, das *wie Silber glänzte*. Dunkle   *sparkled like silver*
Flecken zeigten, wo das Eis *weich* wurde.   *spots/soft*

    „Mach doch schnell!" rief ich, und die Dicke machte nun
wirklich schneller. Draußen, vor dem Ende des langen Dampfer-
steges, schrie nämlich jemand: „Komm, Dicke", — ein feines,
leichtes Kind. Dies mußte die Schwester sein. Und ich wußte,
daß ich gewünscht hatte, sie zu sehen. *Zugleich erkannte ich*   *at the same time I recognized*
die Gefahr, in der die Kinder waren. Aber *weder* die Dicke *noch*   *the danger*
ihre Schwester merkten etwas. Die Dicke machte sich nun auf   *neither...nor*
den Weg, und immer weiter hinaus lief sie. Die Schwester
draußen lachte und drehte sich auf der °*Spitze* ihres Schlitt-
schuhs. Die Dicke hatte Angst vor den schwarzen Stellen, sie
wollte um sie herumfahren und fuhr dann doch hinüber. — Und
dann lief plötzlich die Schwester davon, fort, weit fort, zum
anderen Ufer.

Ich konnte das alles genau sehen. Ich hatte nämlich angefangen, auf den Dampfersteg hinauszugehen, immer weiter. Ich konnte nun auch die *Risse* sehen, die jetzt überall kamen. *cracks* Und dann sah ich natürlich auch, wie unter dem dicken Kinde das Eis *zerbrach*. *broke*

Ich muß gleich sagen, daß es nicht *lebensgefährlich* war. *dangerous* Wenn die Dicke nur ein paar Schritte durch das eiskalte Wasser ging, konnte sie den Dampfersteg erreichen. Dort konnte sie sich *hinaufziehen*, und ich konnte ihr dabei helfen. Aber ich *pull up* dachte trotzdem gleich: „Sie wird es nicht können", und es sah auch so aus, wie sie dastand. „Der Wassermann", dachte ich, „jetzt zieht er sie hinunter." Und *ich* fühlte überhaupt nichts dabei und *rührte mich nicht*. *I didn't move*

Aber nun hob die Dicke plötzlich den Kopf. *Der Mond war* *The moon appeared from* *hinter den Wolken erschienen*, und ich konnte deutlich ihr *behind the clouds...* Gesicht sehen. Es waren dieselben *Züge* und doch nicht die- *expressions* selben; voll *Willen* und nun, in der *Todesgefahr*, voll Leben. Ich *will/fear of death* blickte in das weiße Gesicht unter mir, und wie ein *Spiegelbild* *reflected image* sah es mich an.

die Spitze →

Nun hatte das dicke Kind den Dampfersteg erreicht. Es *begann, sich* mit den Händen *hochzuziehen*. Sein Körper war zu *started to pull itself up* schwer, es fiel wieder zurück, doch immer wieder begann es *von vorn*. Nun wollte ich dem Kinde gerne helfen, aber ich *from start* wußte, daß ich es nicht brauchte. Ich hatte es erkannt...

Von dem Weg nach Hause an diesem Abend weiß ich nichts mehr. Ich weiß nur, daß ich einer Nachbarin von dem See erzählte, und daß es dort noch ein Ufer mit Wiesen und schwarzen Wäldern gibt. Doch sie antwortete: „Nein, das gibt es nicht." Und ich weiß, daß ich die Papiere auf meinem Schreibtisch in *Unordnung* fand und zwischen ihnen ein altes Bildchen von mir *disorder* selbst: in einem weißen Kleid mit Stehkragen, mit wasser- hellen Augen und sehr dick.

Fragen

1. Warum kommen die Kinder der Nachbarn ins Haus?
2. Welches Gefühl hat die Frau, als sie das dicke Kind sieht?
3. Wie spricht sie mit dem Mädchen?
4. Was erzählt das dicke Kind über sich selbst?
5. Was erzählt das dicke Kind von seiner Schwester?
6. Warum folgt die Frau dem Kind?
7. Wohin geht das dicke Kind?
8. Wie sieht es am See aus?
9. Was geschieht auf dem Eis?
10. Warum hilft die Frau dem dicken Kind nicht?
11. Was findet die Frau, als sie nach Hause kommt?
12. Wer war das dicke Kind wirklich?

Lesestück VI

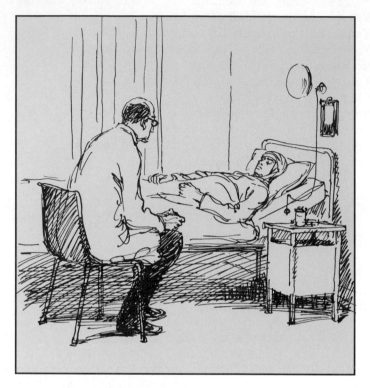

Als die Krankenschwester gegangen war, kam noch einmal der Arzt. Der *Verunglückte* schien ihm jetzt *ruhiger* zu sein, das Morphium *hatte gewirkt*. Der Arzt wollte ihm noch nicht sagen, daß er sein Bein verlieren würde. Das hatte Zeit; erst einmal sehen, wer dieser Mann *überhaupt* war. Das Auto war *völlig ausgebrannt gewesen*, und in der *Brieftasche* hatte man nur ein Foto gefunden, es war so etwas wie eine °*Katze* darauf zu sehen; bißchen wenig, fand der Doktor, um einen *Schwerverletzten* zu identifizieren.

injured/calmer

had taken effect

actually/completely
burned out
wallet

seriously injured

    Er *zog* sich einen Stuhl *heran* und setzte sich ans Bett. Der Verunglückte sah ihn *fragend* an.

pulled up

inquisitively

    „Hallo", sagte der Doktor, „da sind wir ja wieder."
    „Was ist passiert?" fragte der andere.

Excerpt from: Wolfdietrich Schnurre DIE TAT, copyright Wolfdietrich Schnurre. The *Easy Reader* (a C-level book) containing this simplified excerpt is published by EMC Publishing.

die Katze

„Sie sind auf freier Strecke gegen eine Brücke gefahren."

Der Verunglückte schloß die Augen. „Ich sah sie zu spät. Sie saß plötzlich *mitten auf* der Straße. Man sah *im Dunkeln* nur ihre *Pupillen aufleuchten.* Ich *riß* das °*Steuer herum* —"

the middle of/in the dark
pupils/light up/swung around

„Von wem reden Sie", *unterbrach* ihn der Arzt.

interrupted

„Von der Katze", sagte der Mann.

„Ach. Eine Katze war der *Grund,* daß Sie — ?"

reason

Der Verunglückte *nickte schwach.* Er hatte noch immer die Augen geschlossen. Er *wirkte unruhig.*

nodded slightly
appeared restless

„Ich *hätte sie überfahren sollen*", sagte er plötzlich, „*dann hätte* ich Ruhe *gehabt.*"

should have run over her
would have had

„Ruhe — ?" fragte der Arzt. „wovor?"

das Steuer

„Na, vor ihr!" Der Mann schrie fast.

„Beruhigen Sie sich", sagte der Arzt, „Sie müssen jetzt ruhig liegen." Er *schwieg*, während er den Verunglückten *aufmerksam ansah*.

Calm down. / was silent/looked at attentively

„Ist ja komisch", sagte er dann. Er zog seinen Stuhl noch etwas näher heran; der Fall fing an, ihn zu interessieren.

„Wie lange haben Sie das schon?"

„Was?"

„Na, diesen — Katzenkomplex."

„Seit ein paar Wochen. Seit — seit dieser Mensch da zu mir kam."

„Was für ein Mensch?"

„So ein *Spätheimkehrer*."

person who returned years after the war

„Ach. Und Sie meinen, der ist die *Ursache* für Ihren Komplex?"

cause

„Na ja, so ist es nun auch wieder nicht. Ich — ich bin Rechtsanwalt; er kam, weil er einen *Rat* haben wollte, was er jetzt anfangen sollte."

advice

„Er kannte Sie — ?"

„Von — von früher, ja."

„Was nennen Sie früher?"

„Den Krieg", sagte der andere und sah zur *Decke*.

ceiling

„Sie waren Offizier — ?"

„Nur beim *Kriegsgericht*."

court-martial

„Nur —"

Der Verunglückte wurde plötzlich *gesprächig*.

talkative

„Gott, na ja, Sie kennen doch solche Entscheidungen, *die da so täglich getroffen wurden*."

which were made there daily

„Ja, natürlich", sagte der Arzt. „Ich *hatte* einmal den *Tod eines Erschossenen festzustellen*. Er war siebzehn Jahre alt und soll *feige* gewesen sein."

had to determine the death of a person who was shot cowardly

„Na ja, manchmal *blieb* einem aber auch *nichts anderes übrig*, als *hart zu handeln*."

had no choice / deal harshly

„Nein — ?" Der Arzt *hatte sich aufgerichtet*; er *mußte sich Mühe geben*, in dem anderen noch den Patienten zu sehen. *„Wie kommen Sie darauf?"*

had set up/had to try hard / What makes you think that?

„Na, durch diesen da, diesen *Heimkehrer*." *repatriate (soldier)*

„Ach, Sie hatten im Kriege mal — *beruflich* mit ihm zu tun?" *professionally*

„Nicht mit ihm selbst, es — es war ein Kamerad von ihm, *Unteroffizier* Zabel, Seh'n Sie, das war auch so ein Fall." *corporal*

„Ich denke, Ihr Besucher kam, um zu fragen, was er machen könnte."

„Auch, ja; aber das war nicht der wahre Grund, er wollte vor allem mit mir über Zabel sprechen."

„Und was hat der mit Ihrem — Katzenkomplex zu tun?"

„Merkwürdigerweise sehr viel." *Oddly enough, a great deal.*

Jetzt war der Verunglückte wieder Patient.

„Wieso?"

„Ich werd's Ihnen erzählen. Bestimmt hilft es, wenn ich es Ihnen erzähle. Nicht wahr, Doktor, so was gibt's doch: daß *man sich leichter fühlt*, wenn man's jemandem gesagt hat?" *one feels better*

„Weiß ich nicht", sagte der Arzt, „die *Beichte* ist ja eigentlich die Aufgabe der Kirche und nicht der Medizin, glaub' ich." *confession*

„Ist mir egal", sagte der Verunglückte *heftig*, „Arzt oder °*Pfarrer* — *Hauptsache*, Sie hören zu." *I don't care/angrily*
the main thing

Der Doktor sah nach der Uhr. „Also gut. Aber bleiben Sie *um Gottes willen ruhig.*" *for God's sake*

„Ich werde es versuchen", sagte der Verunglückte.

der Pfarrer

Fragen

1. Wo befindet sich der Verunglückte?
2. Mit wem spricht er?
3. Wie war das Autounglück passiert?
4. Was waren die Folgen dieses Unglücks?
5. Was hatte man in seiner Brieftasche gefunden?
6. Wer hatte ihn in seinem Büro besucht?
7. Was war der Verunglückte im Kriege gewesen?

Vocabulary

All the words introduced in *Deutsch Aktuell 1* and 2 have been summarized in this section. The numbers or letters following the meaning of individual words or phrases indicate the particular lesson of *Deutsch Aktuell 2* in which they appear for the first time. The letters *A, B* and *E* are for Review Lessons A and B and for the introductory lesson entitled *Einführung*. In cases in which there is more than one meaning for a word or phrase and it has appeared in different lessons, both lesson numbers are listed. Words and expressions that were introduced in *Deutsch Aktuell 1* do not have a number after them. Words preceded by an asterisk (*) are passive and appear in the margin of the *Land und Leute* reading selections. All other words are considered active and used frequently throughout the text.

A

ab: von jetzt ab from now on E; *ab und zu* once in a while A

abbiegen (*bog ab, abgebogen*) to turn (to)

der **Abend,-e** evening; *am Abend* in the evening

das **Abendbrot** supper

aber but

abfahren (*fährt ab, fuhr ab, ist abgefahren*) to depart, leave

abfliegen (*flog ab, ist abgeflogen*) to take off (plane) 1

der **Abflug,-̈e** departure (flight) 1

abheben (*hob ab, abgehoben*) to pick up (receiver) 6

das **Abitur** final examination (*Gymnasium*) A

ablaufen (*läuft ab, lief ab, ist abgelaufen*) to run well (smooth) 8

abräumen to clear the table 6

die **Abreise** departure 1

abschneiden (*schnitt ab, abgeschnitten*) to cut off 5; to do well, perform B

der **Abschnitt,-e** stub 6

der **Absender,-** sender 2

absetzen to put down, deposit 3

absteigen (*stieg ab, ist abgestiegen*) to get off (bike) 2

die **Abteilung,-en** department 5

abziehen (*zog ab, abgezogen*) to deduct 6

ach oh

acht eight

achtzehn eighteen

der **Affe,-n** ape, monkey 8

Afrika Africa 3

* **aggressiv** aggressive 3

das **Akkordeon,-s** accordion

die **Aktentasche,-n** briefcase 1

alle all, everyone

allein(e) alone

alles all, everything

* die **Alpen** Alps

als than; as7; when 8; *mehr als* more than

alt old

Amerika America

der **Amerikaner,-** American 3

amerikanisch American 6

*sich **amüsieren** to have a good time 7

an at, on

* **anbieten** (*bot an, angeboten*) to offer 5

*das **Andenken,-** souvenir

ander- other, different

sich **ändern** to change 6

anfangen (*fängt an, fing an, angefangen*) to begin, start

das **Angebot,-e** offer 5

angeschlagen posted 5

der **Angestellte,-n** employee (male) 1

* **angreifen** (*griff an, angegriffen*) to attack 3

die **Angst,-̈e** fear; *(Hab) Keine Angst!* Don't worry! Don't be afraid!

anhaben (*hat an, hatte an, angehabt*) to have on, wear

ankommen (*kam an, ist angekommen*) to arrive; *Es kommt darauf an.* It depends on it. B

die **Ankunft,-̈e** arrival 1

anlegen to put on 10

die **Anmeldung,-en** registration 7

anprobieren to try on

anrufen (*rief an, angerufen*) to call up

der **Ansager,-** announcer

sich **anschauen** to look at 10

die **Anschrift,-en** address 2
sich **ansehen** (*sieht an, sah an, angesehen*) to look at
die **Ansichtskarte,-n** picture postcard
anspringen (*sprang an, ist angesprungen*) to start (engine) 10
anstatt instead of 3
sich **anstrengen** to try hard 8
anstrengend exhausting, strenuous 8
die **Antwort,-en** answer 10
antworten to answer
der **Anzug,-̈e** suit
anzünden to light (a fire) 8
der **Apfel,-̈** apple 5
der **Apfelkuchen,-** apple cake 6
der **Apfelsaft** apple juice
die **Apfelsine,-n** orange 5
die **Apotheke,-n** pharmacy 9
der **Apotheker,-** pharmacist 3
der **Appetit** appetite 6; *Hast du Appetit auf...?* Do you have an appetite for...? 6; *Guten Appetit!* Enjoy your meal! 6
der **April** April
die **Arbeit,-en** work, test; *eine Arbeit schreiben* to take a test; *an die Arbeit gehen* to get down to work
arbeiten to work
der **Arm,-e** arm
die **Art,-en** type, kind 9
der **Arzt,-̈e** doctor (male) 3
die **Ärztin,-nen** doctor (female) 9
das **Arztzimmer,-** doctor's office 9
das **Aspirin** aspirin 9
* die **Atmosphäre,-n** atmosphere 5
Au! Ouch! 9
auch also, too
auf on, to, at
* **auffressen** (*frißt auf, fraß auf, aufgefressen*) to eat up, devour 9
die **Aufgabe,-n** problem, exercise, assignment

aufgeben (*gibt auf, gab auf, aufgegeben*) to check (luggage) 1; to dispatch, send 2
aufgeregt excited
aufhaben (*hat auf, hatte auf, aufgehabt*) to have homework to do
aufmachen to open
aufpassen to watch, pay attention 8
aufpumpen to pump up, inflate 3
der **Aufsatz,-̈e** essay, composition
aufschlagen (*schlägt auf, schlug auf, aufgeschlagen*) to serve (tennis)
aufschließen (*schloß auf, aufgeschlossen*) to unlock 5
aufschreiben (*schrieb auf, aufgeschrieben*) to write down 5
aufsetzen to put on
aufstehen (*stand auf, aufgestanden*) to get up
aufsteigen (*stieg auf, ist aufgestiegen*) to get on (bike) 2
sich **aufstellen** to line up B
das **Auge,-n** eye
die **Augenbinde,-n** (eye) bandage 9
der **August** August
aus from, out of, out
ausbreiten to spread out 3
der **Ausflug,-̈e** excursion; *einen Ausflug machen* to go on an excursion
* der **Ausflugsort,-e** excursion area
ausfüllen to fill out 10
der **Ausgang,-̈e** exit 1
ausgeben (*gibt aus, gab aus, ausgegeben*) to spend (money)
ausgezeichnet excellent
aushelfen (*hilft aus, half aus, ausgeholfen*) to help out 3
der **Ausländer,-** foreigner
ausländisch foreign A
auspacken to unpack 5
ausprobieren to try (out)

ausreichend sufficient
ausrollen to roll out (dough) 4
aussehen (*sieht aus, sah aus, ausgesehen*) to look, appear
sich **aussuchen** to select, choose, pick out 4
die **Austauschschülerin,-nen** exchange student (high school) 2
ausverkauft sold out
die **Auswahl** selection, choice
auswandern to emigrate 2
der **Ausweis,-e** identification (card) 7
auswendig lernen to memorize, learn by heart 10
außer besides, except
außerdem besides 1
das **Auto,-s** car
der **Automat,-en** automat 7
das **Automodell,-e** car model 10

B

das **Backblech, -e** baking pan
backen (*bäckt, backte, gebacken*) to bake
der **Bäcker,-** baker 3
der **Backofen,-̈** baking oven 4
die **Backwaren (pl.)** baked goods 4
die **Badehose,-n** swimming trunks 7
baden to bathe 7
das **Bad,-̈er** bathroom
die **Badewanne,-n** bathtub 4
der **Bahnhof,-̈e** (train) station
bald soon
der **Ball,-̈e** ball
* der **Ballon,-s** balloon 7
der **Ballweitwurf,-̈e** ball distance throw B
die **Banane,-n** banana 5
die **Band,-s** band
die **Bank,-en** bank
die **Bank,-̈e** bench
bar cash; *bar bezahlen* to pay cash
der **Bär,-en** bear 8

der **Basketball,-e** basketball
die **Batterie,-n** battery 10
der **Bauch,-̈e** stomach 9
die **Bauchschmerzen (pl.)**
stomachache 9
* **bauen** to build 9
* der **Bauernhof,-̈e** farm 5
die **Baustelle,-n** construction site 10
* der **Bayer,-n** Bavarian 7
* **Bayern** Bavaria 7
beachten to observe 8
der **Beamte,-n** official
(male)
die **Beamtin,-nen** official
(female)
sich **bedanken** to thank 6
bedeuten to mean,
signify B
bedienen to help, wait
on 1
sich **beeilen** to hurry; *Beeil
dich!* Hurry (up)!
befestigen to fasten,
secure 3
befriedigend satisfactory
begeistert enthusiastic 1
beginnen (*begann,
begonnen*) to begin
begleiten to accompany
die **Begleitung,-en** accompaniment
begrüßen to greet
bei at, near, with; *beim
Park* near the park
beide both; *die anderen
beiden* the other two 7
die **Beilage,-n** addition 6;
Beilagen served with,
side dish 6
das **Bein,-e** leg
beiseite aside, apart;
Spaß beiseite. Fun
aside. Be serious.
*das **Beispiel,-e** example;
zum Beispiel for
example
bekannt well-known
der **Bekannte,-n** friend,
acquaintance 2
bekanntgeben (*gibt
bekannt, gab bekannt,
bekanntgegeben*) to
announce
sich **beklagen** to complain 6
bekommen (*bekam,*

bekommen) to get,
receive
* **Belgien** Belgium
* **beliebt** popular
bequem comfortable 10
bereitstehen (*stand
bereit, bereitgestan-
den*) to be ready 8
* der **Berg,-e** mountain
* **bergig** mountainous
der **Beruf,-e** job, career,
occupation 3
* **berühmt** famous 9
beschäftigt busy,
occupied 4
besichtigen to visit,
view 8
der **Besitzer,-** owner B
besonders especially,
special
besprechen (*bespricht,
besprach, besprochen*)
to discuss 3
besprühen to spray 9
besser better
best- best
bestaunen to marvel at
bestehen (*bestand,
bestanden*) to pass
(test) 10
bestellen to order
bestimmt definitely, for
sure
der **Besuch** visit 1; *Besuch
bekommen* to have
visitors 4; *Besuch
haben* to have com-
pany 1; *zu Besuch
kommen* to come to
visit 4
besuchen to visit
* der **Besucher,-** visitor
der **Betrag,-̈e** amount 6
* der **Betrieb** traffic 5
das **Bett,-en** bed 4
das **Bettlaken,-** bed sheet A
die **Bettwäsche** bed linen 7
bevor before 3
bewundern to admire 3
bezahlen to pay; *bar
bezahlen* to pay cash
die **Bibliothek,-en** library 4
das **Bier,-e** beer 6
*das **Bierzelt,-e** beer tent 7
* **bieten** (*bot, geboten*) to
offer 9
das **Bild,-er** picture 4
* **bilden** to form

* der **Bildschirm,-e** monitor,
telescreen
billig inexpensive,
cheap
die **Biologie** biology
die **Birne,-n** pear 5
bis until
* der **Bischof,-̈e** bishop 9
bißchen: ein bißchen
a (little) bit 7
bitte please; *Bitte sehr.*
Here you are. *Bitte?*
May I help you?; *Bitte
schön.* Here you are. 2
bitten (*bat, gebeten*) to
ask 3
blau blue
bleiben (*blieb, ist
geblieben*) to stay,
remain
der **Bleistift,-e** pencil
* der **Blick** view 1
* **blinken** to blink 3
die **Blockflöte,-n** recorder
die **Blume,-n** flower 2
* der **Blumenstand,-̈e** flower
stand 5
die **Bluse,-n** blouse
der **Blutdruck** blood pressure 9; *den Blutdruck
messen* to take blood
pressure 9
bluten to bleed 9
* der **Bodensee** Lake
Constance
die **Bohne,-n** bean 5
der **Bohrer,-** drill 9
das **Boot,-e** boat
die **Bordkarte,-n** boarding
pass 1
die **Bratkartoffel,-n** fried
potato 6
die **Bratwurst,-̈e** bratwurst
brauchen to need
* die **Brauerei,-en** brewery 7
braun brown
breit wide
die **Brezel,-n** pretzel 4
der **Brief,-e** letter E
die **Brieffreundin,-nen** pen
pal E
der **Briefkasten,-̈** mailbox 1
die **Briefmarke,-n** stamp
der **Briefträger,-** mail
carrier 2
der **Briefumschlag,-̈e** envelope 2
die **Brille,-n** glasses

bringen (*brachte, gebracht*) to bring

die **Brombeere,-n** blackberry 5

das **Brot,-e** bread

das **Brötchen,-** hard roll 4

* der **Brotstand,¨e** bread stand 5

die **Brücke,-n** bridge 8

der **Bruder,¨** brother

das **Buch,¨er** book

das **Bücherregal,-e** bookshelf 4

die **Buchhandlung,-en** bookstore A

das **Büfett,-s** buffet

*das **Bundesland,¨er** Federal State

* die **Bundesrepublik Deutschland** Federal Republic (of Germany)

* die **Bundesstraße,-n** Federal Highway

bunt colorful

* die **Burg,-en** castle 9

das **Büro,-s** office

sich **bürsten** to brush one's hair/teeth 1

der **Bus,-se** bus

die **Bushaltestelle,-n** bus stop 10

die **Butter** butter

C

das **Café,-s** café

der **Campingführer,-** Camping Guide (name) A

der **Campingplatz,¨e** campground A

die **Campingtour,-en** camping trip E

die **CD,-s** CD, compact disk

der **CD-Spieler,-** CD player 4

der **Champignon,-s** mushroom 6

die **Chance,-n** chance

die **Chemie** chemistry

die **Cola,-s** cola

der **Computer,-** computer

D

da there; since, because 3; *da drüben* over there

das **Dach,¨er** roof 3

dafür for it

die **Dame,-n** lady 1

* **damit** so that, in order that 5

* **Dänemark** Denmark

der **Dank** thanks; *Vielen Dank.* Many thanks.

dann then

daraus: daraus werden to come of it 7

das the; that

daß that

dauern to take, last

davon about it E; of these, from these 4

dazu with it

dazukommen (*kam dazu, ist dazugekommen*) to be added 7

decken to cover; *den Tisch decken* to set the table

dein your

dekorieren to decorate

denken (*dachte, gedacht*) to think E

denn used for emphasis; because 5

der **the**

derselbe the same

deshalb therefore

deutlich clear(ly) 2

das **Deutsch** German (language)

* die **Deutsche Demokratische Republik** German Democratic Republic

der **Deutsche,-n** German 3

der **Dezember** December

der **Dialekt,-e** dialect E

die **the**

der **Dienstag,-e** Tuesday

dieser this

diesmal this time 3

* **direkt** direct, straight

der **Diskjockey,-s** disc jockey, DJ

die **Disko,-s** disco; *Auf zur Disko!* Let's go to the disco.

doch used for emphasis

der **Dollar,-s** dollar 6

der **Dom,-e** cathedral

der **Donnerstag,-e** Thursday

das **Dorf,¨er** village 2

dort there; *dort drüben* over there

dorthin there 3

die **Dose,-n** can 5

die **dran sein** to be one's turn; *Ich bin dran.* It's my turn.

drängeln to push, shove

sich **draufsetzen** (*sitzt drauf, saß drauf, draufgesessen*) to sit on it 10

draußen outside

drehen to turn 10

drei three

dreizehn thirteen

drin (or: *darin*) in it 9

du you (familiar singular)

dunkel dark; *dunkelbraun* dark brown

durch through

dürfen (*darf, durfte, gedurft*) to be permitted to, may

der **Durst** thirst; *Durst haben* to be thirsty

sich **duschen** to shower, take a shower 1

E

eben just

die **Ecke,-n** corner

ehe before 8

das **Ei,-er** egg 4

eifersüchtig jealous 7

eigen own 1

eigentlich actually 6

eilig urgent, speedy 8; *Ich habe es eilig.* I'm in a hurry. 8

ein(e) a, an

einfach simple, easy, oneway ticket

* die **Einfahrt,-en** entrance for vehicles 1

der **Eingang,¨e** entrance

der **Einhundert-Meter-Lauf,¨e** 100-meter run B

der **Einkauf,¨e** purchase, shopping 5

einkaufen to shop; *einkaufen gehen* to go shopping

die **Einkaufsliste,-n** shopping list 4

die **Einkaufstasche,-n** shopping bag 1

einladen (*lädt ein, lud ein, eingeladen*) to invite

einladend inviting 7

die **Einladung,-en** invitation

einlösen to cash (in), exchange 6

einmal once; *noch einmal* once more

die **Einrichtung,-en** facilities, furnishings A

eins one

einschließen (*schloß ein, eingeschlossen*) to include 3

einsteigen (*stieg ein, ist eingestiegen*) to get in, board

einstellen to adjust 10

einwerfen (*wirft ein, warf ein, eingeworfen*) to mail (letter) 2

* der **Einwohner,-** inhabitant

die **Einzelheit,-en** detail

einzeln individual, single 8

das **Eis** ice, ice cream

das **Eiscafé,-s** ice cream parlor, café

das **Eishockey** ice hockey

der **Eistee** ice tea

der **Elefant,-en** elephant 8

der **Elektriker,-** electrician 3

elf eleven

die **Eltern (pl.)** parents

der **Empfang,-̈e** reception 9

empfangen (*empfängt, empfing, empfangen*) to receive 9

der **Empfänger,-** recipient, addressee 2

* **empfehlen** (*empfiehlt, empfahl, empfohlen*) to recommend 5

das **Ende** end E; *Ende gut, alles gut.* All is well, that ends well. E; *Es ist zu Ende.* It's over. 3; *zu Ende gehen* to come to an end 7

* **enden** to end 7

endlich finally

das **Endspiel,-e** final (game)

England England 3

der **Engländer,-** Englishman 3

das **Englisch** English

der **Enkel,-** grandson

die **Enkelin,-nen** granddaughter

die **Ente,-n** duck 8

entfernt away, distant

* die **Entfernung,-en** distance

*sich **entscheiden** (*entschied, entschieden*) to decide 5

die **Entscheidung,-en** decision; *eine Entscheidung treffen* to make a decision 5

* **entspringen** to originate (river)

* **entweder...oder** either...or 1

entzündet infected 9

er he

erbauen to build, construct; *erbaut* built, constructed

die **Erbse,-n** pea 5

die **Erdbeere,-n** strawberry 5

das **Erdbeereis** strawberry ice cream

die **Erdbeertorte,-n** strawberry torte 4

* die **Erde** earth 7

das **Erdgeschoß,-sse** ground floor, first floor (in America) 5

die **Erdkunde** geography

das **Ereignis,-se** event 1

der **Erfolg,-e** success 6

das **Ergebnis,-se** result, score

* die **Erinnerung,-en** memory, remembrance 9

sich **erkälten** to catch a cold 9

sich **erkennen** (*erkannte, erkannt*) to recognize each other 1

erklären to explain 1

sich **erkundigen nach** to inquire about B

erlaubt allowed 10

*das **Erlebnis,-se** experience 1

erledigen to take care of 4

* **erreichen** to reach 1

erst just; first 1; *zum ersten Mal* for the first time 1

* **erstaunlich** amazing, astonishing 5

* der **Erwachsene,-n** adult 7

erwischen to get (hold of) 9; *Es hat mich erwischt.* It got me. 9

erzählen to tell

es it

der **Esel,-** donkey 8

das **Essen** meal, food

essen (*ißt, aß, gegessen*) to eat

das **Eßzimmer,-** dining room

etwa about 4

etwas some, a little, something

euer your (familiar plural)

* **Europa** Europe

die **Expedition,-en** expedition 3

F

das **Fach,-̈er** (school) subject

die **Fackel,-n** torch 8

* die **Fahne,-n** flag 3

fahren (*fährt, fuhr, ist gefahren*) to drive, go

der **Fahrplan,-̈e** schedule

das **Fahrrad,-̈er** bicycle

die **Fahrschule,-n** driving school 10

der **Fahrstuhl,-̈e** elevator 5

* der **Fall,-̈e** case 5; *auf jeden Fall* in any case 5

falls if, in case 9

die **Familie,-n** family

der **Fan,-s** fan

die **Fanta** brand name of soda (orange-flavored) 8

die **Farbe,-n** color

farbig colorful B

* **fast** almost

faul lazy 7

der **Februar** February

fehlen to be missing 9

feiern to celebrate 1

der **Feiertag,-e** holiday 7

*das **Feld,-er** field 3

* der **Felsen,-** rock, cliff 9

das **Fenster,-** window 1

die **Ferien (pl.)** vacation E

der **Fernsehapparat,-e** television set 4

das **Fernsehen** television

fernsehen (*sieht fern, sah fern, ferngesehen*) to watch TV

der **Fernseher,-** television set 4

fertig ready, finished 4

*das **Fest,-e** festival 7

festhalten (*hielt fest, festgehalten*) to hold tight 9

das **Feuer** fire 8

das **Fieber** fever 9

das **Fieberthermometer,-** fever thermometer 9

der **Film,-e** film, movie
finanziell financial 3
finden (*fand, gefunden*) to find 5; think; *Wie findest du...?* What do you think of...?

der **Finger,-** finger

der **Fisch,-e** fish 8

das **Fischfilet,-s** fish fillet 6

* **flach** flat

* die **Fläche,-n** area

das **Fleisch** meat 6

der **Fleischer,-** butcher 3
fliegen (*flog, ist geflogen*) to fly 1

* **fließen** (*floß, ist geflossen*) to flow, run

die **Flöte,-n** flute

der **Flugbegleiter,-** flight attendant 1

der **Flug,-̈e** flight 1

der **Fluggast,-̈e** flight passenger 1

der **Flughafen,-̈** airport 1

der **Flugschein,-e** flight ticket 1

der **Flugsteig,-e** gate (flight) 1

das **Flugzeug,-e** airplane

* der **Fluß,-̈sse** river
folgen to follow 1
fordern to require, demand 10

die **Forelle,-n** trout 6

die **Form,-en** form, shape

das **Formular,-e** form B

das **Foto,-s** photo 1

das **Fotoalbum,-ben** photo album A

der **Fotograf,-en** photographer 3
fotografieren to take pictures

* **foulen** to foul 3

die **Frage,-n** question; *Es kommt nicht in Frage.* It's out of the question. 3

der **Fragebogen,-** questionnaire 10
fragen to ask

* der **Franken,-** franc (Swiss monetary unit) 1

* **Frankreich** France

der **Franzose,-n** Frenchman 3

Französisch French (language) 3

die **Frau,-en** woman, Mrs.; wife 10
frei free, clear, available E

Freie: ins Freie outside 7; *im Freien* outside, outdoors A

der **Freitag,-e** Friday

* die **Freude** joy, happiness 3

sich **freuen** to be happy 1; *sich freuen auf* to look forward to E

der **Freund,-e** boyfriend

die **Freundin,-nen** girlfriend
frisch fresh 4

der **Friseur,-e** hairstylist, barber 3

die **Friseuse,-n** beautician 3
froh glad; happy
früh early

der **Frühling,-e** spring

das **Frühstück** breakfast
fühlen to feel 9

* **führen** to lead 1

der **Führerschein,-e** driver's license 10
fünf five
fünfzehn fifteen
für for

* der **Fürst,-en** prince 1

* das **Fürstentum,-̈er** principality 1

der **Fußball,-̈e** soccer, soccer ball

* der **Fußballmeister,-** soccer champion 3

* die **Fußballmeisterschaft,-en** soccer championship 3

* die **Fußballsaison,-s** soccer season 3

* das **Fußballspiel,-e** soccer game 3

der **Fuß,-̈e** foot; *zu Fuß gehen* to walk

der **Fußgänger,-** pedestrian 10

der **Fußgängerüberweg,-e** pedestrian crossing 10

die **Fußgängerunterführung** pedestrian underpass 10

G

die **Gabel,-n** fork 6
ganz quite
gar nicht not at all 1

der **Garten,-̈** garden 2

der **Gasherd,-e** gas range 4

der **Gaskocher,-** gas cooker 3

der **Gast,-̈e** guest

das **Gasthaus,-̈er** inn, restaurant B

* **gebacken** baked 7

* das **Gebäude,-** building 1
geben (*gibt, gab, gegeben*) to give 6; *Da gibt's...* They have... 6; *Was gibt's...?* What is there...? 6; *es gibt* there is (are); *heute gibt's* today we'll have 4

* **gebirgig** mountainous 1

die **Gebühr,-en** fee 2

das **Geburtsdatum,-daten** date of birth B

der **Geburtsort,-e** birthplace B

der **Geburtstag,-e** birthday
geduldig patient(ly) 10
gefährlich dangerous 9
gefallen (*gefällt, gefiel, gefallen*) to like; *Wie gefällt dir...?* How do you like...?
gegen about, around, against

* die **Gegend,-en** area 3
gegenüber across 6

* der **Gegner,-** opponent 3

* **gegründet** founded 9
gehen (*ging, ist gegangen*) to go; *Wie geht's?* How are you?

die **Geige,-n** violin

* die **Geisterbahn,-en** ghost ride 7

* **geizig** stingy, miserly 9
gelb yellow

das **Geld** money
gemeinsam common, joint 10

das **Gemüse** vegetable(s) 5

* die **Gemüseart,-en** kind of vegetable 5

452

der **Gemüsestand,⁻e** vegetable stand 5
die **Gemüsesuppe,-n**
vegetable soup 6
gemütlich pleasant,
comfortable B
* die **Gemütlichkeit** cozy
atmosphere 7
genau exact(ly)
genauso just like/as 2
das **Genie,-s** genius
genug enough
genügen to be enough 2
genügend enough,
sufficient 5
geöffnet open 6
das **Gepäck** luggage,
baggage 1
die **Gepäckausgabe,-n**
baggage claim 1
gerade just 2
geradeaus straight
ahead
das **Gerät,-e** tool, instrument 9
gern gladly, with
pleasure; *gern hören*
to like (enjoy) listen-
ing to; *gern haben* to
like (someone, some-
thing)
das **Geschäft,-e** store,
shop 5
das **Geschenk,-e** present,
gift
die **Geschichte** history
geschieden divorced 5
das **Geschirr** dishes
die **Geschirrspülma-**
schine,-n dish
washer 4
geschlossen closed 4
der **Geschmack** taste
* **geschmückt** decorated 7
die **Geschwister (pl.)**
siblings
geschwollen swollen 9
das **Gesetz,-e** law 10
gestern yesterday 2
gesund healthy, well 9
*das **Getränk,-e** beverage 3
gewähren to yield,
grant 10; *Vorfahrt*
gewähren! Yield the
right of way! 10
gewinnen (*gewann,*
gewonnen) to win
gießen (*goß, gegossen*)

to water (flowers),
pour 2
die **Gitarre,-n** guitar
das **Glas,⁻er** glass
glauben to believe,
think
gleich immediately,
right away; *gleich um*
die Ecke right around
the corner
gleichfalls also, likewise 5; *Danke,*
gleichfalls. Thanks,
the same to you.
das **Glück** luck; *Glück*
haben to be lucky
glücklich happy 7; *Ein*
glückliches Neues
Jahr! A happy New
Year! 7
gold golden 1
das **Golf** golf
* **gotisch** Gothic 9
der **Goudakäse** Gouda
cheese 5
das **Gramm,-e** gram 5
gratulieren to congratulate
grau gray
* die **Grenze,-n** border
* **grenzen an** to border on
* der **Grenzübergang,⁻e**
border crossing 1
die **Grippe** flu 9
* **groß** big, large
die **Größe,-n** size
die **Großeltern (pl.)** grandparents
die **Großmutter,⁻** grandmother
* die **Großstadt,⁻e** major
city 5
der **Großvater,⁻** grandfather
grün green
die **Gruppe,-n** group
Grüß dich! Hi!, Hello!;
Grüß Gott! Hello!
der **Gruß,⁻e** greeting E
grüßen to greet, say
"hello" 5
die **Gulaschsuppe,-n**
goulash soup 6
günstig favorable 3; *ein*
günstiger Preis a
special price, bargain
3
gurgeln to gargle 9
der **Gurkensalat,-e** cucum-

ber salad 6
gut good, well, OK
das **Gymnasium,-sien**
secondary school

H

das **Haar,-e** hair
haben (*hat, hatte, gehabt*)
to have
halb half
* die **Halbzeit,-en** halftime 3
die **Hälfte,-n** half 3
Hallo! Hi!
die **Halsdrüse,-n** gland
(neck) 9
der **Hals,⁻e** neck
die **Halsentzündung** throat
infection 9
die **Halsschmerzen (pl.)** sore
throat 9
halten (*hält, hielt,*
gehalten) to catch,
hold 3; to stop 10
die **Haltestelle,-n** stop
(streetcar, bus) 7
die **Hand,⁻e** hand
der **Handschuh,-e** glove
die **Handtasche,-n** purse 1
das **Handtuch,⁻er** towel 4
hängen (*hing, gehangen*)
to hang 7
* **hauptsächlich** primarily,
mainly 5
* die **Hauptstadt,⁻e** capital
(city)
die **Hausaufgabe,-n** homework ; *Hausaufgaben*
machen to do home-
work
das **Haus,⁻er** house; *nach*
Hause gehen to go
home; *zu Hause sein* to
be at home
die **Hausnummer,-n** street
number 2
der **Hawaiibecher,-** kind of
ice cream sundae
das **Heft,-e** notebook
das **Heftpflaster,-** adhesive
bandage 9
heiß hot
heißen (*hieß, geheißen*)
to be called, named;
Wie heißt du? What's
your name?
helfen (*hilft, half, ge-*
holfen) to help

hell light; *hellblau* light blue

der Helm,-e helmet 10

das Hemd,-en shirt

der Herbergsvater,⸚ youth hostel director A

der Herbst,-e fall, autumn

herkommen (*kam her, ist hergekommen*) to come here

der Herr,-en Mr., gentleman

* herrschen to be, exist 5

herumfahren (*fährt herum, fuhr herum, ist herumgefahren*) to go (drive) around E

* herummarschieren to march around 3

herumsitzen (*saß herum, herumgesessen*) to sit around E

*das Herz,-en heart 7

herzlich sincere, cordial; *Herzlichen Glückwunsch!* Happy birthday!; *mit herzlichen Grüßen* with kind regards, love E

heute today

heutig today's, this day's 5

hier here

hierherkommen (*kam hierher, ist hierhergekommen*) to come here 3

der Himmelfahrtstag Ascension Day 7

hin und zurück there and back, round trip (ticket)

hineinbeißen (*biß hinein, hineingebissen*) to bite into 3

hineingehen (*ging hinein, ist hineingegangen*) to go inside

hineinkommen (*kam hinein, ist hineingekommen*) to come inside 9

hineinstellen to put (place) inside 4

hineinwerfen (*wirft hinein, warf hinein, hineingeworfen*) to throw in(to) 7

hinfahren (*fährt hin, fuhr hin, ist hingefahren*) to go (drive) there 3

* hinfallen (*fällt hin, fiel hin, ist hingefallen*) to fall down 3

hinkommen (*kam hin, ist hingekommen*) to get there 10

sich hinlegen to lie down 9

sich hinsetzen to sit down

hinter behind 7

der Hinweis,-e instruction, advice A

hinweisen auf (*wies hin, hingewiesen*) to point out 9

der Hit,-s hit (song, tune)

die Hitze heat 7; *bei der Hitze* in this heat 7

das Hobby,-s hobby

* hoch high; *höchst-* highest

die Hochzeit wedding 1; *die goldene Hochzeit* golden wedding anniversary 1

die Hochzeitsreise,-n honeymoon trip 3

hoffen to hope A

hoffentlich hopefully

* die Höhe,-n height

holen to fetch, get

* Holland Holland

hören to hear, listen to

der Hörer,- (phone) receiver 6

die Hose,-n pants, slacks

das Hotel,-s hotel

der Hügel,- hill 8

das Huhn,⸚er chicken 8

der Hund,-e dog 8

hundert hundred

der Hunger hunger; *Hunger haben* to be hungry

der Hustenbonbon,-s (also: *das Bonbon*) cough drop 9

der Hustensaft,⸚e cough syrup 9

I

ich I

die Idee,-n idea

identifizieren to identify 10

ihr you (familiar plural), her, their

* der Imbiß,-sse snack (bar) 5

* der Imbißstand,⸚e snack stand 3

immer always; *immer wieder* again and again 3

in in

die Infektion,-en infection 9

die Information,-en information A

informieren to inform

der Ingenieur,-e engineer 3

der Inhaber,- owner 10

der Innenspiegel,- inside rearview mirror 10

die Insel,-n island

intelligent intelligent

interessant interesting

das Interesse,-n interest 8

Italien Italy

der Italiener,- Italian 3

Italienisch Italian (language) 3

J

ja yes

die Jacke,-n jacket

das Jahr,-e year

* die Jahreszeit,-en season

das Jahrhundert,-e century 1

der Januar January

die Jeans (pl.) jeans

jeder every, each

jemand someone 4

jetzt now

jubeln to cheer

das Jubiläum,-äen anniversary 1

die Jugend youth

die Jugendherberge,-n youth hostel A

der Jugendherbergsausweis,-e youth hostel identification (card) A

der Jugendklub,-s youth club

der Jugendliche,-n youngster, teenager, youth

* Jugoslawien Yugoslavia

der Juli July

der Junge,-n boy

der Juni June

K

der Kaffee coffee

der Kakao hot chocolate

die **kalt** cold
die **Kamera,-s** camera A
sich **kämmen** to comb one's hair 1
* die **Kapelle,-n** band 3
kaputt sein to be broken E
Karfreitag Good Friday 7
die **Karotte,-n** carrot 5
der **Karpfen,-** carp 6
die **Karte,-n** ticket, card
die **Kartoffel,-n** potato
* der **Kartoffelsalat** potato salad 7
der **Karton,-s** carton, cardboard box 1
*das **Karussell,-s** carousel, merry-go-round 7
der **Käse** cheese
der **Käseladen,-** cheese shop 5
die **Käsesorte,-n** kind of cheese 5
* der **Käsestand,-e** cheese stand 5
die **Kasse,-n** cash register
die **Kassette,-n** cassette
die **Katze,-n** cat 8
der **Kauf,-e** purchase 10
kaufen to buy
das **Kaufhaus,-er** department store
der **Kavalier,-e** gentleman
kein no
der **Keks,-e** cookie 4
der **Kellner,-** waiter
kennen (*kannte, gekannt*) to know (person, place); *sich kennen* to know each other 3
kennenlernen to get to know 7
* der **Kilometer,-** kilometer
das **Kind,-er** child 5
das **Kinn,-e** chin
das **Kino,-s** movie theater
* die **Kirche,-n** church 9
die **Kirsche,-n** cherry 5
die **Kiste,-n** box, trunk, crate 1
klappen to go smoothly; *Das klappt.* That works out.
klar clear 9
die **Klarinette,-n** clarinet
die **Klasse,-n** class

klasse super, fantastic
klatschen to clap, applaud
das **Klavier,-e** piano
kleben to stick, glue 2
das **Kleid,-er** dress
das **Kleidungsstück,-e** clothing item
klein small, little
das **Kleingeld** (small) change 6
klingeln to ring, *an der Tür klingeln* to ring the doorbell
der **Klub,-s** club
klug smart, intelligent
der **Knödel,-** dumpling 6
* **knusprig** crisp, crunchy 5
das **Kochbuch,-er** cookbook 4
kochen to cook 4
der **Koffer,-** suitcase 1
der **Kofferraum,-e** trunk 10
der **Komfort** comfort B
komisch comical, funny
kommen (*kam, ist gekommen*) to come; *kommen auf* to come to, amount to 2
kompliziert complicated
das **Kompott,-e** stewed fruit 6
können (*kann, konnte, gekonnt*) to be able to, can
das **Konzert,-e** concert
die **Konzerthalle,-n** concert hall
der **Kopf,-e** head
* **köpfen** to head (ball) 3
der **Kopfsalat,-e** head lettuce 5
die **Kopfschmerzen (pl.)** headache 9
der **Korb,-e** basket 3
der **Körperteil,-e** part of body
kosten to cost; to taste 4
kostenlos free (of charge) 10
krank sick, ill 9
das **Krankenhaus,-er** hospital 9
der **Krankenpfleger,-** nurse (male) 3
die **Krankenschwester,-n**

nurse 3
die **Krawatte,-n** tie
die **Kreditkarte,-n** credit card
die **Kreide,-n** chalk
* der **Kreis,-e** circle 7
*das **Kreuz,-e** cross
die **Kreuzung,-en** intersection 10
* der **Krieg,-e** war 9
kritisch critical
die **Küche,-n** kitchen
der **Kuchen,-** cake
die **Kuh,-e** cow 8
kühl cool
der **Kühlschrank,-e** refrigerator 4
die **Kühltruhe,-n** refrigerated section 5
der **Kuli,-s** (ballpoint) pen
der **Kunde,-n** customer 5
die **Kunst,-e** art, artistic skill 8
der **Kurs,-e** exchange rate 6
kurz short(ly) 3

L

der **Laden,-** store
der **Ladentisch,-e** (store) counter 5
die **Lampe,-n** lamp 4
landen to land 8
*das **Land,-er** country; state 9
die **Landkarte,-n** map
lang long; *längst*- longest
lange long, long time
* die **Länge,-n** length
langsam slow
langweilig boring
* **lassen** (*läßt, ließ, gelassen*) to let 5
laufen (*läuft, lief, ist gelaufen*) to run; *Der Film läuft schon.* The movie is running already.
laut loud
*das **Leben** life 9
* **leben** to live
die **Lebensmittel (pl.)** groceries 5
lecker delicious
der **Leckerbissen,-** snack, appetizer, delicacy 2
leeren to empty 2
legen to place, put 5
der **Lehrer,-** teacher (male)

die **Lehrerin,-nen** teacher (female)
leicht easy
leid tun to be sorry E; *Das tut mir leid.* I'm sorry.
leider unfortunately
leihen (*lieh, geliehen*) to loan, lend
sich **leisten** to afford 3
die **Leitung,-en** line (phone) E; *Die Leitung ist besetzt.* The line is busy.
lernen to learn, study
lesen (*liest, las, gelesen*) to read
letzt- last; *in letzter Zeit* recently 5
die **Leute (pl.)** people E
liebe(r) dear E
lieber rather
das **Lieblingsfach,-̈er** favorite (school) subject
* **Liechtenstein** Liechtenstein
* **liegen** (*lag, gelegen*) to be located, lie
die **Limo,-s** lemonade, soft drink
die **Limonade,-n** lemonade, soft drink 6
das **Lineal,-e** ruler
links left, *nach links* to the left
die **Lippe,-n** lip
locker loose 9
der **Löffel,-** spoon 4
sich **lohnen** to be worth while 8
los: Dann mal los! Then let's go!; *losgehen* to start; *Wann geht's los?* When will it start?; *Da ist viel los.* There's a lot going on.
losfahren (*fährt los, fuhr los, ist losgefahren*) to take off, depart 3
der **Löwe,-n** lion 8
* die **Luft,-̈e** air 7
Lufthansa German airline 1
die **Luftmatratze,-n** air mattress 3
die **Luftpost** airmail 2
die **Lust** pleasure, joy 7; *Ich habe Lust...* I would like to... 7
* **Luxemburg** Luxembourg
der **Luxus** luxury B

M

machen to do, make; *Das macht 5 Mark.* That comes to 5 marks. *Das macht nichts.* That doesn't matter.
das **Mädchen,-** girl
die **Mahlzeit,-en** meal A
der **Mai** May
mal times; *mal wieder* once again
das **Mal,-e** time(s)
der **Maler,-** painter 3
man one, they, people
manche some, a few 3
manchmal sometimes
die **Mandel,-n** tonsil 9
mangelhaft inadequate
der **Mann,-̈er** man, husband 2
* die **Mannschaft,-en** team 3
der **Mantel,-̈** coat
die **Margarine** margarine 4
die **Mark** mark (German monetary unit)
* **markieren** to mark 5; *gut markiert* well marked 5
der **Markt,-̈e** market 5
der **Markttag,-e** market day 5
die **Marmelade,-n** jam
*das **Marschlied,-er** marching song 3
der **März** March
die **Maschine,-n** machine, plane 1
die **Mathematik** (short: **Mathe**) mathematics
* die **Maus,-̈e** mouse 9
der **Mechaniker,-** mechanic 3
die **Medaille,-n** medal B
die **Medizin** medicine 9
das **Meer,-e** sea, ocean 3
das **Mehl** flour 4
mehr more; *nicht mehr* no more; *mehr als* more than; *mehr oder weniger* more or less 7
mein my
meinen to mean, think

meins mine 10
meist- most A
meistens mostly
der **Mensch,-en** person, human being
* **merken** to notice 7
messen (*mißt, maß, gemessen*) to measure 9
das **Messer,-** knife 6
* der **Meter,-** meter
der **Metzger,-** butcher 3
mieten to rent E
das **Mietshaus,-̈er** apartment building
das **Mikrophon,-e** microphone 8
der **Mikrowellenherd,-e** microwave oven 4
die **Milch** milk
das **Milchmix,-e** milk shake
*das **Militärlager,-** military camp 9
die **Million,-en** million A
das **Mineralwasser** mineral water 6
minus minus
die **Minute,-n** minute
mischen to mix 4
mit with
mitbringen (*brachte mit, mitgebracht*) to bring along
das **Mitglied,-er** member
mitkommen (*kam mit, ist mitgekommen*) to come along
mitmachen to participate B
das **Mittagessen,-** lunch
* die **Mitte,-n** center, middle
das **Mittelalter** Middle Ages 8
* der **Mittelpunkt,-e** center (of attraction) 9
der **Mittwoch,-e** Wednesday
möchten would like to, *Ich möchte...* I would like to...
die **Mode,-n** fashion
das **Modell,-e** model 10
mögen (*mag, mochte, gemocht*) to like
möglich possible 1
* die **Möglichkeit,-en** possibility 1
die **Möhre,-n** carrot 6
der **Moment,-e** moment
der **Monat,-e** month

der **Monitor,-en** monitor 1
der **Montag,-e** Monday
das **Moped,-s** moped
der **Morgen,-** morning;
    heute morgen this
    morning 4
    morgen tomorrow
der **Motor,-en** motor,
    engine 10
die **Motorhaube,-n** hood 10
das **Motorrad,-̈er** motorcycle
    müde tired 7
der **Mund,-̈er** mouth
das **Museum,-seen** museum
die **Musik** music
das **Musikbuch,-̈er** music
    book
der **Musiker,-** musician 3
*das **Musikfest,-e** music
    festival
das **Musikinstrument,-e**
    musical instrument
der **Musiklehrer,-** music
    teacher
    müssen (*muß, mußte,*
    gemußt) to have to,
    must
die **Mutter,-̈** mother
die **Mutti,-s** mom 3

N

    na well
    nach to, after; accord-
    ing to 10
die **Nachbarin,-nen** neigh-
    bor (female) 2
das **Nachbarland,-̈er** neigh-
    boring country
die **Nachbarschaft,-en**
    neighborhood 2
    nachdem after
    (having) 8
    nachgehen (*ging nach,*
    ist nachgegangen) to
    be slow (watch)
der **Nachmittag,-e** after-
    noon ; *heute nachmit-*
    tag this afternoon
die **Nachrichten (pl.)** news
    nachsehen (*sieht nach,*
    sah nach,
    nachgesehen) to
    check 1
    nächst- next
  * **nächstgrößt-** next
    largest
die **Nacht,-̈e** night E

der **Nachtisch,-e** dessert 6
die **Nähe** nearness,
    proximity; *in der Nähe*
    nearby
der **Name,-n** name
    naschen to nibble 4;
    etwas zum Naschen
    something to nibble
    on 4
    naß wet 7; *Ich werde*
    naß. I'm getting wet. 7
* die **Nationalfahne,-n**
    national flag
die **Natur** nature A
    natürlich natural(ly), of
    course
    neben beside, next to 2
    nehmen (*nimmt, nahm,*
    genommen) to take
    nein no
    nennen (*nannte, ge-*
    nannt) to name, call 7
    nett nice E
    neu new
das **Neujahr** New Year 7
    neun nine
    neunzehn nineteen
    nicht not
    nichts nothing
    nie never
* die **Niederlande** Nether-
    lands
  * **niemand** nobody, no
    one 9
    noch still, yet
* der **Norden** north
* die **Nordsee** North Sea
    normal normal 9
die **Note,-n** (school) grade,
    mark
    notieren to note
der **November** November
    null zero
die **Nummer,-n** number
das **Nummernschild,-er**
    license plate 10
    nur only

O

    ob if, whether
    oben on top 2
die **Oberschule,-n** high
    school
    obgleich although 8
das **Obst** fruit(s) 5
die **Obstabteilung,-en** fruit
    department 5

* die **Obstart,-en** kind of
    fruit 5
* der **Obststand,-̈e** fruit
    stand 5
  * **obwohl** although 7
    oder or
der **Ofen,-̈** oven, stove 4
    offen open 5
  * **offiziell** official 1
    oft often
  * **ohne** without
das **Ohr,-en** ear
der **Oktober** October
der **Ölstand** oil level 10
die **Olympiade,-n** Olympic
    Games 8
*das **Olympiastadion** Olym-
    pic Stadium 3
die **Oma,-s** grandma
der **Onkel,-** uncle
der **Opa,-s** grandpa
der **Optiker,-** optician
    orange orange
die **Ordnung,-en** order 6; *Das*
    geht in Ordnung. That
    will be taken care of.
der **Ort,-e** town, place 2
* der **Osten** east
    Ostern Easter 7
    Österreich Austria
der **Österreicher,-**
    Austrian 3
* die **Ostsee** Baltic Sea

P

    paar: ein paar a few
das **Paar,-e** pair
das **Päckchen,-** parcel 2
    packen to pack 1
das **Paket,-e** package 1
die **Paketkarte,-n** package
    card (form to be filled
    out when sending
    package) 2
das **Papier** paper
der **Paprika,-s** paprika, red
    pepper 5
der **Park,-s** park
    parken to park
der **Parkplatz,-̈e** parking
    place (lot) 3
die **Party,-s** party; *eine Party*
    geben to give a party
  * **passen** to fit
    passend suitable, right
    6; *das passende Geld*
    the right change 6

* **passieren** to happen 3
die **Paßkontrolle,-n** passport inspection 1
die **Pause,-n** intermission, break
der **Pendellauf,-̈e** shuttle run 8
die **Pension,-en** boarding house, type of inn E
die **Person,-en** person 3
die **Personenkontrolle,-n** security check of people 1
* **persönlich** personal 5
der **Pfeffer** pepper 4
* **pfeifen** (*pfiff, gepfiffen*) to whistle 3
*das **Pferd,-e** horse 7
Pfingsten Pentecost 7
der **Pfirsich,-e** peach 5
die **Pflaume,-n** plum 5
das **Pfund,-e** pound 5
die **Phantasie,-n** phantasy 8
die **Physik** physics
das **Picknick,-e** picnic 3
der **Pilot,-en** pilot 1
die **Pizza,-s** pizza 6
die **Plastikdecke,-n** plastic cover 3
die **Platte,-n** platter, plate *die Kalte Platte* cold-cut platter; table (top)
der **Platz,-̈e** seat, place 1
* **plötzlich** suddenly 3
plus plus
*der **Pokal,-e** cup (trophy) 3
der **Polizist,-en** policeman 3
die **Pommes frites (pl.)** french fries 6
populär popular
die **Post** post office, mail 2
das **Postamt,-̈er** post office 2
das **Poster,-** poster
das **Postfach,-̈er** post office box 2
die **Postkarte,-n** postcard 2
die **Postleitzahl,-en** zip code 2
praktisch practical 10
der **Preis,-e** price 3; prize, award 8
die **Preisklasse,-n** price category B
preiswert reasonable
pro per 7
das **Problem,-e** problem 1
das **Programm,-e** program
prompt prompt(ly) E

der **Prospekt,-e** brochure 1
Prost! Cheers!
*das **Prozent,-e** percent
prüfen to examine 10
der **Prüfer,-** examiner, tester 10
die **Prüfung,-en** test, examination 10
der **Pudding** pudding 4
der **Pulli,-s** sweater, pullover
der **Pullover,-** sweater, pullover
der **Punkt,-e** point, dot B
pünktlich punctual, on time
sich **putzen** to clean oneself 1; *sich die Zähne putzen* to brush one's teeth 1

Q

die **Qualität,-en** quality
die **Quittung,-en** receipt 2
die **Quizshow,-s** quiz show

R

das **Rad,-̈er** bike, bicycle
der **Radfahrer,-** biker 10
der **Radiergummi,-s** eraser
sich **rasieren** to shave oneself 1
das **Rathaus,-̈er** city hall
rechen to rake B
rechnen to expect, reckon 10; *damit rechnen* to expect it 10
die **Rechnung,-en** bill 2
recht right; *Du hast recht.* You're right.
rechts right; *nach rechts* to the right
der **Rechtsanwalt,-̈e** lawyer, attorney 3
reden to talk, speak 9
die **Regel,-n** rule 8
regnen to rain
reichen to be enough 6
reif ripe 5
der **Reifen,-** tire 10
die **Reihe,-n** row; *Ich bin an der Reihe.* It's my turn.
reinfallen (*fällt rein, fiel rein, ist reingefallen*) to fall in 8
reinkommen (*kam rein, ist reingekommen*) to

come inside
die **Reise,-n** trip
* die **Reiseauskunft** traveler's information
das **Reisebüro,-s** travel agency 3
reisen to travel 3
der **Reisende,-n** traveler B
der **Reisepaß,-̈sse** passport 1
der **Reisescheck,-s** traveler's check 1
das **Reiseziel,-e** destination 7
reizen to excite, fascinate 3
die **Religion** religion
reparieren to repair E
* die **Republik** republic
der **Rest,-e** rest, remainder 3
das **Restaurant,-s** restaurant
das **Rezept,-e** prescription
* der **Rhein** Rhine River
* der **Rheindampfer,-** Rhine steamer 9
der **Rhythmus** rhythm
* der **Richter,-** judge
richtig correct, right
die **Richtung,-en** direction B
*das **Riesenfaß** gigantic barrel
riesengroß gigantic B
der **Rinderbraten,-** beef roast 6
die **Rockband,-s** rock band
der **Rock,-̈e** skirt
das **Rockkonzert,-e** rock concert
die **Rockmusik** rock music
das **Roggenbrot,-e** rye bread 4
rollen to roll 4
die **Rolltreppe,-n** escalator 5
der **Roman,-e** novel
* **römisch** Roman 9
rosa pink
rot red
der **Rotkohl** red cabbage 4
rüberkommen (*kam rüber, ist rübergekommen*) to come over
die **Rückenschmerzen (pl.)** backache 9
der **Rucksack,-̈e** backpack, knapsack 1

der **Rücksitz,-e** back seat 10
rudern to row 8
rufen (*rief, gerufen*) to call 4
die **Ruhe** silence, peace 8; *Immer mit der Ruhe!* Take it easy. 8
rühren to stir, beat 4
* die **Ruine,-n** ruin(s) 9
* die **Runde,-n** round

S

die **S-Bahn,-en** city train, suburban express train
die **Sachen (pl.)** items, things 2; *Du machst tolle Sachen.* You are doing dumb things. 9
das **Sackhüpfen** sack hopping B
* **saftig** juicy 5
* die **Sage,-n** legend 9
sagen to say
die **Sahara** Sahara Desert 3
der **Salat,-e** salad 6; *gemischter Salat* mixed (tossed) salad 6
die **Salbe,-n** ointment, salve 9
das **Salz** salt 4
die **Salzkartoffel,-n** boiled potato 6
sammeln to collect
der **Samstag,-e** Saturday
der **Sand** sand 3
die **Sängerin,-nen** singer
satt full 6; *Ich bin satt.* I'm full. 6
der **Satz,-̈e** set
sauber clean B
sauer angry E
der **Sauerbraten,-** sauerbraten (marinated beef) 6
das **Sauerkraut** sauerkraut
schade too bad 7
das **Schaf,-e** sheep 8
schaffen to manage (it), make (it)
die **Schallplatte,-e** record 5
der **Schalter,-** (ticket) counter 1
das **Schaufenster,-** display window 4
der **Schauspieler,-** actor 3
die **Schautafel,-n** chart, graph 10

scheinen (*schien, geschienen*) to shine; to seem, appear 4
der **Scheinwerfer,-** headlight 10
schenken to give (as a gift) 5
schick chic, fashionable
schicken to send
schieben (*schob, geschoben*) to push 7
* der **Schiedsrichter,-** referee 3
* **schießen** (*schoß, geschossen*) to shoot 3
* der **Schießstand,-̈e** shooting gallery 7
das **Schiff,-e** ship, boat
* der **Schiffer,-** boatman 9
das **Schild,-er** sign A
der **Schilling,-e** shilling (Austrian monetary unit) 4
der **Schinken** ham 6
die **Schinkenwurst** ham-sausage 5
schlafen (*schläft, schlief, geschlafen*) to sleep 1
die **Schlafkoje,-n** bunk-bed 7
der **Schlafsack,-̈e** sleeping bag A
das **Schlafzimmer,-** bedroom
schlagen (*schlägt, schlug, geschlagen*) to beat, hit
der **Schläger,-** racket
die **Schlagsahne** whipped cream
die **Schlange,-n** snake 8; *Schlange stehen* to stand in line 3
schlecht bad
schlimm bad 9
Schlittschuh laufen to skate
* das **Schloß,-̈sser** castle 1
schlucken to swallow 9
der **Schlüssel,-** key 10
schmecken to taste
schneiden (*schnitt, geschnitten*) to cut 4
schneien to snow
schnell fast
das **Schokoeis** chocolate ice cream

der **Schokoladenkeks,-e** chocolate cookie 4
die **Schokoladentorte,-n** chocolate torte 4
schon already; *Na, wenn schon!* So what! 8
schön beautiful, nice; *ganz schön schwer* pretty heavy 5
der **Schrank,-̈e** closet 4
schreiben (*schrieb, geschrieben*) to write
der **Schreibtisch,-e** desk 4
die **Schreibwaren (pl.)** stationery 5
schreien (*schrie, geschrien*) to scream, shout, yell
der **Schritt,-e** step 5
der **Schrott** scrap 10
der **Schuh,-e** shoe
die **Schulbank,-̈e** school desk
die **Schule,-n** school
der **Schüler,-** pupil, student (secondary school)
der **Schülerlotse,-n** school patrol 10
die **Schulkapelle,-n** school band 8
der **Schulleiter,-** school principal 9
die **Schulsekretärin,-nen** school secretary 9
die **Schultasche,-n** school bag, satchel
die **Schulter,-n** shoulder
die **Schüssel,-n** bowl 6
schützen to protect 3; *schützen vor* to protect against 9
schwarz black
der **Schwarzwald** Black Forest E
* **schweben** to glide 7
das **Schwein,-e** pig 8
der **Schweinebraten** roast pork 4
die **Schweiz** Switzerland
der **Schweizer,-** Swiss 3
* **schwenken** to swing 3
schwer hard, difficult; heavy 5
die **Schwester,-n** sister
die **Schwierigkeit,-en** difficulty 10
das **Schwimmbad,-̈er** swimming pool 7

das **Schwimmbecken,-** swimming pool 7

schwimmen (*schwamm, ist geschwommen*) to swim

schwindlig dizzy 9; *Mir ist schwindlig.* I'm dizzy. 9

schwitzen to sweat

sechs six

sechzehn sixteen

der **See,-n** lake

sehen (*sieht, sah, gesehen*) to see, look; *sehen auf* to look at

die **Sehenswürdigkeit,-en** sight(s)

sehr very

die **Seife,-n** soap 4

sein (*ist, war, ist gewesen*) to be

sein his

seit since

seitdem since 8

die **Seite,-n** page, side

der **Sekretär,-e** secretary 3

selbst self 7; *Du hast's selbst gesagt.* You said it yourself. 7

die **Semmel,-n** hard roll 4

der **September** September

die **Serviette,-n** napkin 6

der **Sessel,-** easy chair 4

die **Show,-s** show

der **Sicherheitsgurt,-e** safety belt 10

die **Sicherheitsmaßnahme,-n** safety measure 1

die **Sicherheitsüberprüfung,-en** security check 1

sicherlich surely, certainly 6

Sie you (formal)

sie she

sieben seven

siebzehn seventeen

der **Sieger,-** winner B

das **Signal,-e** signal

singen (*sang, gesungen*) to sing

der **Sitz,-e** seat 10

sitzen (*saß, gesessen*) to sit; to fit 9

der **Sitzplatz,-e** seat 1

das **Skat** German card game 7

der **Ski,-s** ski ; *Ski laufen* to ski

so so; *so...wie* as...as

sobald as soon as 8

die **Socke,-n** sock

das **Sofa,-s** sofa 4

sofort right away, immediately

* **sogar** even 5

der **Sohn,-e** son

solange as long as 10

solch such A

sollen (*soll, sollte, gesollt*) to be supposed to, should

der **Sommer,-** summer

das **Sonderangebot,-e** special (offer) 6

* **sondern** but 5; *nicht nur...sondern auch* not only...but also 5

der **Sonderpreis,-e** special (price) 5

der **Sonnabend,-e** Saturday

die **Sonne** sun

sich **sonnen** to bask in the sun 8

sonnig sunny 3

der **Sonntag,-e** Sunday

sonst besides; otherwise 4; *Sonst noch etwas?* Anything else? 4

die **Sorge,-n** concern, care 8; *Mach dir keine Sorgen!* Don't worry. 8

* **sorgen für** to provide for 7

* die **Sorte,-n** kind 7

sowie as well as 8

Spanien Spain

der **Spanier,-** Spaniard 3

Spanisch Spanish 3

spannend exciting, thrilling

sparen to save 10

der **Spargel,-** asparagus 5

das **Sparkonto,-ten** savings account 2; *ein Sparkonto führen* to keep a savings account 2

der **Spaß** fun; *Es macht Spaß.* It's fun.

spät late

die **Speisekarte,-n** menu 6

das **Spezi,-s** cola and lemon soda 6

*sich **spezialisieren auf** to specialize in 5

der **Spiegel,-** mirror 4

das **Spiel,-e** game

spielen to play; *spielen um* to play for 3

der **Spieler,-** player

der **Spielplan,-e** game schedule

die **Spielwaren (pl.)** toys 5

der **Spinat** spinach 5

spitze hot, super

der **Splitter,-** splinter 9

der **Sport** sport

die **Sportart,-en** kind of sport

das **Sportfest,-e** sports festival 8

die **Sporthalle,-n** sports hall, arena

der **Sportler,-** athlete 8

sportlich athletic

die **Sporttasche,-n** sports bag 8

* die **Sprache,-n** language

sprechen (*spricht, sprach, gesprochen*) to speak; *sprechen über* to talk about

die **Sprechstundenhilfe,-n** receptionist (doctor's assistant) 9

springen (*sprang, ist gesprungen*) to jump 8

spritzen to spray 7

spülen to wash, rinse; *Geschirr spülen* to wash dishes

* der **Staat,-en** state

die **Staatsangehörigkeit,-en** citizenship B

der **Stab,-e** baton 8

das **Stadion,-dien** stadium 8

die **Stadt,-e** city, *in der Stadt* downtown

der **Stadtplan,-e** city map B

der **Stadtrand,-er** outskirts of city B

der **Staffellauf,-e** relay race 8

der **Stand,-e** stand, booth 5

der **Start,-s** start 8

das **Startpedal,-e** starting pedal 10

stattfinden (*fand statt, stattgefunden*) to take place

stehen (*stand, gestanden*) to stand, be; *Hier steht's.*

Here it is. *Es steht dir gut.* It looks good on you.

steif stiff 9

die **Stelle,-n** spot, place

stellen to place, put

der **Stempel,-** stamp, postmark 2

stempeln to stamp A

die **Stereoanlage,-n** stereo set 4

die **Steuerberaterin,-nen** tax adviser 5

das **Steuerrad,̈er** steering wheel 10

* der **Stil,-e** style 9

stillhalten (*hält still, hielt still, stillgehalten*) to hold still 9

stimmen to be correct, *Stimmt.* That's right (correct).

* die **Stimmung,-en** mood 3

die **Stirn,-e** forehead

der **Stock,̈e** floor, story 5

die **Straße-n** street

die **Straßenbahn,-en** streetcar

die **Straßenbahnhaltestelle,-n** streetcar stop 10

die **Strecke,-n** stretch, distance

der **Strumpf,̈e** stocking

das **Stück,-e** piece

studieren to study (university) A

der **Stuhl,̈e** chair 4

die **Stunde,-n** hour

der **Stundenplan,̈e** class schedule

* der **Süden** south

südlich south of 8

super super, great

die **Suppe,-n** soup 6

der **Suppenlöffel,-** soupspoon 6

das **Sweatshirt,-s** sweatshirt

das **Symbol,-e** symbol A

T

das **T-Shirt,-s** T-shirt

die **Tablette,-n** tablet, pill 9

die **Tafel,-n** blackboard, board

der **Tafellappen,-** rag (to wipe off blackboard)

der **Tag,-e** day; *Tag!* Hello! (informal); *Guten Tag!* Hello! (formal)

die **Tagessuppe,-n** soup of the day 6

die **Tante,-n** aunt

tanzen to dance

die **Tasche,-n** bag 1

der **Taschenrechner,-** pocket calculator

die **Tasse,-n** cup

tausend thousand

der **Tee** tea

der **Teelöffel,-** teaspoon 6

der **Teig** dough, batter 4

* der **Teil,-e** part, section; *zum größten Teil* for the most part

teilnehmen (*nimmt teil, nahm teil, teilgenommen*) to participate 8

der **Teilnehmer,-** participant 8

das **Telefon,-e** telephone

das **Telefonbuch,̈er** phone book 2

das **Telefongespräch,-e** phone call 2; *ein Telefongespräch führen* to make a phone call 2

das **Telegramm,-e** telegram 2

der **Teller,-** plate 6

die **Temperatur,-en** temperature 7

das **Tennis** tennis

der **Tennisklub,-s** tennis club

der **Tennisplatz,̈e** tennis court

der **Test,-s** test 10

teuer expensive

der **Text,-e** text 1

theoretisch theoretical 10

das **Tier,-e** animal A

der **Tiger,-** tiger 8

der **Tisch,-e** table

das **Tischtennis** table tennis

das **Tischtennisturnier,-e** table tennis tournament

die **Tochter,̈** daughter

die **Toilette,-n** toilet (also: bathroom) 4

toll great, terrific, smashing

die **Tomate,-n** tomato

der **Tomatensalat,-e** tomato salad 6

die **Tomatensuppe,-n** tomato soup 6

der **Topf,̈e** pot 3

* das **Tor,-e** goal 3

* der **Torwart,̈er** goalie 3

* der **Tourist,-en** tourist

* die **Tracht,-en** (national) costume 7

die **Tradition,-en** tradition 8

tragen (*trägt, trug, getragen*) to wear; to carry 1

das **Trampolin,-e** trampoline 8

träumen to dream 3

treffen (*trifft, traf, getroffen*) to meet; *Treffen wir uns!* Let's meet.

treiben (*trieb, getrieben*) to do; *Sport treiben* to participate in sports

treten (*tritt, trat, getreten*) to pedal 8

trinken (*trank, getrunken*) to drink

die **Trompete,-n** trumpet

trotz in spite of 3

trotzdem nevertheless, in spite of it

* die **Tschechoslowakei** Czechoslovakia

Tschüs! See you!

tun (*tut, tat getan*) to do

TÜV (Technischer Überwachungsverein) name of technical inspection organization 10

die **Tür,-en** door

* der **Turm,̈e** tower 9

* die **Tüte,-n** bag 5

typisch typical 6

U

die **U-Bahn,-en** subway 10

übelnehmen (*nimmt übel, nahm übel, übelgenommen*) to take offense 7; *Ich nehme es ihm übel.* I'll blame him. 7

üben to practice

über across; above, over 7; *über die Straße gehen* to cross the street

* überall all over, everywhere 5

übereinstimmen to agree 5

überfüllt overcrowded A

übergeben (*übergibt, übergab, übergeben*) to hand over 8

übernachten to stay overnight A

die Übernachtung,-en (overnight) accommodation A

überqueren to cross 8

überzeugen to convince

die Übung,-en exercise, practice; *Übung macht den Meister!* Practice makes perfect.

das Ufer,- shore, (river) bank 8

die Uhr,-en clock, watch; *um neun Uhr* at nine o'clock

um around, at; in order to, to 1; *um die Ecke* around the corner; *Die Zeit ist um.* Time is up. 8

* die Umgebung,-en surroundings, vicinity

umgehen (*ging um, ist umgegangen*) to handle 9

umhängen to put on B

die Umkleidekabine,-n changing room 7

umsteigen (*stieg um, ist umgestiegen*) to transfer

sich umziehen (*zog um, umgezogen*) to change clothes 7

und and

* undenkbar unthinkable 5

* Ungarn Hungary

ungefähr approximately

ungenügend unsatisfactory

unglaublich unbelievable

die Universität,-en university A

* unmenschlich inhuman 9

unruhig restless

unser our

* unten below 7

unter under, below 7; among B

unterdessen in the meantime 1

sich unterhalten (*unterhält, unterhielt, unterhalten*) to converse, talk A

die Unterhaltung entertainment, conversation

der Unterricht instruction 10

untersuchen to examine 9

die Untertasse,-n saucer 6

die Urkunde,-n certificate 8

V

das Vanilleeis vanilla ice cream

der Vater,- father

der Vati,-s dad

der Verband,-e bandage 9

der Verbandskasten,- first aid kit 9

verbessern to improve A

verbinden (*verband, verbunden*) to bandage 9

* verbringen (*verbrachte, verbracht*) to spend (time) 7

* die Vereinigten Staaten von Amerika United States of America

Verflixt! Darn! 9

* vergeblich to no avail 3

vergessen (*vergißt, vergaß, vergessen*) to forget 7

das Vergnügen fun, enjoyment 8 *Viel Vergnügen!* Have fun! 8

verheiratet married 1

verkaufen to sell 4

der Verkäufer,- salesman 3

die Verkäuferin,-en saleslady, clerk

der Verkehr traffic

* das Verkehrsbüro,-s tourist office 1

das Verkehrsmittel,- means of transportation

das Verkehrsschild,-er traffic sign 10

die Verkehrssituation,-en traffic situation 10

verlassen (*verläßt, verließ, verlassen*) to leave

verletzen to injure, get hurt 9

verlieren (*verlor, verloren*) to lose 7

vermieten to rent B

sich versammeln to gather, come together 8

verschieden different 3; *verschiedene* various 3

verschlingen (*verschlang, verschlungen*) to devour, swallow (up) 4

verstehen (*verstand, verstanden*) to understand

versuchen to try

der Verwandte,-n relative 1

viel much

viele many

vielleicht perhaps

vier four

das Viertel,- quarter

vierzehn fourteen

der Vogel,- bird 8

das Volkslied,-er folk song

der Volkstrauertag Day of National Mourning 7

voll full; busy 5

die Vollpension full board, American plan 3

von from, of

vor before, in front of; ago E; *vor drei Wochen* three weeks ago E

* vorbeifahren (*fährt vorbei, fuhr vorbei, ist vorbeigefahren*) to drive past 9

vorbeilaufen (*läuft vorbei, lief vorbei, ist vorbeigelaufen*) to run past 8

vorbereiten to prepare 3; *vorbereiten auf* to prepare for A

der Vordersitz,-e front seat 10

die Vorfahrt right of way 10

die **Vorfahrtstraße,-n** main street 10

vorführen to demonstrate 1

vorhaben (*hat vor, hatte vor, vorgehabt*) to plan, intend

vorher before B

vorhin before, earlier 2

vorne in front 1

der **Vorort,-e** suburb

vorschlagen (*schlägt vor, schlug vor, vorgeschlagen*) to suggest 3

vorsichtig careful(ly) 4

sich **vorstellen** to introduce (oneself) 7; to imagine 8

vorwärtskommen (*kam vorwärts, ist vorwärtsgekommen*) to make headway 8

W

* die **Waage,-n** scale 5

* der **Wachturm,-̈e** watchtower 9

die **Wahl,-en** choice 10

wählen to select, dial (phone)

wählerisch choosy, particular

wahr true 5; *Nicht wahr?* Isn't it true? Is that so?

* **während** during; while 8

wahrscheinlich probably 9

* die **Währung,-en** currency 1

*das **Wahrzeichen,-** landmark 1

die **Wand,-̈e** wall 7

* **wandern** to hike

die **Wanderung,-en** hike A

wann when

warm warm

warten to wait; *warten auf* to wait for 4

der **Warteraum,-̈e** waiting room 1

das **Wartezimmer,-** waiting room 9

warum why

was what, *was für* what kind of

das **Waschbecken,-** sink 4

sich **waschen** (*wäscht, wusch, gewaschen*) to wash oneself 1

das **Wasser** water 4

wechseln to change 10

der **Weg,-e** way; *auf dem Weg* on the way

weg sein to be gone

wegen because of 3

wegnehmen (*nimmt weg, nahm weg, weggenommen*) to take off (away) 9

wehtun (*tut weh, tat weh, wehgetan*) to hurt 9

Weihnachten (pl.) Christmas 7; *Fröhliche Weihnachten!* Merry Christmas! 7

weil because 8

die **Weile** while 7; *eine Weile* a while 7

der **Wein,-e** wine 6

* der **Weinberg,-e** vineyard 9

*das **Weinfest,-e** wine festival 9

die **Weintraube,-n** grape; bunch of grapes 5

* **weiß** white

weit far

weiterfahren (*fährt weiter, fuhr weiter, ist weitergefahren*) to continue on, drive on

weiterfliegen (*flog weiter, ist weitergeflogen*) to continue on (flight) 1

weiterspielen to continue playing

der **Weitsprung,-̈e** broad jump B

welcher which

* die **Welt,-en** world 1

die **Weltkugel,-n** globe B

der **Weltruf** international reputation 8

wenig little

wenige a few 7

wenigstens at least 3

wenn when; if

wer who

werden (*wird, wurde, ist geworden*) to become, be 3

werden will, shall

werfen (*wirft, warf, geworfen*) to throw 3

der **Werkunterricht** shop class 9

* der **Westen** west

das **Wetter** weather

der **Wettkampf,-̈e** competition 8

* **wichtig** important 3

wie how; *Wie geht es Ihnen?* How are you? (formal)

wieder again

wiederkommen (*kam wieder, ist wiedergekommen*) to come again

wiedersehen (*sieht wieder, sah wieder, wiedergesehen*) to see again 1; *Auf Wiedersehen!* Goodbye!

* **wiegen** (*wog, gewogen*) to weigh 5

das **Wiener Schnitzel** breaded veal cutlet 6

die **Wiese,-n** lawn, meadow 3

wieso why 7

wieviel how much

willkommen welcome 1 *willkommen heißen* to welcome (a person) 7

die **Windschutzscheibe,-n** windshield 10

der **Winter,-** winter

* der **Wintersportler,-** winter sports enthusiast

wir we

wirklich really

die **Wirklichkeit** reality 3

wissen (*weiß, wußte, gewußt*) to know

wo where

woanders somewhere else 3

die **Woche,-n** week

das **Wochenende,-n** weekend 4

woher where from

wohin where (to)

wohl well 9; *wohl fühlen* to feel well 9

wohnen to live

die **Wohnung,-en** apartment

der **Wohnwagen,-** camper A

das **Wohnzimmer,-** living-room
der **Wolf,-̈e** wolf 8
wollen (*will, wollte, gewollt*) to want to
*das **Wort,-̈er** word 3
die **Wunde,-n** wound 9
wünschen to wish 1
das **Würstchen,-** hot dog 3
die **Wurst,-̈e** sausage
* die **Wurstsorte,-n** kind of sausage 7
* der **Wurststand,-̈e** sausage stand 5

Z

zahlen to pay; *Zahlen, bitte.* The check, please.
der **Zahn,-̈e** tooth
der **Zahnarzt,-̈e** dentist 3
die **Zahnbürste,-n** tooth-brush 4
die **Zahnpasta** toothpaste 4
die **Zahnschmerzen (pl.)** toothache 9
zehn ten
zeigen to show, point
die **Zeit,-en** time
die **Zeitschrift,-en** maga-zine
die **Zeitung,-en** newspaper
das **Zelt,-e** tent 3
*das **Zentrum,-tren** center 5
die **Ziege,-n** goat 8
das **Zimmer,-** room
das **Zitroneneis** lemon ice cream
der **Zoll** customs 1
zu at, to, too
zubereiten to prepare (a meal)
der **Zucker** sugar 4
zuerst first
zufrieden satisfied 5
der **Zug,-̈e** train
zugeben (*gibt zu, gab zu, zugegeben*) to admit 7
zuletzt finally 3
zurück back
zurückfahren (*fährt zurück, fuhr zurück, ist zurückgefahren*) to drive back
zurückgehen (*ging zurück, ist zurückgegangen*) to go back
zurückkommen (*kam zurück, ist zurückgekommen*) to come back 7
zurückschicken to send back 5
zusammen together
* **zusammenrücken** to move together 7
zusätzlich extra 7
* der **Zuschauer,-** spectator 3
zusehen (*sieht zu, sah zu, zugesehen*) to look on, watch 8
der **Zustand,-̈e** condition B
zustellen to deliver 2
die **Zutaten (pl.)** ingredients 4
zwanzig twenty
zwei two
zweimal twice 5
die **Zwiebel,-n** onion 5
zwischen between 1
zwölf twelve

A

a ein(e)
able: to be able to können
about gegen, ungefähr, über; etwa 4
above über 7
accommodation (overnight) die Übernachtung,-en A
accompaniment die Begleitung,-en
to accompany begleiten
according to nach 10
accordion das Akkordeon,-s
acquaintance der Bekannte,-n 2
across über; gegenüber 6; to cross the street über die Straße gehen
actor der Schauspieler,- 3
actually eigentlich 6
address die Anschrift,-en 2
addressee der Empfänger,- 2
adhesive bandage das Heftpflaster,- 9
to adjust einstellen 10
to admire bewundern 3
to admit zugeben (gibt zu, gab zu, zugegeben) 7
adult der Erwachsene,-n 7
advice der Hinweis,-e A
to afford sich leisten
Africa Afrika 3
after nach; nachdem 8
afternoon der Nachmittag,-e; this afternoon heute nachmittag
again wieder; again and again immer wieder 3
against gegen
aggressive aggressiv 3
ago vor E
to agree übereinstimmen 5
air die Luft,-e 7
air mattress die Luftmatratze,-n 3
airmail die Luftpost 2
airplane das Flugzeug,-e; die Maschine,-n 1
airport der Flughafen, 1
all alles; alle; all over überall 5; All is well, that ends well. Ende gut, alles gut. E

allowed erlaubt 10
almost fast
alone allein(e)
Alps die Alpen
already schon
also auch
although obwohl 7; obgleich 8
always immer
amazing erstaunlich 5
America Amerika
American der Amerikaner,- 3; amerikanisch 6
among unter B
amount der Betrag,-e 6; to amount to kommen auf (kam auf, ist auf...gekommen) 2
an ein(e)
and und
angry sauer E
animal das Tier,-e A
anniversary das Jubiläum,-äen 1
to announce bekanntgeben (gibt bekannt, gab bekannt, bekanntgegeben)
announcer der Ansager,-
answer die Antwort,-en 10
to answer antworten
anything: Anything else? Sonst noch etwas? 4
apart beiseite
apartment die Wohnung,-en
apartment building das Mietshaus,-er
ape der Affe,-n 8
to appear aussehen; scheinen (schien, geschienen) 4
appetite der Appetit 6; Do you have an appetite for...? Hast du Appetit auf...? 6
appetizer der Leckerbissen,- 3
to applaud klatschen
apple der Apfel,- 5
apple cake der Apfelkuchen,- 6
apple juice der Apfelsaft
approximately ungefähr
April der April
area die Fläche,-n; die Gegend,-en 3

arm der Arm,-e
around um, gegen; around the corner um die Ecke
arrival die Ankunft,-e 1
to arrive ankommen (kam an, ist angekommen)
art die Kunst; artistic skill die Kunst,-e 8
as als 7; as soon as sobald 8; as long as solange 10; as well as sowie 8; as...as so...wie
Ascension Day der Himmelfahrtstag 7
aside beiseite; Fun aside. Be serious. Spaß beiseite.
to ask fragen; bitten (bat, gebeten) 3
asparagus der Spargel,- 5
aspirin das Aspirin 9
assignment die Aufgabe,-n
astonishing erstaunlich 5
at bei, um, an, zu; at least wenigstens 3
athlete der Sportler,- 8
athletic sportlich
atmosphere die Atmosphäre,-n 5; cozy atmosphere die Gemütlichkeit 7
to attack angreifen (griff an, angegriffen) 3
attorney der Rechtsanwalt,-e 3
August der August
aunt die Tante,-n
Austria Österreich
Austrian der Österreicher,- 3
automat der Automat,-en 7
autumn der Herbst,-e
available frei E
award der Preis,-e 8
away entfernt

B

back zurück
backache die Rückenschmerzen (pl.) 9
backpack der Rucksack,-e 1
backseat der Rücksitz,-e 10

bad schlecht, schlimm 9

bag die Tasche,-n 1; die Tüte,-n 5

baggage das Gepäck 1

baggage claim die Gepäckausgabe,-n 1

to **bake** backen (*bäckt, backte, gebacken*)

baked gebacken 7; *baked goods* die Backwaren (pl.) 4

baker der Bäcker,- 3

baking oven der Back-ofen,- 4

ball der Ball,-e; *ball distance throw* der Ballweitwurf,-e B

balloon der Ballon,-s 7

ballpoint pen der Kuli,-s

Baltic Sea die Ostsee

banana die Banane,-n 5

band die Band,-s; die Kapelle,-n 3

bandage der Verband,-e 9; *adhesive bandage* das Heftpflaster,- 9; *eye bandage* die Augen-binde,-n 9

to **bandage** verbinden (verband, verbunden) 9

bank die Bank,-en

barber der Friseur,-e 3

bargain günstiger Preis

to **bask (in the sun)** sich sonnen 8

basket der Korb,-e 3

basketball der Basketball,-e

to **bathe** baden 7

bathroom das Bad,-er

bathtub die Badewanne,-n 4

baton der Stab,-e 8

batter der Teig 4

battery die Batterie,-n 10

Bavaria Bayern 7

Bavarian der Bayer,-n 7

to **be** sein (ist, war, ist gewesen); herrschen 5; *to be one's turn* dran sein; *It's my turn.* Ich bin dran.

bean die Bohne,-n 5

bear der Bär,-en 8

to **beat** schlagen (schlägt, schlug, geschlagen); rühren 4

beautician die Friseu-se,-n 3

beautiful schön

because da 3; denn 5; weil 8; *because of* wegen 3

to **become** werden (wird, wurde, ist geworden) 3

bed das Bett,-en 4

bed linen die Bettwäsche 7

bedroom das Schlafzimmer,-

bed sheet das Bettlaken,- A

beef roast der Rinder-braten,- 6

beer das Bier,-e 6

beer tent das Bierzelt,-e 7

before vor, vorhin 2; bevor 3; ehe 8; vorher B

to **begin** beginnen (begann, begonnen); anfangen (fängt an, fing an, angefangen)

behind hinter 7

Belgium Belgien

to **believe** glauben

below unten, unter 7

bench die Bank,-e

beside neben 2

besides außer, außerdem 1; sonst 4

best best-

better besser

between zwischen 1

beverage das Getränk,-e 3

bicycle das Fahrrad,-er; das Rad,-er

big groß

bike das Rad,-er

biker der Radfahrer,- 10

bill die Rechnung,-en 2

biology die Biologie

bird der Vogel,- 8

birthday der Geburtstag,-e

birthplace der Geburtsort,-e B

bishop der Bischof,-e 9

to **bite (into)** hineinbeißen (biß hinein, hineinge-bissen) 3

black schwarz

blackberry die Brombeere,-n 5

blackboard die Tafel,-n

Black Forest der Schwarzwald E

to **bleed** bluten 9

to **blink** blinken 3

blood pressure der Blutdruck 9

blouse die Bluse,-n

blue blau

board die Tafel,-n

to **board** einsteigen (stieg ein, ist eingestiegen)

boarding pass die Bordkarte,-n 1

boat das Boot,-e, das Schiff,-e

boatman der Schiffer,- 9

book das Buch,-er

bookshelf das Bücherre-gal,-e 4

bookstore die Buchhand-lung,-en A

booth der Stand,-e 5

border die Grenze,-n; *to border on* grenzen an

border crossing der Grenzübergang,-e 1

boring langweilig

both beide

bowl die Schüssel,-n 6

box die Kiste,-n 1; der Karton,-s 1

boy der Junge,-n

boyfriend der Freund,-e

bratwurst die Bratwurst,-e

bread das Brot,-e

bread stand der Brotstand,-e 5

break die Pause,-n

breakfast das Frühstück

brewery die Brauerei,-en 7

bridge die Brücke,-n 8

briefcase die Akten-tasche,-n 1

to **bring** bringen (brachte, gebracht); *to bring along* mitbringen

broad jump der Weitsprung,-e B

brochure der Prospekt,-e 1

broken: to be broken kaputt sein E

brother der Bruder,-

brown braun

to **brush one's hair/teeth** sich (*das Haar, die Zähne*) bürsten 1

buffet das Büfett,-s

to **build** erbauen, bauen 9; *built* erbaut

building das Gebäude,- 1

bunk bed die Schlafkoje,-n 7

bus der Bus,-se

bus stop die Bushaltestelle,-n 10

busy beschäftigt 4; voll 5

but aber; sondern 5

butcher der Fleischer,- 3; der Metzger,- 3

butter die Butter

to **buy** kaufen

C

café das Eiscafé,-s, das Café,-s

cake der Kuchen,-

to **call** rufen (rief, gerufen) 4; nennen (nannte, genannt) 7; *to call (up)* anrufen (rief an, angerufen) ; *to be called* heißen

camera die Kamera,-s A

camper der Wohnwagen,- A

campground der Campingplatz,-e A

camping trip die Campingtour,-en E

can können (kann, konnte, gekonnt) ; die Dose,-n 5

capital (city) die Hauptstadt,-e

car das Auto,-s

card die Karte,-n

cardboard box der Karton,-s 1

car model das Automodell,-e 10

career der Beruf,-e 3

careful(ly) vorsichtig 4

carousel das Karussell,-s 7

carp der Karpfen,- 6

carrot die Karotte,-n 5; die Möhre,-n 6

to **carry** tragen (trägt, trug, getragen) 1

carton der Karton,-s 1

case der Fall,-e 5

cash bar; *to pay cash* bar bezahlen

to **cash (in)** einlösen 6

cash register die Kasse,-n

cassette die Kassette,-n

castle das Schloß,-sser 1; die Burg,-en 9

cat die Katze,-n 8

to **catch** halten (hält, hielt, gehalten) 3; *to catch (a cold)* sich erkälten 9

cathedral der Dom,-e

CD (compact disc) die CD,-s; *CD player* der CD-Spieler,- 4

to **celebrate** feiern 1

center die Mitte,-n; das Zentrum,-tren 5; *center (of attraction)* der Mittelpunkt,-e 9

century das Jahrhundert,-e 1

certainly sicherlich 6

certificate die Urkunde,-n 8

chair der Stuhl,-e 4; *easy chair* der Sessel,- 4

chalk die Kreide,-n

chance die Chance,-n

change: the right change das passende Geld 6; *to change* sich ändern 6; wechseln 10; *to change (clothes)* sich umziehen (zog um, umgezogen) 7

changing room die Umkleidekabine,-n 7

chart die Schautafel,-n 10

cheap billig

to **check** nachsehen (sieht nach, sah nach, nachgesehen) 1; *to check (luggage)* aufgeben (gibt auf, gab auf, aufgegeben) 1

to **cheer** jubeln, *Cheers!* Prost!

cheese der Käse; *kind of cheese* die Käsesorte,-n 5

cheese shop der Käseladen,-̈ 5

cheese stand der Käsestand,-e 5

chemistry die Chemie

cherry die Kirsche,-n 5

chic schick

chicken das Huhn,-er 8

child das Kind,-er 5

chin das Kinn,-e

chocolate cookie der Schokoladenkeks,-e 4

chocolate ice cream das Schokoeis

chocolate torte die Schokoladentorte,-n 4

choice die Auswahl; die Wahl,-en 10

to **choose** sich aussuchen 4

choosy wählerisch

Christmas Weihnachten (pl.) 7; *Merry Christmas!* Fröhliche Weihnachten! 7

church die Kirche,-n 9

circle der Kreis,-e 7

citizenship die Staatsangehörigkeit,-en B

city die Stadt,-e; *downtown* in der Stadt

city hall das Rathaus,-er

city map der Stadtplan,-e B

city train die S-Bahn,-en

to **clap** klatschen

clarinet die Klarinette,-n

class die Klasse,-n

class schedule der Stundenplan,-e

clean sauber B

to **clean oneself** sich putzen 1

clear klar 9

to **clear (table)** abräumen 6

clearly deutlich 2

clerk (female) die Verkäuferin,-en; *(male)* der Verkäufer,-

cliff der Felsen,- 9

clock die Uhr,-en; *at nine o'clock* um neun Uhr

closed geschlossen 4

closet der Schrank,-e 4

clothing item das Kleidungsstück,-e

club der Klub,-s

coat der Mantel,-̈

coffee der Kaffee

cola die Cola,-s

cold kalt

to **collect** sammeln

color die Farbe,-n

colorful bunt

to **comb (one's hair)** sich kämmen 1

to **come** kommen (kam, ist gekommen); *to come again* wiederkommen, *to come along* mitkommen; *to come* *back* zurückkommen 7; *to come here* herkommen; hierherkommen 3; *to come inside* reinkommen; hineinkommen 9; *to come of it* etwas daraus werden 7; *to come over* rüberkommen; *to come to* kommen auf 2; *to come to an end* zu Ende gehen 7; *to come to visit* zu Besuch kommen 4; *to come together* sich versammeln 8

comfort der Komfort B

comfortable bequem 10, gemütlich B

comical komisch

common gemeinsam 10

competition der Wettkampf,ˉe 8

to **complain** sich beklagen 6

complicated kompliziert

composition der Aufsatz,ˉe

computer der Computer,-

concern die Sorge,-n 8

concert das Konzert,-e

concert hall die Konzerthalle,-n

condition der Zustand,ˉe B

to **congratulate** gratulieren

to **construct** erbauen; *constructed* erbaut

construction site die Baustelle,-n 10

to **continue on** weiterfahren (fährt weiter, fuhr weiter, ist weitergefahren); *to continue playing* weiterspielen; *to continue on (flight)* weiterfliegen 1

to **converse** sich unterhalten (unterhält, unterhielt, unterhalten) A

to **convince** überzeugen

to **cook** kochen 4

cookbook das Kochbuch,ˉer 4

cookie der Keks,-e 4

cool kühl

cordial herzlich; *Happy birthday!* Herzlichen Glückwunsch zum Geburtstag!

corner die Ecke,-n

correct richtig; *to be correct* stimmen; *That's right.* Das stimmt.

to **cost** kosten

costume (national) die Tracht,-en 7

cough drop der Hustenbonbon,-s (*also:* das Bonbon) 9

cough syrup der Hustensaft,ˉe 9

counter (store) der Ladentisch,-e 5; *counter (ticket)* der Schalter,- 1

country das Land,ˉer

to **cover** decken; *to set the table* den Tisch decken

cow die Kuh,ˉe 8

crate die Kiste,-n 1

credit card die Kreditkarte,-n

crisp knusprig 5

critical kritisch

cross das Kreuz,-e

to **cross** überqueren 8

crunchy knusprig 5

cucumber salad der Gurkensalat,-e 6

cup die Tasse,-n; *cup (trophy)* der Pokal,-e 3

currency die Währung,-en 1

customer der Kunde,-n 5

customs der Zoll 1

to **cut** schneiden (schnitt, geschnitten) 4; *to cut off* abschneiden 5

Czechoslovakia die Tschechoslowakei

D

dad der Vati,-s

to **dance** tanzen

dangerous gefährlich 9

dark dunkel; *dark brown* dunkelbraun

Darn! Verflixt! 9

date of birth das Geburtsdatum,-daten B

daughter die Tochter,ˉ

day der Tag,-e

Day of National Mourning der Volkstrauertag 7

dear liebe(r) E

December der Dezember

to **decide** sich entscheiden

(entschied, entschieden) 5

decision die Entscheidung,-en

to **decorate** dekorieren

decorated geschmückt 7

to **deduct** abziehen (zog ab, abgezogen) 6

definitely bestimmt

delicacy der Leckerbissen,- 3

delicious lecker

to **deliver** zustellen 2

to **demand** fordern 10

to **demonstrate** vorführen 10

Denmark Dänemark

dentist der Zahnarzt,ˉe 3

to **depart** abfahren, losfahren (fährt, fuhr, ist gefahren) 3

department die Abteilung,-en 5

department store das Kaufhaus,ˉer

departure (flight) der Abflug,ˉe; die Abreise 1

to **deposit** absetzen 3

desk der Schreibtisch,-e 4

dessert der Nachtisch,-e 6

destination das Reiseziel,-e 7

detail die Einzelheit,-en

to **devour** verschlingen (verschlang, verschlungen) 4; auffressen (frißt auf, fraß auf, aufgefressen) 9

to **dial (phone)** wählen

dialect der Dialekt,-e E

different ander(e); verschieden 3

difficult schwer

difficulty die Schwierigkeit,-en 10

dining room das Eßzimmer,-

direct direkt

direction die Richtung,-en B

disc jockey der Diskjockey,-s

disco die Disko,-s; *Let's go to the disco.* Auf zur Disko!

to **discuss** besprechen (bespricht, besprach, besprochen) 3

dishes das Geschirr

dishwasher die Ge-
schirrspülmaschine,-n 4

to **dispatch** aufgeben (gibt
auf, gab auf,
aufgegeben) 2

display window das
Schaufenster,- 4

distance die Entfer-
nung,-en, die Strecke,-n

distant entfernt

divorced geschieden 5

dizzy schwindlig 9, *I'm
dizzy.* Mir ist schwind-
lig 9

DJ der Diskjockey,-s

to **do** tun (tut, tat, getan);
machen, *to do well*
abschneiden (schnitt
ab, abgeschnitten) B

doctor (male) der Arzt,:e 3;
(female) die
Ärztin,-nen 9

doctor's office das
Arztzimmer,- 9

dog der Hund,-e 8

dollar der Dollar,-s 6

donkey der Esel,- 8

door die Tür,-en

dot der Punkt,-e B

dough der Teig 4

to **dream** träumen 3

dress das Kleid,-er

drill der Bohrer,- 9

to **drink** trinken (trank,
getrunken)

to **drive** fahren (fährt, fuhr,
ist gefahren); *to drive
back* zurückfahren, *to
drive on* weiterfahren; *
to drive past*
vorbeifahren 9

driver's license der
Führerschein,-e 10

driving school die
Fahrschule,-n 10

duck die Ente,-n 8

dumpling der Knödel,- 6

during während

E

each jeder

ear das Ohr,-en

early früh

earth die Erde 7

east der Osten

Easter Ostern 7

easy leicht, einfach

to **eat** essen (ißt, aß,
gegessen); *to eat up*
auffressen (frißt auf,
fraß auf, aufgefressen)
9

egg das Ei,-er 4

eight acht

eighteen achtzehn

either...or entweder...
oder 1

electrician der
Elektriker,- 3

elephant der Elefant,-en 8

elevator der
Fahrstuhl,:e 5

eleven elf

to **emigrate** auswandern 2

employee der Ange-
stellte,-n 1

to **empty** leeren 2

end das Ende E

to **end** enden 7

engine der Motor,-en 10

engineer der
Ingenieur,-e 3

England England 3

English Englisch

Englishman der
Engländer.- 3

enjoyment das
Vergnügen 8

enough genug, genügend
5; *to be enough*
genügen 2, reichen 6

entertainment die
Unterhaltung

enthusiastic begeistert 1

entrance der Eingang,:e;
entrance (for vehicles)
die Einfahrt,-en 1

envelope der
Briefumschlag,:e 2

eraser der
Radiergummi,-s

escalator die
Rolltreppe,-n 5

especially besonders

essay der Aufsatz,:e

Europe Europa

even sogar 5

evening der Abend,-e; *in
the evening* am Abend

event das Ereignis,-se 1

every jeder

everyone alle

everything alles

everywhere überall 5

exact(ly) genau

examination die
Prüfung,-en 10

to **examine** untersuchen 9,
prüfen 10

examiner der Prüfer,- 10

example das Beispiel,-e,
for example zum
Beispiel

excellent ausgezeichnet

except außer

to **exchange** einlösen 6

exchange rate der
Kurs,-e 6

**exchange student (high
school)** der Aus-
tauschschüler,- A

to **excite** reizen 3

excited aufgeregt

exciting spannend

excursion der Ausflug,:e,
to go on an excursion
einen Ausflug machen

excursion area der
Ausflugsort,-e

exercise die Aufgabe,-n,
die Übung,-en

exhausting anstrengend 8

to **exist** herrschen 5

exit der Ausgang,:e 1

to **expect** rechnen, *to expect
it* damit rechnen 10

expedition die Expedition,-en 3

expensive teuer

experience das Erleb-
nis,-se 1

to **explain** erklären 1

extra zusätzlich 7

eye das Auge,-n

eye bandage die Augenbinde,-n 9

F

facilities die Ein-
richtung,-en A

fall der Herbst,-e

to **fall down** hinfallen (fällt
hin, fiel hin, ist hin-
gefallen) 3

to **fall in** reinfallen (fällt
rein, fiel rein, ist
reingefallen) 8

family die Familie,-n

famous berühmt 9

fan der Fan,-s

fantastic klasse

far weit

farm der Bauernhof,⸚e 5
to fascinate reizen 4
fashion die Mode,-n
fashionable schick
fast schnell
to fasten befestigen 3
father der Vater,⸚
favorable günstig 3
fear die Angst ⸚e; *Don't worry! Don't be afraid!* (Hab) Keine Angst!
February der Februar
Federal Highway die Bundesstraße,-n
Federal Republic (of Germany) die Bundesrepublik (Deutschland)
Federal State das Bundesland,⸚er
fee die Gebühr,-en 2
to feel fühlen, *to feel well* sich wohl fühlen 9
festival das Fest,-e 7
to fetch holen
fever das Fieber 9
fever thermometer das Fieberthermometer,- 9
few manche 3; wenige 7
field das Feld,-er 3
fifteen fünfzehn
to fill out ausfüllen 10
film der Film,-e
finally endlich; *finally* zuletzt 3
financial finanziell 3
to find finden
finger der Finger,-
finished fertig 4
fire das Feuer 8
first zuerst; erst 1; *first floor (in America)* das Erdgeschoß,-sse 5
first aid kit der Verbandskasten,⸚ 9
fish der Fisch,-e 8
fish fillet das Fischfilet,-s 6
to fit passen; sitzen (saß, gesessen) 9
five fünf
flag die Fahne,-n 3
flat flach
flight der Flug,⸚e 1
flight attendant der Flugbegleiter,- 1
flight passenger der Fluggast,⸚e 1
flight ticket der Flugschein,-e 1

floor der Stock,⸚e 5
flour das Mehl 4
to flow fließen (floß, ist geflossen)
flower die Blume,-n 2
flower stand der Blumenstand,⸚e 5
flu die Grippe 9
flute die Flöte,-n
to fly fliegen (flog, ist geflogen) 1
folk song das Volkslied,-er
to follow folgen 1
food das Essen
foot der Fuß,⸚e; *to walk* zu Fuß gehen
for für; *for sure* bestimmt; *for it* dafür
forehead die Stirn,-e
foreign ausländisch A
foreigner der Ausländer,-
to forget vergessen (vergißt, vergaß, vergessen) 7
fork die Gabel,-n 6
form die Form,-en; das Formular,-e B
to form bilden
to foul foulen 3
founded gegründet 9
four vier
fourteen vierzehn
franc (Swiss monetary unit) der Franken,- 1
France Frankreich
free frei E; *free (of charge)* kostenlos 10
French (language) Französisch 3
french fries die Pommes frites (pl.) 6
Frenchman der Franzose,-n 3
fresh frisch 4
Friday der Freitag,-e
fried potato die Bratkartoffel,-n 6
friend der Freund; der Bekannte,-n 2
from von, aus; *from these* davon 4; *from now on* von jetzt ab E
front: in front vorne 1; *in front of* vor
front seat der Vordersitz,-e 10
fruit das Obst 5, *kind of*

fruit die Obstart,-en 5
fruit department die Obstabteilung,-en 5
fruit stand der Obststand,⸚e 5
full voll; satt 6; *I'm full.* Ich bin satt. 6
fun der Spaß; das Vergnügen 8; *It's fun.* Es macht Spaß.
funny komisch
furnishings die Einrichtung,-en A
further weiter

G

game das Spiel,-e
game schedule der Spielplan,⸚e
garden der Garten,⸚ 2
to gargle gurgeln 9
gas cooker der Gaskocher,- 3
gas range der Gasherd,-e 4
gate (flight) der Flugsteig,-e 1
to gather sich versammeln 8
genius das Genie,-s
gentleman der Herr,-en, der Kavalier,-e
geography die Erdkunde
German Deutsch; der Deutsche,-n 3
German Democratic Republic die Deutsche Demokratische Republik
to get bekommen (bekam, bekommen), holen; *to get in* einsteigen (stieg ein, ist eingestiegen); *to get up* aufstehen (standauf, ist aufgestanden)
to get (hold of) erwischen, *It got me.* Es hat mich erwischt. 9
to get down to work an die Arbeit gehen
to get hurt sich verletzen 9
to get off (bike) absteigen (stieg ab, ist abgestiegen) 2
to get on (bike) aufsteigen (stieg auf, ist aufgestiegen) 2

to **get there** hinkommen (kam hin, ist hingekommen) 10

to **get to know** kennenlernen 7

gift das Geschenk,-e

gigantic riesengroß B

girl das Mädchen,-

girlfriend die Freundin,-nen

to **give** geben (gibt, gab, gegeben); *to give (as a gift)* schenken 5

glad froh

gladly gern

gland (neck) die Halsdrüse,-n 9

glass das Glas,̈-er

glasses die Brille,-n

to **glide** schweben 7

globe die Weltkugel,-n B

glove der Handschuh,-e

to **glue** kleben 2

to **go** gehen (ging, ist gegangen); fahren (fährt, fuhr, ist gefahren)

to **go back** zurückgehen (ging zurück, ist zurückgegangen)

to **go (drive) around** herumfahren (fährt herum, fuhr herum, ist herumgefahren) E

to **go (drive) there** hinfahren (fährt hin, fuhr hin, ist hingefahren) 3

to **go inside** hineingehen (ginghinein, ist hineihgegaugen)

to **go smoothly** klappen 10

goal das Tor,-e 3

goalie der Torwart,̈-er 3

goat die Ziege,-n 8

golden gold, *golden wedding anniversary* die goldene Hochzeit 1

golf das Golf

good gut

Good-bye! Auf Wiedersehen!

Good Friday Karfreitag 7

Gothic gotisch 9

Gouda cheese der Goudakäse 5

goulash soup die Gulaschsuppe,-n 6

grade (school) die Note,-n

gram das Gramm,-e 5

granddaughter die Enkelin,-nen

grandfather der Großvater,̈ *grandpa* der Opa,-s

grandmother die Großmutter,̈ *grandma* die Oma,-s

grandparents die Großeltern (pl.)

grandson der Enkel,-

to **grant** gewähren 10

graph die Schautafel,-n 10

gray grau

great toll, super

green grün

to **greet** begrüßen; grüßen 5

greeting der Gruß,̈-e E

groceries die Lebensmittel (pl.) 5

ground floor das Erdgeschoß,-sse 5

group die Gruppe,-n

guest der Gast,̈-e

guitar die Gitarre,-n

H

hair das Haar,-e

hairstylist der Friseur,-e 3

half halb; die Hälfte,-n 3

halftime die Halbzeit,-en 3

ham der Schinken 6

ham-sausage die Schinkenwurst 5

hand die Hand,̈-e

to **hand over** übergeben (übergibt, übergab, übergeben) 8

to **handle** umgehen (ging um, ist umgegangen) 9

to **hang** hängen 7

to **happen** passieren 3

happy froh, glücklich 7; *to be happy* sich freuen 1; *A happy New Year!* Ein glückliches Neues Jahr! 7

hard schwer

to **have** haben (hat, hatte, gehabt); *to have homework to do* aufhaben, *to have to* müssen, *to have on* anhaben

he er

head der Kopf,̈-e; *head lettuce* der Kopfsalat,-e 5

to **head (ball)** köpfen 3

headache die Kopfschmerzen (pl.) 9

headlight der Scheinwerfer,- 10

healthy gesund 9

to **hear** hören

heart das Herz,-en 7

heat die Hitze 7

heavy schwer 5

height die Höhe,-n

Hello! Grüß dich!, Grüß Gott!, Guten Tag!

helmet der Helm,-e 10

to **help** helfen (hilft, half, geholfen); bedienen 1; *to help out* aushelfen 3

her ihr

here hier

Hi! Grüß dich!, Hallo!

high hoch, *highest* höchst-

high school das Gymnasium,-sien 3; die Oberschule,-n

hike die Wanderung,-en A

to **hike** wandern

hill der Hügel,- 8

his sein

history die Geschichte

to **hit** schlagen (schlägt, schlug, geschlagen)

hit (song, tune) der Hit,-s

hobby das Hobby,-s

to **hold** halten (hält, hielt, gehalten) 3; *to hold still* stillhalten 9; *to hold tight* festhalten 9

holiday der Feiertag,-e 7

Holland Holland

homework die Hausaufgabe,-n; *to do homework* Hausaufgaben machen

honeymoon (trip) die Hochzeitsreise,-n 3

hood die Motorhaube,-n 10

to **hope** hoffen A

hopefully hoffentlich

horse das Pferd,-e 7

hospital das Krankenhaus,̈-er 9

hot heiß
hot chocolate der Kakao
hot dog das Würstchen,- 3
hotel das Hotel,-s
hour die Stunde,-n
house das Haus,-̈er, *to go home* nach Hause gehen, *to be at home* zu Hause sein
how wie, *How are you?* Wie geht's?, Wie geht es Ihnen?, *how much* wieviel
human being der Mensch,-en
hundred hundert
Hungary Ungarn
hunger der Hunger, *to be hungry* Hunger haben
to hurry sich beeilen, *Hurry (up)!* Beeil dich!, *I'm in a hurry.* Ich habe es eilig. 8
to hurt wehtun (tat weh, wehgetan) 9
husband der Mann,-̈er 2

I

I ich
ice das Eis
ice cream das Eis, *ice cream parlor* das Eiscafé,-s
ice hockey das Eishockey
ice tea der Eistee
idea die Idee,-n
identification (card) der Ausweis,-e 7
to identify identifizieren 10
if ob, wenn; falls 9
ill krank 9
to imagine sich vorstellen 8
immediately gleich, sofort
important wichtig 3
to improve verbessern A
in in
inadequate mangelhaft
to include einschließen (schloß ein, einge-schlossen) 3
individual einzeln 8
inexpensive billig
infected entzündet 9
infection die Infektion,-en 9
to inflate aufpumpen 3
to inform informieren

information die Information,-en
ingredients die Zutaten (pl.) 4
inhabitant der Einwohner,-
inhuman unmenschlich 9
to injure verletzen 9
inn das Gasthaus,-̈er B
to inquire about sich erkundigen nach B
instead of anstatt 3
instruction der Hinweis,-e A; der Unterricht 10
instrument das Gerät,-e 9
intelligent klug, intelligent
to intend vorhaben (hat vor, hatte vor, vorgehabt)
interest das Interesse,-n 8
interesting interessant
intermission die Pause,-n
intersection die Kreuzung,-en 10
to introduce (oneself) sich vorstellen 7
invitation die Einladung,-en
to invite einladen (lädt ein, lud ein, eingeladen)
inviting einladend 7
island die Insel,-n
it es
Italian Italienisch 3; *Italian* der Italiener,- 3
Italy Italien
item die Sache,-n 2

J

jacket die Jacke,-n
jam die Marmelade,-n
January der Januar
jealous eifersüchtig 7
jeans die Jeans (pl.)
job der Beruf,-e 3
joy die Freude 3, die Lust 7
judge der Richter,-
juicy saftig 5
July der Juli
to jump springen (sprang, ist gesprungen) 8
June der Juni
just eben, erst; gerade 2; *just like/as* genauso 2

K

to keep (a savings account) ein Sparkonto führen 2

key der Schlüssel,- 10
kilometer der Kilometer,-
kind die Sorte,-n 7
kitchen die Küche,-n
knapsack der Rucksack,-̈e
knife das Messer,- 6
to know wissen (weiß, wußte, gewußt); *to know (person, place)* kennen (kannte, gekannt) 3

L

lady die Dame,-n 1
lake der See,-n
Lake Constance der Bodensee
lamp die Lampe,-n 4
to land landen 8
landmark das Wahrzeichen,- 1
language die Sprache,-n
large groß
last letzt-
to last dauern
late spät
law das Gesetz,-e 10
lawn die Wiese,-n 3
lawyer der Rechtsanwalt,-̈e 3
lazy faul 7
to lead führen 1
to learn lernen
to leave verlassen (verläßt, verließ, verlassen); abfahren (fährt ab, fuhr ab, ist abgefahren)
left links, *to the left* nach links
leg das Bein,-e
legend die Sage,-n 9
lemonade die Limo,-s; die Limonade,-n 6
lemon ice cream das Zitroneneis
to lend leihen (lieh, geliehen)
length die Länge,-n
to let lassen (läßt, ließ, gelassen) 5
letter der Brief,-e E
library die Bibliothek,-en 4
license plate das Nummernschild,-er 10
to lie liegen (lag, gelegen)
to lie down sich hinlegen 9

Liechtenstein Liechtenstein

life das Leben 9

light hell, *light blue* hellblau

to **light (a fire)** anzünden 8

to **like** mögen (mag, mochte, gemocht); gefallen (gefällt, gefiel, gefallen); *How do you like...?* Wie gefällt dir...?; *I would like to...* Ich habe Lust... 7

likewise gleichfalls 5

line (phone) die Leitung,-en E

to **line up** sich aufstellen B

lion der Löwe,-n 8

lip die Lippe,-n

to **listen to** hören, zuhören

little klein, wenig, *a little* etwas

to **live** wohnen. leben

living room das Wohnzimmer,-

to **loan** leihen (lieh, geliehen)

located: be located liegen (lag, gelegen)

long lang, *long time* lange

to **look** sehen (sieht, sah, gesehen); aussehen; *to look at* sich ansehen, sehen auf; sich anschauen 10; *to look forward to* sich freuen auf E; *to look on* zusehen 8

loose locker 9

to **lose** verlieren (verlor, verloren) 7

loud laut

luck das Glück, *to be lucky* Glück haben

luggage das Gepäck 1

lunch das Mittagessen,-

Luxembourg Luxemburg

luxury der Luxus B

M

machine die Maschine,-n 1

magazine die Zeitschrift,-en

mail die Post 2

mailbox der Briefkasten,- 1

mail carrier der Briefträger,- 2

to **mail (letter)** einwerfen (wirft ein, warf ein, eingeworfen) 2

mainly hauptsächlich 5

to **make** machen; to make a decision eine Entscheidung treffen 5; *to make a phone call* ein Telefongespräch führen 2; *to make headway* vorwärtskommen (kam vorwärts, ist vorwärtsgekommen) 8; *to make (it)* machen 1; schaffen

man der Mann,-er 2

to **manage (it)** schaffen

many viele

map die Landkarte,-n

March der März

to **march around** herummarschieren 3

marching song das Marschlied,-er 3

margarine die Margarine 4

mark (German monetary unit) die Mark

mark (grade) die Note,-n

to **mark** markieren 5

market der Markt,-e 5

market day der Markttag,-e 5

married verheiratet 1

to **marvel at** bestaunen

mathematics die Mathematik (*short:* Mathe)

may dürfen (darf, durfte, gedurft)

May der Mai

meadow die Wiese,-n 3

meal das Essen; die Mahlzeit,-en A; *Enjoy your meal!* Guten Appetit! 6

to **mean** meinen; bedeuten B

means of transportation das Verkehrsmittel,-

to **measure** messen (mißt, maß, gemessen) 9

meat das Fleisch 6

mechanic der Mechaniker,- 3

medal die Medaille,-n B

medicine die Medizin 9

to **meet** sich treffen (trifft, traf, getroffen); *Let's meet.* Treffen wir uns!

member das Mitglied,-er

to **memorize** auswendig lernen 10

memory die Erinnerung,-en 9

menu die Speisekarte,-n 6

meter der Meter,-

microphone das Mikrophon,-e 8

microwave oven der Mikrowellenherd,-e 4

middle die Mitte,-n

Middle Ages das Mittelalter 8

military camp das Militärlager,- 9

milk die Milch

milk shake das Milchmix,-e

million die Million,-en A

mine meins 10

mineral water das Mineralwasser 6

minus minus

minute die Minute,-n

mirror der Spiegel,- 4

miserly geizig 9

missing: to be missing fehlen 9

to **mix** mischen 4; *mixed (tossed) salad* gemischter Salat 6

model das Modell,-e 10

mom die Mutti,-s 3

moment der Moment,-e

Monday der Montag,-e

money das Geld

monitor der Bildschirm,-e; der Monitor,-en 1

monkey der Affe,-n 8

month der Monat,-e

mood die Stimmung,-en 3

moped das Moped,-s

more mehr; *no more* nicht mehr; *more or less* mehr oder weniger 7; *more than* mehr als

morning der Morgen,-

most meist- A

mostly meistens

mother die Mutter,-

motor der Motor,-en 10

motorcycle das Motorrad,-er

mountain der Berg,-e

mountainous bergig; gebirgig 1
mouse die Maus,-̈e 9
mouth der Mund,-̈er
to **move together** zusammenrücken 7
movie der Film,-e
movie theater das Kino,-s
Mr. Herr
Mrs. Frau
much viel
museum das Museum,-seen
mushroom der Champignon,-s 6
music die Musik
music book das Musikbuch,-̈er
music festival das Musikfest,-e
music teacher der Musiklehrer,-
musical instrument das Musikinstrument,-e
musician der Musiker,- 3
must müssen (muß, mußte, gemußt)
my mein

N

name der Name,-n
to **name** nennen (nannte, genannt) 7
named heißen (hieß, geheißen), *What's your name?* Wie heißt du?
napkin die Serviette,-n 6
national flag die Nationalfahne,-n
natural(ly) natürlich
nature die Natur A
near bei, *nearby* in der Nähe
neck der Hals,-̈e
to **need** brauchen
neighbor (female) die Nachbarin,-nen 2
neighborhood die Nachbarschaft,-en 2
neighboring country das Nachbarland,-̈er
Netherlands die Niederlande
never nie
nevertheless trotzdem
new neu
New Year das Neujahr 7;

A happy New Year! Ein glückliches Neues Jahr! 7
news die Nachrichten (pl.)
newspaper die Zeitung,-en
next nächst-; *next to* neben 2
to **nibble** naschen 4
nice schön; nett E
night die Nacht,-̈e E
nine neun
nineteen neunzehn
no nein, kein
nobody niemand 9
normal normal 9
north der Norden
North Sea die Nordsee
not nicht; *not at all* gar nicht 1; *not only...but also* nicht nur...sondern auch 5
to **note** notieren
notebook das Heft,-e
nothing nichts
to **notice** merken 7
novel der Roman,-e
November der November
now jetzt
number die Nummer,-n
nurse (female) die Krankenschwester,-n; (male) der Krankenpfleger,- 3

O

to **observe** beachten 8
occupation der Beruf,-e 3
occupied beschäftigt 4
ocean das Meer,-e 3
October der Oktober
of von
of course natürlich
offer das Angebot,-e 5
to **offer** anbieten (bot an, angeboten) 5; bieten (bot, geboten) 9
office das Büro,-s
official *(female)* die Beamtin,-nen; *(male)* der Beamte,-n
official offiziell 1
often oft
oh ach
oil level der Ölstand 10
ointment die Salbe,-n 9
OK gut
old alt

Olympic Games die Olympiade,-n 8
Olympic Stadium das Olympiastadion 3
on an, auf, *on time* pünktlich
once einmal, *once more* noch einmal; *once in a while* ab und zu A
one eins; man
one-way ticket einfach
onion die Zwiebel,-n 5
only nur
open offen 5, geöffnet 6
to **open** aufmachen
opponent der Gegner,- 3
optician der Optiker,-
or oder
orange die Apfelsine,-n 5
orange orange
order die Ordnung,-en 6
to **order** bestellen
to **originate (river)** entspringen (entsprang, entsprungen)
other ander-
otherwise sonst
Ouch! Au! 9
our unser
out aus
outdoors draußen, im Freien A
outside draußen; im Freien A, ins Freie 7
oven der Ofen,-̈ 4
over über; *It's over.* Es ist zu Ende. 3
overcrowded überfüllt A
own eigen 1
owner der Inhaber,- 10; der Besitzer,- B

P

to **pack** packen 1
package das Paket,-e 1
page die Seite,-n
painter der Maler,- 3
pair das Paar,-e
pants die Hose,-n
paper das Papier
paprika der Paprika,-s 5
parcel das Päckchen,- 2
parents die Eltern (pl.)
park der Park,-s
to **park** parken
parking place der Parkplatz,-̈e 3

part der Teil,-e, *for the most part* zum größten Teil, *part of body* der Körperteil,-e

participant der Teilnehmer,- 8

to **participate** teilnehmen 8 (nimmt teil, nahm teil, teilgenommen); mitmachen B

particular wählerisch

party die Party,-s, *to give a party* eine Party geben

to **pass (test)** bestehen (bestand, bestanden) 10

passport der Reisepaß,-̈sse 1

passport inspection die Paßkontrolle,-n 1

patient(ly) geduldig 10

to **pay** zahlen; *to pay attention* aufpassen 8; *to pay cash* bar bezahlen; *The check, please.* Zahlen, bitte.

pea die Erbse,-n 5

peace die Ruhe 8

peach der Pfirsich,-e 5

pear die Birne,-n 5

to **pedal** treten (tritt, trat, getreten) 8

pedestrian der Fußgänger,- 10

pedestrian crossing der Fußgängerüberweg,-e 10

pedestrian underpass die Fußgängerunterführung 10

pen pal die Brieffreundin,-nen E

pencil der Bleistift,-e

Pentecost Pfingsten 7

people die Leute (pl.) E

pepper der Pfeffer 4

per pro 7

percent das Prozent,-e

to **perform** abschneiden (schnitt ab, abgeschnitten) B

perhaps vielleicht

permitted: to be permitted dürfen (darf, durfte, gedurft)

person der Mensch,-en; die Person,-en 3

personal persönlich 5

phantasy die Phantasie,-n 8

pharmacist der Apotheker,- 3

pharmacy die Apotheke,-n 9

phone book das Telefonbuch,-̈er 2

phone call das Telefongespräch,-e 2

photo das Foto,-s 1

photo album das Fotoalbum,-ben A

photographer der Fotograf,-en 3

physics die Physik

piano das Klavier,-e

to **pick out** sich aussuchen 4

to **pick up (receiver)** abheben (hob ab, abgehoben) 6

picnic das Picknick,-e 3

picture das Bild,-er 4

picture postcard die Ansichtskarte,-n

piece das Stück,-e

pig das Schwein,-e 8

pill die Tablette,-n 9

pilot der Pilot,-en 1

pink rosa

pizza die Pizza,-s 6

place die Stelle,-n

to **place** stellen; legen 5

to **plan** vorhaben (hat vor, hatte vor, vorgehabt)

plate der Teller,- 6

platter die Platte,-n; *coldcut platter* die Kalte Platte

to **play** spielen; *to play for* spielen um 3

player der Spieler,-

pleasant gemütlich B

please bitte, *Here you are.* Bitte sehr., *May I help you?* Bitte?

pleasure die Lust 7

plum die Pflaume,-n 5

plus plus

pocket calculator der Taschenrechner,-

point der Punkt,-e B

to **point** zeigen; *to point out* hinweisen auf (wies hin, hingewiesen) 9

policeman der Polizist,-en 3

popular populär, beliebt

possibility die Möglichkeit,-en 1

possible möglich 1

post office die Post; das Postamt,-̈er 2

post office box das Postfach,-̈er 2

postcard die Postkarte,-n 2

posted angeschlagen 5

poster das Poster,-

postmark der Stempel,- 2

pot der Topf,-̈e 3

potato die Kartoffel,-n; *(boiled)* die Salzkartoffel,-n 6; *potato salad* der Kartoffelsalat 7

pound das Pfund,-e 5

to **pour** gießen (goß, gegossen) 2

practical praktisch 10

practice die Übung,-en, *Practice makes perfect.* Übung macht den Meister!

to **practice** üben

to **prepare** vorbereiten 3; *to prepare (a meal)* zubereiten; *to prepare for* sich vorbereiten auf A

prescription das Rezept,-e

present das Geschenk,-e

pretty schön 5; *pretty heavy* ganz schön schwer 5

pretzel die Brezel,-n 4

price der Preis,-e 3; *a special price, bargain* ein günstiger Preis

price category die Preisklasse,-n B

primarily hauptsächlich 5

prince der Fürst,-en 1

principality das Fürstentum,-̈er 1

prize der Preis,-e 8

probably wahrscheinlich 9

problem die Aufgabe,-n; das Problem,-e 1

program das Programm,-e

prompt(ly) prompt E

to **protect** schützen 3; *to protect against* schützen vor 9

to **provide for** sorgen für 7

pudding der Pudding 4
pullover der Pulli,-s, der Pullover,-
to **pump up** aufpumpen 3
punctual pünktlich
pupil der Schüler,-
purchase der Einkauf,-̈e 5; der Kauf,-̈e 10
purse die Handtasche,-n 1
to **push** drängeln; schieben (schob, geschoben) 7
to **put** stellen; legen 5, *to put down* absetzen 3; *to put on* aufsetzen; anlegen 10; umhängen B; *to put (place) inside* hineinstellen 4

Q

quality die Qualität,-en
quarter das Viertel,-
question die Frage,-n
questionnaire der Fragebogen,- 10
quite ganz
quiz show die Quizshow,-s

R

racket der Schläger,-
rag (to wipe off blackboard) der Tafellappen,-
to **rain** regnen
to **rake** rechen B
rather lieber
to **reach** erreichen 1
to **read** lesen (liest, las, gelesen)
ready fertig 4; *to be ready* bereitstehen (stand bereit, bereitgestanden) 8
reality die Wirklichkeit 3
really wirklich
reasonable preiswert
receipt die Quittung,-en 2
to **receive** bekommen (bekam, bekommen); empfangen (empfängt, empfing, empfangen) 9
receiver (phone) der Hörer,- 6
recently in letzter Zeit 5
reception der Empfang,-̈e 9

receptionist (doctor's assistant) die Sprechstundenhilfe,-n 9
recipient der Empfänger,- 2
to **recognize (each other)** sich erkennen (erkannte, erkannt) 1
to **recommend** empfehlen (empfiehlt, empfahl, empfohlen) 5
record die Schallplatte,-e 5
recorder die Blockflöte,-n
red rot
red cabbage der Rotkohl 4
red pepper das Paprika,-s 5
referee der Schiedsrichter,- 3
refrigerator der Kühlschrank,-̈e 4
registration die Anmeldung 7
relative der Verwandte,-n 1
relay race der Staffellauf,-̈e 8
religion die Religion
to **remain** bleiben (blieb, ist geblieben)
remainder der Rest,-e 3
remembrance die Erinnerung,-en 9
to **rent** mieten E, vermieten B
to **repair** reparieren E
to **require** fordern 10
rest der Rest,-e 3
restaurant das Restaurant,-s; das Gasthaus,-̈er B
restless unruhig
result das Ergebnis,-se
Rhine River der Rhein
rhythm der Rhythmus
right sofort, rechts, richtig; passend 6; *right away* gleich; *right of way* die Vorfahrt 10; *right around the corner* gleich um die Ecke; *to the right* nach rechts; *You're right.* Du hast recht.
to **ring** klingeln; *to ring the doorbell* an der Tür klingeln

to **rinse** spülen
ripe reif 5
river der Fluß,-̈sse
river bank das Ufer,- 8
roast pork der Schweinebraten 4
rock der Felsen,- 9
rock band die Rockband,-s
rock concert das Rockkonzert,-e
rock music die Rockmusik
roll (hard) das Brötchen,-, die Semmel,-n 4
to **roll** rollen, *to roll out (dough)* ausrollen 4
Roman römisch 9
roof das Dach,-̈er 3
room das Zimmer,-
round die Runde,-n
round-trip (ticket) hin und zurück
row die Reihe,-n
to **row** rudern 8
ruin(s) die Ruine,-n 9
rule die Regel,-n 8
ruler das Lineal,-e
to **run** laufen (läuft, lief, ist gelaufen); fließen (floß, ist geflossen); *The movie is running already.* Der Film läuft schon.; *to run past* vorbeilaufen 8; *to run well* gut ablaufen 8
rye bread das Roggenbrot,-e 4

S

sack race das Sackhüpfen B
safety belt der Sicherheitsgurt,-e 10
safety measure die Sicherheitsmaßnahme,-n 1
salad der Salat,-e 6
saleslady die Verkäuferin,-en
salesman der Verkäufer,- 3
salt das Salz 4
salve die Salbe,-n 9
sand der Sand 3
satchel die Schultasche,-n
satisfactory befriedigend

satisfied zufrieden 5
Saturday der Sonn-
    abend,-e, der
    Samstag,-e
saucer die Untertasse,-n 6
sauerbraten (marinated
beef) der
    Sauerbraten,- 6
sauerkraut das Sauer-
    kraut
sausage die Wurst,¨e
sausage stand der
    Wurststand,¨e 5
to **save** sparen 10
savings account das
    Sparkonto,-ten 2
to **say** sagen
scale die Waage,-n 5
schedule der Fahrplan,¨e
school die Schule,-n
school bag die Schul-
    tasche,-n
school band die
    Schulkapelle,-n 8
school desk die
    Schulbank,¨e
school patrol der
    Schülerlotse,-n 10
school principal der
    Schulleiter,- 9
school secretary die
    Schulsekretärin,-nen 9
score das Ergebnis,-se
scrap der Schrott 10
to **scream** schreien (schrie,
    geschrien)
sea das Meer,-e 3
season die Jahreszeit,-en
seat der Sitz,-e 10; der
    Sitzplatz,¨e, der
    Platz,¨e 1
secretary der
    Sekretär,-e 3
section der Teil,-e
to **secure** befestigen 3
security check die
    Sicherheitsüber-
    prüfung,-en 1, *(of*
    people)* die Per-
    sonenkontrolle,-n 1
to **see** sehen (sieht, sah,
    gesehen); *to see again*
    wiedersehen 1; *See*
    you! Tschüs!
to **seem** scheinen (schien,
    geschienen) 4
to **select** wählen; sich
    aussuchen 4

selection die Auswahl
to **sell** verkaufen 4
to **send** schicken; aufgeben
    (gibt auf, gab auf,
    aufgegeben) 2; *to send*
    back zurückschicken 5
sender der Absender,- 2
September der September
to **serve (tennis)** aufschla-
    gen
set der Satz,¨e
seven sieben
seventeen siebzehn
to **shave (oneself)** sich
    rasieren 1
she sie
sheep das Schaf,-e 8
shilling (Austrian mone-
tary unit) der
    Schilling,-e 4
to **shine** scheinen (schien,
    geschienen)
ship das Schiff,-e
shirt das Hemd,-en
shoe der Schuh,-e
to **shoot** schießen (schoß,
    geschossen) 3
shooting gallery der
    Schießstand,¨e 7
shop das Geschäft,-e 5
to **shop** einkaufen; *to go*
    shopping einkaufen
    gehen
shop class der Werkun-
    terricht 9
shopping der Einkauf,¨e 5
shopping bag die
    Einkaufstasche,-n 1
shopping list die
    Einkaufsliste,-n 4
shore das Ufer,- 8
short(ly) kurz 3
should sollen (soll, sollte,
    gesollt)
shoulder die Schulter,-n
to **shout** schreien (schrie,
    geschrien)
to **shove** drängeln
show die Show,-s
to **show** zeigen
to **shower** sich duschen 1
shuttle run der
    Pendellauf,¨e 8
siblings die Geschwister
    (pl.)
sick krank 9
side die Seite,-n
sight(s) die Sehens-

    würdigkeit,-en
sign das Schild,-er A
signal das Signal,-e
signify bedeuten B
silence die Ruhe 8
simple einfach
since seit; da 3; seitdem 8
sincere herzlich
to **sing** singen (sang,
    gesungen)
singer der Sänger,-; die
    Sängerin,-nen
single einzeln 8
sink das Waschbecken,- 4
sister die Schwester,-n
to **sit** sitzen (saß, gesessen),
    to sit down sich
    hinsetzen; *to sit around*
    herumsitzen E, *to sit on*
    it sich draufsetzen 10
six sechs
sixteen sechzehn
size die Größe,-n
to **skate** Schlittschuh laufen
ski der Ski,-s
to **ski** Ski laufen
skirt der Rock,¨e
slacks die Hose,-n
to **sleep** schlafen (schläft,
    schlief, geschlafen) 1
sleeping bag der
    Schlafsack,¨e A
slow langsam
small klein
smart klug
smashing toll
snack der
    Leckerbissen,- 3
snack bar der
    Imbiß,-sse 5
snack stand der
    Imbißstand,¨e 3
snake die Schlange,-n 8
to **snow** schneien
so so
soap die Seife,-n 4
soccer der Fußball,¨e
soccer ball der Fußball,¨e
soccer champion der
    Fußballmeister,- 3
soccer championship die
    Fußballmeister-
    schaft,-en 3
soccer game das Fußball-
    spiel,-e 3
soccer season die
    Fußballsaison,-s 3
sock die Socke,-n

sofa das Sofa,-s 4
soft drink die Limo,-s;
  die Limonade,-n 6
sold out ausverkauft
some etwas; manche 3
someone jemand 4
something etwas
sometimes manchmal
somewhere else
  woanders 3
son der Sohn,-e
soon bald
sore throat die Hals-
  schmerzen (pl.) 9
sorry: to be sorry leid
  tun E; *I'm sorry.* Das tut
  mir leid.
soup die Suppe,-n, *soup of*
  the day die
  Tagessuppe,-n 6
soupspoon der
  Suppenlöffel,- 6
south der Süden; *south of*
  südlich 8
souvenir das Andenken,-
Spain Spanien
Spaniard der Spanier,- 3
Spanish Spanisch 3
to **speak** sprechen (spricht,
  sprach, gesprochen);
  reden 9; *to talk about*
  sprechen über
special besonders
special (offer) das
  Sonderangebot,-e 6,
  special (price) der
  Sonderpreis,-e 5
to **specialize in** sich
  spezialisieren auf 5
spectator der
  Zuschauer,- 3
speedy eilig 8
to **spend** ausgeben (gibt aus,
  gab aus, ausgegeben); *to*
  spend (time) verbringen
  (verbrachte,
  verbracht) 7
spinach der Spinat 5
splinter der Splitter,- 9
spoon der Löffel,-n 4
sport der Sport, *kind of*
  sport die Sportart,-en
sports bag die
  Sporttasche,-n 8
sports festival das
  Sportfest,-e 8
spot die Stelle,-n
to **spray** spritzen 7,

besprühen 9
to **spread out** ausbreiten 3
spring der Frühling,-e
stadium das
  Stadion,-dien 8
stamp die Briefmarke,-n;
  der Stempel,- 2
to **stamp** stempeln A
to **stand** der Stand,-̈e 5
to **stand** stehen (stand,
  gestanden); *to stand in*
  line Schlange stehen 3
start der Start,-s 8
to **start** anfangen (fängt an,
  fing an, angefangen); *to*
  start (engine) anspringen (sprang an, ist
  angesprungen) 10
starting pedal das
  Startpedal,-e 10
state der Staat,-en; das
  Land,-̈er 9
station (train) der
  Bahnhof,-̈e
stationery die
  Schreibwaren (pl.) 5
to **stay** bleiben (blieb, ist
  geblieben); *to stay*
  (overnight)
  übernachten A
steering wheel das
  Steuerrad,-̈er 10
step der Schritt,-e 5
stereo set die Ste-
  reoanlage,-n 4
stewed fruit das Kom-
  pott,-e 6
to **stick** kleben 2
stiff steif 9
still noch
to **stir** rühren 4
stocking der Strumpf,-̈e
stomach der Bauch,-̈e 9
stomachache die
  Bauchschmerzen (pl.) 9
stop (streetcar, bus) die
  Haltestelle,-n 7
to **stop** halten (hält, hielt,
  gehalten) 10
store der Laden,-̈; das
  Geschäft,-e 5
stove der Ofen,-̈ 4
straight direkt, *straight*
  ahead geradeaus
strawberry die
  Erdbeere,-n 5
strawberry ice cream das
  Erdbeereis

strawberry torte die
  Erdbeertorte,-n 4
street die Straße-n
streetcar die Straßenbahn,-en
street number die
  Hausnummer,-n 2
streetcar stop die Straßenbahnhaltestelle,-n 10
strenuous anstrengend 8
stretch die Strecke,-n
stub der Abschnitt,-e 6
student (secondary school)
  der Schüler,-
to **study (university)** studieren A
style der Stil,-e 9
subject (school) das
  Fach,-̈er
suburb der Vorort,-e
subway die U-Bahn,-en 10
success der Erfolg,-e 6
such solch A
suddenly plötzlich 3
sufficient ausreichend;
  genügend 5
sugar der Zucker 4
to **suggest** vorschlagen
  (schlägt vor, schlug vor,
  vorgeschlagen) 3
suit der Anzug,-̈e
suitable passend 6
suitcase der Koffer,- 1
summer der Sommer,-
sun die Sonne
Sunday der Sonntag,-e
sunny sonnig 3
super klasse, super, spitze
supper das Abendbrot
supposed: to be supposed
  sollen (soll, sollte,
  gesollt)
surely sicherlich 6
surroundings die
  Umgebung,-en
to **swallow** schlucken 9,
  swallow (up) verschlingen (verschlang, ver-
  schlungen) 4
to **sweat** schwitzen
sweater der Pulli,-s, der
  Pullover,-
sweatshirt das Sweat-
  shirt,-s
to **swim** schwimmen
  (schwamm, ist ge-
  schwommen)
swimming pool das

Schwimmbad, ̈er, das Schwimmbecken,- 7
swimming trunks die Badehose,-n 7
to **swing** schwenken 3
Swiss der Schweizer,- 3
Switzerland die Schweiz
swollen geschwollen 9
symbol das Symbol,-e A

T

T-shirt das T-Shirt,-s
table der Tisch,-e, *table (top)* die Platte,-n
table tennis das Tischtennis
table tennis tournament das Tischtennisturnier,-e
tablet die Tablette,-n 9
to **take** nehmen (nimmt, nahm, genommen); *Take it easy.* Immer mit der Ruhe! 8
to **take care of** erledigen 4
to **take (time)** dauern
to **take off** losfahren (fährt los, fuhr los, ist losgefahren) 3; *(plane)* abfliegen (flog ab, ist abgeflogen) 1
to **take offense** übelnehmen (nimmt übel, nahm übel, übelgenommen) 7
to **take pictures** fotografieren
to **take place** stattfinden (fand statt, stattgefunden)
to **talk** reden 9, sich unterhalten (unterhält, unterhielt, unterhalten) A
taste der Geschmack
to **taste** schmecken; kosten 4
tax adviser die Steuerberaterin,-nen 5
tea der Tee
teacher (female) die Lehrerin,-nen; *teacher (male)* der Lehrer,-
team die Mannschaft,-en 3
teaspoon der Teelöffel,- 6
teenager der Jugendliche,-n
telegram das

Telegramm,-e 2
telephone das Telefon,-e
telescreen der Bildschirm,-e
television das Fernsehen
television set der Fernsehapparat,-e 4; der Fernseher,- 4
to **tell** erzählen
temperature die Temperatur,-en 7
ten zehn
tennis das Tennis
tennis club der Tennisklub,-s
tennis court der Tennisplatz, ̈e
tent das Zelt,-e 3
terrific toll
test die Arbeit,-en; der Test,-s 10, die Prüfung,-en 10; *to take a test* eine Arbeit schreiben
tester der Prüfer,- 10
text der Text,-e 1
than als, *more than* mehr als
to **thank** sich bedanken 6
thanks der Dank, *Many thanks.* Vielen Dank.
that das, daß
the der, die, das; *the same* derselbe
their ihr
then dann, *Then let's go!* Dann mal los!
theoretical theoretisch 10
there da, dort; dorthin 3, *over there* da drüben, dort drüben; *there and back* hin und zurück; *There's a lot going on.* Da ist viel los.
therefore deshalb
thermometer (fever) das Fieberthermometer,- 9
they sie, man
to **think** meinen, glauben, finden (fand, gefunden); denken (dachte, gedacht) E; *What do you think of...?* Wie findest du...?
thirst der Durst, *to be thirsty* Durst haben
thirteen dreizehn
this dieser; *this morning* heute morgen 4; *this*

time diesmal 3
thousand tausend
three drei
thrilling spannend
throat infection die Halsentzündung 9
through durch
to **throw** werfen (wirft, warf, geworfen) 3, *to throw in(to)* hineinwerfen 7
Thursday der Donnerstag,-e
ticket die Karte,-n
tie die Krawatte,-n
tiger der Tiger,- 8
time die Zeit,-en, *times* mal; *for the first time* zum ersten Mal 1; *time(s)* das Mal,-e; *Time is up.* Die Zeit ist um. 8
tire der Reifen,- 10
tired müde 7
to zu, auf, nach
today heute
together zusammen
toilet die Toilette,-n 4
tomato die Tomate,-n
tomato salad der Tomatensalat,-e 6
tomato soup die Tomatensuppe,-n 6
tomorrow morgen
tonsil die Mandel,-n 9
too auch, zu; *too bad* schade 7
tool das Gerät,-e 9
tooth der Zahn, ̈e
toothache die Zahnschmerzen (pl.) 9
toothbrush die Zahnbürste,-n 4
toothpaste die Zahnpasta 4
top: on top oben 2
torch die Fackel,-n 8
tourist der Tourist,-en
tourist office das Verkehrsbüro,-s 1
towel das Handtuch, ̈er 4
tower der Turm, ̈e 9
town der Ort,-e 2
toys die Spielwaren (pl.) 5
tradition die Tradition,-en 8
traffic der Verkehr; der Betrieb 5
traffic sign das Verkehrsschild,-er 10

traffic situation die Verkehrssituation,-en 10
train der Zug,̈-e
trampoline das Trampolin,-e 8
to **transfer** umsteigen (stieg
um, ist umgestiegen)
to **travel** reisen 3
travel agency das
Reisebüro,-s 3
traveler der Reisende,-n B
traveler's check der
Reisescheck,-s 1
traveler's information die
Reiseauskunft
trip die Reise,-n
trout die Forelle,-n 6
true wahr 5
trumpet die Trompete,-n
trunk die Kiste,-n 1, (of a
car) der
Kofferraum,̈-e 10
to **try** versuchen; *to try hard*
sich anstrengen 8; *to try
on* anprobieren; *to try
out* ausprobieren
Tuesday der Dienstag,-e
to **turn** drehen 10; *to turn (to)*
abbiegen (bog ab,
abgebogen)
twelve zwölf
twenty zwanzig
twice zweimal 5
two zwei
type die Art,-en 9
typical typisch 6

U

unbelievable unglaublich
uncle der Onkel,-
under unter 7
to **understand** verstehen
(verstand, verstanden)
unfortunately leider
United States of America
die Vereinigten Staaten
von Amerika
university die Universität,-en A
to **unlock** aufschließen
(schloß auf, aufge-
schlossen) 5
to **unpack** auspacken 5
unsatisfactory
ungenügend
unthinkable undenkbar 5

until bis
urgent eilig 8

V

vacation die Ferien (pl.) E
vanilla ice cream das
Vanilleeis
various verschiedene 3
vegetable das Gemüse,
kind of vegetable die
Gemüseart,-en 5
vegetable soup die
Gemüsesuppe,-n 6
vegetable stand der
Gemüsestand,̈-e 5
very sehr
vicinity die Umge-
bung,-en
view der Blick 1
to **view** besichtigen 8
village das Dorf,̈-er 2
vineyard der
Weinberg,-e 9
violin die Geige,-n
visit der Besuch 1
to **visit** besuchen;
besichtigen 8
visitor der Besucher,-

W

to **wait** warten; *to wait for*
warten auf 4; *to wait on*
bedienen 1
waiter der Kellner,-
waiting room der
Warteraum,̈-e 1; das
Wartezimmer,- 9
wall die Wand,̈-e 7
to **want to** wollen (will,
wollte, gewollt)
war der Krieg,-e 9
warm warm
to **wash** spülen, *to wash
dishes* Geschirr spülen,
to wash (oneself) sich
waschen (wäscht,
wusch, gewaschen) 1
watch die Uhr,-en
to **watch** aufpassen 8,
zusehen (sieht zu, sah
zu, zugesehen) 8, *to
watch TV* fernsehen
watchtower der
Wachturm,̈-e 9
water das Wasser 4

to **water (flowers)** gießen
(goß, gegossen) 2
way der Weg,-e, *on the
way* auf dem Weg
we wir
to **wear** anhaben (hat an,
hatte an, angehabt),
tragen (trägt, trug,
getragen)
weather das Wetter
wedding die Hochzeit 1
Wednesday der
Mittwoch,-e
week die Woche,-n
weekend das
Wochenende,-n 4
to **weigh** wiegen (wog,
gewogen) 5
welcome willkommen 1
to **welcome (a person)**
willkommen heißen 7
well gut, na; wohl,
gesund 9
well-known bekannt
well-marked gut
markiert 5
west der Westen
wet naß 7, *I'm getting
wet.* Ich werde naß. 7
what was, *what kind of*
was für
when wann, wenn; als 8
where wo, *where to*
wohin, *where from*
woher
whether ob
which welcher
while die Weile 7,
während 8; *a while* eine
Weile 7
whipped cream die
Schlagsahne
to **whistle** pfeifen (pfiff,
gepfiffen) 3
white weiß
who wer
why warum; wieso 7
wide breit
wife die Frau,-en 10
will werden
to **win** gewinnen (gewann,
gewonnen)
window das Fenster,- 1
windshield die Wind-
schutzscheibe,-n 10
wine der Wein,-e 6

wine festival das Weinfest,-e 9

winner der Sieger,- B

winter der Winter,-

to **wish** wünschen 1

with mit, bei; *near the
park* beim Park, *with it*
dazu

without ohne

wolf der Wolf,̈e 8

woman die Frau,-en

word das Wort,̈er 3

work die Arbeit,-en

to **work** arbeiten

world die Welt,-en 1

worry: Don't worry! Mach
dir keine Sorgen! 8

**worthwhile: to be worth-
while** sich lohnen 8

would like to möchten;
I would like to... Ich
möchte...

wound die Wunde,-n 9

to **write** schreiben (schrieb,
geschrieben); *to write
down* aufschreiben 5

Y

year das Jahr,-e

to **yell** schreien (schrie,
geschrien)

yellow gelb

yes ja

yesterday gestern 2

yet noch

to **yield** gewähren 10, *Yield
the right of way!*
Vorfahrt gewähren! 10

you *(familiar singular)*
du, *you (familiar plural)*
ihr, *(formal)* Sie

youngster der Jugendliche,-n

your dein, *your (familiar
plural)* euer, *your
(formal)* Ihr

yourself selbst 7

youth der Jugendliche,-n,
die Jugend

youth club der
Jugendklub,-s

youth hostel die Jugendherberge,-n A

youth hostel director der
Herbergsvater,̈ A

**youth hostel identification
(card)** der Jugendher-
bergsausweis,-e A

Yugoslavia Jugoslawien

Z

zero null

zip code die
Postleitzahl,-en 2

Index

Abbreviations

Acknowledgments

The author wishes to express his gratitude to the many people in Germany, Austria and Switzerland who assisted in the photography scenes for the textbook, the filmstrips and the videos. Special thanks should also go to those people who cooperated in setting up photography sessions: Friedrich-Wilhelm Becker (Rosdorf/Göttingen), Joachim Bubke and Family (Jever), Heinz Devrient and Family (Köln), Adolf Dürer and Family (Bremen), Rudi Elstner (Düsseldorf), Robert Frei (Zürich), Dr. Walter Lutz and Family (Chur), Marie Garnhart (Madison, Wisconsin), Dr. Hans-Karl Gerlach and Family (Limburgerhof/Speyer), Joachim Groppler (Lüneburg), Monika Kamen (Großkrotzenburg), Dieter Messner and Family (Lienz), Horst Penner (Bergisch-Gladbach), Ingomar Stainer and Family (München), Peter Sternke and Family (Hamburg), Helmut Strunk and Family (Essen).

A special thank you goes to Donatus Moosauer (Altenmarkt/Osterhofen) who took several photography scenes in Germany.

Furthermore, the author would like to pay tribute to those professionals who contributed in the creative effort beyond the original manuscript: Chris Wold Dyrud (illustrator), Owen Franken (cover photo), Design Team (design and layout) and Sharon O'Donnell (editorial assistance).

The author also would like to thank Felten Medien Concept KG (Redaktion Jugendmagazin) for permission to use the two articles (pp. 330 and 369) that appeared in the *Jugendscala*.

Finally, the author would like to thank his wife, Rosie, and his two daughters, Heidi and Marci, for showing such tremendous patience during the development of the series and for their valuable contributions before, during and after the extensive trip throughout German-speaking countries.

The following German instructors provided valuable comments for the revision of *Deutsch Aktuell*:

Brenda Diane Anderson, Liberty High School, Bedford, Virginia; *Asta Aristov*, University High School, Los Angeles, California; *Edna Baker*, Peoria High School, Peoria, Illinois; *Kim Ball*, Lake Forest High School, Felton, Delaware; *Jewell B. Ballard*, Pleasant Valley High, Chico, California; *Mark Bland*, Bayside High School, Virginia Beach, Virginia; *Stephan Blumenschein*, Pacific Beach Middle School, San Diego, California; *Elizabeth Borysewicz*, Huguenot High School, Richmond, Virginia; *David Brewer*, Santiago High School, Garden Grove, California; *Dave Briner*, Monticello High School, Monticello, Minnesota; *Mary Bronfenbrenner Mateer*, DeWitt Middle School, Ithaca, New York; *LaVonne Carlson Moore*, Belle Plaine High School, Belle Plaine, Minnesota; *Dietlinde Cao*, Loma Linda Academy, Loma Linda, California; *Edward Carty*, Nelson Co. High School, Bardstown, Kentucky; *Deidre Chambers*, Vestal High School, Vestal, New York; *Richard Chan*, Glouster High School, Glouster, Massachusetts; *Neva M. Christensen*, West High School, Iowa City, Iowa; *Ruth Christensen*, Chisago Lakes High School, Lindstrom, Minnesota; *Christa M. Chope*, Linden High School, Linden, Michigan; *Judith Cohrs*, Brewen District #228, Midlothian, Illinois; *Rolf Daeschner*, Cathedral Prep., Erie, Pennsylvania; *Elisabeth Dangerfield*, El Camino High School, Sacramento, California; *Isle D. Denchfield*, Kennedy & Truman High School, Taylor, Michigan; *Mary M. Elliott*, Napoleon City Schools, Napoleon, Ohio; *Margaret A. Engebretson*, Cass Lake High School, Cass Lake, Minnesota; *Martha E. Ewan*, Manual High School, Peoria, Illinois; *Kathy Failing*, Castro Valley High School, Castro Valley, California; *Carole Farquhar*, Orland Jr. High, Orland Park, Illinois; *Rev. Dean Fleming*, Winnebago Lutheran Academy, Fond Du Lac, Wisconsin; *Karen L. Fowdy*, Monroe High School, Monroe, Wisconsin; *Leslie T. Foy*, South Davis Jr. High School, Bountiful, Utah; *Sharon Franke*, La Quinta High School, Westminster, California; *Lori Fredette*, Robinson School, Fairfax, Virginia; *Karl-Heinz Gabbey*, Buffalo Grove High School, Buffalo Grove, Illinois; *Agnes Gaertner*, Moreno Valley High School, Moreno Valley, California; *Karl-Heinz E. Gerstenberger*, Shenendehowa Schools, Clifton Park, New York; *Beth Gibb*, Capistrano Valley High School, Mission Viejo, California; *Dianne S. Gimbi*, Weatherly Area High School, Weatherly, Pennsylvania; *Linda M. Gurka*, Jefferson Jr. High School, Columbia, Missouri; *Sylvia Haase*, Truman Middle School, Tacoma, Washington; *Petra Hansen*, Liberty High School, Issaquan, Washington; *Myron Hassard*, Granite High School, Salt Lake City, Utah; *Ronald Hastreiter*, Canisius High School, Buffalo, New York; *Chuck Hawkins*, Lee-Davis High School, Mechanicsville, Virginia; *Don C. Henry*, McLean High

Credits

School, McLean, Virginia; *Deborah M. Hershman*, Broad Run High School, Ashburn, Virginia; *Ursula F. Hildebrandt*, Libertyville High School, Libertyville, Illinois; *Edde D. Hodnett*, Point Loma High School, San Diego, California; *Thomas Howe*, Colerain Jr. High, Cincinnati, Ohio; *Patricia Hughes*, Kelliher School, Kelliher, Minnesota; *Mary Hultgren*, Arlington-Green Isle, Arlington, Minnesota; *Heinz Janning*, Redwood Falls-Morton High School, Redwood Falls, Minnesota; *Wilfried Jarosch*, Thornwood, So. Holland, Illinois; *Robert Jenkins*, Deer Park High School, Cincinnati, Ohio; *Kaye F. Johnson*, Franklin County High School, Rocky Mount, Virginia; *Linda Johnson*, Dakota J.H.S., Rapid City, South Dakota; *Guido P. Kauls*, Minnehaha Academy, Minneapolis, Minnesota; *Kenneth J. Kelling*, Lane Technical High School, Chicago, Illinois; *Carole A. Kindell*, L'Anse Creuse High School, Mt. Clemens, Michigan; *Linda Klein*, Waupaca High School, Waupaca, Wisconsin; *Peter E. Klose*, Grand Blanc High School, Grand Blanc, Michigan; *S. Konopacki*, Notre Dame High School, Harper Woods, Michigan; *George Kopecky*, West Torrance High School, Torrance, California; *Richard G. Lamb*, MC High School, Hyrum, Utah; *Wesley Leiphart*, Parkland High School, Winston-Salem, North Carolina; *Lynne D. Lewis*, First Colonial High School, Virginia Beach, Virginia; *C. John Lontos*, Newton High School, Newton, New Jersey; *Jill Lowe*, Great Bridge Jr., Chesapeake, Virginia; *Bruce R. Malbon*, Haverhill Public Schools, Haverhill, Massachusetts; *Joyce McDonald*, Linton Stockton High School, Linton, Indiana; *Mary McDonough*, Wall High School, Wall, New Jersey; *Cynthia P. McIver*, West Springfield High School, Springfield, Virginia; *Gisela W. McKenna-Burke*, Horton Watkins High School, St. Louis, Missouri; *Edward W. McKenney*, George Washington High School, Philadelphia, Pennsylvania; *Bernard A. McKichan*, Sheboygan Falls Middle & Sr. High School, Sheboygan Falls, Wisconsin; *Carolyn A. Meister*, Milford High School, Milford, Ohio; *Barbara L. Metzger*, Glenbard West High School, Glen Ellyn, Illinois; *Spence Milne*, Madison High School, San Diego, California; *Larry R. Moore*, East Valley High School, Spokane, Washington; *Robert N. Mueller*, Jefferson Sr. High School, Cedar Rapids, Iowa; *JoAnn D. Nelson*, Jacksonville High School, Jacksonville, Illinois; *Mary L. Nienaber-Vosler*, Reese High School, Reese, Michigan; *Judy O'Bryne*, East High, Cheyenne, Wyoming; *Carl Olson*, Timberlane Regional High School, Plaistow, New Hampshire; *Paula Patrick*, Jefferson High School, Alexandria, Virginia; *Hans J. Paul*, Center High School, North Highlands, California; *Margaret Paul*, McCormick Jr. High School, Cheyenne, Wyoming; *Sister Mary Perpetua*, S.C.C., Central Catholic High School, Reading, Pennsylvania; *John Peters*, Cardinal O'Hara High School, Springfield, Pennsylvania; *Martha G. Piazza*, West Springfield High School, Springfield, Virginia; *Martha Pleggenkuhle*, St. Ansgar High School, St. Ansgar, Iowa; *Lois Purrington*, DRSH High School, Renville, Minnesota; *Caroline F. Redington*, Dunkirk Middle School, Dunkirk, New York; *Christa Renau*, Dana Hills High School, Dana Point, California; *David H. Renoll*, Tunkhannock Area High School, Tunkhannock, Pennsylvania; *Rev. Donald R. Rettig*, Elder High School, Cincinnati, Ohio; *Nancy Richards*, Camp Hill High School, Camp Hill, Pennsylvania; *Otto Rieger*, Claremont High School, Claremont, California; *Mary Beth Robinson*, Leuzinger High School, Lawndale, California; *Deborah Rose*, Scranton Preparatory School, Scranton, Pennsylvania; *Christine Rudolf*, Sycamore High School, Cincinnati, Ohio; *Don Ruhde*, Iowa Falls High School, Iowa Falls, Iowa; *Larry Scarpino*, Unesville High School, Unesville, Pennsylvania; *Erika Schirm*, Hanby Jr. High School, Wilmington, Delaware; *Shirley Schreiweis*, Wilson High School, Tacoma, Washington; *Peter K. Schwarz*, Winston Churchill Sr. High School, Potomac, Maryland; *John Scioli*, Archbishop Ryan High School, Philidelphia, Pennsylvania; *Kathryn L. Scott*, Midlothian Middle School, Chesterfield, Virginia; *Robert Schmid*, Oak Forest High School, Oak Forest, Illinois; *J. Carter Seibel*, North Harford High School, Pylesville, Maryland; *Thomas J. Sferes*, Kennebunk High School, Kennebunk, Maine; *Sigrid B. Shaw*, Clintonville Sr. High School, Clintonville, Wisconsin; *Dana Kent Shelburne*, Gompers Secondary, San Diego, California; *Hilke Sligar*, Marysville High School, Marysville, California; *Marcia Slosser*, Lloyd C. Bird High School, Chesterfield, Virginia; *Theresa M. Smejkal*, Wheeling High School, Wheeling, Illinois; *Kristy Snyder*, LaSalle-Peru Township High School, LaSalle, Illinois; *Paula Spedding*, Bell Jr. High, San Diego, California; *Larry B. Stell*, Crawford High School, San Diego, California; *Peggy Stuart*, T. H. High School, Dana Point, California; *Linda J. Swenson*, Severna Park Sr. High, Severna Park, Maryland; *Patrick Sylvester*, Socorro High School, Socorro, New Mexico; *Meredith E. Taylor*, Old Mill Senior High, Millersville, Maryland; *Rev. Don Thompson*, Kettle Moraine Lutheran High School, Jackson, Wisconsin; *Susi Tirmenstein*, San Clemente High School, San Clemente, California; *Glen A. Uhlenkott*, Moses Lake High School, Moses Lake, Washington; *Carol Van Abbema*, Withrow High School, Cincinnati, Ohio; *George Vaught*, Hayfield Secondary, Alexandria, Virginia; *Lisa Vielhauer*, Irvine High School, Irvine, California; *Jon Ward*, Malad High School, Malad, Idaho; *Judith K. Warner*, North Stafford High School, Stafford, Virginia; *Michael Wegener*, Hawthorne High School, Hawthorne, California; *Diane Wilcenski*, South High School, Sheboygan, Wisconsin; *Susan D. Wilkey*, Romeoville High School, Romeoville, Illinois; *Hildegard Willford*, Casa Roble High School, Orangevale, California; *Donald Keith Williams*, Skyline High School, Dallas, Texas; *Charlotte R. Woodley*, Cameran County High School, Emporium, Pennsylvania; *Kathy Young*, Union High School, Union, Missouri; *Hans R. Zumpft*, North High, Sheboygan, Wisconsin

Photo Credits

All the photos in *Deutsch Aktuell 2* (3rd Edition) textbook not taken by the author have been provided by the following:

Austrian National Tourist Office: 7 (both), 10, 122 (left), 124 (top right), 144 (right), 145 (bottom right), 204 (right), 208 (right), 218 (right), 298 (right), 375 (left and center), 380 (top)

Deutsche Bundespost: 52 (all), 53 (top), 60, 61 (both), 75 (center), 80 (both), 82 (right), 85 (bottom)

Fremdenverkehrsverband München-Oberbayern e.V.: 84 (bottom), 85 (top)

Fremdenverkehrsverein Göttingen e.V.: 343

German Information Center: 316 (bottom left), 346 (left), 384 (left), 385 (right)

Harzer Verkehrsverband e.V.: 84 (top right)

Inter Nationes: 144 (top left), 244 (bottom right), 245 (top), 254 (top), 261 (right), 277 (both), 278 (all), 279 (all), 281 (all), 282 (left)

Landeshauptstadt München: 14 (bottom), 84 (top left), 156 (top), 244 (bottom left), 384 (right)

Lufthansa German Airlines: 14 (top), 15 (top left), 35 (bottom), 36 (right)

Moosauer, Donatus: 86 (both), 87 (all), 88, 89, 265 (top left and right), 270 (left), 271 (right), 307 (top), 318 (both), 319 (both), 353 (bottom left), 354 (both), 355 (both), 376 (both), 377 (all), 380 (left and right), 390 (top left), 391 (top), 392 (both), 393 (both), 394 (both)

Owen Franken/German Information Center: 1 (top left), 5 (left), 20 (top left and bottom), 48 (left), 49 (top), 53 (bottom), 90 (left), 95 (left), 96 (both), 97, 102 (both), 110 (all), 114 (both), 115 (both), 124 (bottom), 136 (top left and bottom right), 150 (both), 156 (bottom left), 157 (both), 166 (right), 167 (left), 186 (bottom left), 192 (right), 194 (bottom left and right), 199 (both), 205 (left), 207 (both), 208 (top left), 209 (right), 214 (right), 215 (top left and right), 218 (left), 219, 224 (both), 225 (all), 230 (left), 251 (all), 268 (right), 269 (right), 284 (top right and bottom left), 285 (top right and bottom left), 290 (top left and right), 291 (left), 298 (left), 303 (all), 331 (both), 332 (both) 333 (left), 335 (all), 352 (top left), 353 (top left), 362 (center), 366 (all), 367 (top left, center and right), 368 (right), 379

Panorama DDR: x (top), 1 (bottom), 195 (top), 291 (right), 396 (center)

Peterson, Chip and Rosa María: 206 (right)

Simson, David: 1 (top right), 15 (bottom left), 48 (right), 50 (left), 91 (right), 120 (both), 122 (right), 240 (bottom right), 244 (top left and right), 245 (bottom), 261 (left and center), 282 (right), 283 (left), 368 (left)

Stadt Augsburg (Amt für Öffentlichkeit): 350 (right)

Swiss National Tourist Office: x (bottom)

Teubner (Studio für Lebensmittelfotografie): 125 (all), 144 (bottom left), 145 (left and top right), 146 (right), 147 (left), 152 (left, top and bottom right), 154 (top left), 155 (bottom)

Tourismus-Zentrale Hamburg GmbH: 312 (left and center)

Verkehrsverein Augsburg: 350 (right)